本书系陕西师范大学优秀学术著作出版基金资助成果

History of Civilization Exchange
in the Bukhara Khanate of Central Asia

中亚布哈拉汗国文明交往史

康丽娜 著

中国社会科学出版社

图书在版编目（CIP）数据

中亚布哈拉汗国文明交往史／康丽娜著. -- 北京：中国社会科学出版社，2024.9. -- ISBN 978-7-5227-3794-2

Ⅰ. K311

中国国家版本馆 CIP 数据核字第 20240SJ798 号

出 版 人	赵剑英
选题策划	宋燕鹏
责任编辑	金　燕　宋燕鹏
责任校对	李　硕
责任印制	李寡寡

出　　版	中国社会科学出版社
社　　址	北京鼓楼西大街甲 158 号
邮　　编	100720
网　　址	http://www.csspw.cn
发 行 部	010-84083685
门 市 部	010-84029450
经　　销	新华书店及其他书店
印　　刷	北京明恒达印务有限公司
装　　订	廊坊市广阳区广增装订厂
版　　次	2024 年 9 月第 1 版
印　　次	2024 年 9 月第 1 次印刷
开　　本	710×1000　1/16
印　　张	29.5
字　　数	412 千字
定　　价	158.00 元

凡购买中国社会科学出版社图书，如有质量问题请与本社营销中心联系调换
电话：010-84083683
版权所有　侵权必究

序 一

黄民兴

中亚地处亚洲内陆，位于东亚、南亚、西亚和东欧的俄罗斯之间，历史上是丝绸之路的重要中转站，从而与上述周边地区存在着密切的交往。由于古代的东亚、南亚、西亚在文明发展程度上均超过中亚，这就决定了中亚文明在对外交往中逐渐形成了多元化的发展特征，例如在宗教方面，上古的中亚同时存在来自南亚的佛教、西亚的基督教和祆教及东亚的儒家文化。直到伊斯兰教兴起，中亚融入阿拉伯帝国（大食）的版图，才奠定了伊斯兰教的一统天下。不过，起源于阿拉伯半岛的伊斯兰教穿越拥有古老文明的波斯传播到中亚，决定了当地的伊斯兰教是"波斯化"的伊斯兰教。因此，阿拉伯文化、波斯文化和中亚本土文化，成为中古以后中亚文化的三种重要成分，而中古突厥民族的迁徙和近代俄国的征服，又为中亚许多地区带来了突厥和俄罗斯的语言、文化，从而奠定了今天中亚文化的底色。

中亚在地理上表现为北方草原、南方绿洲，经济上表现为北牧南农的格局。而近代的布哈拉汗国位于中亚的南陲（这里的中亚范围只包括今天的中亚五国），属于发达的农耕经济区。进入近代，中亚逐渐形成了今天本地区的五个主要族群，即信仰伊斯兰教的乌兹别克人、哈萨克人、吉尔吉斯人、土库曼人和塔吉克人，而前四个族群均为突厥语族群。其中乌兹别克人建立了布哈拉汗国，后者成为中亚最主要的汗国之一和经济社会最发达的地区，为现代乌兹别克斯坦国家的建立奠定了基础。由此可见，布哈拉汗国的建国及其发展为中亚地区的文明传承做出了重要贡献。

西北大学中东研究所的名誉所长、著名历史学家彭树智先生经过多年的潜心钻研提出了文明交往理论，并撰写了一系列著作和论文，对包括伊朗、阿富汗和阿拉伯世界在内的中东地区的历史进行了个案分析，中东研究所的许多博士、硕士研究生也在他们的学位论文中运用了这一理论（尤其是在不同时期中东国家的现代化问题及其与西方国家的交往方面）。不过，康丽娜博士从博士学位论文修改而来的这部著作却是第一次直面文明史研究，通过制度文明、物质文明、精神文明、生态文明等文明的四个方面对布哈拉汗国的对内对外文明交往史进行了全方位、多层次的深入研究。这样的研究是有难度的，因为它不但涉及更多的理论问题（如一些具体的领域划入文明的哪个方面），而且要求做到真正的史论结合。

近年来，有关文明问题的研究在国内外的中国史、世界史和考古学领域不断推进，中国政府举办的亚洲文明对话大会取得空前成功，而习近平主席提出的全球文明倡议得到越来越多国家和国际组织的响应，因此有关研究已经超越了学术领域，成为国际政治中的重要话语和概念。当然，作为青年学者的著作，本书在理论研究方面还有提高的空间。放眼未来，进一步推进有关亚非国家文明史的研究日益成为中国世界史以及正在蓬勃兴起的区域国别研究的一个重要任务，这项工作需要更多年轻学人的共同参与和努力。

是为序。

2024 年 1 月 2 日

序 二

李 琪

治学中亚研究数十年,我始终认为中亚历史是一门既有学术价值,又有现实意义,且具有一定难度,充满神秘色彩的区域国别史的研究园地。这门学问犹如一幅连续不断的长篇画卷令人心驰神往,吸引着一辈又一辈学者走进中亚,沉下心来,深耕细作,探究真相,以史鉴今。陕西师范大学中亚研究所青年教师康丽娜博士的著作《中亚布哈拉汗国文明交往史》即将出版,我为她的学术成长和取得的成绩而感到由衷的欣喜,并表示真诚的祝贺。

学术界公认的狭义"中亚"是欧亚大陆中部的一个历史地理区域,西起里海,东至中国西北边境,北邻俄罗斯,南达伊朗和阿富汗边界,即今乌兹别克斯坦共和国、哈萨克斯坦共和国、塔吉克斯坦共和国、土库曼斯坦共和国、吉尔吉斯斯坦共和国所居地区。多种历史地图亦将阿富汗纳入中亚地理范围之内,称其为中亚最南端的国家。

中亚历史源远流长,是世界文明最古老的发祥地之一。其地处东西交通枢纽,古"丝绸之路"要冲,位于波斯文明、阿拉伯文明、中国文明、印度文明、斯拉夫文明之间。得天独厚的地缘优势,使这片幅员辽阔的地域汇融了辉煌灿烂的多元文明的优秀成果,确立了它在世界文明史上的重要地位;同时也决定了中亚不是一个绝对统一的共性整体,而是一个形成于多样化的自然气候和历史地理条件之下,众多民族、多种语言、多样宗教、多元文化碰撞涵化、交流互鉴、共生并存的特定历史文化区域。

在中亚漫长的历史进程中，曾经发生过三次与突厥人、阿拉伯人、蒙古人征服密切相关的时代性大变异。中亚是操波斯语和突厥语族群及其文化传统互动影响的历史地区之一。第一次变异是中亚大部分地区语言的突厥化。大约于公元之交，随着操古突厥语的游牧氏族部落大规模迁徙，在中亚与异族混血交融的过程中，他们的语言由氏族语言、部落或部族语言逐步发展为独立的民族语言。其结果导致后来除塔吉克斯坦之外，其他四个国家主体民族的语言演变为阿尔泰语系的突厥语族。第二次变异是中亚本土民族从原始崇拜，到接受多宗教信仰，最终实现中亚土著民族宗教信仰的伊斯兰化。这一变异缘于7世纪后半叶大食人大举进攻中亚，占领河中地区，伊斯兰教步入中亚大地。第三次变异发生在13世纪蒙古人西征之后。这一时期，在河中地区从事生产活动的基本是操波斯语和操突厥语的居民。蒙古人进入中亚后，逐步走向定居化，与当地族群高度融合，导致中亚原生民族人种的异变。

布哈拉汗国是中亚近代史上的三大封建王朝之一，存在于1500—1920年。在其最强盛时期，势力范围覆盖了今乌兹别克斯坦、塔吉克斯坦、土库曼斯坦、吉尔吉斯斯坦、哈萨克斯坦和阿富汗等现代国家的全部或部分领土。布哈拉汗国之称是在16世纪中叶其都城从撒马尔罕迁至布哈拉（今乌兹别克斯坦历史文化名城）后而出现的。

布哈拉汗国地理位置居中亚腹心，处于俄罗斯、中国、波斯和阿富汗之间，不仅与俄罗斯、中国有着密切的贸易往来，而且通往波斯、阿富汗、印度的贸易路线均从其地域经过。布哈拉汗国时期，中亚的城市手工业、农业灌溉系统十分发达，具有毫不逊色于帖木儿王朝的筑城学技艺。这一历史时期的文学、史学盛极一时；织造、陶艺、建筑、绘画、书法、细密画等均达到较高的艺术水平。布哈拉汗国作为近代区域文明的重要载体之一，在中亚与世界文明的交往中发挥了重要的作用。

关于布哈拉汗国的研究，因其历时长、涉及领域多，具有一定的难度。康丽娜博士以其良好的学术背景和语言优势，知难而进，选择这一课题进行学术探讨，无疑对于拓宽中亚研究的领域，提高中亚历史研究的水平大有助益。

自 20 世纪后半叶起，世界历史研究发生了从描述性历史到分析性历史的重大转变，这是对传统历史学研究方法的重新思考。在新的历史时代，我国越来越多的青年学者投入中亚历史和现实问题的研究之中，令人倍感欣慰。冀望康丽娜辈的年轻学者加强基础研究、开阔学术视野、深化理论探讨、学习相关语言、深入田野调查，开展国际交流，在中亚研究领域中取得丰硕成果，为构建更加紧密的"中国—中亚命运共同体"作出贡献。

2024 年 1 月 5 日

目 录

导 论 ·· (1)

第一章 布哈拉汗国的文明交往变迁史 ······················· (37)
 第一节 乌兹别克人的南迁与昔班尼王朝的建立 ············ (37)
 第二节 扎尼王朝的统治与战争交往 ······························ (45)
 第三节 曼格特王朝与俄国保护国的形成 ······················ (58)
 小 结 ·· (76)

第二章 布哈拉汗国制度文明交往的特点及演变 ········· (79)
 第一节 政治军事制度的特点 ·· (80)
 第二节 法律制度的变化 ··· (109)
 第三节 经济制度的演变 ··· (122)
 小 结 ·· (152)

第三章 布哈拉汗国物质文明交往的曲折性和进步性 ········· (155)
 第一节 社会经济变革的主要动因 ································· (156)
 第二节 农业经济的转型 ··· (167)
 第三节 工商业及贸易的发展 ·· (187)
 第四节 社会生活的变化 ··· (208)
 小 结 ·· (247)

第四章 布哈拉汗国多元文化的融会与变迁 ……………………（249）
 第一节 布哈拉汗国伊斯兰文化的特点 …………………（249）
 第二节 多元文化的变迁 …………………………………（264）
 第三节 俄国对布哈拉汗国传统文化转型的影响 ………（284）
 小　结 ……………………………………………………（301）

第五章 布哈拉汗国对外交往的背景和进程 ………………（304）
 第一节 对外交往的背景 …………………………………（305）
 第二节 与俄国关系的演变 ………………………………（308）
 第三节 与周边地区和国家的广泛交往 …………………（335）
 小　结 ……………………………………………………（354）

结　语 …………………………………………………………（356）

参考文献 ………………………………………………………（362）

大事记年表 ……………………………………………………（407）

译名对照和索引 ………………………………………………（422）

附录 布哈拉汗国世系图表 …………………………………（450）

后　记 …………………………………………………………（460）

导 论

　　中亚地区拥有丰富的油气资源，且地处欧亚大陆的通衢之地和各大文明交汇之处，毗邻中国、俄罗斯、伊朗、阿富汗等地区大国或形势动荡之地。近年来，随着中亚地区在世界地缘政治格局中占据着愈发重要的地位，世界各主要行为体高度重视并积极扩大自身在该地区的影响力。自2013年9月习近平总书记在访问哈萨克斯坦期间首先提出构建"丝绸之路经济带"倡议以来，我国学术界对中亚地区的关注急剧上升，成为区域国别研究的重要领域。2023年5月中国—中亚峰会的召开，更是开启了中国与中亚五国合作共赢的新时代，此次峰会正值"一带一路"倡议提出10周年，中亚地区又是共建"丝绸之路经济带"首倡之地，因此，学术界对"中亚研究"的热度再次高涨，以期为推动"一带一路"高质量发展和践行中国—中亚命运共同体做出贡献。

　　今天，作为中国近邻的中亚五国是上海合作组织的重要成员，更是进一步推进"一带一路"高质量发展的重要支点。以布哈拉汗国为载体的中亚文明史研究有助于我们深入认识中亚近代文明的特点，进一步推动中国与中亚国家在传统安全、经济合作、人文交流等领域的合作，加强"丝绸之路经济带"的"五通"建设，为构建人类命运共同体贡献微薄之力。随着国家"一带一路"倡议的提出和实施，近年来，我国与中亚五国的政治、经济、文化、外交等领域的合作与交流进一步加深。当前学术界在中亚国家的政治体制、外交政策、军事安全、经济合作等方面的研究成果颇为丰硕，而对历史、文化等议题关注相对有限。可见，我们对中亚地区及国家的历史文化、宗教传统、语言风俗等方面了解甚少，以至于在推进地区合作的进程中遇到较多瓶颈。因此，为了更加顺畅地推动与中亚国家全方位、多层次和高质量的合作，有必要对中亚文明交往史进行研究。

一　研究缘起和意义

一直以来，有关中亚文明史的研究是中国世界史研究的薄弱领域。本书从历史学角度出发，采用文明史的研究路径和区域史的叙述框架予以撰写。从理论分析来看，本书研究立足于中国自己的世界史学派——文明交往理论，从而有助于在国际学术界发出自己的声音，增强话语权。因此，本书以布哈拉汗国为研究主体，围绕制度文明、物质文明、精神文明、生态文明四个方面，对近代中亚地区内、外交往的背景、历程及影响进行系统论述，进而深入探讨中亚近代文明的形成原因、发展规律和演变特点。

布哈拉汗国是研究中亚近代文明交往的重要载体。本书研究的布哈拉汗国是1500年至1920年在中亚地区阿姆河与锡尔河两河流域之间，以今天乌兹别克斯坦境内的撒马尔罕和布哈拉为政治中心建立的地区性汗国。本书所论述的中亚地理范围是指今天的中亚五国，即乌兹别克斯坦、哈萨克斯坦、塔吉克斯坦、吉尔吉斯斯坦、土库曼斯坦。所以，通过论述布哈拉汗国的历史演变，一定程度上可以反映出整个中亚地区近代文明的变迁轨迹。

15世纪末至16世纪初地理大发现和新航路的开辟不仅仅是世界近代史的开端，也成为中亚近代文明形成的起点。这一时期，中亚统一而强大的帖木儿帝国解体，进而分裂为哈萨克汗国、布哈拉汗国、希瓦汗国和浩罕汗国。在以后400多年时间里，中亚地区诸汗国之间争斗不断，再加上周边大国，如波斯萨法维王朝、印度莫卧儿帝国、西亚奥斯曼帝国、中国清王朝、沙皇俄国和大英帝国先后在这里博弈，各方势力此消彼长，到19世纪下半叶，俄国取得最终优势并统治了中亚地区。因此，这种内外因素导致近代中亚地区始终未能形成一个长期稳定、人口众多的地区大国，进而阻碍了中亚文明在近代的延续和传播。

布哈拉汗国作为中亚近代文明的重要载体之一，1500 年由乌兹别克人在河中地区（Мавераннахр）建立。俄国征服以前，布哈拉汗国是一个以乌兹别克人为主体，当地土著塔吉克人、土库曼人、吉尔吉斯人、哈萨克人等多群体混居的国家。布哈拉汗国的伊斯兰政权以逊尼派苏非教团为特色，后者在国家政治、经济、文化、教育等领域一直扮演着重要角色。由于布哈拉汗国处于中心位置，周边帝国代表的各文明在此碰撞融汇，使得这一地区的伊斯兰文明具有多元性、变通性和包容性。但 1868 年成为俄国保护国至 1920 年正式灭亡，布哈拉汗国的文明形态发生显著变化，具体表现为汗国社会经济文化的斯拉夫化、东正教与伊斯兰教之间的对抗，以及政治制度的相对俄国化。总之，布哈拉汗国对整个中亚近代文明的形成和演变产生了重要影响。其一，中亚传统伊斯兰文化体系的保留与传承。其二，特殊的地理位置决定了各大文明在中亚地区交汇融合，并形成独具特色的中亚文明。其三，本地区多民族的广泛融合及乌兹别克民族的构建。其四，俄国的占领使中亚地区脱离了伊斯兰文明圈，从而在某种程度上融入了斯拉夫文明圈。

本书以文明交往论为理论视角，重点论述布哈拉汗国的历史演变，进而揭示中亚近代文明形成和演变的动因、规律和特点。本书主体内容由五大章构成。第一章概述了布哈拉汗国的文明交往变迁史。布哈拉汗国国祚 400 余年，历经昔班尼王朝、扎尼王朝和曼格特王朝的更迭，其历史进程与中亚近代史基本同步。16 世纪初，在成吉思汗后裔昔班尼的统帅下，乌兹别克游牧民南下河中地区建立布哈拉汗国。自 19 世纪开始，封闭且落后的布哈拉汗国在曼格特王朝的统治下逐渐成为英俄在亚洲争霸的焦点。最终，俄国于 1868 年彻底征服布哈拉汗国，使之沦为自己的附属国。总之，布哈拉汗国经历了兴盛、发展、衰落、沦为俄国附属国的历史变迁，这也从侧面反映出了中亚近代政治史的演变规律。

第二章分析了布哈拉汗国制度文明交往的特点及演变。本章主要从政治军事制度、法律制度和经济制度三个方面来解读布哈拉汗国制度文明的特点。布哈拉汗国的制度文明经历了继承、融合、形成和完善的演变过程，以传统伊斯兰国家的制度体系为根基，借鉴游牧帝国的管理体制，因地制宜结合本国实际情况，推动中亚近代制度文明的建设和完善。

第三章论述了布哈拉汗国物质文明交往的曲折性和进步性。首先阐述了社会经济变革的主要动因，然后分别探讨了农业经济的转型、工商业及贸易的发展、社会生活的变化等问题。一直以来，游牧文明与农耕文明的交往贯穿于整个中亚文明史进程，是中亚社会经济变革的主要动力。另外，俄国的统治也是包括布哈拉汗国在内整个近代中亚地区社会经济变革的催化剂，致使布哈拉汗国社会经济发生根本性变化。俄国资本主义生产关系向布哈拉汗国社会经济领域的渗透导致汗国社会结构发生变化，传统的宗法制和自然经济体系逐步瓦解。不过，从某种程度上讲，布哈拉汗国的社会经济实现了"跳跃式"发展，但就本质而论，这种发展是以俄国殖民掠夺为前提的。

第四章阐述了布哈拉汗国多元文化的融汇与变迁。布哈拉汗国作为一个伊斯兰国家，其主导文化是以苏非主义为特征的伊斯兰文化。自古以来，中亚地处欧亚文明的核心地带。在中亚文明交往史上，中亚地区曾多次遭受异族入侵，甚至还有的民族在这里建立过具有世界影响力的大国。这种频繁的入侵与外族统治却在一定程度上促成了诸多文明形态在中亚地区的交往互鉴。因此，在保持自身文明特色的同时，中亚文明也不断学习、吸收和融汇其他文明的有益成果。文化是文明交往的重要标尺。随着近代陆上丝绸之路的衰落，布哈拉汗国的文化也随之衰败。然而，从微观层面来讲，由于受到不同因素的影响，布哈拉汗国的文化变迁既有发展与繁荣，也有停滞与衰败。

第五章探讨了布哈拉汗国对外交往的背景和进程。首先简要介绍了布哈拉汗国对外交往的背景。然后主要论述了布哈拉汗国与俄国之间的关系演变，从平等外交过渡到不平等外交再到附属关系的彻底转变。最后讨论了布哈拉汗国与周边的希瓦汗国、浩罕汗国、波斯、印度和奥斯曼帝国的广泛交往。总而言之，布哈拉汗国的对外交往具有明显的地缘特征，暴力与和平两种形式交替展开。布哈拉汗国的对外交往是不同文明之间相互作用的动态过程，也更加丰富了中亚近代文明史的内容。

结语部分对全篇进行总结，从文明交往论的角度出发，指出布哈拉汗国历史演变主要取决于生产力、地缘、宗教和国家四大因素。生产力是人类文明交往的根本动力。中亚地区没有适宜发展社会经济的环境和条件，落后的生产力导致布哈拉汗国最终被俄国所占领，其历史命运也发生了根本性变化。中亚地区自古以来就是人类文明交往的一个重要地区。以布哈拉汗国为代表的近代中亚地方政权依旧受制于地缘因素，其历史演变始终与大国命运息息相关。中亚地区是伊斯兰世界的重要组成部分。作为近代中亚的宗教中心，布哈拉汗国的宗教价值体系带来的强烈文化政治归属性始终贯穿于其历史进程中。一直以来，中亚地区少有形成长期稳定且人口众多的大国，近代诸汗国并存的局面从整体上削弱了中亚地区的实力。再者，布哈拉汗国的历史演变对中亚文明交往互鉴产生了重要影响。从宗教文明交往而言，布哈拉汗国较完整地保留和传承了中亚传统的伊斯兰文明体系；从民族文明交往而言，布哈拉汗国是今天乌兹别克民族的文明生根之地；从对外文明交往而言，布哈拉汗国体现了中亚文明交往的多元融合属性。

因此，从文明交往论的视角研究布哈拉汗国史具有重要的理论和现实意义。

第一，本书以我国著名学者彭树智先生的"文明交往"理论作为基本的理论框架。该理论是彭树智教授改革开放以来的长期研究、教学实践中摸索总结出来的史学理论，受到国内学术界的高度评价。

本书将以布哈拉汗国作为中亚近代文明的重要代表，紧扣文明史主题，以此深入探讨这一时期中亚文明形成和演变的动因和特点，围绕制度文明、物质文明、精神文明、生态文明四个方面展开研究，总结中亚近代文明演进的规律。同时，本书将深入系统地探讨布哈拉汗国与外部世界的政治、经济、社会、文化、宗教、军事交往，研究布哈拉汗国对外交往的背景、特点及其影响，从而认识整个中亚地区近代文明的发展。

第二，如上所述，作为中国的近邻，中亚国家是我国"一带一路"重大倡议的重点区域之一。自古以来，中亚国家便是丝绸之路的重要节点和欧亚文明交汇的中心，1991年苏联解体以后，中亚五国重回国际舞台中央，成为当今国际社会关注的焦点。中国与中亚国家拥有悠久的历史文化积淀，如今双方的经济结构互补性进一步加强，而且中国已成为中亚国家最大的贸易伙伴，双方在基础设施、文化教育等领域也展开了全方位合作。随着"一带一路"向高质量发展升级，未来中国与中亚国家的合作空间更为广阔。因此，以文明交往为视角研究布哈拉汗国，契合我国的外交战略和政策需求，能够使我们深入了解中亚近代文明史的变迁规律，进而加深对今天乌兹别克斯坦乃至整个中亚地区的社会结构、历史文化、宗教传统、民族关系等问题的认识和理解。

第三，近些年，随着国内区域国别研究的不断深入，中亚地区已成为国内学术界研究的重点和热点区域。然而，相对于西方国家，目前中国学术界对于中亚地区的研究大多局限于"狭义的西域"及现状研究，而对近代中亚的历史，尤其是文明交往史方面的研究仍显薄弱。因此，本书具有重要的学术价值和现实意义。

二　国内外研究综述

（一）国内研究现状

1. 文明交往理论的相关研究。

本书的写作主要采用彭树智教授的文明交往论的理论框架。彭树智教授关于文明交往理论的论述主要集中在以下三部著作中:《文明交往论》①、《两斋文明自觉论随笔》② 和《松榆斋百记——人类文明交往散论》③。这三部著作是彭树智教授专论文明交往的论文集和随笔文集。彭树智教授在著作中对文明交往的定义、内涵、内容、形式及影响等作了系统全面的解释和说明。文明交往理论认为,人类社会的核心问题是人类文明问题,文明的生命在交往,交往的价值在文明。文明交往是人类历史、现实和未来的关键问题,是人类社会发展的动力。人类文明交往的基本内容包括物质文明、精神文明、制度文明和生态文明四个方面。和平与暴力是文明交往的两种基本交往形式。文明交往就是不同文明和相同文明之内的人与人的社会联系,这种联系又涉及人与自然的关系。交往是文明之源,而国家则是文明的重要标志。国家的起源和形成,国家的兴衰与更替,是人类文明交往发展的结果。研究文明交往的历史、现实、内容、形式、因素、属性、环节、特点和规律,可以了解人类文明交往进程的不同侧面。

此外,以下学者的著作中关于文明的理论也值得参考和借鉴。

阮炜的《文明的表现——对5000年人类文明的评估》④ 对古往今来的世界主要文明进行了宏观比较,力图揭示它们之间的优势弱点、荣辱兴衰及其因果脉络。书中第一部分提出了一些有关文明的理论问题,主要阐释了文明的定义,并讨论了文明与文化、宗教、亚文明的关系。第二部分系统分析了文明在世界主要地区的表现,包括古埃及、波斯、希腊、罗马、犹太、伊斯兰、俄罗斯、西方、印度、日本和中国。阮炜的另一部著作《地缘文明》⑤ 对文明的相

---

① 彭树智:《文明交往论》,陕西人民出版社2002年版。该著作的新版本是2013年由西北大学出版社出版发行的《我的文明观》。
② 彭树智:《两斋文明自觉论随笔》(上中下三卷),中国社会科学出版社2012年版。
③ 彭树智:《松榆斋百记——人类文明交往散论》,西北大学出版社2005年版。
④ 阮炜:《文明的表现——对5000年人类文明的评估》,北京大学出版社2001年版。
⑤ 阮炜:《地缘文明》,上海三联书店2006年版。

关理论问题进行了系统深入的探讨，主要包括文明的含义、规模和同一性、性格、空间运动、互动中的现代性、地缘视域中的文明和政治行为体、边缘与中心等。作者认为，文明的区域性扩张会导致文化、物质和人口的区域性交流，而这种交流具有史无前例的广度和深度，这将形成地缘文明或地缘共同体的雏形。

何顺果的《世界史：以文明演进为线索》[①]以我国知名学者吴于廑教授的整体史观为基础，从"文明演变"的角度观察从远古至当代的世界历史进程，通过时间顺序，共分五部分阐述了农业文明在东方的兴起、蛮族入侵引起的文化交流、工业文明在西方的孕育、欠发达国家在现代化道路上进行的各种尝试，以及高科技革命带来的人类社会的变迁。本书围绕着政治组织、经济条件、文化艺术和道德传统四个方面，全面论述了人类各主要文明的产生、发展、传播和交流等重要问题。同时，书中涉及有关游牧民族的三次大迁徙、"近农业带游牧民族"和"远农业带游牧民族"的概念等问题值得关注。

刘文明的《全球史理论与文明互动研究》[②]从全球史视角探讨了文明互动。文明互动这一宏大主题涵盖了不同文明在政治、经济、文化、观念、生态等各个领域中的相互联系和影响，本书主要论述了"文明"观念在欧洲和中国的形成发展及其传播，以及全球视野下的疾病传播等问题。20世纪下半叶，全球史在西方普世史和文明史的史学传统下兴起于美国，从整体观和联系观出发探讨世界历史上的跨国和互动现象，因此不同文明、国家或社会之间的互动成了全球史研究中的一条主线。书中专门设章对文明互动和"文明"观念进行了系统论述，并对传统意义上的欧洲与中国的"文明"概念、标准及其传播进行对比论证，这将从宏观视角对本书撰写起到参考意义。

---

① 何顺果：《世界史：以文明演进为线索》，北京大学出版社2012年版。
② 刘文明：《全球史理论与文明互动研究》，中国社会科学出版社2015年版。

2. 中亚史的相关研究

黄民兴教授发表的《试论中亚历史上文明交往研究中的一些关键问题》①从文明交往的角度提出了中亚历史问题中需关注的几个方面，如中亚独特的地理环境和气候对本地文明起源和发展的影响、中亚不同文明的内在特点和相互交往、中亚政治制度文明的变迁、中亚农耕文明与游牧文明的关系及其历史变迁、影响中亚文明形成和演变的重要因素、中亚地理位置和文明发展状况所导致的中亚对外文明交往的基本格局、外来征服对本地区文明发展的影响、中亚文明的跳跃式发展特点、战争在中亚文明交往中的作用、中亚文明交往的路线及影响、游牧文明与农耕文明反复冲突的影响、中亚历史发展的周期性和近现代中亚的发展转型。这对研究中亚各个历史阶段不同文明形态及其演变具有重要的指导作用。

王治来教授撰写和主编了一系列中亚史著作，如《中亚史纲》②、《中亚近代史》③和四卷本的《中亚通史》④，它们是目前国内研究中亚史不可或缺的书目。这三部著作的写作框架大致相同，其中最具代表性的是四卷本《中亚通史》。《中亚通史》是目前国内中亚史研究的杰出著作，几乎花费了作者毕生的精力。书中大量运用外国史料和研究成果，较好地概括了中亚史的基本线索和主要问题，如古代中亚早期文明的兴起、外来帝国的统治、本土王朝的崛起、游牧民与定居民的冲突、沙俄的殖民政府、苏联时期的发展与问题等。

2018年，由蓝琪教授主编的六卷本《中亚史》⑤问世。该书分六卷，论述内容起于中亚旧石器时代，终于1991年苏联解体。作者力图用马克思历史唯物主义的观点，根据中亚历史发展轨迹上出现

---

① 黄民兴：《试论中亚历史上文明交往研究中的一些关键问题》，《中东问题研究》2015年第1期。
② 王治来：《中亚史纲》，湖南教育出版社1986年版。
③ 王治来：《中亚近代史》，兰州大学出版社1989年版。
④ 王治来、丁笃本主编：《中亚通史》，人民出版社2010年版。
⑤ 蓝琪主编：《中亚史》，商务印书馆2018年版。

的一些质变点划分时段,并以变的形式作出界定,分别论述了中亚原始社会与早期国家的兴起、阿拉伯人和波斯人的王朝历史与封建社会的兴起、突厥王朝和蒙古帝国的历史与封建社会的发展、中亚诸汗国的历史与封建社会的衰亡、沙俄及苏联的统治与中亚各民族的斗争史。不同于王治来的四卷本《中亚通史》,除论述政治史外,蓝琪的《中亚史》对不同阶段中亚的政治、经济、对外关系以及宗教和文化等状况进行了全面论述。

2002年,我国学者张文德在他的《中亚苏非主义史》[①] 一书中专门探讨了中亚苏非派的三大教团在不同时期、不同地区与游牧民族或地方政权的关系,分析了苏非主义在中亚社会政治和思想文化方面的影响。这是国内关于中亚宗教专题研究的一部重要文献。

另外,国内学术界关注俄国与中亚关系的演变,相关成果也较多,如吴筑星著的《沙俄征服中亚史考叙》[②]、孟楠著的《俄国统治中亚政策研究》[③]、李淑云发表的论文《沙俄侵略中亚的地缘思考》[④],以及蓝琪教授发表的一系列文章《论俄国在中亚的统治》[⑤]、《论16—17世纪中亚三个汗国与俄国的关系》[⑥]和《中亚觉醒与沙俄在中亚统治的结束》[⑦]等。

3. 布哈拉汗国的相关研究

目前,国内尚未出版关于布哈拉汗国通史类、专题类和对外交往方面的著作,只有零星发表的论文涉及布哈拉汗国的内容。2009年,蓝琪发表的论文《论沙俄保护下的布哈拉汗国》[⑧]是目前国内

---

① 张文德:《中亚苏非主义史》,中国社会科学出版社2002年版。
② 吴筑星:《沙俄征服中亚史考叙》,贵州教育出版社1996年版。
③ 孟楠:《俄国统治中亚政策研究》,新疆大学出版社2000年版。
④ 李淑云:《沙俄侵略中亚的地缘思考》,《国际政治研究》2004年第4期。
⑤ 蓝琪:《论沙俄在中亚的统治》,《贵州师范大学学报(社会科学版)》2016年第1期。
⑥ 蓝琪:《论16—17世纪中亚三个汗国与俄国的关系》,《史学月刊》2008年第7期。
⑦ 蓝琪:《中亚觉醒与沙俄在中亚统治的结束》,《新疆社会科学》2012年第1期。
⑧ 蓝琪:《论沙俄保护下的布哈拉汗国》,《贵州师范大学学报(社会科学版)》2009年第1期。

发表的关于布哈拉汗国与俄国关系的主要论文。文章探讨了沙俄保护下的布哈拉汗国在政治、法律和经济上逐渐失去自主权的重要问题，对沙俄在布哈拉汗国的殖民统治进行了深入分析。

另外，《16—17世纪"布哈拉人"与欧亚内陆贸易网络的构建》①、《中亚希瓦、布哈拉汗国的政治状况》②、《希瓦、布哈拉汗国时期乌兹别克斯坦经济状况》③、《苏非派对近代中亚政治的影响》④是国内发表的关于布哈拉汗国政治、经济、宗教状况等相关内容的论文。

（二）国外研究现状

1. 有关文明理论的研究

著名英国历史学家阿诺德·约瑟夫·汤因比（Arnold Joseph Toynbee）的12卷本巨著《历史研究》⑤被誉为20世纪最伟大的历史著作。该书指出，应当把历史现象放到超出民族国家的更大范围内加以比较和考察，这就是文明。文明是具有一定时间和空间联系的某一群人，可以同时包括几个同样类型的国家。文明主要有两大特点：第一，每种文明都要经历起源、成长、衰落、解体和死亡5个发展阶段。第二，不同文明之间具有一定的历史继承性，或称作"亲属关系"。汤因比以文明为研究单位，从一个宏大的视角出发，将人类史作为一个整体加以考察。

法国知名史学家、年鉴学派代表人物之一的费尔南·布罗代尔

---

① 褚宁、马建春：《16—17世纪"布哈拉人"与欧亚内陆贸易网络的构建》，《世界历史》2016年第6期。

② 万雪玉：《中亚希瓦、布哈拉汗国政治状况》，《新疆大学学报（哲学社会科学版）》1996年第1期。

③ 万雪玉：《希瓦、布哈拉汗国时期乌兹别克斯坦经济状况》，《新疆大学学报（哲学社会科学版）》1996年第2期。

④ 张文德：《苏非派对近代中亚政治的影响》，《徐州师范大学学报（哲学社会科学版）》1997年第4期。

⑤ ［英］汤因比：《历史研究》（上、中、下），索麦维尔节录，曹未风译，上海人民出版社1964年版。

(Fernand Braudel)著的《文明史纲》①是采用年鉴学派的史学方法编写的重要学术著作。书中着重阐述了有关文明与文化的理论问题，并具体分析了欧洲以外的文明（伊斯兰与穆斯林世界、非洲、远东地区的文明）和欧洲文明（欧洲、美洲和另一个欧洲即俄国）的历史发展状况。

日本学者杉山正明的《游牧民的世界》②是对游牧民历史的另一种解读。作为日本研究草原民族与蒙古历史的第一人，杉山正明超越了以西欧、中国为中心的视野，在充分阅读和掌握欧亚各地区丰富文献资料的基础上，生动描述游牧帝国与世界历史的关系，将以往游牧民"野蛮入侵者"或"军事破坏者"的形象彻底颠覆。他通过翔实的史料证明，从公元4世纪到14世纪的1000多年间，游牧民才是欧亚大陆舞台上真正的主角。期间，游牧民主导或引发了欧亚大陆在经济、政治、军事、文化等方面的诸多变革，13世纪的蒙古帝国更是游牧民历史上最辉煌的时期，成为世界历史的分水岭。就中亚近代史而言，游牧民依然是中亚地区重要的社会群体，而且布哈拉汗国正是由游牧的乌兹别克人所建立的。因此，该书中关于游牧文明及其与农耕文明的关系的研究值得关注。

2. 有关中亚近代文明史的研究

由于中亚地处欧亚大陆各大文明的连结地带，东西方的古代史书、地理著作和旅行著作中对中亚的记述较多，如中国的二十四史、希腊罗马的各种史地著作等。但是，中亚也位于亚洲主要文明的边缘地带，因此本土史学相对落后，而东西方各类著作中有关中亚的描述不够系统。西方早期的中亚史研究属于东方学的范畴，其起步早、成果多、质量高，基于广泛探险和实地考察，并运用了多种古代语言。中亚研究较为发达的国家有英、法、俄、日等。而中国的

---

① ［法］费尔南·布罗代尔：《文明史纲》，蒋明炜等译，社会科学文献出版社2005年版。
② ［日］杉山正明：《游牧民的世界》，黄美蓉译，北京时代华文书局、中华工商联合出版社2014年版。

中亚史研究发端于西域史和蒙古史研究,主要依据丰富的汉文史料和当地考古资料,集中于帕米尔以东地区,基本属于中国史的范畴。对帕米尔以西中亚地区的研究成果主要是在改革开放以后取得的。本书使用的文献资料以俄文为主,另外也有部分英文材料及少量中亚当地语言如乌兹别克语、塔吉克语的相关资料。

(1) 中亚近代史类

《中亚文明史:第五卷》①和《中亚文明史:第六卷》②是联合国教科文组织主持编撰的《中亚文明史》最后两卷,是迄今为止国内外学术界第一部系统、全面探讨中亚近现代文明史的著作。它们详尽论述了自16世纪以来中亚各汗国及其周边地区的政治、经济、社会、宗教、民族、建筑、文学、教育、语言、科技、生态等方面内容。该书的另一大特色是编写者除来自欧美地区、中东、中国外,还有大批中亚当地学者的参与。他们大都利用当地文献撰写本土历史,因此该书具有非常高的史料价值。

2002年,印度阿里格尔穆斯林大学学者曼苏拉·海达尔（Mansura Haidar）出版了《16世纪的中亚》③。该书主要论述16世纪以来帖木儿帝国的解体、中亚各游牧部落和乌兹别克人的起源,以及诸汗国的早期历史等。书中探讨了16世纪中亚形势的两大特点:第一,波斯萨法维王朝、乌兹别克人建立的汗国与印度莫卧儿帝国的交往关系,并指出它们对中亚的政治、宗教和社会文化带来的影响,以及双方在思想、贸易和民族人口的交流与往来;第二,中亚地区新的权力结构得以出现,并通过战争来保持自我平衡。书中重点介绍了16世纪中亚地区的政治和经济变迁、宗教与文化交往等内容,

---

① Chahryar Adle and Irfan Habibeds, *History of Civilizations of Central Asia*, Vol. V, Paris: UNESCO Publishing, 2003.

② Chahryar Adle and Madhavan K. Palat and Anara Tabyshalieva, eds., *History of Civilizations of Central Asia*, Vol. VI, Paris: UNESCO Publishing, 2005.

③ Mansura Haidar, *Central Asia in the Sixteenth Century*, New Delhi: Manohar Publishers & Distributors, 2002.

对认识中亚近代文明的形成具有一定的参考价值。

1958年，俄国著名史学家伊万诺夫（П. П. Иванов）在他的《中亚史纲》① 一书中专门探讨了16—19世纪中叶的中亚历史。该书除了论述政治史外，重点分析中亚各民族的起源与形成、中亚三大汗国的社会经济状况以及中亚地区的文化生活。其中，对乌兹别克民族和哈萨克民族的起源及相互关系、中亚诸汗国的土地所有制和赋役制度进行了详细阐述。

1963—1965年，塔吉克苏维埃共和国科学院编纂出版了三卷本《塔吉克民族史》②。该书以时段划分卷本论述塔吉克民族史，分别为远古时期至公元6世纪、6世纪至1917年、1917年至1963年。其中，有关近代中亚的历史划归第二卷。第二卷内容以16世纪为节点，分两编论述中亚封建体制的兴盛与发展，以及近代中亚历史的演变。在中亚历史上，鉴于塔吉克民族作为土著民族而长期存在，该书相当于一部中亚史。与此同类，1955—1957年，由乌兹别克苏维埃共和国科学院出版发行的两卷本《乌兹别克苏维埃共和国史》③问世。该书以1917年为节点划分卷本。第一卷分为两编，即18世纪中叶以前和18世纪下半叶至1917年，来阐述以河中地区为中心的中亚历史进程。

1994年，英国学者加文·汉布里（Gavin Hambly）主编、吴玉贵译的《中亚史纲要》④ 首次在国内问世。该书以15章的结构主要探讨阿契美尼德王朝和马其顿帝国，游牧帝国与佛教传播，中亚以萨珊人和突厥人为主，伊斯兰帝国的崛起，蒙古帝国的鼎盛，金帐汗国、察合台汗国、帖木儿帝国与乌兹别克游牧民对河中地区的征服，乌兹别克诸汗国，沙俄的征服及其对中亚地区的管理，苏联的

---

① Иванов П. П. Очерки по истории Средней Азии (XVI-середина XIX). Издательство Восточной Литературы. М., 1958.
② История таджикского народа. М.: Изд-во вост. лит., 1963 – 1965. 3 т.
③ История Узбекской ССР. Ташкент: Изд-во Акад. наук УзССР, 1955 – 1957. 2 т.
④ [英]加文·汉布里：《中亚史纲要》，吴玉贵译，商务印书馆1994年版。

统治等。总之，该书结构明晰，简明扼要地论述了中亚历史的发展脉络。

《中央亚细亚史研究入门》① 是由日本学者小松久男、荒川正晴、冈洋树合编的，它详细列举了近些年有关中亚史的研究成果，除西方学界外重点关注日本学界和中亚国家学者近年来在中亚史研究领域取得的成果。其中，第5章专门对15世纪末至18世纪末的哈萨克汗国，以及16世纪至20世纪初乌兹别克汗国历史的研究现状作了梳理。该书对本书的学术史梳理有着重要的参考价值。另外，日本学界对中亚近代史研究的代表性成果还包括久保一之的《前近代的中央亚细亚（中央アジア：前近代）》②、宇山智彦的《近现代的中央亚西亚（中央アジア：近现代）》③、间野英二的《中央亚西亚史（中央アジア史）》④ 和小松久男的《动荡中的伊斯兰教：中亚近代史（激動の中のイスラーム——中央アジア近現代史）》⑤ 等。

（2）近代中亚的对外关系类

首先，俄国成为近代中亚对外关系的主要国家，这方面研究的文献分俄文、英文两种。俄国学者哈尔芬（Н. А. Халфин）出版了一系列关于19世纪俄国与中亚关系的著作，如《中亚并入俄国（19世纪60—90年代）》⑥、《俄国在中亚的政策（1857—1868年）》⑦、

---

① ［日］小松久男、荒川正晴、冈洋树，《中央ユーラシア史研究入門》，山川出版社，2018。
② ［日］久保一之，《中央アジア（前近代）》，三浦徹，黒木英充，東長靖編《イスラーム研究ハンドブック（講座イスラーム世界別巻）》，栄光教育文化研究所，1995。
③ ［日］宇山智彦，《中央アジア（近現代）》，三浦徹，黒木英充，東長靖編《イスラーム研究ハンドブック（講座イスラーム世界別巻）》，栄光教育文化研究所，1995。
④ ［日］間野英二編（竺沙雅章監修），《中央アジア史》（アジアの歴史と文化8），同朋舎，1999。
⑤ ［日］小松久男，《激動の中のイスラーム——中央アジア近現代史》（イスラームを知る18），山川出版社，2014。
⑥ Халфин Н. А. Присоединение Средней Азии к России（60 - 90-е годы XIX в.）. М.：Наука，1965.
⑦ Халфин Н. А. Политика России в Средней Азии（1857 - 1868）. М.：М.：Издательство Восточной Литературы，1960.

《俄国与中亚诸汗国（19世纪上半叶）》① 等。

2015 年，俄国学者别克马哈诺娃（Н. Е. Бекмаханова）在她的《18—19 世纪中亚并入俄国》② 一书中重点探讨关于俄国征服中亚的相关问题。书中指出，中亚与俄国的地缘和民族关系密切，中亚民族的经济和文化是农耕文明和游牧文明的主要组成部分。这对中亚近代文明史的研究具有借鉴意义。另外，1869 年，俄国学者扬茹尔（И. И. Янжул）出版了《俄国与中亚贸易史概略》③，这是研究中亚与俄国经贸关系的重要文献。

2008 年，由阿巴申（С. Л. Абашин）、阿拉波夫（Д. Ю. Арапов）和别克马哈诺娃合著的《俄国体系下的中亚》④ 问世。该书重点从俄国的角度阐释了中亚与俄国的关系。作者认为，俄国统治下的中亚不是受殖民压迫的时代，而是一个进步、自由、发展、融入世界现代文明的关键期。2012 年，就读于塔吉克斯坦科学院的马玛达利耶夫（И. А. Мамадалиев）以《俄国吞并中亚及在中亚的行政管理（19 世纪下半叶—20 世纪初）》⑤ 一文获得博士学位。论文重点分析了俄国占领中亚以后实行的政治改革。

2010 年，格卢先科（Е. А. Глущенко）在他的著作《俄国在中亚：征服与变革》⑥ 中详细讲述了俄国征服中亚主要城市如塔什干、

---

① Халфин Н. А. Россия и ханства Средней Азии (первая половина XIX в.). М. : Наука, 1974.

② Бекмаханова Н. Е. Присоединение Центральной Азии к Российской империи в XVIII-XIX вв. М. : Институт российской истории РАН；СПб. : Центр гуманитарных инициатив, 2015.

③ Янжул И. И. Исторический очерк русской торговли с Средней Азией. М. : Университетская типография, 1869.

④ Абашин С. Л. , Арапов Д. Ю. , Бекмаханова Н. Е. Центральная Азия в составе Российской империи. М. : Новое литературное обозрение, 2008.

⑤ Мамадалиев И. А. Присоединение средней Азии к России и особенности ее административного управления (вторая половина XIX-начало XX вв.) / диссертация доктора исторических наук. Душанбе, 2013.

⑥ Глущенко Е. А. Россия в Средней Азии. Завоевания и преобразования. М. : Центрполиграф, 2010.

撒马尔罕、布哈拉、希瓦、浩罕等的过程,并探讨了俄国沙皇亚历山大二世参与中亚地区的军事和行政管理事务。美国学者迈克尔·刘金编、陈尧光译的《俄国在中亚》①讲述了自16世纪中叶开始的300多年俄国向中亚的渗透及各阶段的历史背景,并着重探讨了苏联在中亚的统治。

捷连季耶夫（М. А. Терентьев）的《征服中亚史（三卷本）》②、列夫捷耶娃（Л. Г. Левтеева）的《关于中亚并入俄国的回忆录》③、黑达亚托夫（Г. А. Хидоятов）的《19世纪60—70年代英、俄在中亚的关系史》④和史蒂芬（Stephane A.）的《俄国与中亚政治中的伊斯兰教：18世纪至20世纪末》⑤都是研究近代中亚与俄国关系演变的重要文献。

再者,中亚与周边地区或国家的交往也是其对外关系的重要组成部分。1983年,济亚耶夫（Х. З. Зияев）出版了《16—19世纪中亚与西伯利亚的经济联系》⑥。该书详细介绍了16世纪中亚与西伯利亚的关系、17世纪中亚与西伯利亚的贸易往来、18—19世纪双方通过托姆斯克、秋明、托博尔斯克等贸易城市或额尔齐斯河线、伊尔比特交易会等专业贸易场所进行的贸易往来。

1979年,奇米多尔日耶夫（Ш. Б. Чимитдоржиев）在他的《17—18世纪蒙古与中亚的关系》⑦一书中专门探讨了17—18世纪

---

① ［美］迈克尔·刘金：《俄国在中亚》,陈尧光译,商务印书馆1965年版。

② Терентьев М. А. История завоевания Средней Азии. Том 1 - 3. СПб.: Типолитография В. В. Комарова, 1903.

③ Левтеева Л. Г. Присоединение Средней Азии к России в мемуарных источниках. Ташкент: Издательство «ФАН» Узбекской ССР, 1986.

④ Хидоятов Г. А. Из истории англо-русских отношений в Средней Азии в конце XIX в. (60 - 70-е гг.) Ташкент: Фан,

⑤ Stephane A. Dudoignon and Komatsu Hisao, *Islam in politics in Russia and central Asia: early eighteenth to late twentieth centuries*, London: KeganPaul, 2001.

⑥ Зияев Х. З. Экономические связи Средней Азии с Сибирью в XVI-XIX вв. Ташкент: Фан, 1983.

⑦ Чимитдоржиев Ш. Б. Взаимоотношения Монголии и Средней Азии в XVII-XVIII вв., М., 1979.

卫拉特（西蒙古）与中亚的复杂关系，揭示出双方均处于政权分裂、内乱纷争的时期，以及中国清王朝与双方的对外关系及其影响。

有关中亚与印度的文化联系方面，著作有《中亚与印度的文化关系史》①和多德胡达耶娃（Л. Н. Додхудоева）著的《16—19世纪中亚和印度艺术文化》②。

（3）近代中亚的社会、经济、宗教、文化类

1969年，基斯里亚科夫（Н. А. Кисляков）出版了《中亚居民的婚姻家庭史概述》③。该书主要分析的是19—20世纪初中亚居民的婚姻家庭状况，是研究中亚社会生活的重要文献之一。

学术界对中亚灌溉史关注较多。2014年，日本学者盐谷哲史的《中亚灌溉史简介》④问世，这对近代早期中亚诸汗国的灌溉经济作了详细论述。1983年，巴斯拉夫斯基（В. В. Пославский）的《中亚的灌溉问题》⑤也是介绍中亚灌溉农业的主要文献。

2011年，穆哈梅特希（Ф. М. Мухаметшин）主编的《俄国—中亚（第一卷）：18世纪末至20世纪初的政治与伊斯兰》⑥问世。该书重点论述了中亚汗国政治与伊斯兰教的密切关系、宗教在中亚汗国中的地位、国家与地方宗教精英的关系、俄国征服中亚以后的伊斯兰教政策，并从文明视角探讨了俄国与突厥斯坦伊斯兰世界的关系。它是研究18世纪末至20世纪初中亚伊斯兰教的重要资料。

---

① Из истории культурных связей народов Средней Азии и Индии: [Сб. ст.] / АН УзССР, Ин-т востоковедения им. Абу Райхана Беруни. Ташкент: Фан, 1986.

② Додхудоева Л. Н. Художественная культура книги Средней Азии и Индии XVI-XIX гг. По материалам рукописных собраний Академии наук Республики Таджикистан, Душанбе, 1998.

③ Кисляков Н. А. Очерки по истории семьи и брака у народов Средней Азии и Казахстана Л.: Наука, 1969.

④ ［日］塩谷哲史，《中央アジア灌漑史序説——ラウザーン運河とヒヴァ・ハン国の興亡》，風響社，2014。

⑤ Пославский В. В. Проблемы орошения в Средней Азии. Ташкент: Изд-во «Фан» УзССР, 1983.

⑥ Мухаметшин Ф. М. (рук. авт. кол.), Абашин С. Н., и др. Россия-Средняя Азия. Т. 1: Политика и ислам в конце XVIII-начале XX в. М.: ЛЕНАНД, 2011.

1998 年，茹科娃（Л. И. Жукова）出版了《19—20 世纪中亚的基督教历史》①。该书主要探讨自 19 世纪下半叶俄国统治中亚以后大量基督教移民迁入对当地穆斯林的影响，是研究这一时期中亚基督教历史的重要文献。

2004 年，詹姆士·斯鲁威尔（James Thrower）的《中亚宗教通史》②问世。该书论述了从史前时代到中亚各国独立时期各种宗教的互动演变，揭示了自阿拉伯帝国统治中亚以后，中亚各个时期伊斯兰教的显著特点，俄国占领中亚以后东正教文明与中亚本土伊斯兰文明的冲突。同时，本书也探讨了中亚其他宗教和民族的兴衰。

国外学术界对 19 世纪末至 20 世纪中亚地区扎吉德教育革新运动关注较多，其中具有代表性的研究成果是哈立德·阿迪布（Khalid Adeeb）的《穆斯林社会文化改革的政策：中亚地区的扎吉德运动》③和加法罗夫（Н. У. Гафаров）的《19 世纪末至 20 世纪初中亚扎吉德运动》④。

涉及近代中亚文化艺术方面的文献也比较多。例如，1927 年，俄国著名史学家巴托尔德（В. В. Бартольд）的《突厥斯坦的文化生活史》⑤问世。它是一本系统讲述中亚地区各民族的文化生活史，重点探讨了阿拉伯帝国入侵前后、蒙古帝国统治时期、乌兹别克诸汗国时期、俄国政权统治下的游牧和定居生活、俄国移民运动、城市生活与教育的斯拉夫化等问题，这是研究近代中亚文明形成与演变

---

① Жукова Л. И. К истории христианства в Средней Азии（XIX-XX вв.）Ташкент：Узбекистон，1998.

② James Thrower, *The Religious History of Central Asia from the Earliest Times to the Present Day*, New York：Edwin Melen Press, 2004.

③ Khalid Adeeb, *The politics of Muslim cultural reform：Jadidism in Central Asia*, Berkeley：University of California Press, 1998.

④ Гафаров Н. У. Джадидизм в Средней Азии в конце XIX в. - начале XX в. / диссертации доктора（DSc）исторических наук，Таджикский Национальный университет. 2014.

⑤ Бартольд В. В. История культурной жизни Туркестана. Ленинград：Акад. наук СССР，1927.

的重要文献。

1940年,万玛尔(Б. В. Веймарн)的《中亚艺术》① 是关于中亚地区中世纪、现代艺术概略的重要资料。其中,关于16—19世纪中亚艺术的章节内容值得参考。

1983年,苏联科学院东方学研究所出版的《中亚历史和文化》② 是一本论文集,其中通过对文献史料、考古发现和艺术品的分析与解读探讨了中亚的历史和文化。

2014年,曼科夫斯基(Л. Ю. Маньковская)在他的《9—20世纪初中亚建筑类型》③ 一书中分析了不同建筑类型的功能与形式,反映出与当地居民生活的密切关系。总之,通过对东方伊斯兰国家建筑类型的描述,探究穆斯林社会的精神文化观念。

3. 有关布哈拉汗国的研究

(1) 布哈拉汗国通史类

目前,在欧美和中亚学术界对有关布哈拉汗国史原始文献的整理取得显著成果。一方面是用阿拉伯语、波斯语和察合台语撰写的有关布哈拉汗国史的抄本逐一问世,例如《昔班尼传》《乌拜杜拉汗传》《阿布尔费兹汗传》《汗的礼品》《胜利者之书》和《布哈拉宾客纪事》等;另一方面是对中亚史研究的史料进行整理、汇编和翻译,如荣塞拉和斯科特·列维合编的《伊斯兰世界中的中亚:史料选集》④、乌兹别克斯坦科学院东方学研究所出版的《乌兹别克斯坦科学院东方手抄本汇编:历史》⑤、日本历史学研究会编纂的《东

---

① Веймарн Б. В. Искусство Средней Азии. М. Л., Искусство, 1940.

② История и культура Центральной Азии: [Сб. ст.] / АН СССР, Ин-т востоковедения. М.: Наука, 1983.

③ Маньковская Л. Ю. Формообразование и типология зодчества Средней Азии (IX-начало XX века) Ташкент: Baktria press, 2014.

④ Scott C. Levi and Ron Sela, *Islamic Central Asia: An Anthology of Historical Sources*, Indiana University Press, 2010.

⑤ Абу Райҳон Беруний номидаги Шарқшунослик институти. Собрание восточных рукописей Академии наук Республики Узбекистан: история. Ташкент: Фан, 1998.

亚，内陆亚细亚，东南亚细亚：世界史史料卷四（東アジア・内陸アジア・東南アジアⅡ世界史史料4）》①，伊朗学者西法古尔（Sifatgul）主编的《伊朗与河中地区的波斯语文献（萨法维、乌兹别克与布哈拉埃米尔政权）》② 等。

1843年，哈内科夫（Н. В. Ханыков）的《布哈拉汗国概述》③问世。它是一部全面描述布哈拉汗国的重要著作，内容包括布哈拉汗国的地域、灌溉、气候、部落与居民、地理环境、工业、农耕业、贸易、行政管理和教育等。

2016年，纳尔沙黑·穆罕默德（Наршахи Мухаммад）的《布哈拉史》④ 再次出版。它是一部围绕布哈拉城而编写的中亚史。作者指出，布哈拉是中亚最重要的文化中心之一。尤其到了近代，即16—20世纪，布哈拉城一直是中亚重要的政治、经济、文化、宗教中心。

1911年，拉加费特（Д. Н. Логофет）的两卷本《俄国保护国下的布哈拉汗国》⑤ 问世。该书全面、系统地介绍了布哈拉汗国被俄国征服以后的地域边界、地理环境、自然植被、灌溉农业、人口、行政、司法、工商业、税收、宗教、教育、交通、植棉业、人民起义、改革等方面状况。这成为研究俄国征服后布哈拉汗国历史的重要文献。另外，1908年，拉加费特在他的《失去权力的国家：布哈拉汗国及其现状》⑥ 一书中探讨了19世纪末至20世纪初布哈拉汗国的国

---

① ［日］歴史学研究会编，《東アジア・内陸アジア・東南アジアⅡ》（世界史史料4），岩波書店，2010。
② Manṣūr Ṣifatgul, Pazhūhishi dar bāra-yi maktūbāt-i tārīkhī-yi fārsī-yi Īrān wa Mā Warā' al-Nahr (Ṣafawīyān, Ūzbekān wa Amārat-i Bukhārā) hamrāh bā guzīda-yi maktūbāt, Tokyo：ILCAA—Research Institute for Languages and Cultures of Asia and Africa/University of Foreign Studies, 2006.
③ Ханыков Н. В. Описание бухарского ханства. СПб, 1843.
④ Наршахи Мухаммад. История Бухары. М.：URSS：ЛЕНАНД, 2016.
⑤ Логофет Д. Н. Бухарское ханство под русским протекторатом：Т. 1 - 2. Санкт-Петербург：В. Березовский, 1911.
⑥ Логофет Д. Н. Страна бесправия. Бухарское ханство и его современное состояние. М., 1908.

家管理、司法体制、教育和医疗体系、工商业等方面状况，尤其是布哈拉汗国的人口与民族问题。

1958年，伊斯坎达罗夫（Б. И. Искандаров）出版了《布哈拉汗国的历史（19世纪末的东布哈拉和西帕米尔地区）》①。该书重点描述了19世纪后半期东布哈拉和西帕米尔地区的历史、行政管理、税收体系、居民状况以及布哈拉政权与俄国的关系。

1974年，突厥斯坦总督区军官阿列达列克（Г. А. Арендаренко）的《19世纪80年代初的布哈拉和阿富汗》②出版。它是作者外派期间记录的关于布哈拉汗国和阿富汗相关情况的报告。

塔吉克斯坦著名学者萨德里金·阿宁（Садриддин Айни）的《回忆录（布哈拉）》③是用塔吉克语撰写的关于自19世纪80年代末至20世纪初布哈拉汗国黑暗历史的回忆录。书中重点描述了布哈拉的社会生活与文学创作，因此成为研究布哈拉汗国后期的重要史料。匈牙利东方学家万伯里（Ármin Vámbéry）著的《布哈拉历史》④也是研究布哈拉历史的参考文献之一。

美国史学家爱德华·奥沃斯（Edward A. Allworth）著的《现代乌兹别克民族：自14世纪至今的文化史》⑤介绍了乌兹别克民族的发展历程。自14世纪起，乌兹别克游牧民与河中地区的各民族的交流与融合加快，逐渐形成今天的乌兹别克民族。书中着重强调了乌兹别克民族的传统文化，这对研究布哈拉汗国的民族文化具有重要

---

① Искандаров Б. И. Из истории Бухарского эмирата (восточная Бухара и западный Памир в конце XIX века). Монография. М.: Издательство Восточной Литературы, 1958.

② Арендаренко Г. А. Бухара и Афганистан в начале 80-х годов XIX в. Москва: Главная редакция восточной литературы, издательство «Наука», 1974.

③ Садриддин Айни. Воспоминания. (Бухара). Москва: Советский писатель, 1951.

④ Ármin Vámbéry, *A History of Bukhara form Early Period down to the Present*, London: H. S. King, Elibron Classics edition, 1873.

⑤ Edward A. Allworth, *The Modern Uzbeks: From the Fourteenth Century to the Present: A Cultural History*, Stanford: Hoover Institution Press, 1990.

的借鉴意义。

在今天的乌兹别克斯坦，科学院院士阿莉莫娃（Д. А. Алимова）在乌兹别克斯坦史研究领域最为权威。她出版了多部著作，其中最具代表性的是两卷本《历史学既是历史也是科学》①，该著作首先对乌兹别克斯坦的历史学发展及其存在问题进行了全面系统的梳理，其次又从史学理论的宏观视角高度阐释了乌兹别克斯坦历史学科创建的背景、过程及意义，同时详细介绍了历史学的不同研究方法，最后具体对20世纪乌兹别克斯坦历史进程中的一系列重要问题作了深入解析。因此，该两卷本成为研究乌兹别克斯坦历史的重要文献，也体现了今天乌兹别克斯坦史学界的研究动态和水平。

另外，土耳其学者穆拉特·厄兹坎（Murat Özkan）的专著《布哈拉汗国：1500—1920》②、梅伊耶多尔夫（Е. К. Мейендорф）的《从奥伦堡到布哈拉的旅行》③、阿莉莫娃（Д. А. Алимова）与勒特韦拉泽（Э. В. Ртвеладзе）合编的《乌兹别克斯坦国家史概略》④、塔吉克斯坦著名史学家沙德蒙·沃西多夫（Шодмон Вохидов）整理的米尔扎·阿里姆·马赫杜姆（Мирзо Олим Махмуд）的《突厥斯坦史》⑤均是值得参考和研究的重要文献。

（2）布哈拉汗国专题类

①政治、经济、法律方面的研究

1993年和1997年，美国学者奥德里·伯顿（Audrey Burton）的两部著作《布哈拉人的贸易：1558—1718年》⑥和《布哈拉人：王

---

① Алимова Д. А. История как история, история как наука. В 2-х т. Т.: Узбекистан. 2008 – 2009.

② Murat Özkan, Buhara Hanlığı (1500 – 1920), Selenge Yayınları, İstanbul. 2021.

③ Мейендорф Е. К. Путешествие из Оренбурга в Бухару. М.: Наука, 1975.

④ Алимова Д. А., Ртвеладзе Э. В. Очерки по истории государственности Узбекистана & Сборник очерков. Ташкент, "Шарк", 2001.

⑤ Мирзо Олим Махмуд хожи. Тарихи Туркистон. Тошкент: Янги аср ав-лоди, 2009.

⑥ Audrey Burton, *Bukharan Trade, 1558 – 1718*, Bloomington: Indiana University, Research Institute for Inner Asian Studies, 1993.

朝、外交与商业史（1550—1702）》① 分别问世。它们主要以"布哈拉人"为研究群体，对"布哈拉人"与周边国家和地区的贸易关系作了详细梳理和论述，进而揭示出布哈拉汗国在16—17世纪中亚乃至整个世界的重要性，以对外经济和贸易为主线将布哈拉汗国与近代早期的全球经济体系联系在一起，反驳西方学术界的"近代中亚衰落和孤立"的传统观点，强调布哈拉汗国在中亚与南亚、东亚、西亚以及欧洲的贸易往来中扮演了重要角色，归纳和总结了布哈拉汗国乃至近代中亚诸政权参与早期经济全球化的方式与特点。此外，唐斯（E. M. Downs）的博士学位论文《贸易与帝国：西西伯利亚的商业网络、边境贸易与国家（1644—1728）》② 专门探讨了中亚贸易移民的形成、地位和特权等问题。作者认为，俄国保护和赞助布哈拉商人社区是作为以商业建立和扩大沙俄帝国宏伟战略的一部分，中亚移民相比西伯利亚当地居民更加"文明"，所以它对西伯利亚乃至整个俄国的社会进步作出了贡献。

德国著名中亚史学家安克·屈格尔根（Ank von Kugelgen）出版和发表了数篇布哈拉埃米尔国曼格特王朝史相关的著作和论文，侧重于从史学史的角度研究布哈拉汗国政治史，其中最具代表性的著作是《18—19世纪史料文献中曼格特王朝政权的合法性》③。该著作以文献解读为基础，从文献学的视角综合考量18—19世纪中亚诸汗国构建政权合法性的过程。

2017年，美国著名中亚经济史专家斯科特·列维（Scott Levi）出版的《布哈拉危机：18世纪中亚的关联历史》④ 成为欧美学界研

---

① Audrey Burton, *The Bukharans: A Dynastic, Diplomatic and Commercial History, 1550-1702*, London: Curzon Press, 1977.
② E. M. Downs, *Trade and Empire: Merchant networks, frontier commerce and the State in Western Siberia (1644—1728)*, Ph. D. dissertation, Stanford University, 2007.
③ Anke von Kügelgen, *Die Legitimierung der mittelasiatischen Mangitendynastie in den Werken ihrer Historiker: 18-19 Jahrhundert*, Ergon Verlag, 2002.
④ Scott C. Levi, *The Bukharan Crisis: A Connected History of 18th-Century Central Asia*, Pittsburgh: University of Pittsburgh Press, 2017.

究 18 世纪中亚地区政治和外交关系的重要成果。斯科特·列维从全球史观的角度驳斥了近代中亚"孤立"的传统论调,认为近代早期的中亚经济并不处于孤立状态,反而通过布哈拉人、安集延人等商业群体紧密地与世界经济联系在一起,这一时期中亚陆路贸易非但没有衰落反而增长明显,因此,18 世纪上半叶的"布哈拉危机"是多种因素交织作用的结果。

2007 年,塔吉克斯坦学者萨伊多夫·阿布杜卡霍尔(Саидов Абдукахор)在他的博士学位论文《17—18 世纪上半叶布哈拉汗国的政治社会经济状况》① 中,重点探讨了 17—18 世纪上半叶布哈拉汗国政治、经济、社会关系、精神文化与物质文化的相关情况。

2005 年,佩列夫(А. И. Пылев)出版了《1917—1920 年布哈拉汗国和希瓦汗国的政治状况》②。该书根据档案材料解读了 1917—1920 年布哈拉汗国和希瓦汗国的政治史。书中指出,这一时期布哈拉汗国和希瓦汗国出现民族解放运动,促使国家开始规划未来经济、政治、外交发展方向等问题。

2016 年,由阿布杜拉苏罗夫(У. Р. Абдурасулов)、萨尔托里(П. Сартори)、尤苏波夫(М. С. Юсупов)合著的《19 世纪末至 20 世纪初布哈拉的法院、布哈拉汗国的司法制度和诉讼程序》③ 问世。该书主要探讨了 19 世纪末至 20 世纪初布哈拉汗国法律体系的发展史和司法程序的运用等问题。

1995 年,拉扎科夫(Д. Х. Разаков)在他的博士学位论文《19

---

① Саидов Абдукахор. Политическое и социально-экономическое положение Бухарского ханства в XVII-первой половине XVIII вв. / диссертация доктора исторических наук. Душанбе, 2007.

② Пылев А. И. Политическое положение Бухарского эмирата и Хивинского ханства в 1917 – 1920 гг. СПб.:Петербургское Востоковедение, 2005.

③ Абдурасулов У., Сартори П., Юсупов М. С. Суд в Бухаре. Судоустройство и судопроизводство в Бухарском эмирате в конце XIX-начале XX в. Ташкент-Вена, 2016.

世纪60—90年代布哈拉汗国的对外贸易联系》①中，主要论述了19世纪下半叶布哈拉汗国的对外贸易史、俄国与布哈拉汗国不平等的贸易关系、布哈拉汗国在俄国与阿富汗、印度、伊朗、中国贸易往来中的地位和作用三大问题。

1966—1970年，阿布杜拉伊莫夫（М. А. Абдураимов）的两卷本《16—19世纪上半叶布哈拉汗国的农业关系概论》②问世。该书论述了阿斯特拉罕王朝和曼格特王朝早期布哈拉汗国的农业经济和和农业技术状况，成为研究布哈拉汗国农业经济的重要文献之一。穆哈梅扎诺夫（А. Р. Мухамеджанов）的《布哈拉绿洲灌溉史》③对河中地区特色的灌溉体系作了深入研析。马萨林斯基（В. И. Масальский）的《中亚植棉业》④认为，自19世纪中叶始棉花在俄国与布哈拉汗国关系演变中扮演了重要角色。伊万诺夫（П. П. Иванов）的《赘巴依谢赫的经济》⑤以大量篇幅探讨了16—17世纪布哈拉汗国瓦克夫土地特点和宗教代表的私有地产规模。穆科米诺娃（Р. Г. Мукминова）的《16世纪撒马尔罕和布哈拉的手工业史》⑥探析了16世纪布哈拉汗国手工业繁荣及其原因，并对手工业与农业、商业的关系作了分析。达维多维奇（Е. А. Давидович）的《17—18世纪中亚地区货币史》⑦对布哈拉汗国的货币流通及其政策

---

① Разаков Д. Х. Внешние торговые связи Бухарского Ханства (60 - 90 гг. XIX века) / диссертация кандидата исторических наук. Ташкент，1995.

② Абдураимов М. А. Очерки аграрных отношений в Бухарском ханстве в XVI-первой половине XIX века. Ташкент: Фан，1966 - 1970. 2 т.

③ Мухамеджанов А. Р. История орошения Бухарского оазиса (с древнейших времен до начала XX в.). Ташкент，1978.

④ Масальский В. И. Хлопковое дело в Средней Азии (Туркестанский край，Закаспийская область，Бухара и Хива) и его будущее. СПб，1892.

⑤ Иванов П. П. Хозяйство джуйбарских шейхов. К истории феодального землевладения в Средней Азии в XVI-XVII вв. Л.：АН СССР，1954.

⑥ Мукминова Р. Г. Очерки по истории ремесла в Самарканде и Бухаре в XVI веке. Ташкент，1976.

⑦ Давидович Е. А. История монетного дела Средней Азии XVII-XVIII вв. Душанбе：Изд-во Акад. наук Таджик. ССР，1964.

变化作了深入论述，在一定程度上反映了当时布哈拉汗国工商业的发展程度。上述文献对布哈拉汗国的农业、手工业和商业史研究均有涉猎，对本书的撰写参考意义较大。

②社会生活方面的研究

1991年，哈基莫娃（К. З. Хакимова）出版了《19世纪末至20世纪初布哈拉汗国的农民》①。该书以档案为资料来源讲述了当时布哈拉汗国农民的艰难处境，以及引发的农民起义。书中指出，农民的非暴力反抗形式暴露出统治者对农民的残酷剥削。

1958年，苏哈列娃（О. А. Сухарева）的《布哈拉汗国城市史》②问世。该书主要探讨了布哈拉汗国从古代至20世纪初城市生活的变化、城市居民的来源、俄国的统治对今天乌兹别克斯坦城市发展的影响三方面的问题。城市发展也是布哈拉汗国文明程度的表现之一。因此，研究布哈拉汗国的城市对中亚文明史研究具有重要的参考价值。

2019年，乌兹别克斯坦学者古扎尔·纳尔姆罗多娃（Guzal Normurodova）的博士学位论文《布哈拉埃米尔国社会阶层及其在社会经济生活中的作用（1868—1920年）》③对19—20世纪初布哈拉汗国的社会结构进行了深入研究。作者以社会分层理论为指导，研究俄国殖民统治期间布哈拉埃米尔国传统社会结构发生的变化，揭示影响社会阶层变化的主要因素，论述新型社会阶层的形成过程、改革运动及其在社会现代化进程中发挥的重要作用。该论文对本书撰写具有重要的参考价值。

---

① Хакимова К. З. Крестьянство Бухарского эмирата в конце XIX-начале XX в. (Социально-экономическое положение и движение народных масс) Ташкент: Фан, 1991.

② Сухарева О. А. К истории городов Бухарского ханства (историко-этнографические очерки). Ташкент: Издательство АН УзССР, 1958.

③ Нормуродова, Г. Б. Бухоро амирлиги ижтимоий қатламлари ва уларнинг ижтимоий-иқтисодий ҳаётдаги роли (1868 -1920 йиллар) /диссертации доктора (DSc) исторических наук, Самарқанд давлат университети. 2020.

关于布哈拉汗国犹太人的历史、经济状况和文化生活等可以参考如下著作：卡加诺维奇（А. Каганович）的《俄国和布哈拉犹太人：1800—1917 年》①、坎多尔（Л. М. Кантор）的《乌兹别克斯坦的当地犹太人》②、法伊济耶夫（Т. Файзиев）的《19 世纪布哈拉传统社会中使用奴隶的文献》③、济约耶娃（Д. Зиёева）的《19 世纪下半叶至 20 世纪初乌兹别克斯坦的城市》④、阿米尔·赛伊德·阿里姆洪（Амир Саййид Олимхон）的《布哈拉人民苦难史》⑤。

③宗教文化方面的研究

2006 年，来自俄罗斯联邦内务部管理科学院国家法律系的萨伊多夫（З. А. Саидов）在他的《1868—1920 年布哈拉汗国沙里亚法实施准则的历史特点》⑥论文中，通过分析汗国沙里亚法实施的一般特点、沙里亚法规则的使用对象和形式、根据伊斯兰教法实施规则的法律关系等问题来说明法律制度的建设对国家发展的重要性和必要性。

2012 年，来自塔吉克斯坦的海达罗夫（А. А. Хайдаров）在他的《阿赫玛德·多尼什（Ахмад Дониш）对 19—20 世纪初布哈拉汗国教育体系变革的建议》⑦一文主要阐述了 19—20 世纪初布哈拉汗国教育状况和阿赫玛德·多尼什对布哈拉汗国教育体系改革的建

---

① Каганович А. Друзья поневоле. Россия и бухарские евреи, 1800 – 1917 М.: Новое литературное обозрение, 2016.

② Кантор Л. М. Туземные евреи в Узбекистане. Ташкент: Узбекское государственное издательство, 1929.

③ Файзиев Т. Бухоро феодал жамиятида куллардан фойдаланишга доир хужжатлар (XIX аср). Т.: Фан, 1990.

④ Зиёева Д. Ўзбекистон шаҳарлари XIX асрнинг иккинчи ярми-XX аср бошларида. Т., 2013.

⑤ Амир Саййид Олимхон. Бухоро халқининг ҳасрати тарихи. Т., 1991.

⑥ Саидов З. А. Исторические особенности действия норм шариата в Бухарском Эмирате (1868 – 1920 гг.) / диссертация кандидата юридических наук. Москва, 2006.

⑦ Хайдаров, А. А. Реформаторские взгляды Ахмада Дониша в обновлении системы образования в Бухарском эмирате: XIX и начало XX веков / диссертация кандидата педагогических наук. Душанбе, 2012.

议。他认为，家庭教育是最基本的教育准则，爱国教育、法制教育、职业教育和道德教育也是教育的主要内容。

1968 年，就读于俄罗斯国家戏剧艺术学院的拉赫玛诺夫（М. Р. Рахманов）以《1917 年以前乌兹别克剧院的发展史》① 一文获得博士学位。论文以 18 世纪为划分节点，讲述了自公元前 2 世纪至 17 世纪、18 世纪至 1917 年的乌兹别克剧院的发展史。作为乌兹别克人在中亚地区建立的第一个国家，布哈拉汗国的剧院艺术也是文明发展的重要组成部分，故值得关注。

德国学者弗罗兰·施瓦茨（Florian Schwarz）的著作《千万条道路：16 世纪中亚伊斯兰世界中的宗教人士与社会》② 是《伊斯兰研究》丛书系列的第 226 卷。该书专门介绍 16 世纪中亚地区的历史、文化和社会状况，其重点从宗教视角分析伊斯兰教在当时中亚社会扮演的重要角色。

（3）布哈拉汗国的对外交往研究

①与俄国关系的研究

俄国征服以前，布哈拉汗国与俄国的关系主要表现在贸易联系、使节往来和俄国考察团的来访、俄国征服布哈拉的过程等。但是，俄国占领以后双方关系主要体现在俄国在这一地区实施的各项政策及布哈拉汗国的应对策略。

A. 早期俄国与布哈拉汗国的关系

1986 年，哈尔芬出版了《彼得一世在东方的外交使节：1718—1725 年意大利人佛罗里奥·别聂维尼（Флорио Беневени）担任俄

---

① Рахманов, М. Р. Пути развития узбекского театра, с древних времен до 1917 г.: в 2-х томах /диссертация доктора искусствоведения. Ташкент; Москва, 1968.
② Florian Schwarz, Unser Weg schließt tausend Wege ein: Derwische und Gesellschaft im islamischen Mittelasien im 16, Jahrhundert (Islamkundliche Untersuchungen, 226), Berlin: Klaus Schwarz Verlag, 2000.

国驻布哈拉和波斯的大使》①。该书是外交官佛罗里奥·别聂维尼写的关于 18 世纪布哈拉汗国和希瓦汗国的历史、经济和政治状况的报告。它是研究 18 世纪布哈拉汗国的重要文献。

1963 年,来自乌兹别克苏维埃共和国科学院的米哈列娃（Г. А. Михалева）在她的学位论文《18 世纪末至 19 世纪初俄国与布哈拉汗国经奥伦堡的贸易和外交联系》② 中,专门探讨了俄国与布哈拉汗国早期的政治和经济关系,重点阐释 18 世纪末的奥伦堡对俄国与中亚关系的重要性,以及后来俄国借助奥伦堡积极开展与布哈拉汗国的贸易和外交关系。

1915 年,茹科夫斯基（С. В. Жуковский）的《俄国与布哈拉、希瓦近 300 年的关系》③ 问世。该书是基于条约、协议、备忘录等官方资料编写的关于 17—19 世纪俄国与布哈拉汗国关系的简评式年表,因此主要介绍了双方的政治和外交关系。

俄国占领以前,布哈拉汗国重点与俄国开展经贸往来。扬茹尔（И. И. Янжул）的《俄国与中亚贸易史概论》④ 简要梳理双方贸易演进脉络,从地缘政治视角指出俄国通过强化与中亚贸易来弥补在欧洲的利益缺失,而对俄国发展贸易的动机辩护色彩过浓。班科夫（А. В. Панков）的《16—17 世纪中亚与俄国贸易史》⑤ 认为,这一时期双方贸易基本依附于外交政策,俄国借助贸易重点侦察经中亚

---

① Халфин Н. А. Посланник Петра I на Востоке. Посольство Флорио Беневени в Персию и Бухару в 1718 – 1725 годах. М. : Главная редакция восточной литературы издательства "Наука", 1986.

② Михалева Г. А. Торговые и дипломатические связи России с Бухарским ханством через Оренбург в конце XVIII-начале XIX в. / диссертация кандидата исторических наук. Ташкент: Изд-во Акад. наук УзССР, 1963.

③ Жуковский С. В. Сношения России с Бухарой и Хивой за последнее трехсотлетие. СПб., 1915.

④ Янжул И. И. Исторический очерк русской торговли с Средней Азией. М. : Университетская типография, 1869.

⑤ Панков А. В. К истории торговли Средней Азии с Россией ХУ1-ХУП вв. Ташкент, 1927.

通往印度之路，但对俄国企图干涉中亚事务只字未提。上述著作对近代早期布哈拉汗国与俄国的经贸关系作了详细梳理和论述。

B. 俄国统治以后与布哈拉汗国的关系

2004 年，西摩·贝克尔（Seymour Becker）在他的《中亚的俄国保护国：布哈拉汗国与希瓦汗国（1865—1924 年）》① 一书中，主要探讨了俄国对布哈拉汗国和希瓦汗国的征服、俄国与两大汗国的关系、两汗国在一战和 1905—1907 年俄国革命期间的活动及其灭亡等重要问题。

1867 年，俄国军官格鲁霍夫斯克（А. И. Глуховский）编写的《关于布哈拉汗国对俄国的重要性及采取必要措施加强俄国对中亚影响的报告》② 是一部关于布哈拉汗国及其与俄国关系的报告。书中讲述了布哈拉汗国、希瓦汗国和浩罕汗国的状况。布哈拉城市发展、布哈拉汗国与中亚边境、布哈拉汗国的对外贸易以及布哈拉汗国对英、俄的政治态度，这些成为俄国征服布哈拉汗国的动因。

1977 年，图赫塔梅托夫（Т. Г. Тухтаметов）的《20 世纪初的俄国与布哈拉汗国》③ 问世。该书主要探讨了 20 世纪初布哈拉汗国政治状况及其与俄国的关系、1905 年俄国革命对布哈拉汗国社会的影响、布哈拉汗国与俄国的经贸关系、1917—1920 年布哈拉统治者反苏政策等重要问题。这成为研究 20 世纪初布哈拉汗国的重要文献。

2012 年，俄罗斯乌拉尔联邦大学的波罗兹金（С. С. Бороздин）以《俄国政权对突厥斯坦和布哈拉穆斯林人口的政策（1867—1914 年）》④

---

① Seymour Becker, *Russia's Protectorates in Central Asia: Bukhara and Khiva, 1865 - 1924*, London and New York: Ruteladge Curzon, 2004.

② Глуховский А. И. Записка о значении Бухарского ханства для России и о необходимости принятия решительных мер для прочного водворения нашего влияния в Средней Азии / Ген. штаба подполк. Глуховской. СПБ.: Тип. А. Груздева, 1867.

③ Тухтаметов Т. Г. Россия и Бухарский эмират в начале XX века. Монография. Душанбе: Ирфон, 1977.

④ Бороздин С. С. Политика российских властей в отношении мусульманского населения Туркестана и Бухары (1867 - 1914). / диссертация кандидата исторических наук. Екатеринбург, 2012.

一文获得博士学位。论文重点阐述了俄国对中亚伊斯兰教的政策，从最初的不干涉政策转向限制政策。同时，文中设专章论述俄国在布哈拉汗国的伊斯兰教政策，以及20世纪初布哈拉汗国出现反俄思潮等问题。

②与周边地区或国家关系的研究

2001年，图利巴耶娃（Ж. М. Тулибаева）在她的《18—19世纪上半叶的哈萨克草原地区和布哈拉汗国》① 一书中主要利用波斯文献，来论述18—19世纪上半叶哈萨克斯坦与布哈拉汗国的关系。它是俄国学术界关于这一时期哈萨克草原地区与布哈拉汗国关系的第一本著作。

1989年，阿莉莫娃（Р. Р. Алимова）撰写了名为《自16世纪至俄国占领中亚以前俄国文献中的布哈拉汗国与周边东方国家的经贸联系》② 的著作。它是介绍16世纪至19世纪中叶布哈拉汗国对外贸易关系的重要文献。

2015年，来自塔吉克斯坦科学院的尼克扎德·科罗拉济·米尔·努罗金以（Никзад Келорази Мир Нуроддин）《17—18世纪上半叶伊朗与布哈拉汗国和希瓦汗国的军事政治和外交关系》③ 一文获得博士学位。论文详细探讨了17—18世纪上半叶伊朗、布哈拉汗国、希瓦汗国的政治状况，伊朗与布哈拉汗国、希瓦汗国的军事冲突，外交使团的互派也是这一时期伊朗与中亚两大汗国外交关系的显著特点。

1978年，乌兹别克斯坦学者尼扎穆季诺夫（И. Г. Низамутдинов）以

---

① Тулибаева Ж. М. Казахстан и Бухарское ханство в XVIII-первой половине XIX в. Алматы: Дайк-Пресс, 2001.

② Алимова Р. Р. Торгово-экономические связи Бухарского ханства с сопредельными странами Востока в трудах русских дореволюционных авторов с XVI в. до присоединения Средней Азии к России. Ташкент, 1989.

③ Никзад Келорази Мир Нуроддин. Военно-политические и дипломатические отношения Ирана с Бухарским и Хивинским ханствами в XVII-первой половине XVIII вв. / диссертация кандидата исторических наук. Душанбе, 2015.

《16世纪下半叶至18世纪上半叶布哈拉汗国与莫卧儿帝国之间的经贸、政治和文化关系》[1] 一文获得博士学位。论文全面探讨了16世纪下半叶至18世纪上半叶布哈拉汗国与印度的关系，对于研究两国关系具有重要价值。

2014年，瓦西里耶夫（А. Д. Васильев）在他的《"君主的旗与剑"：16世纪中叶至20世纪初中亚汗国与奥斯曼帝国的政治、文化联系》[2] 一书中探讨了16世纪中叶至20世纪初奥斯曼帝国与布哈拉汗国关系史演变，并论述了双方的政治关系、宗教朝觐、贸易往来、奥斯曼帝国的中亚民族聚居区等问题，最后阐释了双方关系的性质与特点。

（三）国内外研究现状评析

通过对国内外研究成果的回顾可以看出，国外学术界对中亚近代史的研究比较系统，尤其对布哈拉汗国的研究比较丰富。国外学者对布哈拉汗国的研究侧重于18世纪中叶，尤其是俄国占领以后布哈拉汗国的政治结构、经济发展、对外关系、社会生活和文化传统等方面的演变及特征。国内学术界对中亚近代史的研究不够全面系统，尤其对布哈拉汗国的研究十分欠缺。但是，上文已列举的国内研究成果也为进一步深化对布哈拉汗国的研究打下了坚实的基础。笔者将在吸收和借鉴学界已有成果的基础上，以布哈拉汗国为研究对象，从宏观上分析中亚近代文明交往的演变规律、中观上把握布哈拉汗国对中亚近代文明交往产生的影响，以及微观上探究布哈拉汗国历史演变的动因及特征，全方位、多层面、广视角地对其进行研究。

---

[1] Низамутдинов И. Г. Бухарское ханство и Монгольская Индия во II половине XVI-I половине XVIII вв.: Торгово-экономические, политико-дипломатические и культурные взаимоотношения. / диссертация доктора исторических наук. Ташкент, 1978.

[2] Васильев А. Д. "Знамя и меч от Падишаха". Политические и культурные контакты ханств Центральной Азии и Османской империи (середина XVI-начало XX вв.) М.: Ин-т востоковедения Российской акад. наук: Пробел - 2000, 2014.

三 文明交往论与中亚近代文明史的特点

同吴于廑先生的"整体史观"和罗荣渠先生的"现代化史观"一道,彭树智先生和马克垚先生提出的"文明史观"被称作改革开放以来中国学者提出的世界史研究体系三大史观之一。[①] 文明交往论是一套对人类的过往、现在和未来的认识体系,以文明为单位,从交往的横向视野出发,深入探究人类文明交往规律。交往在人类历史长河中发挥着最根本、最基础性的作用,文明交往形成的交往力,同生产力相互作用,分别组成了人类社会发展进程中的横线和纵线,彼此交叉璧联,织成了色彩斑斓的多样性历史画卷。[②] 文明交往是人类历史变革和社会进步的标尺,推动着人类文明的演进。人类文明交往的基本内容是:物质文明、精神文明、制度文明和生态文明。只讲物质和精神文明,不讲制度文明,是对人类文明从物质生产开始而伴随的文化观念进步过程中人与人关系的疏略。同样,只讲物质、精神、制度文明,而不讲生态文明,也就疏忽了人类社会与自然环境的综合性和整体性交往关系。其结果,往往忽视了生态文明系统对人类文明交往的制约作用。[③] 文明交往论还探讨了人类在不同历史阶段交往的特点、形式、因素、属性和规律,以及从文明交往链条中的挑战与应战、冲突与整合、现代与传统、外化与内化、人类与自然的相互关系,并从多极主体交往论、互动合作论、文明自觉论、人际、国际和人与自然界和谐共处的角度阐释了有关论点。

文明交往包括内交往和外交往两部分,文明的内交往指的是文明自身的发展和完善,是纵向发展过程。文明的外交往则是不同文明的交流,是文明的横向发展过程。中亚近代文明指的是近代中亚各族人民创造的一切物质文明、精神文明、制度文明和生态文明的

---

① 李学勤、王斯德主编:《中国高校哲学社会科学发展报告(1978—2008)·历史学》,广西师范大学出版社2008年版,第257—258页。
② 彭树智:《我的文明观》,西北大学出版社2013年版,第5页。
③ 彭树智:《我的文明观》,西北大学出版社2013年版,第6页。

总和，它既包含了自我完善过程中的中亚本土文明，也涵盖了吸纳和融合进程中的域外文明。中亚近代文明史始于16世纪，其时统一而强大的帖木儿帝国解体，中亚地区分裂为诸汗国。作为近代中亚国家，布哈拉汗国的内部交往是中亚本土文明体系之内的纵向发展进步的过程，生产力与生产关系的相互作用横向推动了中亚文明形态的变化。中亚近代文明的外交往更是频繁，这种横向交往的过程，更是促进了不同文明之间的交往、交流和交融，成为中亚历史发展的动力。在近代中亚，波斯文明、印度文明、东正教文明、中华文明、伊斯兰文明等不同文明形态发生冲突与融合，最终，经过300多年多维度的"文明交往"，俄国代表的东正教文明成了最后的赢家。

中亚近代文明交往的基本特点如下：一是本土文明的内在独特性。由于中亚地区独特的地理位置和历史进程，近代中亚在政治制度、经济制度、物质生产、物质生活、传统文化、思想艺术、适宜当地生态环境的生产生活等不同文明交往内容方面表现出明显的地域特征。中亚农耕文明与游牧文明之间的交往，是贯穿中亚历史进程的重要线索。它促进了文明交汇和民族融合，最终导致了游牧民族的部分农耕化。到了近代，乌兹别克诸汗国的建立也是游牧文明与农耕文明之间交往的结果，导致中亚农耕文明进程放缓。本地区的发展受限，进而引发统一稳定国家的缺位和外来入侵，由此出现了俄国的征服。

二是战争在中亚近代文明交往中扮演了重要角色。作为文明交往中的暴力形式，战争在一定程度上是最激进、最有效和最直接的互动方式。战争过程的破坏性、野蛮性与战争后果客观上的进步性与文明性并存。近代中亚依然延续着游牧世界与农耕世界之间的暴力交往，最终导致游牧世界必然同化于农耕文明。在近代，中亚地区还面临着周边国家为扩张领土而进行的战争，尤其是波斯和俄国。频繁的战争交往导致中亚的社会生产遭到破坏，但是冲突之后的整合又给当地文明的发展提供了空间和机会。中亚地区与周边农耕民族的暴力交往，也使得文化的沟通和融合过程加快了。战争交往具有和平交往所不具备的冲击力，结果是交往范围的迅速扩大和交往程度的空前扩展，导致社会形态的更替。①

三是中亚近代文明实现了跳跃式发展。近代中亚地区的社会经济和文化相对落后，进而导致出现"文明低地"，造成频繁的外来政治军事入侵、文化渗透和对本地区的统治。②如同中亚历史上出现过的波斯化、希腊化、伊斯兰化、突厥化和蒙古化，19世纪下半叶俄国的入侵和征服，再一次导致中亚出现外来东正教文明与本土文明的交融，从而实现创新，呈现出文明迅速发展的态势。作为欧亚文明交往的大通道，中亚诸汗国在融合外来文化的基础上，实现了本土文明对外来文明的选择性吸收，从而呈现出在延续原生文明基础上的跳跃式发展。

四是地理位置和文明发展状况决定了近代中亚对外文明交往的基本格局。中亚地处亚洲中心地带，在经济、社会和政治形态上可以划分为以哈萨克、吉尔吉斯等游牧民族为代表的北方游牧文明区，和以乌兹别克、塔吉克等农耕民族为代表的南方农耕文明区。在古代，丝绸之路将中亚地区紧密地联系在一起，将整个欧亚大陆的经济交往与文化交流编织成网，使中亚成为欧洲和亚洲各大文明的交汇点。历史上，中亚地区吸收不同文明的成果，形成多元、开放、包容的本土文明，并在融汇的基础上实现创新和输出。古丝绸之路的繁荣见证了中亚昔日的辉煌，与近代中亚的文明衰落形成鲜明对照。即便如此，近代中亚也通过频繁的对外交往，吸纳周边波斯文明、俄罗斯文明、印度文明、西亚文明和中华文明的精华，进行深入交往和融汇，最终成就了独具特色的中亚近代文明。

---

① 彭树智：《我的文明观》，西北大学出版社2013年版，第13页。
② 黄民兴：《试论中亚历史上文明交往研究中的一些关键问题》，《中东问题研究》2015年第1期。

第 一 章

布哈拉汗国的文明交往变迁史

布哈拉汗国自 16 世纪建立以来，历经 4 个多世纪、三个王朝的更迭，最终于 1920 年宣告灭亡。作为中亚近代文明的重要载体之一，布哈拉汗国的历史变迁基本与中亚近代文明的演变进程同步。所以，研究布哈拉汗国的历史，能够更加深入地理解中亚近代文明史的演变进程。为此，首先必须了解布哈拉汗国的历史沿革。

1500 年，成吉思汗后裔昔班尼率领乌兹别克人南下征服河中地区，建立布哈拉汗国，正式开启乌兹别克人在河中地区的统治。一百年后，在扎尼王朝的统治下，布哈拉汗国政权开始分裂，部落贵族势力不断壮大，加之波斯纳迪尔沙的入侵，曼格特部落最终于 18 世纪中叶夺取政权。曼格特王朝的统治时间最长，其间由于俄国的占领，布哈拉汗国的历史进程发生了明显变化。

第一节 乌兹别克人的南迁与昔班尼王朝的建立

15 世纪末至 16 世纪初，强大而统一的帖木儿帝国走向解体。与此同时，位于钦察草原东部的乌兹别克游牧民逐渐壮大起来，在阿布海尔（Абулхайр）[①] 汗的统治下成立游牧部落联盟，并借助军事

[①] 阿布海尔（Абулхайр，1412 - 1468）是成吉思汗之子术赤后裔，钦察草原乌兹别克部落联盟首领，统治时间为 1428—1468 年。

优势展开与南部帖木儿王朝的战争交往。1500年,在昔班尼的率领下,乌兹别克游牧民攻占河中地区,建立昔班尼王朝。自此,乌兹别克人开始成为河中地区的主体民族,其建立的布哈拉汗国也逐渐强大起来,成为16世纪中亚地区的主导力量。

一 乌兹别克人南下与帖木儿王朝衰败

"乌兹别克(Узбек,O'zbek)"一词源自古代"月即别"人,意为"自我统治"。月即别的称号来自金帐汗国的第九代汗——穆罕默德·月即别汗(又译乌兹别克汗,在位时间为1312—1340年)。此后,乌兹别克人成为金帐汗国突厥语系游牧民的总称,而非指代某一个部落或氏族,金帐汗国亦被称为"乌兹别克国家"。这一术语已在14—15世纪初波斯和中亚史学家的著作中广泛使用。[1] 1428年,在阿布海尔汗的领导下,游猎于钦察草原东部的乌兹别克游牧民建立了一个部落联盟的政治实体。他们凭借强大的军事力量,开始同帖木儿王朝展开密切交往。据史学家记载,1405—1406年,乌兹别克人占领花剌子模,并以此为据点侵袭中亚腹地,到达布哈拉。[2] 1416年,帖木儿王朝河中地区统治者兀鲁伯与乌兹别克人开始争夺锡尔河下游地区的统治权。1448年,趁帖木儿王朝内乱之际,阿布海尔汗率军远征撒马尔罕,将其洗劫一空。然而,阿布海尔汗在钦察草原的统治并不稳定,部落间斗争激烈,游牧民的生存条件恶劣。1468年阿布海尔汗死后,联盟瓦解,部落首领各自统治独立领地。

昔班尼全称穆罕默德·昔班尼(Мухаммед Шейбани,1451-1510),是成吉思汗后裔,阿布海尔汗之孙,中亚乌兹别克国家的奠基人。取名昔班尼是为了纪念成吉思汗之孙昔班。昔班尼具有较高的军事才能和组织能力。15世纪下半叶,昔班尼掌权以后,率领乌

---

[1] Иванов П. П. Очерки по истории Средней Азии (XVI-середина XIX). Издательство Восточной Литературы. М., 1958. С. 21.

[2] Иванов П. П. Очерки по истории Средней Азии (XVI-середина XIX). С. 22.

兹别克部落远征作战，掠夺新土地和战利品。他在乌兹别克部落贵族的拥护下，召集乌兹别克游牧民组建军队向锡尔河下游地区进攻。因为对于游牧民而言，这里不仅是过冬的理想之地，而且战略位置重要，可借此侵袭富饶的河中地区。再者，随着人口和牲畜数量的不断增加，这一时期钦察草原上乌兹别克人、哈萨克人、诺盖人和卡尔梅克人之间因争夺牧场而发生冲突，游牧民的生活更加艰难。这促使更多游牧民追随昔班尼南下争夺富庶之地。自15世纪初始，乌兹别克部落首领们即主张南下，进攻河中地区，其原因主要在于此时的帖木儿王朝濒临崩溃的边缘。

1370年，帖木儿建立的王朝曾是跨越西亚、中亚和南亚地区的大帝国。但自15世纪始，帖木儿王朝开始衰败，实际控制范围仅有河中地区和呼罗珊（Хорасан）地区。自沙哈鲁即位以后，王朝首都从原来的撒马尔罕迁至赫拉特，河中地区的政权统治渐趋衰弱，1448年乌兹别克游牧民对撒马尔罕的劫掠则为力证。15世纪末至16世纪初，帖木儿王族内部权力争夺频仍，中央政权分裂；分封制导致地方势力强大，独立倾向明显；民不聊生，社会矛盾加剧。因此，帖木儿王朝的衰败不言自明。15世纪中后期，乌兹别克人凭借军事优势干预河中地区事务。应帖木儿家族王公卜赛因·米尔咱请求，1451年，阿布海尔汗率军占领撒马尔罕，帮助卜赛因夺回王位。所以，从另一角度来讲，正是帖木儿王朝自身将乌兹别克人引入河中地区，为后者夺取河中政权创造了条件。

另外，乌兹别克游牧部落能够顺利南下、夺取河中地区政权，还考虑以下三方面因素：第一，河中地区民众深陷社会动荡、内外纷争的苦难之中，乌兹别克人南下远征未受到前者的激烈反抗；第二，河中地区的贵族阶层为了维护自身利益，与乌兹别克游牧部落联合，以宗教名义支持昔班尼汗的征服行动；第三，语言、宗教信仰和生活习俗等方面的相似和经济的互补性促成河中地区民众与乌兹别克游牧民的经济文化交往频繁。这些因素客观上为昔班尼王朝的建立奠定了基础。

二 布哈拉汗国的创立与前期统治

在上述背景和条件下,昔班尼率领的乌兹别克部落与帖木儿王朝之间展开持续的战争交往。1498 年,昔班尼进攻河中地区,推翻帖木儿王朝的统治。1500 年,他先后占领撒马尔罕和布哈拉,并以撒马尔罕为都城建立昔班尼王朝,帖木儿王朝宣告结束。此后,昔班尼汗开始征服原帖木儿王朝的疆域。1503 年占领塔什干,1504 年夺取费尔干纳,1505 年征服花剌子模并控制乌尔根奇,1506 年巴尔赫(Балх)的攻占打通了通往呼罗珊中心城市——赫拉特的要道,1507 年进攻呼罗珊并占领赫拉特。经过十余年的征战,到 1509 年,昔班尼王朝的疆域基本形成,范围主要包括河中地区、花剌子模和呼罗珊。至此,昔班尼率领的乌兹别克游牧部落对原帖木儿王朝统治下中亚地区的征服基本完成,成吉思汗后裔又重新从突厥人手中夺回了中亚地区的管辖权,布哈拉汗国最终建立。

然而,昔班尼汗的统治时间并不长。1510 年,为争夺呼罗珊的统治权,他率领的乌兹别克人在谋夫一战中败于波斯人,昔班尼汗也战死沙场。尔后,波斯人进攻中亚地区,占领花剌子模,并指派波斯官吏进行统治。由于花剌子模民众信奉逊尼派,而自 1501 年始萨法维王朝将什叶派定为国教,因此,波斯人的统治必然引起花剌子模地区的宗教冲突。在当地宗教界的支持和推动下,1512 年来自钦察草原的乌兹别克部落首领伊勒巴斯(Ильбарс)①被拥立为汗,建立花剌子模汗国②。至此,呼罗珊和花剌子模基本独立于布哈拉汗国的疆域之外,昔班尼王朝实际控制的仅剩河中地区了。

---

① 伊勒巴斯全称阿布尔·曼苏尔·伊勒巴斯(Абу-л-Мансур Ильбарс,1456—1518)是成吉思汗后裔、乌兹别克部落首领、希瓦汗国的创建者。他统治希瓦汗国的时间为 1511—1518 年。

② 16 世纪 70 年代,花剌子模地区的阿姆河改道,流经乌尔根奇的河流逐渐干涸,迫使都城于 16 世纪末由乌尔根奇迁至希瓦,故将花剌子模汗国改名希瓦汗国。

自 1510 年昔班尼汗死后，河中地区一度被萨法维王朝支持下的巴布尔（Захир-ад-дин Мухаммад Бабур，1483－1530）所占领，但 1512 年乌拜杜拉（Убайдулла）①率军击败巴布尔，迅速恢复了乌兹别克人的统治权，尽管这一时期的汗位由昔班尼家族中的长者忽春赤（Кучкунджи）②继任。1530 年，忽春赤汗死后，其长子阿布·赛义德继位称汗三年。其间，实权始终掌控在乌拜杜拉手中。1533 年，阿布·赛义德死后，乌拜杜拉正式称汗。在位期间，乌拜杜拉汗将都城从忽春赤汗后裔的领地撒马尔罕迁至自己的封地——布哈拉，使之逐渐成为河中地区的中心城市，汗国由此得名。

乌拜杜拉汗执政以后，对内平息混乱纷争，政权渐趋稳定；对外数次远征花剌子模和呼罗珊，基本恢复了昔班尼王朝初期的疆域。《中亚蒙兀儿史——拉失德史》的作者穆罕默德·海答尔·杜拉吉（Мухаммед Хайдар Дулати）是乌拜杜拉汗同时期的史学家，他对乌拜杜拉汗的评价较高，认为他是一位贤明的君主。③然而，自 1539 年乌拜杜拉汗去世以后，布哈拉汗国陷入混乱，忽春赤汗后裔与乌拜杜拉汗后裔之间的汗位争夺十分尖锐，分别出现以撒马尔罕和布哈拉为都城的两大政权。直至 1557 年阿布杜拉（Абдулла）率军攻占布哈拉城，这种局面才得以结束。

三　阿布杜拉汗二世统治的兴盛

阿布杜拉是亦思干答儿（Искандер）素丹之子，后者是克尔米

---

① 乌拜杜拉（Убайдулла，1487－1539）是昔班尼汗的侄子，昔班尼王朝的第四位汗。他的统治时间为 1533—1539 年。
② 忽春赤（Кучкунджи，1452－1530）是昔班尼汗的叔叔，自 1510 年昔班尼去世后继任汗位，统治时间为 1510—1530 年。
③ 米儿咱·马黑德·海答儿：《中亚蒙兀儿史——拉失德史》（第二编），新疆社会科学院历史研究所译，新疆人民出版社 1986 年版，第 187—188 页。

涅（Кермине）①和米安卡拉（Мианкаль）的领主。自1550年，乌拜杜拉汗之子阿布杜拉济兹汗（Абдулазиз）死后，布哈拉汗国各领地素丹展开对布哈拉的争夺战。1551年，年仅17岁的阿布杜拉登上政治舞台。塔什干素丹巴拉克汗进攻布哈拉途经克尔米涅时，败于由阿布杜拉率领的少数军队，最终双方达成停战协议。当时河中地区的赘巴依谢赫②穆罕默德·伊斯拉姆（Мухаммад Ислам）和卓闻讯后，赞赏阿布杜拉的军事才能，且后者亦是自己的虔诚信徒，故伊斯拉姆决定支持阿布杜拉，使之成为布哈拉汗国的统治者。1552年，在宗教界的支持下，阿布杜拉占领卡尔希，进攻呼罗珊。同年，撒马尔罕的忽春赤汗之子阿布达拉季夫（Абд ал-Латиф）去世，由其侄赛义德即位。1554—1555年，巴拉克从突厥斯坦城向撒马尔罕和布哈拉进攻，赛义德和布哈拉统治者布尔甘曾向阿布杜拉求援，结果撒马尔罕被巴拉克占领，而布尔甘曾承诺将布哈拉赠予阿布杜拉，但并未兑现。最终，阿布杜拉于1557年一并夺回了撒马尔罕和布哈拉。

于是，在以伊斯拉姆和卓为首的赘巴依谢赫家族的支持下，1557年，阿布杜拉入主布哈拉，基本确立了对河中地区的统治权。此后，阿布杜拉继续扩张自己的势力范围。1559年，巴达赫尚（Бадахшан）地区的统治者苏莱曼图谋进攻巴尔赫，而巴尔赫的统治者正是阿布杜拉伯父皮尔·穆罕默德（Пир Мухаммед）。最终在阿布杜拉的援助下，苏莱曼败北，巴尔赫地区继续归皮尔·穆罕默德统治。1560年，阿布杜拉将目光转向呼罗珊，远征克尔基（Керки）和希比尔甘（Шибирган）。期间，他与皮尔·穆罕默德会面，并达成协议，即以布哈拉交换巴尔赫。其原因在于皮尔·穆罕

---

① 克尔米涅（Кермине）是布哈拉汗国的重要城市之一。1958年，在克尔米涅旧城附近新建居民点，以乌兹别克斯坦15世纪的著名诗人阿利舍尔·纳沃伊命名。克尔米涅城旧城遗址位于今天的乌兹别克斯坦纳沃伊城。

② 赘巴依谢赫（Джуйбарские шейхи）是指执掌河中地区教权、属于苏非派的纳合什班底教团领袖。

默德作为昔班尼家族年长者,一直觊觎汗位。对阿布杜拉而言,占有巴尔赫有利于征服呼罗珊。但这一协议遭到了宗教界的反对,皮尔·穆罕默德在布哈拉毫无立足之地。伊斯拉姆对阿布杜拉的这一行为非常不满,认为他的成功主要得益于宗教界的支持。最后,阿布杜拉亲自向伊斯拉姆忏悔认错,并依照后者的建议,于1561年以父亲之名实施统治,在清真寺均以亦思干答儿的名字诵读呼图白(хутба),且以父亲名义发行货币。1583年,其父死后,阿布杜拉正式登上汗位,史称阿布杜拉汗二世。此后,赘巴依谢赫家族在河中地区,乃至整个中亚地区的影响力迅速扩大。

16世纪下半叶,布哈拉汗国的实际统治权始终掌握在阿布杜拉汗二世手中。期间,阿布杜拉汗二世消灭地方分裂势力,建立强大的中央集权,最终确立了布哈拉都城的政治地位。1569年,阿布杜拉汗二世率军打败由突厥斯坦、塔什干和忽毡(Худжанд)等组成的军事联盟,1570年和1572年,阿布杜拉两次出兵讨伐巴尔赫素丹金·穆罕默德(Дин Мухаммед),1572年占领铁尔梅兹,1574年夺取希萨尔(Гиссар),1576年控制了撒马尔罕和塔什干。自1583年称汗以后,阿布杜拉汗二世力图稳固边境地区,进一步扩大疆域范围。首先,为了防止哈萨克游牧民的侵掠,阿布杜拉远征锡尔河以北的草原地区。16世纪70—80年代,哈萨克游牧部落臣服于阿布杜拉汗二世。1584年,阿布杜拉汗二世发动对巴达赫尚地区的远征,收复了原属帖木儿王朝的领地。再次,阿布杜拉汗二世在统治后期,共发动三次对希瓦汗国的战争。1593—1594年,阿布杜拉吞并了希瓦汗国,并派代理人在此统治。最后,1587—1598年间,阿布杜拉汗二世多次远征呼罗珊,最终将其划归布哈拉汗国版图。

至16世纪末,布哈拉汗国疆域大为开拓,北到咸海,南至马什哈德,西到里海,东至伊塞克湖。阿布杜拉汗二世的统治实现了昔班尼王朝的中兴,阿布杜拉汗二世更是布哈拉汗国历史发展的鼎盛阶段,成为中亚地区最具影响力的君主。但在16世纪末,阿布杜拉汗二世与儿子阿布达尔穆明(Абдалмумин)政见不合。作为储君驻地巴尔赫的统治者，阿布达尔穆明仍不满足，而觊觎阿姆河以南的所有领土，包括巴达赫尚、花剌子模和呼罗珊地区，甚至企图侵占河中地区，推翻父亲的统治。这引起了阿布杜拉汗二世的不满。至1597年秋，父子矛盾已演变为公开的军事冲突，布哈拉汗国实力不断被削弱。与此同时，1588年阿拔斯一世即位以后，萨法维王朝的统治渐趋稳定。阿拔斯一世开始与希瓦汗国联合，企图夺回呼罗珊和花剌子模地区。为了抵抗阿布杜拉汗二世的统治，1594年，哈萨克游牧部落首领塔瓦卡尔（Таваккал）向俄国沙皇费多尔·伊凡诺维奇（Федор Иванович）派遣使节，提议俄国与波斯结盟，共同打击布哈拉汗国。为此，塔瓦卡尔甚至愿成为俄国沙皇的仆臣。①

1598年2月，统治布哈拉汗国40余年的阿布杜拉汗二世去世，河中地区再次陷入分裂和混乱。同年，阿布达尔穆明继位。他开始镇压暴动，铲除异己，大肆屠杀家族成员和父亲旧臣。他的残暴统治令布哈拉汗国上层极为不满。在率军赴呼罗珊与阿拔斯一世作战途中，他遭遇暗杀。这样，阿布达尔穆明的统治仅仅维持了6个月。② 此后，河中地区已无昔班尼男系后裔可继承汗位，昔班尼王朝正式灭亡。

阿布杜拉汗二世死后的短短两年时间，布哈拉汗国的广阔领土迅速被周边势力瓜分。锡尔河以北的哈萨克游牧民，西南部的波斯，以及相邻的希瓦汗国开始全面反攻布哈拉汗国。哈萨克游牧民占领了突厥斯坦、塔什干和安集延，波斯人趁机夺回了包括马什哈德、赫拉特在内的呼罗珊地区，巴尔赫也在阿拔斯一世的支持下宣布独立，希瓦汗国重新恢复了对花剌子模地区的统治。至此，布哈拉汗国的疆域急剧缩小，仅剩撒马尔罕、布哈拉、萨加尔志

---

① Камолов Х. Ш. История вторжения кочевых племен Дашт-и Кипчака в Среднюю Азию (XVI в.) / диссертация доктора исторических наук. Душанбе，2007. С. 187.

② Камолов Х. Ш. История вторжения кочевых племен Дашт-и Кипчака в Среднюю Азию (XVI в.). С. 190 - 191.

（Сагардж）①、乌拉秋别（Ура-Тюбе）、沙赫里萨布兹（Шахрисабз）和胡扎尔（Гузар）六块属地了。② 一年后，即1599年，阿斯特拉罕汗后裔扎尼家族重新在河中地区建立新政权，自此，布哈拉汗国由扎尼王朝统治。

第二节 扎尼王朝的统治与战争交往

扎尼王朝自1599年建立以来，统治布哈拉汗国一个半世纪，其间既有繁荣，也有衰败。17世纪上半叶布哈拉汗国相对统一，中央集权强化，社会秩序稳定。但自1645年阿布达拉济兹（Абд-ал-Азиз）③执政后，布哈拉汗国政权开始分裂，内讧不断，地方独立倾向明显。18世纪初，在费尔干纳地区甚至出现了新国家——浩罕汗国。18世纪以后，布哈拉汗国的权力逐渐落入乌兹别克游牧部落家族之手，加之哈萨克游牧民和希瓦汗国的不断侵掠，以及1740年波斯纳迪尔沙的入侵，彻底摧毁了扎尼王朝的统治。最终，曼格特部落于18世纪中叶夺取政权，扎尼王朝自此灭亡。总之，内乱不止、征战不休成为这一时期布哈拉汗国历史的显著特点。

一 王朝建立与伊玛姆库利的统治

首先，扎尼家族与布哈拉汗国的历史渊源值得追溯。1460年，扎尼家族曾在伏尔加河下游与顿河下游之间的阿斯特拉罕城建立政权，史称阿斯特拉罕汗国④。它是金帐汗国解体后由成吉思汗后裔建

---

① 萨加尔志（Сагардж）在撒马尔罕西北部，今亚内库尔干以西大约4千米处。
② Бартольд В. В. История культурной жизни Туркестана. Сочинения. Т. 2. Ч. 1. М., 1963. С. 269 – 270.
③ 阿布达拉济兹（Абд-ал-Азиз，统治时间为1645—1680年）是扎尼王朝的第五任汗，为纳迪尔·穆罕默德之子。
④ 阿斯特拉罕汗国（Астраханское ханство）是金帐汗国瓦解后建于1460年的汗国，首都在哈吉·答剌罕（大约位于今天的阿斯特拉罕以北12千米处），地域范围主要包括伏尔加河三角洲至今天的卡尔梅克共和国。1556年，首都被俄国攻占，最终灭亡。

立的。1556年，俄国吞并阿斯特拉罕汗国以后，亡国君主雅尔·穆罕默德（Яр-Мухаммад）及其子扎尼·穆罕默德（Джани-Мухаммад）南下逃奔布哈拉汗国避难，亦思干答儿汗收留他们，并将阿布杜拉汗二世之妹祖赫拉·哈努穆（Зухра-ханум）嫁于扎尼·穆罕默德。① 1598年，阿布达尔穆明死后，乌兹别克贵族代表大会推举扎尼继承汗位，但遭到后者拒绝。1599年，贵族代表推举扎尼长子金·穆罕默德（Дин-Мухаммад）称汗，但在返回布哈拉途中，金·穆罕默德被波斯人处死。之后，扎尼次子巴基·穆罕默德（Баки-Мухаммад）称汗，而幼子瓦利·穆罕默德（Вали-Мухаммад）成为储君，驻守巴尔赫。至此，扎尼王朝（又称阿斯特拉罕王朝）正式建立，巴基·穆罕默德成为第一任汗，首都依旧在布哈拉。

巴基·穆罕默德在位时间较短，统治布哈拉汗国六年。执政以后，巴基·穆罕默德率先收复巴尔赫地区，并作为储君驻地赠予兄弟瓦利·穆罕默德。期间，萨法维王朝曾数次试图夺回巴尔赫，但最终失败。其时，布哈拉汗国的疆域北至突厥斯坦，西到希瓦汗国，南达谋夫，主要包括河中地区和巴尔赫。这一时期，赘巴依谢赫家族对巴基·穆罕默德的政权给予了大力支持，也得到了后者大量的物质回报。巴基·穆罕默德称汗以后，赠予和卓阿布基（Абд-Ходжа）15万腾格（таньга）②，授予不同的尊贵称号。③ 双方更是通过联姻加强联系，和卓阿布基迎娶了汗王的妹妹。④

1605年巴基·穆罕默德去世，其弟瓦利·穆罕默德入主布哈

---

① Абдукахор Саидов. Политическое и социально-экономическое положение Бухарского ханства в XVII-первой половине XVIII вв. / диссертация доктора исторических наук. Душанбе, 2007. С. 49.

② 腾格（таньга）通常指代中亚地区的银币。它的一面铸有汗王名字，另一面则有货币铸造的城市名或铸造时间。1腾格约等于16.75卢布。参见王治来《中亚通史》（近代卷），新疆人民出版社2004年版，第279页。

③ Абдукахор Саидов. Политическое и социально-экономическое положение Бухарского ханства в XVII-первой половине XVIII вв. С. 52 – 53.

④ Абдукахор Саидов. Политическое и социально-экономическое положение Бухарского ханства в XVII-первой половине XVIII вв. С. 52 – 53.

拉，继承汗位。他为政暴虐、耽于酒色、生活奢靡。瓦利·穆罕默德在位时期，布哈拉汗国的地方势力强大，几乎不受中央政权的控制。撒马尔罕和巴尔赫两处归巴基·穆罕默德之子伊玛姆库利（Имамкули）和纳迪尔·穆罕默德（Надир-Мухаммад）①统治，他们的势力不断壮大，试图推翻叔叔的统治。1611年初，伊玛姆库利和纳迪尔·穆罕默德联合向布哈拉进军，到达加尔姆（Гарм）②。瓦利·穆罕默德从布哈拉出发准备反击时，发现将领和贵族倒戈相向，自知无力抵抗，乃携子逃亡波斯寻求避难。阿拔斯一世为他提供8万人的军队，助他夺回河中地区政权。③伊玛姆库利闻讯后，迅速展开求援，得到了宗教界、各地部落贵族和哈萨克部落首领的支持，最终，瓦利·穆罕默德率领的波斯军队被乌兹别克人击败，他本人亦被生擒处决。④

1611年，伊玛姆库利正式宣布称汗，其弟纳迪尔·穆罕默德作为储君统治巴尔赫。伊玛姆库利汗的统治时间长达31年，也是扎尼王朝统治最为繁荣稳定的时期。一方面，他致力于平定外患。一直以来，布哈拉汗国居民时常遭受哈萨克游牧民的侵袭。因此，1613年，伊玛姆库利汗决定打击哈萨克游牧部落，结果占领塔什干，委任其子亦思干答儿统治。但由于亦思干答儿的统治残暴，不得人心，最终被杀。为了报复，伊玛姆库利汗再次征服塔什干，大肆屠杀当地民众，将周边的卡拉卡尔帕克人和卡尔梅克游牧民制服。这一胜利巩固了伊玛姆库利汗的政权。另一方面，他努力制止内讧，强化中央集权，稳定社会秩序。布哈拉汗国混乱之时，地方部落贵族的权力坐大，离心倾向更为突出。因此，伊玛姆库利汗采取有力措施

---

① 纳迪尔·穆罕默德（Надир Мухаммад，1594—1651）是扎尼王朝的第四位汗，统治时间为1642—1645年。作为汗继承人，1642年以前他为巴尔赫地区的统治者。
② 加尔姆（Гарм）是卡拉杰金（Каратегин）省的中心城市。
③ Абдукахор Саидов. Политическое и социально-экономическое положение Бухарского ханства в XVII-первой половине XVIII вв. С. 57.
④ Абдукахор Саидов. Политическое и социально-экономическое положение Бухарского ханства в XVII-первой половине XVIII вв. С. 58.

稳定社会秩序，重视经济发展，以此强化布哈拉汗国政权的统治。①因此，伊玛姆库利汗的统治时期被称为扎尼王朝的"黄金时代"。②

晚年，伊玛姆库利汗因患眼疾失明，乃将汗位让于纳迪尔·穆罕默德。1642年，纳迪尔·穆罕默德称汗以来，为政残暴。一则对宫廷官吏进行调换，试图收回部落贵族和社会上层的地产；③二则实施的惩罚手段极其残暴，甚至发明各种刑具；④三是搜刮民众，为自己聚敛财富，"在昔班尼王朝和扎尼王朝的所有汗中，没有哪一个比他更富有"⑤。因此，纳迪尔·穆罕默德的统治不得人心。1645年，部落贵族和宗教界联合起来，趁纳迪尔·穆罕默德不在布哈拉，将其政权推翻，并扶持阿布杜拉济兹登上汗位。可见，这一时期，扎尼王朝的政权开始逐渐掌控在乌兹别克部落贵族手中，布哈拉汗国政权走向分裂的隐患已然凸显。

二 阿布杜拉济兹汗与布哈拉汗国分裂

1645年，阿布杜拉济兹称汗以后，纳迪尔·穆罕默德退守巴尔赫，并与其他儿子一同参与到权力争夺战之中，巴尔赫成为他们父子争夺的焦点。由于权力争夺激烈，内讧不止，布哈拉汗国开始持续分裂。为了强化权力，扩大影响力，纳迪尔·穆罕默德将巴尔赫地区划分成更小的领地，分别由不同的儿子统治，如素丹库特鲁克（Кутлук）管理昆都士（Кундуз）、苏布汉库利（Субхан-Кули）⑥统

---

① 蓝琪主编：《中亚史》（第5卷），商务印书馆2018年版，第145页。
② 吴筑星：《沙俄征服中亚史考叙》，贵州教育出版社1996年版，第60页。
③ 蓝琪主编：《中亚史》（第5卷），商务印书馆2018年版，第146页。
④ Ахмедов Б. А. Историко-географическая литература Средней Азии. XVI-XVIII вв.（письменные памятники）. Ташкент：Фан，1985. С. 84 – 85.
⑤ Ахмедов Б. А. Историко-географическая литература Средней Азии. XVI-XVIII вв.（письменные памятники）. С. 85.
⑥ 苏布汉库利（Субзхан-Кули，1625 – 1702）是布哈拉汗国扎尼王朝的第六位汗，统治时间为1681—1702年。这一时期是扎尼王朝时期汗国的鼎盛时期。1651—1680年，苏布汉库利是巴尔赫地区的统治者。1681年2月2日，在布哈拉的清真寺伊玛目开始以苏布汉库利的名义诵读呼图白，正式成为汗国的统治者。

治萨鲁切哈尔阿克（Сал-у-чехарйак）、素丹巴赫拉姆（Бахрам）的领地在库利亚布（Куляб）。① 这种方式非但不能巩固纳迪尔·穆罕默德在巴尔赫的统治，更进一步激化了诸子之间争夺巴尔赫的矛盾。经阿布杜拉济兹汗同意，库特鲁克宣布取代父亲，自称巴尔赫和巴达赫尚地区的统治者。而苏布汉库利将库特鲁克杀害，占领昆都士，企图控制巴尔赫。此时，纳迪尔·穆罕默德不得不向莫卧儿王朝沙赫扎汉（Шах-Джехан）② 求援，后者也图谋趁机占领巴尔赫和巴达赫尚地区，故派军支援纳迪尔·穆罕默德。待纳迪尔·穆罕默德发觉沙赫扎汉的真实意图后，巴尔赫已于1646年被印度军队占领，他不得不再次逃亡波斯避难。

莫卧儿王朝在巴尔赫的统治维持了两年多时间。由于统治者肆意抢掠百姓财物，向后者征收苛重赋税，导致民生困苦，引发饥馑，迫使民众逃亡河中地区。同时，莫卧儿王朝军队内部出现纷争，致使在巴尔赫的统治也极不稳定。1647年，阿布杜拉济兹汗与苏布汉库利联合抵抗巴尔赫的莫卧儿王朝，于1648年初击败印度军队，重新收复巴尔赫，并由苏布汉库利进行统治。这是莫卧儿王朝最后一次进攻中亚，试图夺回帖木儿王朝疆域的尝试以失败告终。闻讯后的纳迪尔·穆罕默德认为，夺回巴尔赫重返河中已无希望，乃决定退出政治赴麦加朝觐。1657年，他在朝圣途中死去。

纳迪尔·穆罕默德逝后，阿布杜拉济兹汗与苏布汉库利遂展开了权力斗争，前者认为后者企图在巴尔赫地区实现独立，于是派兄弟卡西姆·穆罕默德（Касим-Мухаммад）率军赴巴尔赫讨伐苏布汉库利。经过40天的围攻，卡西姆·穆罕默德在当地烧杀抢夺，巴尔赫城郊几乎成为废墟。但讨伐最终失败，双方签署和约，承认苏布

---

① Абдукахор Саидов. Политическое и социально-экономическое положение Бухарского ханства в XVII-первой половине XVIII вв. С. 60.
② 沙赫扎汉（Шах-Джехан）于1592年在拉合尔出生，1627—1658年间为莫卧儿帝国的统治者。

汉库利继续作为储君统治巴尔赫。① 苏布汉库利统治巴尔赫和巴达赫尚地区长达 30 余年，巩固了巴尔赫地区的独立。这种中央与地方之间的长期内战，削弱了布哈拉汗国的政治和军事实力。

趁布哈拉汗国内讧之际，希瓦汗国多次入侵布哈拉汗国。阿布杜拉济兹汗当政期间，布哈拉汗国时常遭到希瓦汗国的入侵，尤其在阿布加齐汗（Абу-л-Гази-хан）② 和阿努什汗（Ануша--хан）③ 当政时期。希瓦汗国的统治者们利用扎尼王朝的内讧劫掠布哈拉汗国各个地区，掳掠大批奴隶，致使河中地区的经济日益衰败。阿布加齐汗死后，阿努什汗的劫掠更加频繁。在一次侵袭中，阿布杜拉济兹汗正在克尔米涅，希瓦人趁机攻入了布哈拉，占领重要街区。庆幸的是，阿布杜拉济兹汗率军及时返回，联合市民将希瓦人赶出首都。④ 之后，希瓦人并未停止对布哈拉和撒马尔罕周边地区的侵掠。因此，阿布杜拉济兹汗在位期间，希瓦汗国的不断入侵和劫掠导致布哈拉汗国经济状况恶化，国内矛盾日益加剧，政权统治更加松弛。

1670 年，俄国使节帕祖欣（Пазухиные）兄弟到达布哈拉汗国的卡拉库里（Каракуль），阿布杜拉济兹汗的官吏告知他们："汗不在布哈拉，他率军赴巴尔赫攻打地方君主了。"⑤ 因为布哈拉汗国局

---

① Абдукахор Саидов. Политическое и социально-экономическое положение Бухарского ханства в XVII-первой половине XVIII вв. С. 63.

② 阿布哈齐汗（Абу-л-Гази-хан，1603 – 1664）出生在乌尔根奇，1620 年其父死后，因与兄弟发生冲突而被迫逃亡波斯。1643 年返回乌尔根奇，与兄弟进行了长期的争斗以后，夺取了希瓦汗国的汗位。在位期间，阿布哈齐汗征伐过土库曼人、卡尔梅克人和布哈拉汗国。1663 年，他让位于自己的儿子阿努什，次年离世。阿布哈齐统治时期，希瓦汗国国力强盛，社会经济发展稳定。另外，阿布哈齐汗还亲自撰写了两部历史著作，即《突厥世系》和《土库曼世系》，它们至今仍不失为研究中亚历史的重要文献。

③ 阿努什全称阿努什·阿布利·穆扎法尔·穆罕默德（Ануша Абуль-Музаффар Мухаммед），他是阿布哈齐之子，执政时间为 1663—1686 年。在位期间，阿努什继续父亲的强化中央政权的政策，向布哈拉汗国发动了数次侵袭。1669 年和 1675 年，阿努什曾两次尝试恢复与俄国的贸易和外交关系。

④ Абдукахор Саидов. Политическое и социально-экономическое положение Бухарского ханства в XVII-первой половине XVIII вв. С. 62 – 63.

⑤ Абдукахор Саидов. Политическое и социально-экономическое положение Бухарского ханства в XVII-первой половине XVIII вв. С. 63.

势动荡，帕祖欣兄弟取消了前往巴尔赫的计划，被迫推迟了返俄行程。他们在布哈拉停留 16 个月之久，见证了这一时期布哈拉汗国的内讧。据他们描述，1669—1670 年，阿布杜拉济兹汗曾与希瓦汗国、哈萨克汗国结盟过，主要是为了反对巴尔赫统治者苏布汉库利，但这些抵抗始终未取得成功。① 况且，在这些战争中，河中地区、巴尔赫、巴达赫尚和昆都士等地区的埃米尔们逐渐转向支持苏布汉库利。② 最终，苏布汉库利抓住时机，于 1680 年击败阿布杜拉济兹汗，夺取布哈拉汗国政权。阿布杜拉济兹汗亦同父亲一般，逝于前往麦加朝圣的途中。

1680 年，苏布汉库利汗掌权以后，局势虽有所缓和，但布哈拉汗国政权依旧分裂、国力日衰。一方面，苏布汉库利汗的儿子们为争夺巴尔赫而争斗不息，同时，部落贵族首领们也积极参与政权争夺战，最终西基克·穆罕默德（Сиддик-Мухаммад）成为巴尔赫的领主。但由于统治残暴，西基克·穆罕默德遭到曼格特、昆格拉特（Кунграты）和阿尔钦部落首领的反对③，并于 1686 年被杀④。另一方面，希瓦汗国继续侵掠布哈拉汗国，致使部落贵族对中央政权统治的不满加剧。阿努什汗率军入侵布哈拉，扫荡布哈拉周边，屠杀大量平民，并继续向撒马尔罕和沙赫里萨布兹进发。米安卡拉地区的基塔—基普恰克（китай-кипчак）部落转而投靠希瓦汗国，承认阿努什汗为统治者，并以他的名义发行本地货币。⑤ 因此，布哈拉汗国的部落贵族开始对苏布汉库利汗的统治不满，将布哈拉周边的部

---

① Абдукахор Саидов. Политическое и социально-экономическое положение Бухарского ханства в XVII-первой половине XVIII вв. С. 63.
② Абдукахор Саидов. Политическое и социально-экономическое положение Бухарского ханства в XVII-первой половине XVIII вв. С. 64.
③ Абдукахор Саидов. Политическое и социально-экономическое положение Бухарского ханства в XVII-первой половине XVIII вв. С. 64 – 65.
④ 王治来：《中亚通史》（近代卷），新疆人民出版社 2004 年版，第 76 页。
⑤ Абдукахор Саидов. Политическое и социально-экономическое положение Бухарского ханства в XVII-первой половине XVIII вв. С. 65.

落迁往忽毡和希萨尔等地，并组织反对汗的暴动。希瓦汗国阿努什汗进攻布哈拉之时，巴尔赫领主西基克·穆罕默德和大部分部落贵族均拒绝援助苏布汉库利汗。但是，卡塔甘部落的马赫穆德却出兵支援苏布汉库利汗，最终镇压了忽毡和希萨尔等地的暴动，并将阿努什汗成功击退。

在上述情况下，苏布汉库利汗决定改变以往惯例，由部落首领取代亲子来统治巴尔赫。1687年，马赫穆德成为巴尔赫的统治者。他颇具才干，使周边的巴达赫尚地区归于布哈拉汗国统治，巴尔赫地区日渐稳定和繁荣。但随着政权日益稳固，马赫穆德的政策也开始遭到其他部落首领的反对，后者向苏布汉库利汗控诉马赫穆德统治的专制独裁，当地民众的不满也日益加剧。于是，苏布汉库利汗出兵进攻巴尔赫，巴尔赫的统治权再次归于其孙穆罕默德·穆吉姆（Мухаммад-Муким）之手，但实际控制权仍掌握在马赫穆德手中。① 苏布汉库利汗统治末期，即1697年以后，布哈拉汗国陷入混乱，部落贵族的权力和地位持续扩大，中央与地方、不同部落之间的斗争进一步加剧，中央政权日趋弱化。1702年，苏布汉库利汗去世以后，扎尼王朝在河中地区的统治迅速走向衰亡。

三 乌拜杜拉汗二世统治与部落贵族间斗争

18世纪上半叶是布哈拉汗国最为动乱、分裂和羸弱的时期。1702年，乌拜杜拉汗二世当政以后，致力于消灭内讧、削弱部落贵族势力和加强中央集权，但效果不尽如人意。1702年，乌拜杜拉称汗以后，其兄弟素丹阿萨杜拉（Асадулла）即宣称："依照沙里亚法，我们兄弟应当共享汗国国库、政权和所有先汗的遗产，请兄长授予我储君驻地巴尔赫的统治权。"② 对此，乌拜杜拉汗二世忌惮兄

---

① Абдукахор Саидов. Политическое и социально-экономическое положение Бухарского ханства в XVII-первой половине XVIII вв. С. 70.

② Абдукахор Саидов. Политическое и социально-экономическое положение Бухарского ханства в XVII-первой половине XVIII вв. С. 72.

弟举兵造反，遂将之处死。其间，巴尔赫一直由穆罕默德·穆吉姆统治。1702—1703 年，乌拜杜拉汗二世召开部落贵族代表大会（忽里台，курултай），号召所有部落征讨巴尔赫，由于部落贵族拒绝汗的决议，致使远征巴尔赫并未实现。可见，部落贵族的势力之大，致使汗的权力不断受到削弱。

此时，为了加强在汗政权中的影响力，布哈拉汗国各部落贵族展开了争夺。苏布汉库利汗在位期间，明格部落首领阿拉别尔季（Аллаберди）曾是撒马尔罕的统治者，现领地在乌尔古特（Ургут）。而撒马尔罕的现任素丹是尤兹部落首领穆罕默德·拉赫姆（Мухаммад Рахим）。双方在乌拜杜拉汗二世身边均安插各自的亲信。帕尔瓦纳齐（парванач）马苏姆（Ма'сум）支持阿拉别尔季，伯克（бек）① 穆罕默德比（Мухаммад-бий）则是穆罕默德·拉赫姆的心腹。另外，双方争夺各种特权和荣誉，使自己的部落军队成为布哈拉汗国军队主力。最终在这场部落之争中，阿拉别尔季被杀，穆罕默德·拉赫姆成功获取汗的信任。

由于部落势力不断壮大，各地方政权趋于独立，乌拜杜拉汗二世决定采用分而治之的手段，削弱部落贵族的权力。乌拜杜拉汗二世开始对巴尔赫、撒马尔罕、铁尔梅兹、希萨尔等进行讨伐。乌拜杜拉汗二世借助穆罕默德·拉赫姆的力量于 1703 年征讨希萨尔，但远征失败，穆罕默德·拉赫姆逃回撒马尔罕。之后，乌拜杜拉汗二世再次讨伐铁尔梅兹，在穆罕默德·拉赫姆的调解下，由乃蛮（Найма́ны）部落的涅马图尔（Не'матулл）取代昆格拉特部落的舍尔阿里（Шер-Али）成为铁尔梅兹的领主。后者向巴尔赫方面求援，马赫穆德率军支援昆格拉特部，进攻铁尔梅兹，打败了前来抵御的乌拜杜拉汗二世的军队，大肆抢掠铁尔梅兹及周边后离去。此后，为了抵抗马赫穆德的势力，乌拜杜拉汗二世通过赏赐或授予官职，

---

① 伯克（бек）是部落贵族或封建贵族的封号，也可指代中东和中亚地区的地方统治者或军事首领。

争取更多部落军队收复巴尔赫。据《乌拜杜拉汗传》记载，乌拜杜拉汗二世在位期间，6 次进攻巴尔赫均未得手，反而导致布哈拉汗国社会动荡、民生凋敝，亦更削弱了自身统治。①

1709 年，撒马尔罕发生骚乱，乃蛮部、萨莱（Салеи）部与汗的军队发生冲突，前者对涅马图尔的统治不满，要求汗将其撤职。依照惯例，每逢周五贵族大臣应向汗行礼，而这次萨莱部首领马苏姆（Ma′сум）未前来行礼。② 此后，撒马尔罕各部落贵族公开反对汗，也成为当年民众骚乱的一大缘由。然而，在宗教界的襄助下，乌拜杜拉汗二世最终平息了骚乱。另一方面，乌拜杜拉汗二世也曾试图通过实施相关政策来削弱贵族势力。一则通过提高税收、卖官鬻爵、没收赏赐土地等方式增加财政收入；二则在行政机构中，选用商人、手工业者等中低社会阶层代替部落贵族，提拔前者，使之忠于汗政权；三是于 1708 年实施货币改革，力图在增加国库收入的同时，削减部落贵族的经济实力。然而，这些措施非但没有取得预期成效，反而激怒了部落贵族和宗教界，常年战乱也使民怨沸腾。《乌拜杜拉汗传》中写道："当宫廷仆人受到的暴力和压迫达到极致时，汗不再受贵族上层和军队爱戴时，所有人便回忆起了 1709 年的撒马尔罕事件。之后，无论汗如何努力，贵族上层和军队不再信任他。"③ 最终，1711 年，部落贵族联合起来将乌拜杜拉汗二世杀害。

四 王朝衰微与纳迪尔沙入侵

乌拜杜拉汗二世逝后，1711—1747 年阿布尔费兹汗的统治更加衰弱，布哈拉汗国处于无政府状态，内乱频仍、国势衰弱，扎尼王

---

① Ахмедов Б. А. Историко-географическая литература Средней Азии. XVI-XVIII вв. (письменные памятники). С. 87 – 93.

② Мир Мухаммад Амини Бухари. Убайдулла-наме. / Перевод с таджикского с примечаниями член-корреспондента Академии Наук Узбекской ССР профессора А. А. Семёнова. Ташкент, 1957. С. 167 – 170.

③ Мир Мухаммад Амини Бухари. Убайдулла-наме. С. 231.

朝濒临覆灭。这一时期，汗成为诸部落贵族手中的傀儡，地方政权纷纷独立。布哈拉汗国丧失了重要领土，如费尔干纳地区宣布独立，建立浩罕汗国；巴尔赫及阿姆河以南地区逐渐被阿富汗人统一；塔什干也时而由准噶尔部落占领，时而处于哈萨克人的控制之下。对内，布哈拉汗国内讧与民众暴动不已，中央政权几乎瘫痪。布哈拉汗国分裂成大大小小的领地，它们之间相互独立，也相互竞争。各地领主们通过大肆剥削民众聚敛财富，导致民愤难平。撒马尔罕领主法尔哈德（Фархад）的残暴统治引发民众暴动。1713 年，阿布尔费兹汗出兵镇压暴动，委任来自沙赫里萨布兹克涅格斯（кенегес）部落的素丹托克萨布（токсаб）治理撒马尔罕。但后者的统治亦遭到当地民众的暴力反抗，民众将其赶出撒马尔罕。①

之后，阿布尔费兹汗委任曼格特部落的穆罕默德·哈基姆为布哈拉的阿塔雷克（аталык）②，后者逐渐成为布哈拉汗国所有阿塔雷克的首领。在曼格特部落贵族的支持下，穆罕默德·哈基姆几乎掌握了布哈拉汗国的统治权，这必然引起其他部落贵族的不满，其中，来自克涅格斯部落的沙赫里萨布兹领主伊布拉黑姆（Ибрахим）是代表之一。1722 年，在其他部落贵族的支持下，伊布拉黑姆宣称撒马尔罕的希瓦王储拉贾布（Раджаб）为汗，建立撒马尔罕汗国③，并以其名义发行货币。他们依靠撒马尔罕民众的支持，来对抗布哈拉的中央政权。④ 此后，撒马尔罕汗国多次侵袭布哈拉，导致城市荒废、暴动四起。之后，在穆罕默德·哈基姆的统帅下，布哈拉汗国打败了拉贾布，使之退守克尔米涅。据布哈拉史学家记载，布哈拉汗能够控制的地区只剩下宫殿前面的一小块儿地方了。⑤ 可见，阿布

---

① Абдуррахман-и Тали'. История Абулфейз-хана. Перевод с таджикского, предисловие, примечания и указатель профессора А. А. Семёнова. Ташкент, 1959. С. 37 – 38.
② 阿塔雷克（аталык）是布哈拉汗国的最高国家级官职。
③ 蓝琪主编：《中亚史》（第 5 卷），商务印书馆 2018 年版，第 151 页。
④ Абдуррахман-и Тали'. История Абулфейз-хана. С. 73.
⑤ 蓝琪主编：《中亚史》（第 5 卷），商务印书馆 2018 年版，第 151 页。

尔费兹汗的政权面临严重危机。

拉贾布统治克尔米涅期间，联合锡尔河以北的哈萨克人一同进攻布哈拉，并承诺为哈萨克人分配战利品。18世纪20年代，哈萨克游牧民数次掳掠布哈拉。7年时间里他们劫掠了河中地区百姓的财物，变耕地为牧场，致使布哈拉、撒马尔罕等城市变为废墟，当地百姓除部分逃离河中地区外，大多数被活活饿死。① 至1733年，撒马尔罕几乎成了一座空城。② 据费洛伊·别涅维尼描述："原帖木儿帝国首府撒马尔罕是一座大城市，但如今它却已是一片废墟。"③ 巴托尔德曾记载，撒马尔罕完全被破坏了，甚至在一段时期内处于不存在的状态。④ 而且，这一时期的阿布尔费兹汗沉迷于酒色，荒废国事。至18世纪30年代末，布哈拉汗国政权基本掌握在曼格特部落首领穆罕默德·哈基姆手中，各地方处于独立状态。

与此同时，布哈拉汗国西南部的波斯出现了纳迪尔沙的新政权，史称阿夫沙尔王朝。1736年，纳迪尔沙稳固了国内秩序以后，试图对外扩张。1737年春，波斯军向东征服阿富汗，进攻拉合尔，占领德里。同年，纳迪尔沙长子里扎·库利（Риза-Кули）占领阿姆河以南领土，控制巴尔赫城，并越过阿姆河向卡尔希进军。卡尔希领主穆罕默德·哈基姆奋起抵抗，最终在希瓦汗国的支援下，击败波斯军队，使之退回巴尔赫。1740年，纳迪尔沙亲自率军越过阿姆河北上，进攻布哈拉汗国和希瓦汗国。阿布尔费兹汗闻讯后，令穆罕默德·哈基姆前去谒见纳迪尔沙。穆罕默德·哈基姆乘机倒戈，派其子穆罕默德·拉赫姆作为人质前往波斯觐见纳迪尔沙，并怂恿纳迪

---

① Абдукахор Саидов. Политическое и социально-экономическое положение Бухарского ханства в XVII-первой половине XVIII вв. С. 97 – 98.
② 蓝琪主编：《中亚史》（第5卷），商务印书馆2018年版，第151页。
③ Chahryar Adle and Irfan Habibeds, *History of Civilizations of Central Asia*, Vol. V, Paris：UNESCO Publishing, 2003, p. 49.
④ Бартольд В. В. Тюрки: двенадцать лекций по истории тюркских народов Средней Азии. М. : Ломоносовъ, 2017. C. 200.

尔沙进攻布哈拉。① 是年，阿布尔费兹汗最终向纳迪尔沙称臣，双方签署和约，布哈拉汗国沦为波斯的附属国。为了巩固双方关系，阿布尔费兹汗将女儿嫁于纳迪尔沙，而纳迪尔沙的侄子则迎娶了阿布尔费兹汗的另一女儿。经纳迪尔沙许诺，穆罕默德·哈基姆已完全掌控了布哈拉汗国的实权。

1743年，穆罕默德·哈基姆逝后，布哈拉汗国再次陷入混乱，各地起义和暴动此起彼伏。为了恢复布哈拉汗国秩序，纳迪尔沙派遣穆罕默德·拉赫姆率领波斯军队返回河中地区。拉赫姆在布哈拉被称为总埃米尔，在布哈拉汗国政府的重要职位上安插亲信，以此巩固自己的统治地位。在统治阶层的支持下，米安卡拉、沙赫里萨布兹、卡巴基安（Кабадиан）和泽拉夫尚河上游地区的起义被镇压。1747年，纳迪尔沙下令废黜阿布尔费兹汗，立阿布达尔·穆明（Абдал-Му'мин）为新汗，而穆罕默德·拉赫姆仍为布哈拉汗国的实际掌权者。同年，纳迪尔沙在马什哈德被部下所杀，阿布尔费兹汗也在米尔—阿拉布经学院（Медресе Мири Араб）被杀。此后，穆罕默德·拉赫姆成为布哈拉汗国的实际统治者。根据布哈拉汗国传统，非成吉思汗后裔不得称汗。为了使自己的政权合法化，穆罕默德·拉赫姆将女儿嫁于阿布达尔·穆明，并于翌年将后者杀害，另立阿布尔费兹汗幼子乌拜杜拉为汗。1754年，后者亦被穆罕默德·拉赫姆处死。1756年，穆罕默德·拉赫姆与阿布尔费兹汗之女完婚，名义上成为合法继承人。② 同年，在部落贵族和宗教界的支持下，穆罕默德·拉赫姆自称埃米尔，正式成为布哈拉汗国（自此又称"布哈拉埃米尔国"）的国君，从此拉开了曼格

---

① Абдукахор Саидов. Политическое и социально-экономическое положение Бухарского ханства в XVII-первой половине XVIII вв. С. 100.

② Анке фон Кюгельген. Легитимация среднеазиатской династии мангытов в произведениях их историков（XVIII-XIX вв.）. Алматы: Изд-во «Дайк-Пресс», 2004. С. 266-269.

特王朝①在河中地区的统治序幕。

第三节　曼格特王朝与俄国保护国的形成

18世纪下半叶，曼格特王朝建立以后，对内强化中央集权，削弱地方贵族的权力；对外与周边的浩罕、希瓦两大汗国继续进行领土争夺。1785年，沙赫穆拉德（Шахмурад）②埃米尔上任伊始，采取措施稳定社会秩序，恢复经济文化发展，曼格特王朝的统治逐渐稳固。到19世纪，即海达尔执政期间，布哈拉汗国继续保持了和平安定的局面。1826年，纳斯鲁拉（Насрулла）掌权以后，进一步打压贵族势力，强化中央集权；对外继续扩张，与希瓦汗国、浩罕汗国、阿富汗等争夺领土，试图重建帖木儿帝国。然而，这一进程在19世纪中下叶俄国征服中亚后被中断。1868年，布哈拉汗国与俄国签署不平等条约，自此布哈拉汗国沦为俄国附庸国。俄国在布哈拉汗国的统治持续了近50年，期间布哈拉汗国的政治、经济、社会、文化等领域发生了较大变化。最终，1920年，曼格特王朝被苏维埃政权推翻，在原有布哈拉汗国的领土上建立了布哈拉苏维埃人民共和国。

一　曼格特部落与新政权的稳固

曼格特部落的起源可以上溯到蒙古帝国时期。13世纪初，曼格特部落随成吉思汗西征从蒙古高原来到钦察草原。14世纪，曼格特

---

① 关于曼格特王朝建立的年份，参见 Абдукахор Саидов. Политическое и социально-экономическое положение Бухарского ханства в XVII-первой половине XVIII вв. С. 103 – 104。这里用的是1753年。另参见蓝琪主编《中亚史》（第5卷），商务印书馆2018年版，第246页脚注对此亦有说明。

② 沙赫穆拉德全称为阿米尔·沙赫穆拉德（Амир Шахмурад，1749 – 1800），自1785年起成为曼格特王朝的第三位统治者。经学院毕业后，沙赫穆拉德成为苏非派教团的坚定支持者和宣传者。他生活清廉，处事公正，被国民尊称为"清白的埃米尔（амири маъсум）"。

部落分布于伏尔加河与乌拉尔河之间，并与当地操突厥语的民族进行交流与融合。到 15 世纪，曼格特部落在乌拉尔山一带建立了游牧的诺盖汗国，首领瓦卡斯（Ваккас）曾与阿布海尔汗结成政治联盟，共同领导钦察草原上的乌兹别克游牧部落。① 16 世纪初，游牧部落大部分人追随阿布海尔汗之孙昔班尼迁入河中地区，逐渐适应当地的定居生活，开始从事畜牧业、农业和手工业生产。其中，曼格特部落上层始终积极参与布哈拉汗国政权事务。18 世纪伊始，它在布哈拉汗国的影响力不断扩大，逐渐掌握中央政权。18 世纪中叶，曼格特部落首领穆罕默德·拉赫姆（Мухаммад Рахим）最终夺取扎尼王朝在河中地区的统治权，建立曼格特王朝。

1747 年，拉赫姆掌权以后，笼络部落贵族，强化对地方的统治。对此，米尔佐·阿布杜拉济姆·萨米（Мирзо Абдулазим Сами）在《曼格特王朝史》中指出："拉赫姆的待人和善和聪慧仁慈折服了所有部落贵族，使之全力协助他的政权统治"②，同时拉赫姆也支持统治一方的部落首领，如来自尤兹部落的希萨尔领主穆罕默德明（Мухаммедамин）、克涅格斯部落的沙赫里萨布兹统治者奥利姆（Олим）和米安卡拉的巴赫里部落首领加伊布拉赫（Гайбуллах）等。但是自 1748 年起，拉赫姆与部落贵族之间冲突再起。1749—1750 年，地方部落联合起来试图推翻拉赫姆，夺取布哈拉政权。拉赫姆派兵镇压暴动，关押或处死地方首领，重新恢复对卡尔希（Карши）和努尔（Нур）地区的统治。1750—1752 年，拉赫姆向克涅格斯部落的萨赫里萨布兹领主奥利姆发动了四次远征，并取得胜利。1753—1754 年，拉赫姆征伐吉扎克（Джизак）和乌拉秋别，使之划归布哈拉汗国版图。1756—1757 年，经过两次讨

---

① Иванов П. П. Очерки по истории Средней Азии（XVI-середина XIX）. C. 25.
② Жура6аев Д. Х. Бухраский эмират второй половины XVIII- первой половины XIX вв. в письменных источниках. / диссертация доктора исторических наук. Худжанд, 2014. C. 114.

伐，拉赫姆最终收复尤兹部落统治下的希萨尔。①

1756 年正式登基以后，拉赫姆实施新政，通过收买、赠礼或协商等形式巩固新政权。其一，加强与部落首领的关系，改革国家管理体系。布哈拉汗国的重要职位由 32 个部落贵族代表担任，但仍以曼格特部落成员为主。宗教上层亦被授予相关职位，如谢赫乌伊斯拉姆（шейхулислам）、纳基布卡济（накибкази）、萨德尔（садр）和哈基布（хатиб），其中，赘巴依谢赫成员仍占据主体。其二，通过完善布哈拉和撒马尔罕的加冕仪式，进一步证明拉赫姆政权的合法性。《汗的礼品》（Тухфт Ал-Хани）、《塔吉克史》（Таджут-таворих）及其他著作均对 1756 年拉赫姆的加冕仪式进行了详细描述。② 其三，因曾在波斯纳迪尔沙的军队服役过，拉赫姆对波斯比较了解，尤其是其军队管理。③ 拉赫姆统治时期，波斯人在布哈拉汗国的行政和军队中占据显要职位，同时也引入塔吉克人参政。④ 这一方面削弱了乌兹别克部落贵族的权力，同时也稳固了布哈拉汗国的政权统治。

1758 年拉赫姆逝后，曼格特部落贵族决定推举丹尼亚尔（Даниял）为新统治者。为了平息其他部落的不满，丹尼亚尔拥立拉赫姆的幼孙法兹尔丘拉（Фазыл-тюра）为汗，而自己以阿塔雷克的名义进行实际统治。1759 年伊始，乌拉秋别、克尔米涅和忽毡的统治者发动起义，随之克涅格斯、布尔库特（Баргут）、昆格拉特等部落在各地举兵造反。1759 年，他们率领 1 万大军向布哈拉进攻，占领吉扎克、卡塔库尔干（Катта-курган）和撒马尔罕，起义最终被丹尼亚尔镇压，但撒马尔罕仍处于半独立状态。于是，撒马尔罕的

---

① Журабаев Д. Х. Бухраский эмират второй половины XVIII- первой половины XIX вв. в письменных источниках. С. 113 – 118.
② Журабаев Д. Х. Бухраский эмират второй половины XVIII- первой половины XIX вв. в письменных источниках. С. 121 – 124.
③ Исмаилова Б. Бухарский эмират при эмире Хайдаре. Худжанд, 2000. С. 18.
④ Журабаев Д. Х. Бухраский эмират второй половины XVIII- первой половины XIX вв. в письменных источниках. С. 127 – 128.

统治者联合布哈拉的法兹尔丘拉汗以及朝中大臣，企图推翻丹尼亚尔的统治，但最终失败，法兹尔丘拉汗被赶往卡尔希。① 1759—1761年，布哈拉汗国接连不断地发生起义与骚乱，主要由反曼格特部落的尤兹和基塔—基普恰克两大部落领导，遍及乌拉秋别、泽拉夫尚河流域、希萨尔，尤其是撒马尔罕和布哈拉。在一定程度上，这种反对丹尼亚尔政权的暴动与非成吉思汗后裔篡夺政权有关。

因此，丹尼亚尔当政期间，政权统治仍不稳定，且权力分散。据史学家穆罕默德·雅库普研究，所有重要的国家事务，丹尼亚尔须同宗教界商讨，若无后者允许，他几乎"寸步难行"，况且布哈拉汗国官吏滥用职权的现象愈发普遍。② 1781年，丹尼亚尔在提及俄国政府建议签署贸易协议之事时回复："在乌兹别克社会中，凡事均须共同商议后决定。关于此事，我需要征询所有氏族部落首领的意见，方可决定。"③ 可见，这一时期，布哈拉汗国的权力实际上转移到宗教界与部落贵族手中。随着丹尼亚尔日益年迈，无力对抗贵族势力，故将管理国家的重任交予儿子沙赫穆拉德，使之管理撒马尔罕。1784年布哈拉发生暴乱，73岁高龄的丹尼亚尔命令沙赫穆拉德率军镇压，致使上千人丧生。④ 翌年，丹尼亚尔去世，沙赫穆拉德废黜扎尼王朝后裔阿布加兹汗，正式宣布即位。自此，统治者不再称汗，而称埃米尔。

二 沙赫穆拉德时期的繁荣与19世纪初的布哈拉汗国

沙赫穆拉德是一位虔诚的苏非派教徒，操守严谨、清心寡欲，因而在民众中颇有声望。他曾在丹尼亚尔时期负责布哈拉汗国的宗

---

① Журабаев Д. Х. Бухраский эмират второй половины XVIII- первой половины XIX вв. в письменных источниках. С. 130.

② Иванов П. П. Очерки по истории Средней Азии (XVI-середина XIX). С. 104 – 105.

③ Иванов П. П. Очерки по истории Средней Азии (XVI-середина XIX). С. 105.

④ Журабаев Д. Х. Бухраский эмират второй половины XVIII- первой половины XIX вв. в письменных источниках. С. 134.

教事务，是政教合一的坚决捍卫者。1785 年即位以后，沙赫穆拉德消除内讧，实施有力政策，尽快恢复国家稳定。在位期间，沙赫穆拉德对布哈拉汗国的司法、税收、行政和社会进行全面改革：一则宣布沙里亚法是布哈拉汗国唯一的法律，取消其他法令和规定，以及诸多不合法的税收；二则在全国范围内推行达尔罕①制度，以此鼓励更多托钵僧教团的建立，恢复和重建清真寺、经学院和圣墓等，瓦克夫数量明显增加；三则处决布哈拉汗国滥用职权的两位旧臣，即首相达乌拉特（Даулат）和总法官尼扎姆丁（Низомиддин），平息民众不满情绪，向世人表明改革决心；② 四则关闭娱乐场所，号召民众生活节俭，反对暴力、偷窃等不良社会风气。经过改革和治理，沙赫穆拉德统治下的布哈拉汗国中央集权强化、经济文化繁荣、社会安宁稳定。

另一方面，沙赫穆拉德对外远征，竭力扩张布哈拉汗国领土。第一，18 世纪末，伊朗陷于政权危机，沙赫穆拉德趁机进攻呼罗珊。1785 年，沙赫穆拉德出兵攻占谋夫绿洲，将谋夫及其周边洗劫一空，破坏城市和灌溉设施，掳掠当地居民，将之变卖为奴。当地信仰什叶派的城市居民大多迁至布哈拉，③ 这成为后来布哈拉汗国发生宗教冲突的一大因素。为了巩固在谋夫的统治，沙赫穆拉德向谋夫移民 1.5 万人，委任其子金·纳瑟尔（Дин Насыр）统治。据统计，沙赫穆拉德对呼罗珊发动了数次远征，平均每年 1—2 次，一度占领马什哈德。④ 尽管打着"圣战"的旗号，但目的主要是劫掠战利品，掳获更多波斯奴隶。⑤ 第二，与阿富汗争夺阿姆河以南地区。

---

① 达尔罕（Тархан）源自蒙古帝国的传统，是草原国家的制度，即免除国家税收的贵族阶层。
② 蓝琪主编：《中亚史》（第 5 卷），商务印书馆 2018 年版，第 248 页。
③ Журабаев Д. Х. Бухарский эмират второй половины XVIII- первой половины XIX вв. в письменных источниках. С. 141.
④ Мир Абуль Керим Бухарский. Извлечения из «Истории Средней Азии»/ Пер. Г. А. Мирзаева // МИТТ. Т. 2. С. 198，200.
⑤ Иванов П. П. Очерки по истории Средней Азии（XVI-середина XIX）. С. 107.

阿姆河以南地区，尤其是巴尔赫曾是布哈拉汗国的重要领地。1747年，随着杜兰尼王朝的建立，巴尔赫及其周边地区成为阿富汗的领土，沙赫穆拉德对此一直耿耿于怀。于是，他开始讨伐阿富汗，试图夺回曾经失去的土地，双方冲突主要集中在巴尔赫。经过多次战争以后，双方难决胜负，最终缔结和约，迈玛纳（Маймана）和安德洪（Андхой）归布哈拉汗国统治，而巴尔赫和巴达赫尚地区仍属阿富汗领土。① 第三，1785 年，沙赫穆拉德进攻塔什干取得胜利，委派代理人进行治理，但其统治并不稳定。到了 1790 年，塔什干重新划归浩罕汗国的统治范围。

另外，沙赫穆拉德重视都城布哈拉的建设，其居民可以获得达尔罕诏书，即免税权。② 除布哈拉以外，卡尔希成为布哈拉汗国重要的政治和经济中心，其统治者被视为布哈拉汗国储君。因此，这一时期，卡尔希成为布哈拉汗国的第二"首都"。1786 年，卡尔希发生反对沙赫穆拉德的起义，波及卡尔卡纳特（Калканат）、哈扎尔（Хазор）和努尔等地，但旋即被沙赫穆拉德镇压。沙赫穆拉德重视水利建设，兴修灌溉网，恢复农业生产，促使更多乌兹别克游牧民转向定居生活。因此，在曼格特王朝史上，沙赫穆拉德是最有作为的一位统治者。他当政期间，布哈拉汗国的政治、经济和文化都取得了较大发展。

1800 年，沙赫穆拉德逝后，其子海达尔（Хайдар）即位。同父亲一样，海达尔亦热衷伊斯兰学术，自称为宗教学者。他曾在宫中修建经学院，并亲自授课。③ 统治期间，若不出征，海达尔则在经学院授课，或与宗教学者们进行交流辩论。在处理政事时，海达尔的

---

① Анке фон Кюгельген. Легитимация среднеазиатской династии мангытов в произведениях их историков (XVIII-XIX вв.). Алматы: Изд-во «Дайк-Пресс», 2004. С. 84 – 85.

② Журабаев Д. Х. Бухраский эмират второй половины XVIII- первой половины XIX вв. в письменных источниках. С. 145.

③ Бартольд В. В. История культурной жизни Туркестана. С. 110.

决议通常受到乌里玛的较大影响。据统计，海达尔任命的官吏超过 4 千人，其中约 500 人是乌里玛上层。[1] 由此不难看出，宗教界在海达尔政权中的地位之高。在宗教界的支持下，海达尔开始清除异己，巩固政权。这一时期，谋夫和撒马尔罕的统治者也是沙赫穆拉德的儿子，分别是金·纳瑟尔和侯赛因（Хусейн）。海达尔企图将他们铲除，以绝后患。最终，侯赛因逃离撒马尔罕，而谋夫的金·纳瑟尔与希瓦汗国结盟，在当地土库曼人的支持下反对海达尔的统治。1806 年，在与海达尔的军队作战中，金·纳瑟尔败北，遂逃亡马什哈德。此后，谋夫由海达尔任命的艾尔肯（Елкен）统治。[2]

然而，海达尔统一布哈拉汗国和对外扩张的努力均告失败。首先，沙赫里萨布兹仍属独立领土。作为曼格特王朝最大的敌对势力，克涅格斯部落控制着沙赫里萨布兹。曼格特王朝时期，沙赫里萨布兹仅在拉赫姆和沙赫穆拉德时期归属过布哈拉汗国。克涅格斯部落统治下的沙赫里萨布兹拥有自己的军队，骑兵数量达 2000 人。[3] 克涅格斯部落时而与浩罕汗国，时而同希瓦汗国结成反布哈拉同盟，致使海达尔始终未能控制沙赫里萨布兹。其次，海达尔在与浩罕汗国的领土争夺战中失败。这一时期，乌拉秋别和忽毡为布哈拉汗国与浩罕汗国争夺的中心，因此进行了 20 年的争战，但双方均未成功，最终不得不停战，缔结和约。[4] 最后，布哈拉汗国遭到希瓦汗国频繁侵袭掳掠。海达尔执政初期，希瓦汗国为争夺谋夫，多次劫掠布哈拉汗国的商队。1804 年，希瓦汗艾里图泽尔（Эльтузер）率军进攻布哈拉周边，海达尔出兵 3 万进行抵御，最终希瓦军队被击败，

---

[1] Иванов П. П. Очерки по истории Средней Азии（XVI-середина XIX）. С. 130.
[2] О некоторых событиях в Бухаре, Коканде и Кашгаре: Записки мирзы Шемса Бухари, изданные в тексте, с переводом и примечаниями В. В. Григорьевым. Казань, 1861. С. 11.
[3] Мейендорф Е. К. Путешествие из Оренбурга в Бухару. М.: Наука, 1975. С. 79.
[4] Исмаилова Б. Бухарский эмират при эмире Хайдаре. Худжанд, 2000. С. 31.

希瓦汗在返回途中死去。① 此后数年，希瓦汗国停止了进攻。而到 1819 年，希瓦军队再次劫掠河中地区，令布哈拉汗国民众惶恐不安。同年，海达尔向奥斯曼帝国请求支援，但遭到拒绝。② 至 1826 年海达尔去世，希瓦汗国对布哈拉汗国的商队、驻守谋夫的军队和平民的劫掠仍在继续。

此外，海达尔的个人生活糜烂奢侈，导致民众生活更加贫穷，不满情绪日益高涨。正如布哈拉的阿布杜尔·克里木（Абдул Керим）所说，海达尔的后宫中约有 100 名女子，且时常更换。关于海达尔的奢侈程度，穆罕默德·雅库比曾这样描述："海达尔的收入是其父的两倍，而他的支出却是他自己收入的两倍。"③ 因此，海达尔的统治不得人心。与此同时，连年征战、外敌入侵致使 19 世纪初的布哈拉汗国动荡不安，平均每 3—6 个月发生一次暴乱④。1803—1804 年，米安卡拉的基塔—基普恰克部落发动了反对海达尔统治的起义。1821—1825 年，这里再次爆发长达 5 年的暴动，卡拉卡尔帕克人也参与其中。暴动缘由主要是地方官吏欺压百姓，赋役繁重、统治残暴。海达尔派兵镇压多次，但成效甚微。暴动虽最终被镇压，但其首领非但未受到惩罚，反而得到海达尔的赏赐，仍居高位。⑤ 因此，这次暴动进一步削弱了布哈拉汗国实力，海达尔的统治亦于 1826 年终结。

---

① Бахрушина С. В. История народов Узбекистана. Том 2. От образования государства Шейбанидов до Октябрьской Революции Ташкент: Изд.-во АН УзССР, 1947. С. 163.

② Анке фон Кюгельген. Легитимация среднеазиатской династии мангытов в произведениях их историков (XVIII-XIX вв.). С. 90.

③ Chahryar Adle and Irfan Habibeds, *History of Civilizations of Central Asia*, Vol. V, Paris: UNESCO Publishing, 2003, p. 58.

④ Журабаев Д. Х. Бухраский эмират второй половины XVIII- первой половины XIX вв. в письменных источниках. С. 218.

⑤ Мухаммед Мир Алим Бухарский. История эмира Насруллы: Восстание китай-кипчаков в Бухарском ханстве 1821 – 1825 гг. / Пер П. П. Иванова // Труды института востоковедения. XXVIII. -М-Л.: АН СССР, 1937. С. 124.

三 纳斯鲁拉强化集权与对外征战

1826年海达尔逝后,其长子米尔·侯赛因(Мир Хусейн)即位,但统治仅维持了80天。① 之后,由海达尔的第三子米尔·奥马尔(Мир Умар)即位。奥马尔统治布哈拉汗国4个月后,统治卡尔希的兄长纳斯鲁拉率军进攻撒马尔罕。他占领该城以后,在部落贵族和乌里玛的支持下,宣称自己为布哈拉汗国的埃米尔,奥马尔遂被逐出布哈拉,经赫拉特逃亡昆都士、巴达赫尚,最后逃至浩罕。② 1827年,纳斯鲁拉入主布哈拉,正式成为布哈拉汗国的统治者。阿赫玛德·多尼什和杰梅宗(П. И. Демезон)都曾对上述三位埃米尔进行过评价,一致认为侯赛因德才兼备,奥马尔昏庸无能,而纳斯鲁拉血腥残暴。③ 纳斯鲁拉执政以后,把自己的三位兄弟派至阿姆河流域的边境城市纳尔扎姆(Нарзам),将之杀害。④ 在他执政后的一个月里,平均每天杀害50—100人,许多人因此逃至沙赫里萨布兹及其他地方。由此,纳斯鲁拉又被称为"屠夫埃米尔"⑤。

在宗教界的支持下,纳斯鲁拉的残暴统治引起部落贵族和社会上层的不满,而纳斯鲁拉也不信任他们。由此,纳斯鲁拉在布哈拉汗国开始推行行政和军队改革。第一,以社会中下层人士代替部落

---

① Мирза Абдал Азим Сами. Таърих-и салатин-и мангитйиа: (История мангитского государства) /Изд. текста, предисл., пер. и примеч. Л. М. Епифановой. М., 1962. С. 53.

② Борнс А. Путешествие в Бухару: Рассказ о плавании по Инду от моря до Лагора с подарками великобританского короля и отчет о путешествии из Индии в Кабул, Татарию и Персию, предпринятом по предписанию высшего правительства Индии в 1831, 1832 и 1833 годах лейтенантом Ост-Индской компанейской службы, Александром Борнсом, членом Королевского общества/ Пер. П. В. Голубкова. Ч. 2. М., 1848. С. 67.

③ Ахмад Дониш. История мангитской династии. Душанбе: Дониш, 1967. С. 37.

④ Записки о Бухарском ханстве: (Отчёты П. И. Демезона и И. В. Виткевича). М.: Наука; Гл. ред восточной лит., 1983. С. 68.

⑤ О некоторых событиях в Бухаре, Коканде и Кашгаре: Записки мирзы Шемса Бухари. С. 25 – 27, 30.

贵族担任国家要职。① 巴托尔德指出，纳斯鲁拉决定打破乌兹别克部落统治的传统。他处决海达尔时期的首相哈基姆，而以波斯人阿布杜·阿斯·萨马德（Абду-ас-Самад）接替首相职位，并委任土库曼人拉赫曼·别尔德（Рахман Берды）为自己的第二首相。② 第二，致力于建立职业军队，培养忠诚的军官。在阿布杜·阿斯·萨马德的参谋和襄助下，纳斯鲁拉改造旧军队，建立一支强大的正规军，配备火枪和炮，组建炮兵连。③ 此后，布哈拉汗国的军事力量大大增强，进一步助长了纳斯鲁拉对外征战的野心。

纳斯鲁拉进行统一布哈拉汗国的战争取得了一定成效。纳斯鲁拉执政初期，沙赫里萨布兹维持独立长达15年之久。④ 为此，他计划远征沙赫里萨布兹。1833年，由于沙赫里萨布兹与希瓦、浩罕两大汗国结成反布哈拉联盟，纳斯鲁拉对沙赫里萨布兹的远征失败。⑤ 经过20余年的征战，布哈拉军队最终于1856年占领了沙赫里萨布兹。⑥ 萨德里丁·阿宁曾指出，纳斯鲁拉统治时期，20年内对沙赫里萨布兹进行了32次征伐。⑦ 另外，纳斯鲁拉从阿富汗手中夺回了阿姆河以南领地。1831年，纳斯鲁拉率军越过阿姆河进攻阿富汗，占领阿姆河以南地区，包括巴尔赫、吉萨尔（Хисар）、查尔朱、舍拉巴德（Шерабад）和哈扎尔等领地。⑧ 1839年，第一次英阿战争爆发，阿富汗统治者杜斯特·穆罕默德（Дуст Мухаммад）汗试图

---

① Мирза Абдал Азим Сами. Таърих-и салатин-и мангитйиа：(История мангитского государства). C. 55.

② Бартольд В. В. История культурной жизни Туркестана. C. 290 – 291.

③ Иванов П. П. Очерки по истории Средней Азии（XVI-середина XIX）. C. 140.

④ Записки о Бухарском ханстве：(Отчёты П. И. Демезона и И. В. Виткевича). C. 113.

⑤ Записки о Бухарском ханстве：(Отчёты П. И. Демезона и И. В. Виткевича). C. 20.

⑥ Иванов П. П. Очерки по истории Средней Азии（XVI-середина XIX）. C. 140.

⑦ Айни С. История мангытских эмиров // Собрание сочинений. М., 1975. Том 6. C. 268.

⑧ Журабаев Д. Х. Бухраский эмират второй половины XVIII- первой половины XIX вв. в письменных источниках. C. 247.

收买这些地区的素丹，使之归属阿富汗。纳斯鲁拉闻讯后，立即派兵前往巴尔赫，而阿富汗军队随后返回喀布尔。① 19 世纪 40 年代末，阿富汗重新开始进攻上述地区，但直至 1860 年纳斯鲁拉去世，这些地区仍处于布哈拉汗国的控制之下。

然而，与周边国家的领土争夺并未成功。首先，布哈拉汗国多次进攻浩罕汗国，争夺塔什干、忽毡等核心城市。1840 年，趁浩罕汗国内讧之时，布哈拉军队入侵浩罕汗国，取得胜利，占领边境地区。1842 年，纳斯鲁拉率军亲征浩罕汗国，占领塔什干、忽毡和浩罕，处死浩罕汗马达里（Мадали），任命原撒马尔罕领主易卜拉吉姆（Ибрагим）进行统治。但 3 个月后，在当地贵族的支持下，基普恰克部落在浩罕发动起义，将易卜拉吉姆驱逐，原汗堂弟舍拉里（Шерали）被扶持为汗，浩罕汗国重获独立。② 之后，纳斯鲁拉出兵再攻浩罕，经过 40 天的围攻，最终宣告失败，浩罕汗国收复了忽毡、库拉姆和南哈萨克斯坦。③ 其次，与希瓦汗国争夺谋夫之地。19 世纪 30 年代，布哈拉汗国与希瓦汗国的关系相对较好。但从 19 世纪 40 年代开始恶化。希瓦汗国的史学家穆罕默德·里扎·米拉布·阿格希（Мухаммед Риза Мираб Агехи）指出，纳斯鲁拉多次挑拨离间谋夫地区的统治者，试图收复该地区。④ 由此，1842 年，希瓦汗国决定进攻查尔朱，但被布哈拉军队击退。1843 年，纳斯鲁拉率军进攻花剌子模，由此拉开了希瓦汗国与布哈拉汗国长达十余年混战的序幕。最后，与宿敌围绕呼罗珊地区的冲突。通过远征呼罗珊，纳斯鲁拉掳掠了大批波斯人，将之变为奴隶。诚如万伯里所言：

---

① Журабаев Д. Х. Бухраский эмират второй половины XVIII- первой половины XIX вв. в письменных источниках. С. 248.

② Семенов А. А. Восстания против правительства в XIX-начале XX вв. // Из истории народных движений в Средней Азии. Душанбе, 1988. С. 32 – 34.

③ Иванов П. П. Очерки по истории Средней Азии (XVI-середина XIX). С. 141.

④ Мухаммед Риза Мираб Агехи. Рияз уд-доуле (Сады благополучия) // Материалы по истории туркмен и Туркмении. Т. 2. XVI-XIX вв. Иранские, бухарские и хивинские источники. М. Л. : АН СССР, 1938. С. 475.

"波斯与布哈拉汗国从未友好过,纳斯鲁拉统治期间更是如此。布哈拉汗国的波斯奴隶数量超过 2 万。"①

总而言之,1826—1860 年间,纳斯鲁拉埃米尔统治下的布哈拉汗国相对强盛,因而与周边邻国进行着无休止的混战,丝毫未察觉到外部环境的变化。随着 19 世纪资本主义的发展,俄英两国在中亚和阿富汗的博弈不断升级。经过一个多世纪,俄国对哈萨克草原地区的征服基本完成。至 19 世纪中叶,俄国领土边境已靠近浩罕汗国。加之 1853—1856 年克里米亚战争的失败,俄国南侵中亚的步伐加快。1864 年,俄军占领突厥斯坦和奇姆肯特,1865 年攻占塔什干,并以此为中心建立突厥斯坦总督区,切尔尼亚耶夫(М. Г. Черняев)担任第一任总督。之后,布哈拉汗国则成为俄国征服的主要目标。

四 1868 年俄国占领与统治

1866 年 4 月,俄国与布哈拉汗国的战争爆发,后者战败。同年 5 月底,俄国占领忽毡,之后接连攻占乌拉秋别、吉扎克和扬吉库尔干(Янги-Курган)要塞。1867 年 7 月 11 日,俄国沙皇亚历山大二世下令成立以塔什干为首府的突厥斯坦总督区,下设七河省和锡尔河省。考夫曼作为第一任总督,拥有"无限权力",负责中亚的政治、贸易和谈判等各类事务,有权同中亚汗国的统治者缔结条约。因此,他被称作"亚雷姆·帕的沙(ярым-подшо)",即"半个沙皇(полуцарь)"②。在俄国工商界的支持下,1868 年 4 月,考夫曼率领 3500 人进攻撒马尔罕,5 月 1 日布哈拉军队败北,次日,考夫曼进入撒马尔罕,当地贵族上层同意投降。之后,俄国占领了奇列克(Чилек)、乌尔古特和卡塔库尔干。1868 年 6 月 2 日爆发的吉拉

---

① Вамбери Г. История Бохары и Трансоксании с древнейших времен до настоящего. СПБ., 1873. Т. 1. С. 150.

② Терентьев М. А. История завоевания Средней Азии. СПб., 1906. Т. 1. С. 384.

布拉克高地之战具有决定性意义，战败的布哈拉军队撤退至克尔米涅。俄国军队在撒马尔罕遭到布哈拉人的围攻，考夫曼于6月8日攻进撒马尔罕。6月12日，穆扎法尔埃米尔宣布投降，请求考夫曼经沙皇允许，让其赴麦加朝觐。①

但在俄国的计划中，并未打算直接吞并布哈拉汗国，而是以保护国的形式实施统治。其原因主要有两点：一是降低管理成本。由于布哈拉汗国是中亚大国，且为伊斯兰教的中心，直接统治将给俄国带来沉重负担。二是避免与英国发生直接冲突。布哈拉汗国与英国控制下的阿富汗接壤，保持布哈拉汗国的附属国地位，可以使之成为俄英两国的"缓冲地带"。因此，1868年6月18日和23日，布哈拉汗国与俄国签订和约及其补充条款，其主要内容为：撒马尔罕和卡塔库尔干并入俄国版图；布哈拉汗国须在一年内缴付50万卢布的赔款；俄国商人在布哈拉汗国享有自由贸易权，布哈拉汗国有义务保障他们的人身和财产安全；俄国人在布哈拉汗国的司法诉讼由俄国机构代理。②自此，布哈拉汗国沦为俄国的附属国。1868年年底，彭吉肯特及其周边地区划归俄国的泽拉夫尚河区。③

1868年协定的签订不仅激化了英俄之间的矛盾，更是引起布哈拉汗国宗教界和部分贵族上层的敌意。在他们的支持下，穆扎法尔的长子卡塔·丘里亚（Катта-Тюря）宣称将推翻父亲的政权，发动对异教徒的"圣战"。宗教界邀请哈萨克素丹萨德克·克涅萨勒（Садык Кенесары）出任克尔米涅的领主，联合希萨尔、沙赫里萨布兹、卡尔希、库利亚布等地领主发动反对穆扎法尔和俄国的暴乱。1868年10月，穆扎法尔被困于布哈拉，在俄国军队的帮助下他很快镇压了暴乱。除国内反俄势力外，1868—1870年间，英国、奥斯

---

① Исмаилова Б. И. Социальная структура и классовая борьба в Бухарском эмирате, 1868 - 1917 гг. / диссертация кандидата исторических наук. Душанбе, 1985. С. 30.
② Терентьев М. А. История завоевания Средней Азии. С. 475.
③ Матвеева Н. В. Представительство России в Бухарском эмирате и его деятельность, 1886 - 1917 гг. / диссертация кандидата исторических наук. Душанбе, 1994. С. 49.

曼帝国、印度、埃及和希瓦汗国等曾指使穆扎法尔反俄，企图推动其尽快独立。① 1870 年 5 月 17 日，考夫曼向布哈拉汗国派遣使节，巩固双方的友好关系。其间发现，在布哈拉已经形成内外联合的反俄同盟。于是，考夫曼立即派兵镇压布哈拉汗国的敌对势力，收复沙赫里萨布兹和基塔布（Китаб），转交穆扎法尔统治，至 1872 年，俄国将原布哈拉汗国属地忽毡、乌拉秋别、吉扎克、卡塔库尔干、撒马尔罕，以及小领地玛特恰（Матча）、法里加尔（Фальгар）、玛季安（Магиан）、克什图特（Кштут）均并入泽拉夫尚河区，阿布拉姆（Абрам）被任命为区长。②

1873 年 9 月 28 日，俄国与布哈拉汗国签订新和约。和约规定：确定布哈拉汗国与突厥斯坦总督区的边界；确定俄国与布哈拉汗国贸易往来及出入境准则；允许俄国船只在阿姆河自由航行；俄国商人享有在布哈拉汗国的自由贸易权，地方政府须保护他们的人身和财产安全；俄国商人有权在布哈拉汗国购置不动产；承认俄国为宗立国，禁止布哈拉汗国与其他国家进行独立外交；突厥斯坦边区政府有权干涉布哈拉汗国埃米尔继承问题，俄国确保布哈拉汗国领土完整，帮助埃米尔镇压国内外敌对势力。③ 通过这一条约，俄国在布哈拉汗国的统治地位进一步确立。自此，所有关于俄国与布哈拉汗国关系的问题，埃米尔必须同突厥斯坦边区总督或其外交官商议决定。

1885 年，自阿布杜拉哈德执政以后，布哈拉汗国实际上变为俄国的一个省份。俄国沙皇亚历山大三世和尼古拉二世比较信任阿布杜拉哈德，封他为将军，赠予布哈拉军队 2.1 万支枪支，予以镇压

---

① Матвеева Н. В. Представительство России в Бухарском эмирате и его деятельность. С. 53.

② Мухаммад Ризо Хомиди. Политические, экономические и культурные преобразования в Средней Азии в XIX-начале XX вв. / диссертация кандидата исторических наук. Душанбе, 2007. - С. 82.

③ Матвеева Н. В. Представительство России в Бухарском эмирате и его деятельность. С. 60 – 61.

敌对势力。① 1886年1月1日，俄国政治代办处在布哈拉城正式成立，首位代理人为突厥斯坦总督区原外交官恰雷科夫（Н. В. Чарыков）。② 代办处的职责主要是监督埃米尔及其政府，处理俄国移民在布哈拉汗国的相关事务，以及保护俄国商人的利益。因此，它成为俄国对外政策在布哈拉汗国的推行者。俄国不仅开始干预布哈拉汗国的政治事务，而且积极渗透到布哈拉汗国的经济生活中。一方面，俄国将撒马尔罕及泽拉夫尚河上中游地区划归突厥斯坦总督区以后，布哈拉及其周边地区的水资源供应则控制在俄国人手中，导致这一地区经常出现断水、缺水现象，经济发展受到严重影响。另一方面，俄国为了寻求原料和商品市场，开始在布哈拉汗国大规模种植棉花，导致当地农业结构发生变化。俄国工业品在布哈拉汗国市场上的倾销导致当地手工业者破产，制约了布哈拉汗国经济发展。1885年伊始，里海铁路和其他中亚铁路的修建，更是加强了布哈拉汗国和突厥斯坦总督区与俄国中心地区的政治和经济联系，俄国资本由此大量输入，俄国居民点迅速增多，导致布哈拉汗国社会发生巨大变化。

  19世纪末，泛伊斯兰思想和泛突厥主义在中亚地区的传播、1904—1905年日俄战争中俄国的战败，以及1905—1907年的俄国资产阶级民主革命，这对包括布哈拉汗国在内的整个中亚地区产生了较大影响。这一时期，布哈拉汗国的知识分子也开始反对俄国的殖民统治，扎吉德运动由此出现。他们主张教育改革，开办新式学校，创办报纸杂志，宣传现代科学文化。这进一步促进了布哈拉汗国的民族觉醒，布哈拉汗国的工人罢工和农民起义此起彼伏。另外，1910年，接受了俄国教育的穆罕默德·阿利姆（Мухаммад Алим）成为布哈拉汗国最后一任埃米尔。上任伊始，他通过与俄国展开贸

---

  ① Мухаммад Ризо Хомиди. Политические, экономические и культурные преобразования в Средней Азии в XIX-начале XX вв. С. 84.
  ② Матвеева Н. В. Представительство России в Бухарском эмирате и его деятельность. С. 93.

易，为自己积累了大量财富。但穆罕默德·阿利姆埃米尔的政权腐败，导致社会矛盾激化。一战爆发后，1916年7月8日，沙皇政府宣布征召19—43岁之间的边区异族男性公民，用于补充作战后方人员。这首先在哈萨克斯坦和突厥斯坦总督区民众中引发强烈不满，很快波及布哈拉汗国和希瓦汗国，最终在整个中亚地区酿成一场规模宏大的各民族起义，给予本已岌岌可危的俄国政权以沉重打击，随之在1917年的二月革命中被彻底推翻。

五 1917—1920年布哈拉汗国历史的终结

1917年1月，俄国各地爆发了大规模的罢工示威游行，纪念1905年的"流血星期日"，这成为二月革命的先声。1917年3月8日（俄历2月23日），俄国二月革命爆发。在沙俄政府的残酷镇压下，罢工游行转变为武装起义，最终推翻了沙俄统治。之后，俄国出现临时政府与工农兵代表苏维埃两大政权并存的局面，双方的争夺更加激烈。11月7日（俄历10月25日），十月革命爆发，临时政府被推翻，苏维埃政权从此建立。

1917年的两次俄国革命意义重大，使布哈拉汗国民众摆脱了俄国的剥削与压迫，唤醒了他们的独立意识。随着俄国革命进程的推进，1917年3月，当地铁路工人进行集会示威，布尔什维克党人、卡甘（Каган，又称"新布哈拉"）市的苏维埃政权组织者格拉西莫维奇·波尔塔拉茨基（Герасимович Полторацкий）亦参与其中。① 在他的倡议下，1917年夏，由棉织厂工人和铁路工人组成的布尔什维克组织在卡甘成立，并建立工农兵代表委员会。② 这一委员会在布哈拉汗国的革命运动中发挥了重要作用。1917年5月，来自东布哈拉地区的工人举行大规模罢工，他们主要在布哈拉、撒马尔罕、塔

---

① Исмаилова Б. И. Социальная структура и классовая борьба в Бухарском эмирате, 1868 – 1917 гг. С. 162.

② Исмаилова Б. И. Социальная структура и классовая борьба в Бухарском эмирате, 1868 – 1917 гг. С. 162.

什干、浩罕和费尔干纳的棉织厂劳作。1918年年初，布哈拉汗国与突厥斯坦苏维埃社会主义自治共和国的关系紧张。穆罕默德·阿利姆埃米尔为了扩充军队、抵御外敌，向农民课以重税，加之布哈拉汗国与苏联其他地区隔离，导致当地民众更加贫穷。

在十月革命的影响下，布哈拉汗国的青年布哈拉党人①清楚地意识到，仅靠自己的力量是无法推翻埃米尔的政权，也不能实施相应的民主改革。因此，青年布哈拉党人决定投靠突厥斯坦苏维埃政权。1918年，因未博得广大民众的支持，第一次推翻埃米尔政权的尝试失败，同年夏，布哈拉汗国的农民起义亦被穆罕默德·阿利姆埃米尔的军队镇压。之后，青年布哈拉党人分为三派，其中由阿济姆江·雅库波夫（Азимджан Якубов）领导的一派提议组建布哈拉的布尔什维克党。②1918年9月25日，塔什干会议决定，同意在布哈拉成立共产党。③同年12月23日，制定并通过了布哈拉共产党的临时纲领④，助成布哈拉汗国的人民革命取得最终胜利。于是，布哈拉共产党展开在布哈拉汗国的活动，向民众宣传进步思想，反对埃米尔的专制政权。随后，布哈拉汗国的卡甘、布哈拉、查尔朱等地纷纷成立共产党组织，它们在工人、手工业者、城市贫民、埃米尔的军队中展开工作，号召民众反对埃米尔。因此，在共产党人的政治影响下，布哈拉汗国的革命运动愈演愈烈。

由此，民众对埃米尔的政权体制不满日益加深，而人民革命运动的浪潮持续高涨。1919年2月，沙赫里萨布兹爆发起义，2000余人围攻地方政府，与政府军奋战15天。之后，瓦布肯特（Вабкент）、吉日杜万（Гиждуван）、卡拉库里等地区的农民因拒缴

---

① 青年布哈拉党类似于青年土耳其党，是由地方民族资产阶级组成的进步政党。
② История коммунистических организаций Средней Азии. Ташкент: Узбекистан, 1967. С. 448.
③ Алиев А. Великий Октябрь и революционизирование народов Бухары. Ташкент: Госиздат УзССР, 1958. С. 20–22.
④ История коммунистических организаций Средней Азии. С. 443.

税收和反对服兵役而发起暴乱。① 同年 5 月，埃米尔的亲卫军在布哈拉发动起义。7 月 2 日，以手工业者和贫民为代表的 1.5 万人在布哈拉城进行示威，反对埃米尔的暴政。② 同年 9 月，沙阿尔图兹（Шаартуз）地区的士兵发动骚乱，要求撤免当地伯克。③ 可以说，这一时期布哈拉汗国各地起义和骚乱也是在共产党的支持下爆发的。经过 1919 年 6 月和 12 月两次会议之后，布哈拉汗国的共产党组织得以巩固，革命思想得到广泛传播，群众基础更为扎实。截至 1919 年年末，布哈拉汗国共有 37 个地下共产党组织，其中 24 个在农民和手工业者中间、13 个分布于埃米尔的军队中。④ 逐渐地，在布哈拉汗国的小城市和村镇也出现越来越多的共产党组织。在布哈拉城，领导共产党地下组织的领袖是阿布杜拉·图拉耶夫（Абдулла Тураев）。⑤

穆罕默德·阿利姆埃米尔方面，也开始组织暗杀共产党人，严厉镇压革命运动。布哈拉的宗教界也积极宣传"圣战"思想，号召本国民众反对"异教徒"。其间，英国政府也为穆罕默德·阿利姆埃米尔提供了军事援助。对此，布哈拉汗国的共产党人通过创办报纸杂志，大力宣传革命思想，揭露埃米尔政权的腐朽。1920 年，以塔吉克语和乌兹别克语双语出版的杂志《通格》（Тонг）和报纸《库图雷什》（Кутулыш）问世，并在布哈拉汗国发行。⑥ 通过它们，布哈拉汗国民众可以了解国内及周边地区的局势变化。1920 年 8 月，布哈拉的共产党组织举行第四次会议，讨论推翻埃米尔政权的决议，

---

① История Бухары с древнейших времен до наших дней. Ташкент: Фан, 1976. С. 184.
② История гражданского войны в Узбекистане. Т. 1. Ташкент: Наука, 1964. С. 293.
③ Победа Советской власти в Средней Азии и Казахстане. Ташкент: Фан, 1967. С. 690.
④ История таджикского народа, т. 3, кн. I. М.: Наука, 1964. С. 88.
⑤ За Советский Туркестан. Ташкент: Госиздат УзССР, 1963. С. 444.
⑥ Исмаилова Б. И. Социальная структура и классовая борьба в Бухарском эмирате, 1868–1917 гг. С. 168.

以及对各地区军事行动的安排。①

1920年8月28日，伏龙芝（М. В. Фрунзе）将军率领突厥斯坦苏维埃共和国的军队进攻布哈拉汗国，于9月1日占领查尔朱、卡尔希、沙赫里萨布兹；9月2日，经过激战，伏龙芝的军队攻占埃米尔的宫殿。10月6日，第一次人民代表大会在布哈拉召开，宣布成立布哈拉苏维埃社会主义共和国。② 至此，长达400多年的布哈拉汗国正式灭亡。穆罕默德·阿利姆埃米尔离开布哈拉以后，逃亡杜尚别，组建新军队，试图反抗苏维埃政权，但均失败。1921年2月19—20日，布哈拉汗国末代埃米尔穆罕默德·阿利姆逃离杜尚别，赴阿富汗躲避，直至1944年去世。总之，自1868—1920年，布哈拉汗国始终保持着形式上的独立，而实质上早已沦为俄国的殖民地。1920年以后，布哈拉苏维埃社会主义共和国继续是沙俄政府的继承者——苏联的一部分。

小　结

本章梳理和分析了布哈拉汗国自16世纪建国至1920年覆灭的文明变迁史，依照王朝更迭分为三个阶段，即16世纪的昔班尼王朝、17—18世纪中叶的扎尼王朝和18世纪下半叶至20世纪初的曼格特王朝。其间布哈拉汗国经历了崛起和兴盛、发展与分裂、衰败及沦为俄国附属国的历史演变，这从侧面也反映出了整个中亚地区近代史的发展规律，为我们更深入地研究中亚近代文明做一铺垫。

16世纪初，在成吉思汗后裔昔班尼的率领下，乌兹别克游牧民南下进入河中地区，推翻帖木儿王朝，建立昔班尼王朝。虽然昔班尼汗争夺了广阔的领土，但统治时间短暂。16世纪30年代，乌拜

---

① Исмаилова Б. И. Социальная структура и классовая борьба в Бухарском эмирате, 1868 – 1917 гг. С. 168 – 169.

② Исмаилова Б. И. Социальная структура и классовая борьба в Бухарском эмирате, 1868 – 1917 гг. С. 170.

杜拉汗执政期间，布哈拉汗国日益崛起。自 16 世纪下半叶始，在阿布杜拉汗二世的统治下，布哈拉汗国疆域辽阔、政权稳定、社会经济发展显著、文化生活日益繁荣，他的统治时期成为布哈拉汗国历史上的兴盛期。但自 1598 年阿布杜拉汗二世逝后，昔班尼王朝迅速衰亡，扎尼王朝随之建立。

在继承昔班尼王朝遗产的基础上，17 世纪上半叶，尤其在伊玛姆库利汗统治时期，政权相对稳定，布哈拉汗国各领域都取得了一定发展。但自 17 世纪中叶始，扎尼王朝的政权开始分裂，汗家族的权力斗争日趋激烈，布哈拉汗国逐渐走向衰弱。其间，苏布汉库利汗曾短暂稳定过局势，18 世纪初的乌拜杜拉汗二世也曾尝试通过改革来削弱部落贵族势力，强化中央集权，但均告失败。部落贵族的权力愈发强大，布哈拉汗国彻底分裂，各地方由不同部落的贵族首领独立统治，甚至出现了独立国家。显而易见，18 世纪上半叶的布哈拉汗国政权极度衰弱。1740 年，波斯的纳迪尔沙入侵河中地区，曼格特部落趁机掌控布哈拉汗国政权，至 18 世纪中叶，扎尼王朝灭亡，曼格特王朝建立。

曼格特王朝的统治时间最长，以 1868 年为界分两个历史阶段。1868 年以前的布哈拉汗国自繁荣走向衰败。18 世纪末期，即沙赫穆拉德时期，布哈拉汗国经历了短暂的繁荣期。19 世纪，在海达尔与纳斯鲁拉统治下的布哈拉汗国虽然政权稳定，但与周边的希瓦汗国、浩罕汗国进行着无休止的领土争夺，这在一定程度上削弱了布哈拉汗国实力。与此同时，随着资本主义的发展，19 世纪英俄在中亚和阿富汗地区的竞争加剧，最终俄国占据上风，于 19 世纪中下叶占领了包括布哈拉汗国在内的整个中亚地区。

作为俄国的附属国，布哈拉汗国在 1868—1917 年间维持了政权稳定。穆扎法尔执政期间，布哈拉汗国基本上拥有对内自主权。但自 1886 年俄国设立政治代办处以来，布哈拉汗国事务开始受到俄国的全面干涉，包括政治、经济、司法、文化等各个方面，致使布哈拉汗国完全沦为俄国的殖民地。20 世纪初，俄国国内外形势恶化，对日战争失败、1905年革命爆发、1914年参加一战，最终导致沙俄政权在1917年二月革命中被推翻。同年，十月革命取得胜利，苏维埃政权在俄国建立。这些都对布哈拉汗国的民族解放运动产生了较大影响。这一时期，在布哈拉汗国的知识分子中掀起了扎吉德运动，要求推翻专制体制，建立民主国家。布哈拉汗国社会的中下层民众也开始反对沙俄政府和埃米尔政权的剥削与压迫，通过示威游行、起义暴动等形式进行抵抗。突厥斯坦苏维埃社会主义共和国建立以后，布哈拉汗国的共产党组织不断壮大，在当地民众的支持下，于1920年彻底推翻曼格特王朝，布哈拉汗国就此灭亡。

因此，在了解历史沿革的基础上，布哈拉汗国制度文明交往的探究会更加清晰明了。

第 二 章

布哈拉汗国制度文明交往的特点及演变

　　人与人的关系，可称之为关系文明或制度文明，它决定着文明交往的协调与和谐。随着物质文明和精神文明的发展，制度文明越来越成为社会进步和文明评判的基本参照。文明交往的链条，是文明制度和文明秩序之链。制度和秩序的好坏，对文明交往至关重要。[①] 布哈拉汗国的制度文明是通过和平与暴力两种交往形式，继承帖木儿帝国时期的制度遗产，融合游牧文明和农耕文明的不同成分，形成具有中亚特色的制度文明：其一，保留了游牧民传统的氏族部落制度。原金帐汗国的乌兹别克人南下河中地区，其建立的政权固然带有蒙古帝国的统治因素。依照游牧传统把布哈拉汗国当作汗家族成员的私有财产，而依照分封制将国家划分成不同领地进行统治；其二，延续帖木儿王朝的政治经济制度。一直以来，游牧民的统治较为松散，严格意义上讲蒙古帝国并无完整的制度体系。进入河中以后，乌兹别克游牧民只能延续原先帖木儿王朝时期的制度体系才能更好地实施统治；其三，伊斯兰教苏非派对布哈拉汗国的政治、法律、经济和社会等方面影响颇深。为了维护自身统治，布哈拉汗国的统治者们较为重视与宗教界的关系；其四，俄国对布哈拉汗国制度演变产生一定影响。进入19世纪下半叶，俄国开始全面参与布哈拉汗国的制度建设，对其政治、法律

---

① 彭树智：《我的文明观》，西北大学出版社2013年版，第24页。

和经济方面进行制度变革。因此,通过考察布哈拉汗国的政治军事制度、法律制度和经济制度,可以更加深入地理解近代中亚制度文明交往的特点及其演变。

第一节 政治军事制度的特点

根据现有的中外历史文献,全面而深入地探究布哈拉汗国的政治军事制度,尤其是军事制度较为困难。因此,本书根据蒙古帝国的统治传统,结合帖木儿王朝时期的行政机构设置和俄国统治时期布哈拉汗国的政治变革,来分析汗位继承与分封制、行政管理体系、宗教界的显著地位、俄国政治代办处以及军事体制五大方面,尽可能清晰地勾勒出布哈拉汗国政治军事制度的形成背景、特点和演变,以及产生的后果和影响。

一 汗位继承与分封制

自13世纪蒙古帝国建立以来,河中地区基本由察合台汗国统治。但到了14世纪,察合台汗国分裂为东、西两部,其中,统治河中地区的西察合台政权逐渐落入了非成吉思汗后裔帖木儿的手中。帖木儿作为突厥化的蒙古贵族,经过十余年的战争,最终于1370年击退东察合台汗和其他的部落贵族,从而在河中地区建立帖木儿王朝。14世纪末至15世纪初,成吉思汗后裔开始以另一种形式在中亚政权的统治中扮演角色,即维系成吉思汗系表面上的统治权。帖木儿王朝初期,察合台汗国的汗继承人仍保留了下来,帖木儿以埃米尔的身份实施统治。这种维系"黄金家族"成吉思汗后裔继承统治权的正统性,确保了帖木儿王朝政权合法性和统治初期的稳定。

为了成为合法继承人,帖木儿首先与成吉思汗系公主联姻,使政权从家族血缘上正统化。其次,保留蒙古帝国时期的传统习俗,继续在发行的货币上铸刻察合台汗的名字,并要求帖木儿王朝的士兵按照蒙古人的习惯继续留辫子。再次，对察合台系贵族采取优抚政策，委任其在宫廷和军队担任要职①，并免除其各类赋税。②兀鲁伯统治以后，帖木儿王朝统治阶层淡化了对察合台系王位继承合法性的观念。到了王朝末期，统治者们基本放弃了立察合台汗的做法。③总之，至15世纪末，包括河中在内的整个中亚地区依然认可成吉思汗后裔掌控政权统治权。进入16世纪，成吉思汗后裔昔班尼建立布哈拉汗国以后，在某种程度上意味着河中地区的政权统治又重新回到了蒙古人手中。扎尼王朝时期布哈拉汗国的统治权仍由成吉思汗后裔掌控。而到18世纪中叶，非成吉思汗后裔的曼格特部落建立了曼格特王朝，其汗位继承的合法性时常遭到布哈拉汗国其他部落贵族的反对。但如同帖木儿时代一般，曼格特王朝初期的统治者们仍通过扶持扎尼家族后裔为汗，通过联姻以阿塔雷克的身份实施统治。但1785年沙赫穆拉德上任以后，他彻底废黜扎尼家族的汗而自称埃米尔，借助宗教权威统治布哈拉埃米尔国。

依照古老的蒙古风俗，在新汗的登基仪式上用一块白毡把汗抬起，而白毡的四角通常由势力强大并受汗信任的部落贵族来执握。帖木儿王朝时期也基本遵循这一仪式，而自16世纪布哈拉汗国建立以来，除部落贵族执握白毡四角外的还有苏非派人士。因此蒙古帝国遗留下来的这种风俗并未改变，1583年阿布杜拉汗二世的登基典礼即是如此。然而，1756年，遵循蒙古帝国的传统，部落贵族和宗教代表将曼格特王朝创建者拉赫姆从白毡上抬起。尽管拉赫姆并非成吉思汗后裔，但也通过与扎尼家族联姻的方式，于1756年12月19日下令所有清真寺以他的名义诵读呼图白，新铸货币也以他的名

---

① [西班牙]罗·哥泽来滋·克拉维约：《克拉维约东使记》，奥玛·李查、杨兆钧译，商务印书馆1985年版，第121页。
② 蓝琪：《论帖木儿帝国的政治统治》，《贵州学院学报（社会科学版）》2018年第5期。
③ 蓝琪主编：《中亚史》（第4卷），商务印书馆2018年版，第272页。

义发行，以此宣告新政权的建立。① 拉赫姆的加冕仪式在诸多文献中都有详细记录，这主要是为了证实拉赫姆新政权的合法性。② 另外，新汗的即位必须召开部落联盟议事会，且须得到多数与会者的认可。这一传统亦源自成吉思汗时期的"忽里勒台"，即蒙古社会早期民主政治制度的产物。蒙古帝国建立以后，忽里勒台成为最高权力机构，可决定国家的政治军事等重大事项。它的主要成员以部落贵族为主，包括汗家族成员、军事将领及后来的宗教上层。直至20世纪初，布哈拉汗国的部落联盟议事会一直存在。曼格特王朝时期它以协商机构"扎莫加（джамога）"的形式呈现，成员仍主要是统治阶层代表和宗教领袖，他们共同商议决定布哈拉汗国的重大事宜。③

另外，作为一种典型的部落制度，长者继承制也是布哈拉汗国推举新汗的重要指标。昔班尼汗去世以后，部落联盟议事会商议决定新汗由昔班尼家族中的长者忽春赤汗担任。然而，布哈拉汗国的实际统治权则由乌拜杜拉掌控。1533年，乌拜杜拉汗作为家族中的年长者才正式称汗。到了16世纪60年代，阿布杜拉汗二世在夺取政权以后也遵循这一习俗，立其父为汗实施统治。这足以证明蒙古帝国传统和部落习俗在布哈拉汗国政权统治中的影响力。然而，这种长者继承制却是引起布哈拉汗国不稳定的重要因素之一。因为在这种情况下，汗的年龄通常偏大，在位时间也不长，导致汗位更替频繁。再者，这类汗通常有名无实，导致中央政府权力受限，部落贵族或地方首领则拥有相对独立的行政权和军事权，势力最为显赫的首领甚至采用汗的封号。所以说，只有强有力的汗掌握政权，才能削弱地方割据势力，强化中央集权，对国家实施有效统治，如上

---

① Журабаев Д. Х. Бухраский эмират второй половины XVIII- первой половины XIX вв. в письменных источниках. / диссертация доктора исторических наук. Худжанд, 2014. C. 199 – 121.

② Анке фон Кюгельген. Легитимация среднеазиатской династии мангытов в произведениях их историков (XVIII-XIX вв.). Алматы: Изд-во « Дайк-Пресс », 2004. C. 268.

③ Ханыков Н. Описание Бухарского ханства. СПб. , 1843. C. 179 – 206.

述的乌拜杜拉汗和阿布杜拉汗二世。但自 17 世纪扎尼王朝统治以来，汗位不再实行年长者继承制，而是依照农耕王朝的惯例采用父子继承制。

乌兹别克人在河中地区的政权统治也采用蒙古帝国的分封制度，以达到分权统治。在游牧民族的观念和法律意识中，汗在整个国家中拥有绝对权威，但并不代表国家是他个人的，而是属于整个汗室家族。像蒙古统治者一样，布哈拉汗国的统治者们也将地域分成不同领地，封给家族成员、部落贵族和军事首领等，让他们成为各自封地的素丹。素丹通常拥有与中央行政机构类似的独立管理体系、军队及财政来源。《布哈拉宾客纪事》（Михман-Наме-Йн Бухара）中专门记录了昔班尼汗分封土地的情况。昔班尼汗把撒马尔罕及其周边地区分给其子穆罕默德·帖木儿（Мухаммед Тимур），突厥斯坦城则由忽春赤统治，其侄乌拜杜拉的领地在布哈拉及其附近地区，巴尔赫的统治者为皮尔·穆罕默德。[①] 扎尼王朝更是如此，将布哈拉汗国所有领土划分给汗家族成员和部落贵族。到曼格特王朝时期，布哈拉汗国领土基本在曼格特部落贵族中划分，但也有其他敌对部落占据重要领地，如沙赫里萨布兹的克涅格斯部落。由于部落之间势力相对均衡，俄国占领之前东布哈拉地区实际上是半独立领地。

分封制对布哈拉汗国的统治产生了不利影响。其一，中央集权受到削弱。扎尼王朝中后期，布哈拉汗国各领地，如巴尔赫、呼罗珊、巴达赫尚、沙赫里萨布兹、费尔干纳等地区形式上仍为布哈拉汗国领土，但实际上各地独立治理。[②] 汗政权与地方领主之间无休止的征战，尤其与巴尔赫地区的内讧更是频仍。这种内讧导致中央集权极度衰弱。其二，引起地方领主之间交战残杀。中央政权受到削

---

① Ахмедов Б. А. Историко-географическая литература Средней Азии. XVI-XVIII вв. (письменные памятники). Ташкент: Фан, 1985. С. 27 – 28.

② Абдураимов М. А. Очерки аграрных отношении в Бухарском ханстве в XVI-первой половине XIX века. Т. 1. Ташкент, 1966. С. 104 – 106.

弱以后，地方权力必然扩大。18 世纪上半叶，扎尼王朝一直处于部落贵族争夺领土和权力的混战之中，地方经济和社会遭到严重破坏，人口越来越少。其三，布哈拉汗国疆域急剧缩小。1598 年阿布杜拉汗二世逝后，布哈拉汗国疆域大大缩减。而到 18 世纪上半叶，原属布哈拉汗国的巴尔赫归阿富汗统治，呼罗珊被波斯和希瓦汗国瓜分，费尔干纳地区出现了新政权，巴达赫尚和沙赫里萨布兹成为独立领地。其四，布哈拉汗国实力明显下降。分封制使得地方贵族势力逐渐壮大，中央与地方、地方与地方之间的混战不休最终使布哈拉汗国羸弱不堪。18 世纪上半叶，纳迪尔沙趁布哈拉汗国内乱频仍、政权羸弱之际，占领河中地区，摧毁了扎尼王朝的统治。

因此，乌兹别克人建立的布哈拉汗国最初以蒙古帝国的游牧传统和部落制度为基础，基本遵循成吉思汗后裔继承汗位的原则，充分利用部落联盟议事会，采用部落制度中的年长者继承制，运用蒙古帝国的分封制进行统治。但随着时间的推移，蒙古帝国的统治传统在布哈拉汗国发生变化。年长者继承制自 17 世纪开始消失，成吉思汗后裔继承汗位的合法性逐渐失去效力，但蒙古汗的加冕仪式和部落联盟议事会却保留了下来。最值得关注的是，分封制贯穿于布哈拉汗国历史发展的整个进程，它在很大程度上导致布哈拉汗国长期处于国家分裂、政权分散、混战不息的境地，故始终无法在中亚地区建立起一个统一而强大的政权。

二 帖木儿帝国行政管理体制的延续

16 世纪下半叶，即阿布杜拉汗二世统治以后，布哈拉汗国已经形成了较为繁复且相对完善的行政管理体制。这一体制主要继承帖木儿帝国时期的制度遗产，但也根据布哈拉汗国实际情况作了一定程度的调整和改革。① 根据现有的外文文献，关于昔班尼王朝和扎尼

---

① Бахрушина С. В. История народов Узбекистана. Том 2. От образования государства Шейбанидов до Октябрьской Революции Ташкент: Изд. -во АН УзССР, 1947. С. 78 – 80.

王朝的国家管理体系研究较少①，而且对这一时期行政机构和官吏名称、官吏称谓及职责的描述有所欠缺②，谢梅诺夫（А. А. Семенов）亦曾对此进行过说明③。而苏联学者对曼格特王朝的行政管理制度研究较为全面，且经过 250 余年的发展，曼格特王朝时期布哈拉汗国的行政管理体制更加完善。因此，通过重点考察曼格特王朝的行政管理体系，布哈拉汗国 400 余年的官僚政治体制的演变可略见一斑。

首先，对昔班尼王朝和扎尼王朝的行政体系作一简述。17 世纪扎尼王朝建立以后，布哈拉汗国继续朝着波斯—伊斯兰国家的政权组织形式发展，统治权与行政权分离的行政制度基本形成。④ 作为最高统治者，汗通过行政机构和官吏实施统治。象征汗权力的标志是以他的名义诵读呼图白和发行新货币。素丹⑤在国家行政官吏体系中占据显要地位，如昔班尼王朝的马赫穆德素丹，扎尼王朝的巴赫拉姆素丹和阿卜杜拉赫曼素丹。扎尼王朝时期储君驻地巴尔赫的统治者被称为素丹。⑥ 这一时期，汗授予部落贵族以埃米尔的称号，埃米尔在这一时期也是国家管理机构的重要成员。本部落氏族成员通常被埃米尔委以官职，让他们在布哈拉汗国中央政权中发挥重要作用。

除素丹和埃米尔以外，这一时期布哈拉汗国的重要官职有"纳

---

① Саидов А. Сведения Мухаммада Юсуфа Мунши об административном устройстве Бухарского ханства в XVI начале XVIII вв. // Ученые записки Худжандского государственного университета им. академика Б. Гафурова. Гуманитарные науки. 2014. №2 (39). С. 151－161.

② Материалы по истории Узбекской, Таджикской и Туркменской ССР. Ч. 1. Труды Историко-археографического института и Института востоковедения. Материалы по истории народов СССР / Акад. наук СССР; Вып. 3, Ленинград: изд. и тип. изд-ва Акад. наук СССР, 1932. С. 451, 453.

③ Семенов А. А. Бухарский трактат о чинах и званиях и обязанностях носителей их в средневековой Бухаре. // Советское востоковедение: Сборник. Выпуск V. Москва, Ленинград: Издательство Академии Наук СССР, 1948. С. 137－153.

④ 蓝琪主编：《中亚史》（第5卷），商务印书馆 2018 年版，第 178 页。

⑤ 素丹在布哈拉汗国主要指地方统治者，也可指代军队首领。

⑥ Саидов А. Сведения Мухаммада Юсуфа Мунши об административном устройстве Бухарского ханства в XVI начале XVIII вв. С. 151－161.

吉布（накиб）"①、阿塔雷克、"迪万别克（диванбег）"、"帕尔瓦纳齐"和"达德哈赫（дадхах）"。作为最高宗教领袖，纳吉布可以世袭，专属赛义德圣裔家族，可追溯至纳合什班底教团领袖巴哈阿金和卓（Ходжи Баха ад-Дин）。他与阿塔雷克都是管理机构的高级官吏，在汗加冕仪式上他们通常站立在汗的左侧。汗远征出战之时，纳吉布跟随左右，以便提供意见和建议。他的职责是在远征作战时，组织、调动和分配军队。作为最高级别的行政官吏，阿塔雷克授予作战勇猛、忠诚辅佐汗的埃米尔。阿塔雷克通常认为自己是独立的，不受中央控制。阿塔雷克也是汗分封给家族诸王子在各领地的监护人。在王子成年之前，地区管理的大权完全由阿塔雷克掌控。② 迪万别克是地位仅次于阿塔雷克的行政官吏，主要负责外交事务，调解战事。帕尔瓦纳齐的职责是传达汗的指令和官方文件至相应部门和官吏，但也承担领导军队、组织抵御外敌的任务。达德哈赫负责接受民众诉讼并及时作出回应，监督国家法律的运行，同时也从事外交事务。③ 在 16—17 世纪的布哈拉汗国，达德哈赫拥有非常高的威信。④

另外，"库克立达什（кукельташ）"、"耶萨兀（йасаул）"、"艾什卡噶巴什（ишик-ага-баш）"、"米拉胡尔（мирахур）"和"库什别克（Кушбек）"也是行政机构的主要官吏。⑤ 库克立达什是最熟悉布哈拉汗国政权的官吏，职责是了解民众对汗政策的态度，采取措施和方法镇压敌对势力，确保汗政权的稳定。耶萨兀为汗的近臣，

---

① 纳吉布（Накиб）源自阿拉伯语，指领袖或氏族公社首领。
② Политическая и экономическая обстановка в Бухарском ханстве в XVI веке. http://vek-noviy.ru/istoyiya-uzbekistana-xvi-xx-veka/politicheskaya-i-ekonomicheskaya-obstanovka-v-buharskom-hanstve-v-xvi-veke.html, 2019 年 9 月 27 日。
③ Саидов А. Сведения Мухаммада Юсуфа Мунши об административном устройстве Бухарского ханства в XVI начале XVIII вв. С. 151 – 161.
④ Саидов А. Сведения Мухаммада Юсуфа Мунши об административном устройстве Бухарского ханства в XVI начале XVIII вв. С. 151 – 161.
⑤ Семенов А. А. Бухарский трактат о чинах и званиях и обязанностях носителей их в средневековой Бухаре. С. 137 – 153.

主要负责汗与诸王子之间的关系。艾什卡噶巴什通常是深受汗信任的人，负责确保宫廷安全，对所有出入宫廷的人员进行登记。另外，他也参与布哈拉汗国的征战。这一时期担任艾什卡噶巴什的官员主要出自杜缅（дурмен）、库什奇（кушчи）和乃蛮三大部落，因此，这一官职与各部落在国家政治生活中的地位密切相关。扎尼王朝时期米拉胡尔仍占有重要地位，汗通常委派他去调解部落纠纷和守戍边疆。库什别克原本是汗的狩猎官。在传统社会中，狩猎活动通常是统治阶层的一种娱乐消遣活动，派遣去俄国的布哈拉汗国使节通常请求沙皇赏赐他们猎鸟。① 扎尼王朝的库什别克有全国性、地方性和个人的三种级别。这一时期赘巴依谢赫家族基本垄断了布哈拉汗国的狩猎经济，也拥有自己的库什别克。② 18世纪以前，库什别克的职权仍限于管理汗的狩猎经济和狩猎活动。18世纪初乌拜杜拉汗二世上任以后，库什别克在国家管理体系中的地位迅速提高，成为最高官吏阶层，开始在国家事务中发挥重要作用。乌拜杜拉汗二世委任自己的库什别克为吉萨尔统治者，也让其从事外交活动。经汗授权，库什别克负责赏赐各类官吏。在扎尼王朝后期的管理体系中，最高库什别克占有重要地位。③ 除上述外，16—18世纪布哈拉汗国的行政机构还有其他官职，如"托克萨巴（токсаба）"、"巴卡乌尔（бакаул）"、"达斯塔尔汉奇（дастарханчи）"、"基塔布达尔（китабдар）"等。④

到曼格特王朝时期，布哈拉汗国的行政管理体系发生了显著变

---

① Семенов А. А. Бухарский трактат о чинах и званиях и обязанностях носителей их в средневековой Бухаре. С. 137 – 153.

② Саидов Абдукахор. Политическое и социально-экономическое положение Бухарского ханства в XVII-первой половине XVIII вв. / диссертация доктора исторических наук. Душанбе，2007. С. 220.

③ Саидов А. Сведения Мухаммада Юсуфа Мунши об административном устройстве Бухарского ханства в XVI начале XVIII вв. С. 151 – 161.

④ Саидов А. Сведения Мухаммада Юсуфа Мунши об административном устройстве Бухарского ханства в XVI начале XVIII вв. С. 151 – 161.

化。布哈拉汗国的最高统治者不再称汗，而以埃米尔相称。自此，埃米尔不再授予部落贵族。19 世纪 70 年代始，埃米尔几乎不再理政。① 自 1886 年俄国政治代办处成立以后，俄国开始全面干涉布哈拉汗国的政治，埃米尔也成为俄国统治的工具。埃米尔拥有上千名侍从和官吏，官职主要有两大类：一是秘书类，如"托克萨巴"，负责呈报和记录重要事件或问题；二是会计类，负责计算国库收支情况。② 除此以外，还有"梅赫塔尔（мехтар）"、"亚索武尔—伊—乌里亚玛（ясовул-и-улямо）"、"马赫拉姆—博希（махрам-боши）"等官职。1868 年以后，埃米尔身边又多了俄语翻译、俄国医生和俄国技工等。这一时期布哈拉汗国的官吏主要由乌兹别克人、塔吉克人和阿拉伯人构成，还有受教育程度高的波斯奴隶亦出任官职，他们均可用乌兹别克语和波斯语读写。这一时期，布哈拉汗国的行政官吏数量达 3 万人，他们并不从布哈拉汗国政府获取薪俸，而是通过剥削民众得到更多的物质回报。③ 行政机构依照职能分为四类：中央办公厅、财政税收部、宗教司法部和监察部。其中，后两类机构将在本章第二节中详细介绍，这里主要论述中央办公厅和财政税收部。

中央办公厅由库什别克领导。19 世纪中叶，即曼格特王朝时期，库什别克的职位相当于首相④，完全取代了以往阿塔雷克在布哈拉汗国的地位。俄国统治以后，有功勋的官吏通常被埃米尔授予库什别

---

① Тухтаметов Ф. Т. Административно-политическое устройство Бухарского эмирата в период протектората России, 1868 – 1917 годы / диссертация кандидата исторических наук. Душанбе, 1988. С. 34.

② Тухтаметов Ф. Т. Административно-политическое устройство Бухарского эмирата в период протектората России. С. 44.

③ Логофет Д. Н. Бухарское ханство под русским протекторатом: Т. 1. Санкт-Петербург: В. Березовский, 1911. С. 244.

④ Семенов А. А. Бухарский трактат о чинах и званиях и обязанностях носителей их в средневековой Бухаре. С. 137 – 153.

克的头衔。1900年，布哈拉汗国甚至设立了三位库什别克。① 库什别克的职责是向埃米尔直接汇报有关事宜，埃米尔外出之时库什别克可以接替埃米尔管理国家。库什别克住在埃米尔的宫殿中拥有对国家事务的决定权，尤其掌控着财政大权。可见，库什别克的权限非常大，几乎成了埃米尔的代理人，并与宗教界保持着良好关系。如同埃米尔一样，库什别克也从事贸易活动，为自己攫取大量财富。

库什别克领导下的中央办公厅包括以下重要官职。一是"米尔济（мирзы）"。它负责发放各类官吏的薪俸，以及统计国家财政收支情况。② 米尔济配有专门的秘书。据俄国档案文献记载，这一官吏与俄国统治密切相关，他们有权决定布哈拉汗国的重要事务。③ 二是"耶萨乌里—巴希（Есауль-баши）"。这一官职一分为二，分别为库什别克的第一助理和第二助理。第一助理为库什别克的顾问，向库什别克呈报重要事宜，负责库什别克的骑兵护卫队；第二助理的官衔为托克萨巴，是护兵首领，承担库什别克安排的其他任务。三是"图普奇—巴希（тупчи-баши）"。它指代宫殿的炮兵指挥官，同时掌管宫殿监狱，制定犯人名册供埃米尔或库什别克查阅。四是"阿马德洛尔（амадлор）"。它为库什别克的接待官，主要负责接待外国使节，授予官衔"卡拉乌尔别克（караулбег）"和"托克萨巴（токсаба）"。五是俄语翻译官。这是专门为处理布哈拉汗国与俄国机构关系而设立的，在曼格特王朝后期扮演了重要角色。

财政税收部是布哈拉汗国的第二大重要机构，由财政部长"贾卡特奇—卡隆（зякатчи-калон）"领导，又称迪万伯克。俄国占领以后布哈拉汗国的财政部变化不大。迪万伯克在各地区下设地方财政部"贾卡特奇（зякатчи）"，专门负责各地区的财政税收事务，且

---

① Тухтаметов Ф. Т. Административно-политическое устройство Бухарского эмирата в период протектората России. С. 44.

② Логофет Д. Н. Бухарское ханство под русским протекторатом: Т. 1. С. 236.

③ Тухтаметов Ф. Т. Административно-политическое устройство Бухарского эмирата в период протектората России. С. 64.

与地方政府相独立。① 穆扎法尔统治时期库什别克也担任财政部长,即行政与财政大权集于一身。② 财政部长掌控着布哈拉汗国的经济大权,包括核算国库收支、征收赋税、财政预算等。财政部长设有自己的办公厅和官员机构。除财政部长外,米尔济负责统计库什别克和埃米尔的收支情况,以及对所有商业机构的征税和管理。沙季尔特—佩什(шагирт-пеш)负责管理集市交易,以及其他的各类商业活动。地方官员主要由税吏构成,征税成为大部分官吏最重要的职责,下文有关税收制度部分对地方税吏进行了详细阐述。相对于周边的希瓦汗国和浩罕汗国,布哈拉汗国始终是中亚地区的经济中心。尽管没有任何统计数据,但布哈拉汗国的国库收支始终处于严格监控之下。③ 俄国统治初期,布哈拉汗国官方公布的财政收入每年约200万卢布,而实际收入远高于此。据统计,19世纪80年代,布哈拉汗国的财政收入近600万卢布。1907年,俄国政治代办处专门对布哈拉汗国财政收支进行了统计,布哈拉汗国的财政收入为734.95万卢布。1914年,库什别克米尔扎·纳斯鲁拉(Мирза-Насрулла)公布的财政收入为972.5万卢布。④ 据财政部数据显示,俄国占领以后布哈拉汗国的经济并未出现倒退,反而增长明显。

再次,曼格特王朝基本延续了以往布哈拉汗国的地方行政制度。曼格特王朝时期,布哈拉汗国行政区划分为27个省⑤,其中卡尔希省的伯克通常为世袭官吏,布哈拉省由库什别克管理,而其他省份的伯克由埃米尔任命。⑥ 不同地方对伯克的称谓有所不同,在西布哈

---

① Логофет Д. Н. Страна бесправия. Бухарское ханство и его современное состояние. М., 1908; 2-е изд. М., УРСС, 2010. С. 33.

② Тухтаметов Ф. Т. Административно-политическое устройство Бухарского эмирата в период протектората России. С. 66.

③ Тухтаметов Ф. Т. Административно-политическое устройство Бухарского эмирата в период протектората России. С. 70 – 71.

④ Тухтаметов Ф. Т. Административно-политическое устройство Бухарского эмирата в период протектората России. С. 71.

⑤ Логофет Д. Н. Бухарское ханство под русским протекторатом: Т. 1. С. 240.

⑥ Логофет Д. Н. Бухарское ханство под русским протекторатом: Т. 1. С. 240.

拉地区称哈基姆（хаким），而东布哈拉地区称为米尔（мир）或沙（ша）。①伯克们的权限取决于管辖的省份距离布哈拉的远近，通常东布哈拉地区的伯克们较西布哈拉权力更大，独立倾向更明显。如同埃米尔一般，地方伯克也拥有行政、司法、财政和检察四大职能，其中财政权最为重要，税吏构成地方行政机构的主体。伯克的任职时间通常为1—2年，尤其是东布哈拉地区的伯克更换频繁。当地民众因赋税沉重而时常与伯克发生冲突，故导致地方行政管理体系较为松散。东布哈拉地区的伯克们通常也有自己的办公厅，由迪万别克领导，职责类似于库什别克。②地方伯克也有自己的秘书、助理、财务和安保人员。③

省级以下通常划分为3—25个县市"阿姆里亚克达尔斯特瓦（амлякдарство）④"，由对应的县长或市长"阿姆里亚克达尔（амлякдар）"管理⑤。谢梅诺夫曾指出，布哈拉汗国的县市不是地方行政单位，而是根据人口密度和地区规模，以土地税为依据划分的不同区域。⑥19世纪末至20世纪初，布哈拉汗国设有两种类型的县市：一是隶属于伯克管辖下的省份；二是独立的县市级单位，不归省级管辖，地位与省级相当，由库什别克统一管辖。通常情况下，独立县市的数量不定。1900年，布哈拉汗国的独立县市有9个，而到1914年数量增至11个，且主要分布在西布哈拉地区。它们是棉

---

① Тухтаметов Ф. Т. Административно-политическое устройство Бухарского эмирата в период протектората России. С. 103.

② Логофет Д. Н. Бухарское ханство под русским протекторатом：Т. 1. С. 241 – 242.

③ Тухтаметов Ф. Т. Административно-политическое устройство Бухарского эмирата в период протектората России. С. 115.

④ 阿姆里亚克达尔斯特瓦（амлякдарство）是乌兹别克语中"县市"的称谓，而在塔吉克语为"土曼"（туман）。

⑤ Логофет Д. Н. Бухарское ханство под русским протекторатом：Т. 1. С. 240.

⑥ Семенов А. А. Бухарский трактат о чинах и званиях и обязанностях носителей их в средневековой Бухаре. С. 137 – 153.

织品、粮食和丝织品的主要供应地。① 县长或市长通常由地方伯克任命，以伯克家族成员为主。县长对伯克负责，设有行政部、财政、司法和检察部，下设行政官吏阿米纳加奇（аминагач）和阿雷克—阿克萨卡尔（арык-аксакал），前者负责征税，后者管理灌溉系统。县长职责以征税为主。② 县市级以下分为乡"肯茨特沃（кентство）③"，乡以下为村"基什拉克（кишлак）"，最低级的行政单位是组"德沃尔（двор）"。乡级及以下单位的官吏由当地居民推举产生，乡长"阿明（амин）"和村长"阿克萨卡尔（аксакал）"通常由当地富人充任，主要职责仍是征税。

总而观之，布哈拉汗国官僚体系特征明显：一是汗或埃米尔的权力不受任何限制，专制独裁，可随意任命或罢免任何官吏；二是官员职责划分不清晰，行政权实际上掌控在汗宠信的官员手中，导致权力集中，行政体系虚同摆设；三是行政机构腐败丛生，卖官鬻爵现象普遍，官员任命时常受到部落裙带关系的影响；四是所有行政官吏均无薪俸，只有通过搜刮民财、征收苛捐杂税获得更多财富；五是行政机构的职能仍以征税为主，导致社会管理缺失，行政机构设置不完善。简言之，自17世纪以来，布哈拉汗国的行政管理制度较16世纪发生了明显变化，尤其在曼格特王朝时期。然而总体来看，布哈拉汗国基本沿袭了帖木儿帝国的行政管理体制，即便在俄国统治以后布哈拉汗国的行政管理体系也未发生根本性变化，制度完整性基本得以保留。

三 宗教阶层的显著地位

布哈拉汗国是一个信奉伊斯兰教逊尼派的国家，且以苏非派为

---

① Тухтаметов Ф. Т. Административно-политическое устройство Бухарского эмирата в период протектората России. С. 126 – 127.
② Логофет Д. Н. Бухарское ханство под русским протекторатом: Т. 1. С. 243.
③ "肯茨特沃"（кентство）是西布哈拉地区对"乡"的称谓，而在东布哈拉地区则称为"米里—哈佐尔斯特瓦—萨阿德（мири-хазорство саад）"。

主。宗教阶层在布哈拉汗国政治生活中具有显著地位。建立初期，布哈拉汗国虽是游牧国家的政体形式，但伊斯兰教开始对政治制度产生了比帖木儿时代更加深远的影响。布哈拉城是整个中亚苏非派穆斯林的圣地，布哈拉汗国统治者也十分重视与宗教界的关系。国家政治制度中的宗教因素首先体现在布哈拉汗国政权合法性方面。

第一，利用宗教仪式来强化新政权的合法性。宗教代表的权威性通常在汗政权相对软弱时更加突出。自成吉思汗逝后，蒙古帝国走向式微和分裂。金帐汗国后期的统治者开始借助宗教力量维持政权稳定。乌兹别克汗统治时期，金帐汗国已经是一个信奉伊斯兰教的国家，并在政治体系中吸引了大量的宗教代表，如赛义德、舍里弗（шериф）①、伊玛目、卡迪（кадий）②等，他们从事外交、司法和其他政治事务。③ 16世纪的布哈拉汗国更是如此，宗教界的政治地位愈发凸显。在登基仪式上，新汗不仅以草原游牧国家的传统立誓，而且对着《古兰经》宣誓以获得宗教领袖的认可。④ 同时，将新汗抬起的白毡四角也必须有宗教代表的参与。在新汗上任之日举行的忽里勒台上，除家族成员、部落贵族和军事将领外，还有宗教代表参加。昔班尼汗在新铸货币上自称"仁慈的哈里发，时代的伊玛目"⑤。汗谙虽然保留亚勒雷克（ярлык）⑥的形式，但由宫廷乌里玛的宗教语言来撰写。

---

① 舍里弗（шериф）在阿拉伯语中的意思是"高雅的，高尚的"或"著名的"。在伊斯兰国家中，它是指穆罕默德先知的后裔，故在穆斯林心目中具有较高的威望和地位。

② 卡迪（Кади, кадий, казый）是依据沙里亚法而进行裁决的法官。甚至在一定条件下，卡迪还拥有行政职能。

③ Почекаев Р. Ю. Религиозные факторы легитимации власти в Золотой Орде и позднесредневековых тюрко-монгольских государствах XV-XVIII вв. // Золотоордынское обозрение. 2013. №. 1. С. 96 – 109.

④ Почекаев Р. Ю. Религиозные факторы легитимации власти в Золотой Орде и позднесредневековых тюрко-монгольских государствах XV-XVIII вв. С. 96 – 109.

⑤ Бартольд В. В. История культурной жизни Туркестана. С. 269.

⑥ 亚勒雷克（ярлык）指代蒙古汗国统治者的书面旨诏，汗王书信或札撒令的具体实施文件。

第二，统治者与宗教界通过联姻巩固双方关系。在宗教氛围浓郁的河中地区，除成吉思汗后裔的身份以外，穆罕默德圣裔的名望也是确保汗政权合法性的重要因素。因此，统治者通常选择与圣裔家族联姻，以此巩固自身统治，如昔班尼王朝的汗与铁尔梅兹的赛义德家族的联姻。直到19世纪末至20世纪初，布哈拉汗国仍存在这一习俗，即曼格特王朝的最后几任埃米尔均拥有赛义德的称号。自18世纪中下叶始，统治者拥有赛义德的称号比属于成吉思汗后裔在中亚地区更具权威性和合法性。

第三，统治者竭力维护伊斯兰教的权威。在布哈拉汗国，认为新汗的上任皆为真主安拉的旨意。昔班尼汗也将自己称作哈里发和伊玛目。他死后，宗教学者对汗位继承权进行了解释。据记载，昔班尼王朝的乌拜杜拉汗是一位虔诚的穆斯林君主。乌拜杜拉汗统治时期，宗教学者解释任何一位统治者均可成为哈里发，并不局限于阿拉伯人和古莱什部落，但前提必须是虔诚的穆斯林教徒。作为伊斯兰教及其信仰的保护者和传播者，布哈拉汗国统治者们不仅庇护宗教人士，而且资助修建宗教建筑、组织宗教活动，更是支持反对异教徒的"圣战""加扎瓦特（газават）"。乌里玛也是布哈拉汗国的统治阶层，享有赛义德的称号和较高的社会政治地位。可见，布哈拉汗国统治者通过维护宗教权威稳定了在河中地区400余年的统治根基。

在布哈拉汗国的历史进程中，苏非派纳合什班底教团始终在布哈拉汗国政治体制中发挥着显著作用。自阿布杜拉汗二世掌权以来，纳合什班底教团的赘巴依谢赫家族的地位明显提高。阿布杜拉汗二世自幼接受赘巴依谢赫家族的宗教教育，也是其思想的追随者。阿布杜拉汗二世登上汗位以后，赘巴依谢赫家族成员开始担任布哈拉汗国要职，权力甚至扩大到威胁汗的政权。伊斯拉姆和卓多次提及，阿布杜拉汗二世是在赘巴依谢赫的支持下夺得布哈拉汗国统治权的。倘若他实施不恰当的政策，赘巴依谢赫家族可随时废黜他。① 赘巴依谢赫家族也获得司法和行政的豁免权，在经济上享有免税权。与部落贵族一样，宗教代表的地位显赫、财产丰厚。此后，宗教界仍在布哈拉汗国政治生活中拥有强大号召力，尤其在曼格特王朝时期。

首先，曼格特王朝时期的埃米尔不仅是最高统治者，而且也是宗教领袖。② 自1785年沙赫穆拉德上任以后，为了将世俗政权和宗教权威集于一身，他决定弃用世俗汗的称号，而以宗教埃米尔自称，实现真正意义上的政教合一。但这一时期宗教界也通过教法解释权限制埃米尔的权力。诚如巴托尔德所言，一些独立的教法学家将所有统治者定义为暴君或篡位者，认为他们的收入不合法，这必然导致民众对当权者的不满。③ 他们希望通过这种方式掌控布哈拉汗国实权，推行符合宗教界利益的政策。我们知道，阿布杜拉哈德埃米尔在与宗教界的冲突中最终选择妥协。因此，埃米尔试图拉拢宗教界，为他们提供更高职位，或赏赐坦霍（танхо）④，或拥有更多的瓦克夫。到20世纪初，布哈拉的瓦克夫面积已占27.85塔纳布（танаб）⑤。因此，宗教界与统治者相互利用，权力此消彼长，宗教界的权威有时甚至凌驾于汗或埃米尔之上。

其次，授予宗教界人士相应职务。在布哈拉汗国，谢赫通常由赘巴依家族担任。到扎尼王朝时期，谢赫伊斯拉姆（Ислам）为布

---

① Камолов Х. Ш. История вторжения кочевых племен Дашт-и Кипчака в Среднюю Азию (XVI в.) / диссертация доктора исторических наук. Душанбе, 2007. С. 255.

② Тухтаметов Ф. Т. Административно-политическое устройство Бухарского эмирата в период протектората России. С. 82.

③ Тухтаметов Ф. Т. Административно-политическое устройство Бухарского эмирата в период протектората России. С. 87.

④ 坦霍（танхо）是一种临时性的、有条件的土地赏赐制度，存在于16—20世纪初的布哈拉汗国。其受封者（танходар）主要为军队将领、政府高官和宗教人士，他们有权向耕作土地的农民收税自用。实际上，这类地产最终成为他们的私有土地。通常情况下，军官、行政官员和宗教人士均能得到坦霍，其规模大小取决于官位的高低。

⑤ 塔纳布（танаб）通常指伊斯兰国家的长度单位，1塔纳布相当于大约40米。Тухтаметов Ф. Т. Административно-политическое устройство Бухарского эмирата в период протектората России. С. 89.

哈拉汗国最高宗教领袖。而曼格特王朝统治以后，阿訇（ахунд）成为最受尊敬的宗教代表，是布哈拉汗国的最高精神领袖。他不仅是所有毛拉的领袖，也是所有经学院的名誉校长。阿布杜拉哈德执政时期，布哈拉汗国的阿訇为库卡尔多什经学院（Медресе Кукалдош）的教师阿利夫·阿卜杜尔穆明（Ариф-Абдулмумин）。① 但他已年迈，故在布哈拉宗教界的影响力下降，而最高卡迪则成为这一时期布哈拉汗国的最高宗教领袖。上文提及的宗教司法部和监察部的官吏主要源自宗教界，除拉伊斯（раис）、穆夫提（муфтия）和穆拉阿济姆（муллоазим）外，还有学者乌里玛、经学院教师穆达里斯（мударрис）②、法律顾问"姆哈里尔（мухаррир）"、清真寺的伊玛目、拉伊斯的助理纳伊布（наиб）以及在清真寺负责礼拜事宜的哈基布等官职。所有中央机构的宗教职务由宗教领袖任命，地方的则由当地影响力较大的宗教代表任命，而最高宗教职务由埃米尔任命。

再次，曼格特王朝时期重用波斯什叶派官吏，遭到国内逊尼派的激烈反抗从而引发宗教冲突。自17世纪以来，布哈拉汗国的管理体系中已出现任用波斯人的传统。③ 穆扎法尔上任后，吸引了大批什叶派波斯人进入布哈拉汗国的管理体系，这引起国内逊尼派人士的不满。1877年3月，布哈拉汗国的逊尼派贵族发动反抗什叶派的暴动，但并未产生效力，更多什叶派人士仍被委以官职。此后，布哈拉汗国宗教界号召社会各界反对穆扎法尔的政策。1885年，阿布杜拉哈德上任以后仍继续重用波斯什叶派官吏，并与俄国交好。这导致宗教界对阿布杜拉哈德的政策极为不满。1894年，阿布杜拉哈德与宗教领袖发生冲突以后前往克尔米涅居住，因畏惧宗教界的强大

---

① Тухтаметов Ф. Т. Административно-политическое устройство Бухарского эмирата в период протектората России. С. 83.
② 穆达里斯（Мударрис）指经学院的教师，或穆斯林的导师。
③ Логофет Д. Н. Бухарское ханство под русским протекторатом：Т. 1. С. 259.

势力而一直未返回布哈拉。① 直至 1910 年，布哈拉发生大规模的宗教冲突，广场上举行数千人的集会游行。布哈拉汗国逊尼派人士反对什叶派官吏，并公开要求阿布杜拉哈德撤免什叶派的库什别克阿斯塔纳库尔（астанакул）而改任逊尼派代表。最终，逊尼派的目的达成，逊尼派苏非人士重新掌控布哈拉汗国政权。

最后，宗教阶层对俄国统治的敌视导致布哈拉汗国更加地落后封闭。布哈拉汗国作为中亚伊斯兰教的中心，俄国的占领侵犯了布哈拉汗国的主权和领土完整，因而布哈拉汗国宗教界敌视东正教俄国。俄国之所以未直接吞并布哈拉汗国，其中一个重要原因就是布哈拉汗国拥有强大的宗教势力，直接吞并将会面临更大挑战，故决定以附属国的形式实施间接统治。1868 年成为俄国附属国以后，布哈拉汗国宗教界曾组建穆里德（мюрид）军队准备"圣战"，反对俄国统治。1871 年，突厥斯坦总督区使节斯特鲁韦（Струве）派往布哈拉，在呈报总督考夫曼的报告中强调："现在的埃米尔穆扎法尔对我们十分有利，我们应该支持他反对布哈拉汗国的宗教势力。"② 之后，考夫曼基本坚持不干涉布哈拉汗国宗教事务的原则。到 80 年代，尤其是政治代办处设立以后，俄国加快在布哈拉汗国政治、经济、社会和文化等领域的渗透活动。1883 年，俄国使节与埃米尔商讨计划在布哈拉汗国境内修建电报网。而埃米尔回应称他本人支持这一提议，但仍须征得赛义德、和卓和乌里玛阶层的同意。③ 由此观之，宗教阶层在布哈拉汗国政治生活中的地位较高。正是由于宗教界的敌视与反抗，俄国政策在布哈拉汗国的实施难度远高于中亚其他地区，在政治、经济、军事和教育等领域的改革方案迟迟落实不

---

① Тухтаметов Ф. Т. Административно-политическое устройство Бухарского эмирата в период протектората России. С. 84.

② Тухтаметов Ф. Т. Административно-политическое устройство Бухарского эмирата в период протектората России. С. 90.

③ Тухтаметов Ф. Т. Административно-политическое устройство Бухарского эмирата в период протектората России. С. 86.

了，致使布哈拉汗国到 20 世纪初仍是一个落后、封闭和保守的传统国家。

因此，自 7 世纪下半叶至 8 世纪入侵以来，阿拉伯帝国统治中亚历经 170 余年。期间，伊斯兰教的广泛传播使布哈拉最终成为中亚地区的宗教中心。之后，伊斯兰教在河中地区的影响一直较大。自 16 世纪建国以来，布哈拉汗国统治者们迅速强化与宗教阶层的联系，以此获得他们的支持，从而确保政权的合法性与权威性。苏非派对布哈拉汗国的政治生活影响深远，尤其到了曼格特王朝时期，宗教界的威望甚至高于埃米尔，加之俄国的占领与统治在一定程度上促成了布哈拉汗国社会宗教影响力的进一步扩大。总之，直至 20 世纪初，伊斯兰教在布哈拉汗国仍具有强大的生命力，宗教代表更是在国家管理体系中占据重要地位。

四 俄国政治代办处的设置

自 1868 年和 1873 年的条约签署以后，俄国对布哈拉汗国基本实施"不干涉"政策，埃米尔对国内事务仍拥有较大的自主权。但布哈拉汗国的宗教势力强大，且有外部力量干预，导致埃米尔的统治并不稳定。穆扎法尔在位期间，俄国曾多次支援他镇压国内反动势力，帮助埃米尔统一东布哈拉地区。这样，双方关系日渐缓和。一直以来，布哈拉汗国是中亚地区的经济重心，俄国始终重视与布哈拉汗国的贸易往来。19 世纪 80 年代，随着与中亚地区的经济联系越来越密切，俄国政府计划修建横贯中亚腹地的外里海铁路，又称中亚大铁路。这一铁路的修建将更有利于俄国资本主义经济的发展。此外，到 19 世纪 70 年代，俄国与英国对阿富汗的争夺更加激烈，甚至引发了 1878 年的第二次英阿战争。由于布哈拉汗国与阿富汗接壤，俄国试图通过布哈拉汗国缓解与阿富汗的关系。简言之，19 世纪 80 年伊始，不仅在政治和经济方面，而且从外交上讲，俄国都需要更进一步地发展双方关系，即全面介入布哈拉汗国内政。

在上述背景下，1880 年，突厥斯坦总督区总督考夫曼致信外交部官员吉尔斯（Н. К. Гирс）①。他在信中强调："为了稳固我们在中亚的优势地位，应该在布哈拉设立常驻政治代理人，因为短期访问根本不能完全掌握那里的情况。"②考夫曼认为，虽然布哈拉汗国归突厥斯坦总督区管辖，但只能通过塔什干的外交官了解大致情况。由于在布哈拉缺少常驻官吏，俄国基本无法掌控布哈拉汗国，尤其是阿富汗的局势动态。1882年，总督切尔尼耶夫致信外交部，再次提议在布哈拉设立俄国政府机构，负责监督布哈拉汗国政局变化，尽快使布哈拉汗国平稳并入俄国版图。③然而，俄国外交部拒绝了这一提议。1884年7月12日，新任总督拉津巴赫（Н. О. Розенбах）致信外交部部长吉尔斯，请求后者同意在布哈拉设立常驻俄国代理人，并提议任命恰雷科夫为第一任代理人。拉津巴赫认为，这一职位的设立将促进俄国贸易在布哈拉汗国的发展，可确保俄国商人的权益不受侵犯。俄国外交部最终同意了这一提议。同年，总督拉津巴赫与埃米尔穆扎法尔会面，表明俄国政府将在埃米尔的宫殿中设立俄国政治代办处。④此后，突厥斯坦总督区开始筹备组建俄国政治代办处的具体工作。

依照亚历山大三世的指令，1886年1月1日，俄国政治代办处在布哈拉正式设立，委任原突厥斯坦总督区外交官恰雷科夫为最高代理人，而以往派驻突厥斯坦总督区的布哈拉外交官被撤免。除最高代理人以外，政治代办处还设有秘书、执行官、东布哈拉地区领事官三大职位。政治代办处隶属外交部，受突厥斯坦总督区总督监督，司法程序完全依照突厥斯坦总督区的新司法制度来制定和实施。因此，政治代办处同时受俄国中央政府和突厥斯坦总督区总督双重

---

① 吉尔斯（Гирс Н. К.）是俄国外交家，1882—1895年间担任俄国外交部部长。
② Матвеева Н. В. Представительство России в Бухарском эмирате и его деятельность, 1886 – 1917 гг. / диссертация кандидата исторических наук. Душанбе, 1994. С. 80.
③ Матвеева Н. В. Представительство России в Бухарском эмирате и его деятельность. С. 84 – 85.
④ Матвеева Н. В. Представительство России в Бухарском эмирате и его деятельность. С. 93.

领导。政治代办处首先是俄国移民在布哈拉汗国的行政机构，享有司法权，处理与俄国移民有关的所有事宜。1886—1891 年间布哈拉汗国政府为政治代办处提供粮食、交通和人力①，也为职员发放薪俸，每年约为 22000 腾格。② 总之，自 1885 年阿布杜拉哈德埃米尔上任以后，俄国与布哈拉汗国的关系发生了实质性变化。通过设立政治代办处，俄国强化了对布哈拉汗国政权的监督，并开始全面干预布哈拉汗国内政。最高代理人经总督授意在布哈拉政府中安插间谍，更加严密监控埃米尔政府的各类举动，也确保俄国资本主义对布哈拉汗国的全面渗透。③

政治代办处设立以后，开始促成外里海铁路布哈拉汗国段的建设。1886 年 11 月，该铁路从谋夫修至阿姆河附近的查尔朱。④ 最高代理人恰雷科夫开始与布哈拉汗国政府交涉有关修建铁路占用土地的问题。同时，俄国铁建工程师与军队在布哈拉汗国积极活动，为修建该铁路作相应准备。⑤ 对此，当地民众心存疑虑，担心俄国会借此侵占他们的土地。同年 11 月当地民众开始反抗，试图阻止该铁路的修建。但经布哈拉汗国政府同意，突厥斯坦总督区总督采取相应安保措施，促成查尔朱火车站于同年 12 月 1 日建成并投入使用。⑥ 铁路建成以后，布哈拉汗国的俄国移民数量迅速增加，他们主要定居在铁路沿线的查尔朱和法拉布（фараб），这里约有 300 名俄国工

---

① Тухтаметов Ф. Т. Административно-политическое устройство Бухарского эмирата в период протектората России. С. 51.

② Матвеева Н. В. Представительство России в Бухарском эмирате и его деятельность. С. 99.

③ Тухтаметов Ф. Т. Административно-политическое устройство Бухарского эмирата в период протектората России. С. 50.

④ Давронов Хушвахтшо. Изменения в экономике Бухарского эмирата в период протектората России, 1868 – 1917 гг. / диссертация кандидата исторических наук, Тадж. гос. ун-т им. В. И. Ленина. Душанбе, 1990. С. 181.

⑤ Матвеева Н. В. Представительство России в Бухарском эмирате и его деятельность. С. 103.

⑥ Матвеева Н. В. Представительство России в Бухарском эмирате и его деятельность. С. 103.

人、商人和职员等。① 自1888年始，布哈拉汗国所有与俄国移民相关的民事诉讼归政治代办处受理。② 1893年，俄国政府决定在布哈拉汗国设立俄国法庭，受理在俄国移民与布哈拉汗国居民之间后者为被告的纠纷案。③ 总之，俄国试图通过制定各项政策保护其移民在布哈拉汗国的权益，但这反过来侵害了当地居民的利益。

俄国政府关注的另一个问题是布哈拉汗国的奴隶贸易。1873年条约中明确规定禁止奴隶贸易和废除奴隶制，但实际上布哈拉汗国的奴隶制依然存在。布哈拉汗国的奴隶主要分为军队服役奴隶、服务国家机构的奴隶和个人家庭奴隶三类。经恰雷科夫与埃米尔协商解决，个人家庭奴隶彻底获得人身自由，而在军队和国家机构任职的奴隶虽获得自由，但仍须在原岗位任职。这是俄方为避免与布哈拉汗国政府发生正面冲突，力求维系好政治代办处与布哈拉汗国政府的关系而决定的。直到20世纪初，布哈拉汗国的奴隶制残余才被彻底消灭。恰雷科夫在任期间关闭了布哈拉汗国恐怖的地下黑监狱。④ 在政治代办处的影响下，阿布杜拉哈德废除了从宣礼楼上抛下犯人的残忍死刑方式。⑤

到19世纪末20世纪初，政治代办处的职能进一步扩大。一则向布哈拉汗国各大银行和布哈拉汗国居民提供信贷业务。二则处理领事业务，负责布哈拉汗国所有外来人员的出入境事宜。俄国在布哈拉汗国推行公民身份认证体系，这主要是考虑到布哈拉汗国宗教

---

① Матвеева Н. В. Представительство России в Бухарском эмирате и его деятельность. С. 104.

② Матвеева Н. В. Представительство России в Бухарском эмирате и его деятельность. С. 104.

③ Матвеева Н. В. Представительство России в Бухарском эмирате и его деятельность. С. 108.

④ Чернов О. А. Деятельность Российского политического агента Н. В. Чарыкова в бухарском эмирате // Известия Саратовского университета. 2018. Т. 8. Сер. История. Международные отношения, вып. 1. С. 52 – 56.

⑤ Бартольд В. В. История культурной жизни Туркестана. - Сочинения. Т. 2. Ч. 1. М., 1963. С. 424.

界对周边哈萨克斯坦和突厥斯坦总督区的强大影响力。三则对俄国定居城市实施军政管理。为了方便管理，1891年政治代办处从布哈拉迁至铁路沿线的卡甘。① 四则促进俄国贸易和工业在布哈拉汗国的发展。大批涌入布哈拉汗国的俄国商人承包棉花种植园、开办工厂企业、开通电报网和开采矿产等。五则协助解决布哈拉汗国水资源短缺问题。撒马尔罕区划归俄国版图以后，俄国控制了泽拉夫尚河中上游的水源，导致下游地区的西布哈拉地区时常出现缺水、断水现象。六则监督帕米尔地区及阿富汗边境局势，确保俄国对布哈拉汗国的绝对统治权。七则干预布哈拉汗国政府的征税问题。总而言之，政治代办处已然成了俄国殖民政策的直接执行者。

政治代办处设立以来，俄国力求把布哈拉汗国变为自己的原料产地和商品倾销地。自1895年布哈拉汗国加入俄国的关税体系以后，政治代办处不允许布哈拉汗国进口其他欧洲国家的商品。1901年，俄国迫使布哈拉汗国进行货币改革，促使俄国货币在布哈拉汗国的全面流通。另外，20世纪初的布哈拉汗国出现了泛突厥主义和泛伊斯兰主义的思潮，扎吉德运动也随之掀起。除了来自宗教界的压力外，俄国政治代办处也敦促埃米尔政府打压扎吉德运动，监督新方法学校的运行。② 随着俄国1905—1907年革命思想的传播，以宗教界为首的布哈拉汗国反俄势力继续扩大，最终酿成1910年的宗教冲突。虽然政治代办处派遣军队镇压了暴乱，但反俄情绪依然高涨。1911年，政治代办处建议埃米尔镇压国内宗教势力，撤免阿里亚姆（аьлям）的库什别克职位，并由俄方推荐担任库什别克的新人选。③ 由此，俄国政府对布哈拉汗国现状极为不满，要求穆罕默德·

---

① Матвеева Н. В. Представительство России в Бухарском эмирате и его деятельность. С. 118.

② Матвеева Н. В. Представительство России в Бухарском эмирате и его деятельность. С. 152.

③ Матвеева Н. В. Представительство России в Бухарском эмирате и его деятельность. С. 167.

阿利姆进行改革。作为俄国殖民政策的执行机构，政治代办处协助制定改革方案，涉及政治体制、社会经济，教育文化等各个领域。但随着一战的爆发，以及在1917年二月革命中沙俄政权被推翻，政治代办处也随之解散。

总而观之，政治代办处的工作主要分为两部分：一是加强俄国在布哈拉汗国的政治和经济影响，二是实施对埃米尔和布哈拉政府的监督。因此，1886年俄国政治代办处的设立，更加巩固了俄国对布哈拉汗国的殖民统治，便利了俄国对布哈拉汗国内政的干涉，有利于俄国政策在布哈拉汗国的全面实施。然而，这在客观上也对布哈拉汗国产生了一定的积极影响。第一，俄国资本、铁路、工厂企业的进入，带动了布哈拉汗国商品经济的发展。第二，俄国移民的涌入，促进了俄国人与当地居民的交流与融合，推广了俄国现代文化在当地的传播。第三，引进美国棉种，提高了当地棉花的产量，促进了当地植棉业的发展。第四，废除奴隶制和关闭恐怖监狱具有进步意义，在一定程度上加快了布哈拉汗国的文明进程。第五，20世纪初俄国形势的变化、当地民族资本主义的发展以及民主思想的传播促使布哈拉汗国的民族意识觉醒，共同致力于推翻俄国殖民统治和埃米尔的专制政权。不过，自俄国政治代办处设立以来，布哈拉汗国对俄国的附属程度进一步加深，不仅表现在政治和经济领域，而且从文化和教育方面趋于殖民化和俄国化，使之尽快纳入俄国直接统治的体系范围。

五　军事管理体系的完善

与帖木儿帝国一样，布哈拉汗国也是建立在武力征服基础上的政权，军队是国家维持政权稳定的主要力量。一直以来，与游牧政权一样，布哈拉汗国军队的军饷以战利品和赏赐的形式发放。布哈拉汗国军队由步兵和骑兵组成，武器主要有剑、马刀、弓箭、长柄战斧等。布哈拉汗国军队仍以乌兹别克游牧部落为组织，军队首领大多数是部落贵族。另外，奴隶也扩充了布哈拉汗国的军队实力，尤其是汗的近卫军。中亚和伊朗的文献记载了有关俄国奴隶在布哈拉汗国军队服役的情况。例如，18世纪初，即乌拜杜拉汗二世统治时期，由俄国奴隶组成专门军队以保护汗宫殿的安全。① 阿布尔费兹汗执政以后，特别近卫军则由俄国奴隶组成，人数约为3000人。② 总而言之，布哈拉汗国军队是依照统治者的指令，召集雇佣兵与民兵组织参与军事行动。甚至到了沙赫穆拉德统治时期，布哈拉汗国仅有以雇佣兵为主的骑兵，战时所能召集的临时军队人数约为1—1.2万。③ 因此，直到19世纪初，布哈拉汗国始终未能建立起正规军队，其结构也基本未发生变化。④

自海达尔埃米尔统治起，布哈拉汗国的军队结构发生了实质性变化，开始采取措施组建正规军。⑤ 这一时期布哈拉汗国军队分为正规军和临时军，其中正规军又分为纳乌卡尔（навкар）和沙季尔特—佩什（шогирд-пеш）。正规军的长官被称作图普奇勃什（тупчибош）。根据配备武器的不同，纳乌卡尔又分为梅尔加（мерга）和纳伊扎达斯特（найзадаст）。纳乌卡尔是一种非常规的正规军，他们由农民组成，作战时须自配武器装备。⑥ 战争爆发之时他们赴战场作战，而在和平年间充任警察，他们通过获得实物或货

---

① Мир Мухаммад Амини Бухари. Убайдулла-наме. / Перевод с таджикского с примечаниями член-корреспондента Академии Наук Узбекской ССР профессора А. А. Семёнова. Ташкент, 1957. С. 251 – 252.

② Соловьев С. М. История России с древнейших времен. // Сочинения. Кн. VII (-Т. 113 – 14). М., 1962. 726 с; Кн. IX. (-Т. 17 – 18). М., 1963. С. 658.

③ Записки о Бухарском ханстве：(Отчёты П. И. Демезона и И. В. Виткевича). М.: Наука; Гл. ред восточной лит., 1983. С. 71 – 72.

④ Арандаренко Г. Бухарские войска в 1880 г. // Туркестанский сборник. Т. 297. С. 129.

⑤ Андреев М. С., Чехович О. Д. Арк Бухары. Душанбе, 1972. С. 136.

⑥ Переводы текстов из писем эмира Хайдара. Абдураимов М. А. Вопросы феодального землевладения и феодальной ренты в письмах эмира Хайдара. Опыт краткого исследования источника. Ташкент, 1961. С. 103.

币赏赐作为军饷，并免除各种劳役。① 19 世纪上半叶，布哈拉汗国存在一种战时服役的形式，即临时军"卡拉奇雷克（Карачирик）"。它由骑兵和步兵组成，相当于民兵组织，主要任务是协助正规军作战。根据埃米尔的指示，临时军除战时服役参战外，和平时期也需要服兵役。与纳乌卡尔一样，民兵也必须自配武器和马匹进行作战。

海达尔在位期间，每年在巴哈乌季（Бахаудди）圣陵前举行阅兵仪式。② 这实质上是为了召集和调动军队，以备战时之用。这一时期布哈拉汗国军队以乌兹别克人为主，各部落在不同地区组建了自己的军队，其中军队数量最大的当数曼格特部落。③ 1825 年出版的杂志《亚洲公报》指出："在布哈拉，曼格特部落的阿克（ак）、图克（тук）、卡拉（кара）三大氏族共拥有 10 万数量的纳乌卡尔。"④ 在海达尔的信函中明确列出了用于调动的临时军数量，如从萨莱部落调 200 人、曼格特部落调 600 人。海达尔也因将领们及时召集到了足够数量的军队而夸赞他们。⑤ 为了避免军官与当地贵族勾结，埃米尔不再委任乌兹别克贵族担任正规军长官，而是雇佣外族军官统率军队。⑥ 埃米尔以自愿军的名义组建临时军，以"圣战"的口号发动战争，民兵也因此得到一定的赏赐或补偿，如被称作勃伊巴奇（бойбач）的民兵在对外征战期间将获得一定数量的坦霍。⑦ 海达尔比较重视军队的物质保障，下令地方统治者拨更多款

---

① Абдураимов М. А. Вопросы феодального землевладения и феодальной ренты в письмах эмира Хайдара. Опыт краткого исследования источника. Ташкент, 1961. С. 52.

② Джурабаев Д. Х. Бухарский эмират второй половины XVIII- первой половины XIX вв. в письменных источниках. / диссертация доктора исторических наук. Худжанд, 2014. С. 273.

③ Джурабаев Д. Х. Бухарский эмират второй половины XVIII- первой половины XIX вв. в письменных источниках. С. 273.

④ Новейшее описание Великой Бухарии // Азиатский вестник. СПб., 1925. С. 305.

⑤ Абдураимов М. А. Вопросы феодального землевладения и феодальной ренты в письмах эмира Хайдара. С. 98.

⑥ 蓝琪主编：《中亚史》（第 5 卷），商务印书馆 2018 年版，第 281 页。

⑦ Абдураимов М. А. Вопросы феодального землевладения и феодальной ренты в письмах эмира Хайдара. С. 103.

项用于军队开支。①

因此,海达尔埃米尔统治时期布哈拉汗国的军队体系得到完善,军事实力有所提高。尽管如此,与其他国家相比,19世纪初布哈拉汗国的军事力量不够强大,军事技术和装备比较落后。俄国使节曾记录了1806年布哈拉的军队数量达1.5万人,另外还配有剑、枪支、军刀和火炮等武器。对外作战期间,布哈拉军队通常配备5—6支火炮和炸弹。但遗憾的是,军队中无人懂得如何使用炸弹,以致未曾使用过。② 梅伊耶多尔夫也曾在游记中对布哈拉汗国的武器装备进行过专门评价。③

纳斯鲁拉埃米尔在位期间,通过学习外国先进的军事技术,布哈拉汗国组建起一支强大的正规军队。1834—1835年,一位叫阿布杜萨马德·塔布里济(Абдуссамад Табризи)的波斯人来到布哈拉。他是一位军事技术专家,很快受到纳斯鲁拉的器重。经埃米尔允许,阿布杜萨马德开始组建布哈拉汗国的炮兵和英式正规军。④ 最初,埃米尔委任他为炮兵连团长,负责炮兵武器的生产。之后,他被任命为军队首领,随同纳斯鲁拉参加与浩罕汗国、沙赫里萨布兹的战争。⑤ 另外,布哈拉汗国军队中还有英国人任职。据1844年在布哈拉汗国的俄国战俘安德烈·巴加特列夫(Андрей Богатырев)描述,当时埃米尔的军队中有20名英国人,其中1人负责管理布哈拉汗国的火药和大炮铸造厂,并参与整顿布哈拉汗国

---

① Абдураимов М. А. Вопросы феодального землевладения и феодальной ренты в письмах эмира Хайдара. С. 100.

② Михалева Г. А. Торговые и посольские связи России со среднеазиатскими ханствами через Оренбург. Ташкент. 1962. С. 72.

③ Мейендорф Е. К. Путешествие из Оренбурга в Бухару. М. : Наука,1975. С. 140.

④ Джурабаев Д. Х. Бухарский эмират второй половины XVIII-первой половины XIX вв. в письменных источниках. С. 276.

⑤ Историко-топографический план Бухары Ахмада Дониша / Пер. А. Р. Мухамеджанова // Общественные науки в Узбекистане. № 5. 1965. С. 39.

的炮兵连。① 因此，在英国人的参与下布哈拉汗国制造了新式大炮，带领步兵加入炮兵连，建立了军事训练基地，强化了军队管理。布哈拉汗国军队中也有俄国人，训练正规军的第一位指挥官正是俄国奴隶。布哈拉汗国为正规军发放军饷，而对骑兵只在作战时发放。总之，纳斯鲁拉埃米尔时期正规军和骑兵构成了布哈拉汗国军队的主体。随着军队实力的上升，布哈拉汗国政权渐趋稳固，民众暴乱被强力镇压，布哈拉汗国的对外征战也更加频繁。纳斯鲁拉的军队改革虽然较为成功，但布哈拉汗国自始至终未能建立起真正的军事管理体系。

19世纪60年代，自穆扎法尔上任以后布哈拉汗国迅速沦为俄国的附属国。之后，根据1876年双方签署的特别条约，布哈拉汗国再次进行军队改革。② 1881年，作为新布哈拉军队的指挥官，俄国军官指导布哈拉汗国军官接受和掌握俄国军队的管理体制，协助组建部队营级单位。1889年，埃米尔的禁卫军中有2000人使用俄国政府赠送的俄式枪支装备，部分骑兵也使用俄式上弹式和冲击式枪炮武装。③ 布哈拉汗国军队依照俄国的军事体系进行全面改革，最终在全国形成拥有10个连的营级单位，150名高级军官以及1万余名的其他军官。由骑兵组成的2支埃米尔护卫队中有高级军官12人。近卫军是由5名高级官吏指挥的骑兵炮兵连组成，包括10位高级军官领导下的500名非正式炮兵。④ 布哈拉汗国军队的最高首长称多普奇—巴希（Топчи-Баши），军衔为达特哈（Датха），有自己的军事办公厅。军事办公厅与布哈拉汗国其他行政机构的设置类似，由米

---

① Тимченко С. В. Англо-русское соперничество в Средней Азии в 40-е гг. XIX в. // Центральная Азия и Сибирь: Первые научные чтения памяти Е. М. Залкинда: Материалы конференции / Под ред. В. А. Моисеева. Барнаул: АзБука, 2003. С. 97.

② Логофет Д. Н. Страна бесправия. Бухарское ханство и его современное состояние. С. 66 – 67.

③ Бартольд В. В. История культурной жизни Туркестана. С. 411.

④ Логофет Д. Н. Бухарское ханство под русским протекторатом: Т. 1. С. 253.

济（мизы）、耶萨乌里（Есауль）和秘书组成。① 布哈拉汗国正规军的高级军官配有不同的制服和肩章，样式效仿俄国的旧式制服。而其他普通军官并无制服，但会得到一定军饷，每人每月收入约3卢布。而高级军官根据职位不同，每人每月收入在8—30卢布之间。另外，埃米尔或地方伯克每年赏赐高级军官2—3件半丝织长袍"哈拉特（халат）"。②

在布哈拉汗国军队中，兵源相对充足，奴隶士兵占到总人数的1/10。③ 然而，无退役制度却导致布哈拉汗国军队人员老龄化程度较高，60—70岁之间的军人数量较多。通常情况下，普通军人收入有限，除作战或执行其他任务外，他们也会从事贸易和其他商业活动。④ 在布哈拉汗国的军事管理体系中，所有高级军官均由多普奇—巴希自行任命，多普奇—巴希基本不受监督。高级军官的权力较大，可自行决定其管辖内所有相关事宜。另外，埃米尔会对立过功勋的高级军官进行赏赐，而对普通军人并无任何赏赐。布哈拉汗国军队纪律比较严格，有明确的处罚制度。⑤

到19世纪中叶，布哈拉汗国的埃米尔拥有4万—5万人的军队。相比之下，20世纪初埃米尔的军队人数仅剩1万—1.1万。⑥ 要知道，19世纪90年代以后，俄国开始削减布哈拉汗国军队数量和经费，并在布—阿边境地区驻扎俄国军队以保障边境安全。但部署在布哈拉汗国的俄国军队开支由布哈拉政府承担，每年高达150万卢布。⑦ 19世纪末至20世纪初，随着俄国统治的进一步加强，布哈拉

---

① Логофет Д. Н. Бухарское ханство под русским протекторатом: Т. 1. С. 253.
② Логофет Д. Н. Бухарское ханство под русским протекторатом: Т. 1. С. 255.
③ Чернов О. А. Деятельность Российского политического агента Н. В. Чарыкова в бухарском эмирате. С. 52 – 56.
④ Логофет Д. Н. Страна бесправия. Бухарское ханство и его современное состояние. С. 70 – 71.
⑤ Логофет Д. Н. Бухарское ханство под русским протекторатом: Т. 1. С. 256.
⑥ Бахрушина С. В. История народов Узбекистана. Том 2. С. 161, 408.
⑦ Логофет Д. Н. Страна бесправия. Бухарское ханство и его современное состояние. С. 72.

汗国的军事力量名存实亡，基本由俄国军队保障其秩序和安全。因此，在1917年沙俄政府被推翻以后，布哈拉汗国未能迅速成为一个独立国家，而是在苏维埃军队的强攻下于1920年彻底灭亡。简言之，19世纪以前布哈拉汗国军队基本是由游牧部落为单位的自由民军组成。自19世纪始，经海达尔和纳斯鲁拉两位埃米尔的改革，布哈拉汗国建立起了正规军，其军事力量有所提升。然而，俄国统治以后，布哈拉汗国虽基本建立起正规的军事管理体系，但其军队实力却从整体上被削弱了。

第二节　法律制度的变化

相比于政治制度，学术界对布哈拉汗国法律制度的研究更为有限，本书就此作一初步探索。作为一个信奉伊斯兰教的国家，布哈拉汗国的法律基础首先是伊斯兰教法。但河中地区自古以来受游牧草原文化的影响较大，尤其是察合台汗国统治时期。到了16世纪，乌兹别克游牧民南下河中地区生活，促使当地游牧民的人口比重进一步扩大。直到19世纪末，布哈拉汗国依然生活着相当比例的游牧民。就游牧民而言，部落习惯法成为他们行为规范的基本准则。布哈拉汗国不同部落拥有各自的传统习惯法，这也构成布哈拉汗国法律制度的重要组成部分。1868年俄国占领以后，布哈拉汗国的法律制度体系发生了变化，俄国对布哈拉汗国的司法制度进行了变革。可见，布哈拉汗国的法律体系较为繁复且多元，融合了伊斯兰教法、部落习惯法和俄国法律制度三大元素，使布哈拉汗国的法律体系具有较强的包容性和开放性。总之，随着经济的发展、社会的进步以及专制政体的完善，布哈拉汗国的法律体系虽趋于健全，但却始终未能建立起一套统一、完整和透明的法律体系。

一　伊斯兰教法和部落习惯法并行适用

与其他的伊斯兰国家一样，伊斯兰教法始终是布哈拉汗国的根本法，即沙里亚法。最初，伊斯兰教法依照《古兰经》的律例和《圣训》处理伊斯兰国家的政治、社会和家庭等问题。随着社会的不断发展，伊斯兰教法逐渐脱离实际生活，仅仅依靠《古兰经》和《圣训》是不能解决问题的。① 于是，宗教学者们开始重新对沙里亚法进行解释，从而形成不同教派的法学。但伊斯兰教法仍以"私法"为主，包括与穆斯林民众生活息息相关的婚姻、家庭、继承、刑事等方面内容。自阿拔斯王朝建立以来，统治者对宗教学者采取利用与限制相结合的政策，大批法学家被任为法官。为了强化中央集权，法官不再是普通的行政助手，而是哈里发委任的司法官吏。此外，以沙里亚法裁决案件的伊斯兰法庭随之设立。这样，伊斯兰国家的司法体系逐渐形成，法学界的地位也明显提高，他们成为神圣法律的权威阐释者和监护人。② 归根结底，沙里亚法仍是一部以《古兰经》和《圣训》为基础法源的神圣律法。

除此之外，布哈拉汗国本身是由来自金帐汗国的乌兹别克游牧民建立的，且河中地区曾是察合台汗国的统治中心，深受蒙古游牧文化的影响。因此，蒙古部落的习惯法也在布哈拉汗国法律体系中占据重要地位。一般而言，习惯法源于氏族部落社会中业已形成的禁忌和习惯，内容广泛，包括自然崇拜、信仰习俗、婚姻、家庭与继承习惯、政治军事法律制度等。它是蒙古帝国"大札撒"最主要的法律渊源，体现在蒙古社会的政治、经济、军事、生产和生活等各个方面。忽里勒台制、汗位继承制、族外婚制、血亲复仇制、生活禁忌制度等都是蒙古习惯法的重要内容。习惯法并不行诸文字，但不会因此而缺乏效力和确定性，它与国家颁布的成文法具有同样的社会调解功能，在社会意识形态领域占据着与法律条文同样重要的地位。习惯法在一个部落或部落联盟内部实施，其效力来源于部

---

① 吴云贵：《伊斯兰教法概略》，中国社会科学出版社1993年版，第6—8页。
② 吴云贵：《伊斯兰教法概略》，中国社会科学出版社1993年版，第36页。

落民众对它的熟悉与信赖，并依靠一套公众舆论机制来维护。① 因此，就布哈拉汗国游牧部落而言，作为调整社会关系的主要行为规范，习惯法依然具有强大的约束力。由此观之，布哈拉汗国的法律制度保持着伊斯兰教法与部落习惯法并存的二元性特征。

随着14—15世纪蒙古帝国的解体，大札撒在中亚地区逐渐失去了现实意义，而沙里亚法开始上升为主要法律，与部落习惯法并行适用。为了维持政权稳定和社会安定，蒙古部落习惯法与伊斯兰教法两种法律体系在布哈拉汗国相辅相成、运用恰当。正如花剌子模的长官所言："凡属教法案件的则由法官卡迪裁决，其他的由那些长老判断。"② 首先，依照大札撒，乌兹别克人在河中地区建立的国家继续称作汗国，而统治者称汗而非王。上文提及的汗位继承制和政权合法性也主要依据蒙古帝国的法律体系。除了国家法领域，大札撒在布哈拉汗国的行政管理体系也有所体现。除传统伊斯兰国家特有的官职，如维济尔（визирь）、迪万别克、蒙希（мунши）外，布哈拉汗国同样沿用了与蒙古帝国官位相似的职位，如阿塔雷克和18世纪中叶以后的库什别克。③ 布哈拉汗国的行政法领域也同样参照蒙古法律中对定居民和游牧民采用不同管理方式的传统，沙里亚法适用于布哈拉汗国传统的定居区，而布哈拉汗国的游牧民只是形式上的穆斯林，对伊斯兰教法基本不了解，更适合运用部落习惯法来管理。

布哈拉汗国的法律体系也体现了沙里亚法与大札撒的结合运用。自9世纪萨曼王朝建立以来，沙里亚法开始在河中地区广泛适用，由中亚当地的教法学家进行解释。布哈拉汗国的汗颁布的最高法令

---

① 齐秀华：《蒙古族习惯法——"约孙"探源》，《理论研究》2010年第6期。
② ［摩洛哥］伊本·白图泰：《伊本·白图泰游记》，马金鹏译，宁夏人民出版社1985年版，第295页。
③ Почекаев Р. Ю. О соотношении Чингизидского и мусульманского права в ханствах Средней Азии XVI-начала XX вв.（к постановке проблемы）// Научный востоковедческий журнал. 2012. № 4 (24). C. 278–289.

亚勒雷克是沿袭蒙古帝国的传统,并延续至 20 世纪初。汗可以颁布任何法令,并有权参与布哈拉汗国的法制建设。汗的意志凌驾于沙里亚法之上,其行政权干涉司法事务。例如,昔班尼汗可对伊斯兰法庭的判决进行更改,依照大札撒重新裁决。① 为了维护自身利益,布哈拉汗国统治者通常强迫乌里玛阶层违反沙里亚法进行司法审判。1843 年,为了有理有据地发动对浩罕汗国的征战,纳斯鲁拉迫使乌里玛作出有利于他远征的决定。总之,只有颁布符合汗利益的立法文件亚勒雷克之后,布哈拉汗国的宗教法官才能行使司法权。②

布哈拉汗国的税收体系虽然以沙里亚法为基础,但在汗颁布的亚勒雷克中也规定了其他税种,其种类和税额均由汗个人决定。布哈拉汗国被俄国征服以后,埃米尔穆扎法尔规定向俄国商品征收 1.5% 的税,这一税种一直适用到布哈拉汗国灭亡为止。③ 在布哈拉汗国的土地法领域,两种法律的结合更是加固了汗的权力。依照沙里亚法,土地的所有者是真主安拉,而君主只是真主在人间代理管理土地的使用者。而蒙古大札撒规定土地归大汗所有,汗拥有最高使用权。布哈拉汗国统治者们依据上述两种法律,根据自身意愿划分国家土地,甚至包括私有土地。在阿布杜拉汗二世颁布的亚勒雷克中,赐予和卓卡兰(Калан)的土地既是沙里亚法规定的私有土地"穆尔克(мульк)",又是大札撒中的赏赐苏尤尔加利(суюргаль)。他不仅拥有免税权,而且具有司法和行政的豁免权。④ 对于蒙古贵族阶层而言,布哈拉汗国仍保留对他们的土地免税权,也向他们颁布

---

① Почекаев Р. Ю. О соотношении Чингизидского и мусульманского права в ханствах Средней Азии XVI-начала XX вв. С. 278 – 289.

② Почекаев Р. Ю. О соотношении Чингизидского и мусульманского права в ханствах Средней Азии XVI-начала XX вв. С. 278 – 289.

③ Семенов А. А. Бухарский трактат о чинах и званиях и обязанностях носителей их в средневековой Бухаре. С. 137 – 153.

④ Ахмедов Б. А. Роль джуйбарских ходжей в общественной жизни Средней Азии XVI-XVII веков // Духовенство и политическая жизнь на Ближнем и Среднем Востоке в период феодализма. М. , 1985. С. 23 – 24.

达尔罕证书。①

因此，在布哈拉汗国的法律体系中，沙里亚法与蒙古大札撒并行适用。但因汗政权的实力强弱不定，两种法律的适用通常会出现此消彼长的局面。但总体而言，沙里亚法主要运用于穆斯林的私法领域，而蒙古大札撒更多适用于公共领域，尤其是国家管理体系。布哈拉汗国的土库曼人、乌兹别克人、吉尔吉斯人和哈扎尔人等不同族群因生活方式不同，各自的行为规范也有所不同。因此，部落习惯法也适用于各类司法案件，基本涵盖部落社会生活的各个方面，也涉及农业方面的水、土地和牧场的使用。即便如此，在河中地区建立政权以后，乌兹别克人竭力维护伊斯兰教法的地位，充分运用沙里亚法来治理国家，促使统治者与以民众思想为代表的苏非派阶层关系更为紧密。总而言之，直到20世纪初，布哈拉汗国依然未能建立起一套统一完整的法律制度。布哈拉汗国法律体系的复杂性和多样性致使布哈拉汗国立法不完善、执法不力，法律的影响力日渐衰微，社会秩序也更加混乱。

二 伊斯兰国家司法体系的地方化

自建国以来，布哈拉汗国沿用河中地区以沙里亚法为法律依据建立的司法体系。本书以曼格特王朝时期为例了解和认识布哈拉汗国的司法体系。布哈拉汗国的最高司法权归埃米尔所有，埃米尔委任最高法官"卡迪—卡格良（кази-каглян）"全权负责司法事务，并设立专门的司法部门。最高法官有权任免地方卡迪。最高法官的地位并不稳固，埃米尔可随时将其撤换。沙赫穆拉德在位期间，最高法官米尔·尼扎穆丁（Мир Низамуддин）被指责在实施宗教决议和法律条令过程中优柔寡断、决策失误，从而被埃米

---

① Почекаев Р. Ю. О соотношении Чингизидского и мусульманского права в ханствах Средней Азии XVI-начала XX вв. C. 278 – 289.

尔撤职。① 在地方行政体系中卡迪独立行使司法权，地方行政官和监察官参与决定重大案件的审判，也可直接向埃米尔汇报有关地方伯克的案件，以及当地发生重大灾害等紧急事件。在司法案件中，非穆斯林不可作为证人出庭，所有的原告、被告和证人都必须是成年人，即男性 15 岁以上、女性 9 岁以上。② 一般情况下，司法审判通常在法官家中或集市上进行，所有的审判程序基本与伊斯兰国家的一致，审判案件所收取的费用、罚金及受贿所得构成了司法官吏的收入。在男尊女卑的传统社会，出现裁决婚姻家庭的案件之时法官通常偏向男性，而穆斯林女性的权利十分有限。③

通常情况下，原告若不满法官的判决结果可通过以下三种方式解决：一是转至其他法官处重新审判；二是向最高法官上诉，或转至布哈拉城的迪万—乌里玛重审；三是在地方行政官的参与下转至法官助理纳伊布重审。如果原告仍不满二次审判结果，可直接向埃米尔或库什别克上诉。根据档案记载，库什别克经常收到这样的上诉请求。④ 地方法官负责受理民事案件，仅在双方不同意地方法官判决结果的情况下方可转至省级法庭，由省级法官重新判决。若仍不同意判决结果，则由最高法官直接审判。这种情况的出现，主要是因为地方法官或行政官吏与被告之间关系复杂，从而导致原告败诉。所以更多布哈拉民众倾向于直接向埃米尔申诉，包括家庭纠纷、盗窃和谋杀等各类案件。地方法官也向埃米尔上报各类特殊案件。但实际上这些案件主要由最高法官负责处理，埃米尔关注的更多是政治类事件，如地方伯克滥用职权等。因此，埃米尔和最高法官不仅

---

① Мухаммад Ризо Хомиди. Политические, экономические и культурные преобразования в Средней Азии в XIX-начале XX вв. / диссертация кандидата исторических наук. Душанбе, 2007. С. 44.

② Логофет Д. Н. Бухарское ханство под русским протекторатом: Т. 1. С. 326.

③ Тухтаметов Ф. Т. Административно-политическое устройство Бухарского эмирата в период протектората России. С. 159 – 160.

④ Тухтаметов Ф. Т. Административно-политическое устройство Бухарского эмирата в период протектората России. С. 162.

是布哈拉汗国司法体系的最高审判机构，而且还是监督惩罚的最高权力机构。①

而在裁决民事诉讼案中，法官对被告方更为宽容。《古兰经》中明确规定不允许放高利贷，但实际上布哈拉汗国民众被迫贷款，当贷款无法偿还之时他们被迫沦为奴隶。可见，布哈拉汗国法庭维护放贷人的利益，法庭与社会上层联合剥削劳苦大众。在商业纠纷中，有诸多库什别克或当地穆斯林商人参与其中。假如犹太人是债务人，法庭在审判期间会邀请布哈拉的犹太人代表参加。假如布哈拉汗国民众的商业纠纷涉及俄国商人的利益，法庭则要求布哈拉的俄国商人代表参加。② 与其他行政官吏一样，所有司法部门的官员仍是通过各种借口向民众收取罚金、在审理诉讼过程中受贿等方式赚取收入。

司法—监察体系由最高法官领导，下设宗教司法部和监察部。所有法官必须从宗教学者中产生，最高法官由埃米尔任命。布哈拉汗国的宗教司法部有司法、认证、宗教礼仪和教育四大职能。司法与行政相互独立，基本依照沙里亚法审判。最高法官可直接向埃米尔呈报紧急的司法案件，负责所有下级法官无权受理的民事和刑事诉讼。布哈拉汗国的所有地方法官由最高法官领导，后者有权经埃米尔同意罢免地方法官。最高法官的兼职助理穆夫提是伊斯兰教法说明官，负责依照沙里亚法作出判决。③ 军事法庭的法官卡济—阿斯卡尔（Кази-аскар）对最高法官负责，且有自己的军事穆夫提，受理将领与部下、民兵之间的纠纷。与库什别克一样，最高法官领导下的宗教司法部也依照职能划分出不同的官职，如穆拉济梅（муллозим）、米尔兹（мирз）和马赫拉姆（махрам）等。穆拉济

---

① Тухтаметов Ф. Т. Административно-политическое устройство Бухарского эмирата в период протектората России. С. 163.

② Тухтаметов Ф. Т. Административно-политическое устройство Бухарского эмирата в период протектората России. С. 164.

③ Семенов, А. А. Очерк устройства центрального административного управления Бухарского ханства позднейшего времени. Сталинабад: Акад. наук Таджик. ССР, 1954. С. 41.

梅是依照法庭判决执行的侦查员，米尔兹为负责行政工作的公务员，马赫拉姆是最高法官的随从。值得关注的是，沙赫穆拉德时期布哈拉汗国进行了司法改革，成立了由40位伊斯兰教法学者组成的最高法庭，首次允许原告和被告同时参加。这一时期司法部严格依照沙里亚法执行，任何违法人员都必须承担刑事责任，接受相应惩罚。①

继最高法官后，布哈拉汗国第二大宗教官吏"伊沙尼—拉伊斯（ишани-раис）"领导监察部，负责监督沙里亚法的执行、市场交易的公平公正、伊斯兰教义教规的遵循和宗教信仰纯洁性的完整。②伊沙尼—拉伊斯由埃米尔任命，应向埃米尔和最高法官呈报相关事务。他负责圣陵、清真寺和经学院等相关事务，同时也有自己的副职纳伊布，他们有权共同决定职权范围内的任何事宜。监察部下设不同职能的官吏，如米尔兹、拉伊斯、马赫拉姆等。地方行省也设有司法部与监察部，但与地方政府相独立。最高法官任命地方法官，伊沙尼—拉伊斯任命地方拉伊斯。监察官主要是监督地方行政官或对地方居民的违法行为进行罚款，并通过贪赃枉法等方式获得丰厚收入。因此，司法部与监察部并非依照沙里亚法审理和执行，而是与统治阶层同流合污，共同压榨民脂民膏。地方司法官由当地具有影响力的两名及以上宗教人士担任，且配有自己的穆夫提，在县市级和乡镇级也有其副职纳伊布，即小法官。

布哈拉汗国刑法所规定的犯罪与刑罚中对叛教、谋杀、制造暴乱、盗窃公款等严重危害社会的行为，其惩罚方式也有所不同。对于叛教、谋杀、制造暴乱反对现政权的行为均处以死刑。偷盗罪处以断手或削足。对于刑事案件，布哈拉汗国法庭的处罚比沙里亚法中的规定更加严厉。③布哈拉汗国刑法中的惩罚类型包括罚款、杖

---

① Джурабаев Д. Х. Бухраский эмират второй половины XVIII- первой половины XIX вв. в письменных источниках. С. 259.

② Логофет Д. Н. Бухарское ханство под русским протекторатом: Т. 1. С. 238.

③ Тухтаметов Ф. Т. Административно-политическое устройство Бухарского эмирата в период протектората России. С. 164.

罚、拘留、囚禁、服兵役、变卖为奴和死刑。这些惩罚通常伴随着大笔的赎金，包括动产与不动产的抵押，甚至是变卖妇女与儿童。一般而言，布哈拉汗国法官处理更多的是穆斯林居民之间的民事纠纷，而刑事审判权则由行政部门掌管。行政部门滥用职权、徇私枉法导致司法在布哈拉汗国的存在形同虚设。刑事案件的裁夺虽已公开化，但无任何书面记录，一般的刑事案件通常只是口头定夺。在处理游牧民的刑事案件时，行政官员并不遵循各自部落的习惯法，而只关注能否收取更多罚款。

由于部落习惯法与沙里亚法的规定有诸多不一致，导致地方官吏在处理问题时更加地独断专行。地方官吏在惩罚犯人时自行决定惩罚程度，囚禁期限由上缴的罚款额度决定。在布哈拉汗国，对行政官员的刑事判决未设有任何监督机制。[1] 位高权重的官员或贵族家庭犯法通常很容易获释，而贫苦人家却因小小的过失而被囚禁数年。对于杀人罪犯，通常情况下其亲族可通过赔偿被害人家庭恤金而获释，另外，部分刑事案件无需法官裁夺，诸如在家庭婚姻关系中若发现女性不贞，丈夫或父亲可将妻子或女儿直接打死。在布哈拉汗国，惩罚行动时常在城市的集市广场上进行，这里可进行杖棍，也可执行死刑，当地民众对这种场面早已司空见惯了。

总体而言，布哈拉汗国司法体系的不公开不透明导致地方行政部、伯克、县长等权贵阶层利用自己的职权干预司法已成常态。若不满法庭判决结果，地方官员可向伯克，甚至是库什别克反映和上告。伯克和库什别克有权惩罚、逮捕，甚至是监禁犯人。关于谋杀、抢劫和盗窃的案件，地方伯克应向汗汇报，后者视情况作出判决。通常，只有汗拥有判处死刑的权力，通过颁布正式命令方可执行。布哈拉汗国还设有埃米尔的个人法庭，这里主要受理有关伯克、贾克特奇（зякетч）和其他行政官员的案件，主要围绕官吏的贪污受贿、横征暴敛等行为，依照埃米尔指令撤免官员职务，没收其财产。

---

[1] Логофет Д. Н. Бухарское ханство под русским протекторатом: T. 1. C. 333.

地方伯克被撤免以后，当地原有的行政官员也连带被撤免。然而未过多久，通过向中央官员行贿，部分被撤免的伯克们又重新被任命为其他地方的官员。可见，布哈拉汗国的地方官员更换频繁。因此，他们在任职期间更是大肆贪污盘剥，苛捐杂税压得民不聊生，民众反抗运动更是此起彼伏。

三　俄国统治后的司法改革

1868年沦为俄国附属国以后，布哈拉汗国引入了俄国法律。俄国法律要求对居民实行一律平等的原则，当然在实际操作中能否真正做到则是另当别论，但俄国的司法观念已逐渐深入布哈拉汗国民众心中。有关布哈拉汗国的俄国移民案件归属撒马尔罕州法庭和塔什干法庭受理，俄国法律的执行由军队保障实施。然而，由于距离较远、交通不便，当地俄国移民无法通过俄国法庭解决问题，他们宁愿选择当地法庭或第三方调解处理，因为纠纷主要是与当地民众进行贸易往来而产生的问题。因不懂当地的法律法规，俄国移民在布哈拉汗国的各类活动不可避免地触及当地法律，与当地民众之间的摩擦也在所难免。同时随着俄国移民数量的不断增长，他们与当地居民，或他们自身之间的矛盾与纠纷也日益增多。然而，当地法庭仅负责与布哈拉汗国居民相关的案件，且易出现偏袒本国居民的现象。因此，俄国移民开始向突厥斯坦边区总督和俄国政府请求，希望尽快建立世俗化的俄国法庭，并在布哈拉汗国进行司法改革，以期保护俄国移民在布哈拉汗国的权益不受损害。

考虑到布哈拉汗国对俄国贸易发展的重要性，1887年5月27日，亚历山大三世授权布哈拉汗国的俄国政治代办处处理俄国移民与当地民众之间的诉讼。[①] 依据1886年突厥斯坦边区管理条例第

---

① Тухтаметов Ф. Т. Административно-политическое устройство Бухарского эмирата в период протектората России. C. 168.

145 条规定，政治代办处有权根据俄国法律受理刑事案件，依照俄国法庭的审判标准进行裁决。而关于其他的犯罪行为，如偷盗、抢劫等进行侦查判决。依照上述管理条例第 173—175 条、第 193 条、第 194 条和第 201 条规定，1888 年 5 月 11 日，沙皇下令政治代办处受理俄国移民之间，以及俄国移民与当地民众之间的民事诉讼。按照俄国法庭的标准审判有关个人财产保护、继承权、监护与被监护关系等案件。① 1888 年 6 月至 1889 年 2 月，查尔朱和法拉布发生诸多民事诉讼案，但由于政治代办处远在布哈拉，且它全面负责与俄国相关的政治、外交、经济等所有事宜，致使案件无法得到及时处理。

政治代办处并不是一个专门的司法部门，而是具有政治意味的行政机构。因此，在一定条件下政治代办处也需要与布哈拉政府协商，审判程序要符合当地习惯法和沙里亚法的规定。例如，1898 年 5 月 22 日，卡甘城一名穆斯林被火车站的俄国保安杀害。考虑到当地居民的反俄情绪，政治代办处决定依照当地伊斯兰教法将这名俄国人判处死刑，并于两天后在布哈拉集市广场上执行。② 在与当地商人发生纠纷时，更多俄国商人因距离政治代办处驻地布哈拉较远而选择向当地司法部门上诉。但是地方法庭对这类案件的处理一再拖延，加之俄国商人对沙里亚法了解甚少，最后地方法官胡乱审判，故意偏袒本国居民，俄国商人以败诉告终。在民事案件中，俄国移民的权益也得不到保护。因此，布哈拉汗国缺乏公开透明的司法体系，任何司法官吏以权谋私，随意违反沙里亚法。可见，最初俄国政治代办处在布哈拉汗国的司法权执行力度十分有限。

由此，1889 年 5 月 9 日亚历山大三世下令，在俄国移民聚居区设立俄国法庭，它对政治代办处负责，专门处理司法事务。俄国法

---

① Тухтаметов Ф. Т. Административно-политическое устройство Бухарского эмирата в период протектората России. С. 169.

② Матвеева Н. В. Представительство России в Бухарском эмирате и его деятельность. С. 108 – 109.

庭随即在查尔朱建立。① 自 1890 年起，列萨尔（П. М. Лессар）接替恰雷科夫成为代办处的代理人。随着俄国与布哈拉汗国之间贸易往来的加强，大批俄国商人来到布哈拉汗国，这必然会产生更多的商业纠纷与其他问题。由此在布哈拉汗国设立专门的司法机构已迫在眉睫。列萨尔认为，设立专门的俄式司法机构不仅能够确保俄国移民在布哈拉汗国的权益，而且能够向当地民众传播俄国世俗的法律文化。1895 年 12 月，俄国国家委员会决定在卡甘设立俄国法庭。② 自此，政治代办处的大部分司法事务转交俄国法庭处理。1904 年，俄国法庭在克尔基和铁尔梅兹也相继设立。除了履行侦查职能外，俄国法庭负责所有俄国移民与当地民众之间、外国基督教徒之间的刑事和民事案件。俄国法庭履行公证人的职责，公证相关材料。根据 1898 年 7 月 2 日尼古拉二世沙皇的指令，布哈拉汗国的俄国法庭隶属于撒马尔罕州法庭和塔什干法庭。③ 自 1896 年 1 月 1 日起，俄国国家委员会决定为布哈拉汗国的俄国法庭设立法官助理的职位。法官助理的职责主要是依照法官要求做好调查和侦查工作，处理俄国移民为被告方的民事案件。④

设立俄国法庭以后，政治代办处的司法权范围缩小，但俄国法庭的判决须经政治代办处同意确认。⑤ 实际上，俄国政治代办处在布哈拉汗国行使着第三法庭的权力。相比于俄国法庭，政治代办处负责受理俄国商人与当地民众之间的纠纷将对俄国商人更为有利。政治代办处有权对当地民众欠俄国资本家的债务进行变卖其动产与不

---

① Матвеева Н. В. Представительство России в Бухарском эмирате и его деятельность. С. 105.

② Тухтаметов Ф. Т. Административно-политическое устройство Бухарского эмирата в период протектората России. С. 169.

③ Тухтаметов Ф. Т. Административно-политическое устройство Бухарского эмирата в период протектората России. С. 169.

④ Тухтаметов Ф. Т. Административно-политическое устройство Бухарского эмирата в период протектората России. С. 170.

⑤ Тухтаметов Ф. Т. Административно-политическое устройство Бухарского эмирата в период протектората России. С. 170.

动产作为抵押。因此，政治代办处的司法权对俄国商人更加有利。同时，俄国法庭也有权受理当地民众为被告方的纠纷。事实证明，与布哈拉汗国的宗教法庭一样，政治代办处和俄国法庭的司法也不公平公正，尤其对布哈拉汗国的普通民众而言。在证据不充足的情况下，俄国法庭也会作出判决。到 20 世纪初，俄国对布哈拉汗国的行政压迫进一步强化。

1910 年，根据突厥斯坦边区总督萨姆萨诺夫（А. В. Самсонов）的倡议，俄国警察局在布哈拉正式建立。[1] 该警察局隶属于卡甘警察局，主要以俄国人为主，由局长、主任、办事员、2 名经验丰富的警察、6 名骑兵警员和 6 名普通警员组成[2]，职责包括维护城市秩序和俄国移民的安全；了解和观察当地民众情绪，尤其是反俄宣传者的动态；关注当地土耳其人和阿富汗人的动向。[3] 之后，克尔基、查尔朱、萨莱、帕塔黑萨尔（Патта-Хисар）等城市也陆续设立了俄国警察部门。它主要由 2 名警察和几名雇佣警员组成。警察主要负责稳定当地治安、消除不安定因素，而雇佣警员主要是从铁尔梅兹驻防军借调 6 个月，协助警察共同管理当地秩序。[4] 再者，俄国在布哈拉汗国未设有自己的监狱，抓捕的犯人暂时拘留原地由士兵看守，待判决结果出来后再将他们押往塔什干监禁。

总之，俄国统治期间布哈拉汗国的司法体系基本未变，宗教学者依然拥有对布哈拉汗国法律的最高解释权。宗教阶层与统治阶层相互勾结，导致司法制度的不公正与不透明。相比之下，部落习惯法虽没有国家颁布的成文法正式，但效力并不亚于成文法。因为它

---

[1] Тухтаметов Ф. Т. Административно-политическое устройство Бухарского эмирата в период протектората России. С. 170 – 171.

[2] Тухтаметов Ф. Т. Административно-политическое устройство Бухарского эмирата в период протектората России. С. 171.

[3] Тухтаметов Ф. Т. Административно-политическое устройство Бухарского эмирата в период протектората России. С. 171.

[4] Тухтаметов Ф. Т. Административно-политическое устройство Бухарского эмирата в период протектората России. С. 171.

是来源于整个部落民众所能接受和认可的行为规范，主要用于调节部落社会关系。俄国占领以后重点关心俄国移民在当地的权益，由此设立了政治代办处和俄国法庭，后者专门负责处理与俄国移民相关的各类案件。但是，俄国政府尚未计划改革当地的司法体系。因此，无论是沙里亚法还是部落习惯法，或是俄国法庭的设立都表明布哈拉汗国的法律制度和司法体系并不完善，加之布哈拉汗国社会阶层的对立性导致司法体系独断专行，腐败丛生。

直到 1920 年，布哈拉汗国的法律制度和司法体系未曾发生实质性的变化。沙里亚法实质上是以法的形式体现的关于建立纯洁伊斯兰社会的理想方案，现实中根本无法付诸实施。一种法律制度的兴衰，归根结底取决于它对社会潮流的适应性，只有不断进行内部调整以满足社会发展需要，法律才能保持其旺盛的生命力。[1] 进入近代，随着社会的发展和变化，尤其是 19 世纪下半叶以来欧洲殖民主义的扩张，伊斯兰国家的法律体系受到极大冲击。诸多信奉伊斯兰教的国家进行法制改革，不再以沙里亚法作为国家基本法，以期适宜社会形势的变化。因远离欧洲且封闭保守，布哈拉汗国最终于 19 世纪下半叶沦为俄国的附属国。为了更好地统治布哈拉汗国，俄国希望它继续保持传统的社会管理体系，在保护俄国移民权益的同时进而稳定布哈拉汗国的社会秩序。因此，直到 20 世纪初，布哈拉汗国依然保留着传统而不合时宜的法律制度，即以沙里亚法为基本法，当地习惯法作为补充行为规范。

第三节 经济制度的演变

制度文明决定着文明交往的协调与和谐，其中经济制度是制度文明的一项重要内容。布哈拉汗国的经济制度主要继承帖木儿帝国的制度遗产，同时也保留了乌兹别克部落氏族的游牧传统。因此，

---

[1] 吴云贵：《伊斯兰教法概略》，中国社会科学出版社 1993 年版，第 4 页。

布哈拉汗国的经济制度体现了文明交往的传承性和融合性。布哈拉汗国也有独具特色的经济制度，比如货币政策和灌溉管理体系。进入近代以来，货币开始在中亚地区广泛流通，尤其在商业贸易领域。作为中亚的贸易中心，布哈拉汗国率先进行货币改革，为中亚地区货币流通准则的形成奠定了基础。自古以来，农业是中亚地区的经济基础，灌溉体系成为布哈拉汗国农业发展的有力保障。灌溉体系的有序管理，不仅有助于布哈拉汗国经济的发展，而且丰富了中亚物质文明和制度文明的内涵。

19世纪下半叶被俄国占领以后，布哈拉汗国的经济逐渐依附于俄国，成为其原料产地和商品倾销市场，最终被纳入俄国资本主义经济体系，完全失去经济自主权。可见，在继承帖木儿帝国优秀制度遗产的基础上，布哈拉汗国也开始根据自身发展状况完善本国的经济制度。通过货币改革和完善灌溉系统管理，布哈拉汗国的经济基础得到进一步强化。俄国历来重视与布哈拉汗国的贸易往来，1868年以后俄国更是加深了对布哈拉汗国的经济渗透。布哈拉汗国植棉业与纺织业的长足发展，彻底改变了布哈拉汗国的经济结构，最终实现了俄国对布哈拉汗国的经济殖民。本节将探讨布哈拉汗国经济制度的形成、特点及演变，以期深入理解近代中亚经济制度的变化，更加充实中亚近代文明史的内容。

一 土地制度的演变

布哈拉汗国的土地所有制类型与帖木儿王朝时期大致相当，主要分为国有土地、私有土地和宗教土地（瓦克夫）。布哈拉汗国的土地所有制类型及其特征如下：

首先，国有土地所占比例与中央政权盛衰成正比。国有土地又称阿姆里亚克（амляк），主要由占领土地、没收土地、荒废的可耕地、不可耕的旱地构成。除此以外，还将无继承人的国家官吏的土地收回国有，另一种国有土地是指私有土地所有者赠予国家的土地。昔班尼王朝建立以后，统治者没收了帖木儿时代大量的私有土地。

将这些土地租种出去，征税才是统治阶层的目的。国有土地归汗支配，原则上不得买卖，亦不可赠送。但事实上，16世纪的布哈拉汗国已经出现国有土地买卖的迹象。自17世纪起，国有土地的买卖现象日益普遍化。在布哈拉汗国，买卖国有土地是一种私人行为，汗并不参与其中。① 国有土地的买卖导致私有化加剧，即便名义上它们仍为国有土地。② 因此，自17世纪扎尼王朝统治起，国有土地的比重急剧下降，其原因是统治者将更多国有土地赏赐给社会上层和部落贵族，这些土地的收入也归受赏人。这样，国家越来越贫穷，而部落贵族和社会上层的实力愈发雄厚，地方独立倾向也更加明显。总之，布哈拉汗国国有土地的私有化主要通过三种方式实现：一是占领公有土地和荒地，二是买卖国有土地，三是赏赐或赠予。通过买卖和赏赐国有土地，布哈拉汗国土地兼并的现象愈加普遍，大地产和赏赐土地也不断增多。

国有土地归国家财政部门"迪万（диван）"负责管理。农民租种国有土地，其收入在统治阶层内部以赏赐、馈赠或补贴的形式进行再分配。③ 因此，他们与耕种私有土地的农民缴纳同样沉重的赋税，只是剥削方式有所不同。国有土地的直接管理者通常是行政官吏，他也直接参与税收事务。比如，县长通常负责国有土地的征税工作。国有土地上的农民负担沉重，生活状况不断恶化。他们不仅需要缴税，还要服劳役，更要为当地行政官吏支付各种费用。④ 通常情况下，农民不是通过迪万而是经承租人获得耕种土地，因此，除了向国家缴纳赋税外，还要向承租地主缴纳额外的租税。耕种土地

---

① Абдураимов М. А. Очерки аграрных отношении в Бухарском ханстве в XVI-первои половине XIX века. Т. 2. С. 24.

② Абдураимов М. А. Очерки аграрных отношении в Бухарском ханстве в XVI-первои половине XIX века. Т. 2. Ташкент，1970. С. 23 – 24.

③ Петрушевский И. П. Земледелие и аграрные отношения в Иране XIII-XIV веков. Москва；Ленинград：Изд-во Акад. наук СССР. 1960. С. 236.

④ Абдураимов М. А. Очерки аграрных отношении в Бухарском ханстве в XVI-первои половине XIX века. Т. 2. С. 26 – 27.

的农民向国家缴纳土地收成的 1/5 至 1/3 作为"海拉吉（харадж）①"，葡萄园和果园的农民需缴纳的海拉吉为 1 塔纳布 1 阿什拉菲（ашрафи）②。因此，国有土地又被称为海拉吉土地。可见，农民的赋税压力何等沉重，而且农民与地主之间的依附关系也进一步加强。

布哈拉汗国基本沿袭了帖木儿帝国的封邑制度，整个国家被当作统治者的私人财产，从而在王室家族成员、军队将领、部落贵族和社会上层之间分配。由此，布哈拉汗国的中央政权进一步分裂，经济实力分散于各大地主手中，地方势力试图摆脱中央集权的控制。因此，国有土地所占比例与中央政权盛衰成正比。国有土地的实际占有程度与布哈拉汗国统治者能否控制政权密切相关。16 世纪最初 10 年，在昔班尼汗统治下的布哈拉汗国中央权力相对集中，国有土地所占比例自然较大。③ 但自 1510 年昔班尼汗去世以后，布哈拉汗国政权持续分裂、国力日衰，封邑制度和赏赐制度导致国有土地逐渐转为私有土地。直至阿布杜拉汗二世上任，布哈拉汗国的中央集权重新强化，国有土地所占比重才再度回升。到了扎尼王朝时期，这一现象更加突出。到 17 世纪末至 18 世纪初，国有土地的比重急剧下降，大部分土地集中在部落贵族和宗教阶层手中。汗的中央政权失去经济地位，国家开始走向分裂，扎尼王朝面临严重危机。直至 18 世纪下半叶曼格特王朝建立，布哈拉汗国买卖国有土地的现象

---

① 海拉吉（харадж）是伊斯兰国家的全额土地税，区别于税额较低的什一税。最初仅限于向被征服地区的非穆斯林和非阿拉伯籍的居民征收。到倭马亚王朝时，由于皈依伊斯兰教的本地居民人数日增，税源减少，当局遂规定阿拉伯穆斯林和改宗者均须缴纳，税率一般为土地收获量的 1/3 到 1/2。中亚自阿拉伯帝国统治后一直征收海拉吉税。参见 Ахмедов Б. А. История Балха (XVI-первая половина XVIII в.). Ташкент: Фан, 1982. С. 130。

② 阿什拉菲（Ашрафи）是金币单位，主要在中东、中亚、南亚地区的伊斯兰王朝统治下的地区发行和使用。在 16—17 世纪的布哈拉汗国，1 枚阿什拉菲金币大致等于 50—80 枚银币。

③ Алимова Д. А., Ртвеладзе Э. В. Очерки по истории государственности Узбекистана. Сборник очерков. Ташкент, "Шарк", 2001. С. 108.

才有所遏制。据研究，在当地文献中极少出现有关国有土地买卖的公函，① 这与统治者强化中央集权、削弱地方贵族势力有关。

其次，基本沿袭原有的私有土地分配体系。"穆尔克"作为私有土地，其获得者拥有土地所有权，既能买卖和转让，亦可世袭和抵押。② 穆尔克的来源多种多样，主要通过开垦荒地、买卖、继承、汗或埃米尔的赏赐获得。谢梅诺夫曾将私有土地分为四类：一是拥有免税权的赏赐或赠予的土地"穆尔克—哈利斯（мульк-и-халис）"；二是世代贵族占有的土地"穆尔克—海拉吉（мульк-и-харадж）"；三是优等土地"穆尔克—乌什勒（мульк-и-ушри）"，即优等穆尔克，仅需缴纳什一税；四是通过修缮灌溉渠恢复利用的荒地，它长年减税，仅需收成的1/5。③ 布哈拉汗国的穆尔克主要由地方贵族和宗教上层掌控，他们不仅占有耕地和牧场，也拥有商铺、作坊、庄园等其他地产。④ 文献记载，在16世纪，乌兹别克部落贵族已成为布哈拉汗国大部分私有土地的所有者。统治阶层代表、军队将领和宗教人士也是布哈拉汗国的大地主。扎尼王朝时期，由于土地买卖现象十分普遍，更多土地开始集中在大地主手中，如撒马尔罕的领主亚兰格图什（Ялангтуш）。1606年，他向阿赫拉尔（Ахрар）和卓购买了价值4300腾格的土地，1631年又以5.25万腾格买入1100塔纳布土地。⑤ 他将近26处私人领地作为瓦克夫赠与宗教机构。⑥ 宗

---

① Джурабаев Д. Х. К вопросу о формах земельной собственности в Бухарском ханстве во второй половине XVIII в. // Вестник ТГУПБП. Серия гуманитарных наук» Таджикского государственного университета права, бизнеса и политики. 2016. С. 45 – 52.

② Иванов П. П. Очерки по истории Средней Азии (XVI-середина XIX). Издательство Восточной Литературы. М., 1958. С. 54 – 55.

③ Абдураимов М. А. Очерки аграрных отношении в Бухарском ханстве в XVI-первои половине XIX века. Т. 2. С. 33 – 34.

④ Иванов П. П. Хозяйство джуйбарских шейхов. К истории феодального землевладения в Средней Азии в XVI-XVII вв. М. Л.: АН СССР, 1954. С. 42.

⑤ Абдураимов М. А. Очерки аграрных отношении в Бухарском ханстве в XVI-первои половине XIX века. Т. 2. С. 39 – 40.

⑥ Абдураимов М. А. Очерки аграрных отношении в Бухарском ханстве в XVI-первои половине XIX века. Т. 2. С. 40.

教代表也通过买卖、修缮灌溉渠等增加地产的方式与世俗地主争夺穆尔克。汗或埃米尔的赏赐也成为私有土地的主要来源。1584 年，阿布杜拉汗二世远征巴达赫尚以后，赏赐萨义德（Саид）和卓 200 "朱弗基加乌（джуфт-и гау）"①土地。到 19 世纪中叶，布哈拉汗国主要地区的土地已基本属于穆尔克。

布哈拉汗国的灌溉土地和其他地产主要集中在社会上层和宗教界手中，且大部分穆尔克所有者拥有免税权。这是指土地被汗或埃米尔卖出后其收入的 2/3 归国家，而买者拥有剩余 1/3 土地的免税权。② 在扎尼王朝和曼格特王朝时期，这种免税土地的买卖更为常见，这导致普通民众的赋税繁重，并出现农民弃种土地的现象。布哈拉汗国的乌兹别克部落贵族不仅拥有军事大权，而且占有大量的灌溉土地和牧场，财力相当雄厚。到 17 世纪末，布哈拉汗国的实权基本掌控在部落贵族手中。18 世纪初，为了充实国库，乌拜杜拉汗取消了对私有土地的免税权，试图从经济上削弱部落贵族和宗教界的实力，但结果并不如意。

再次，宗教影响力的扩大导致瓦克夫的面积不断增加。瓦克夫分动产和不动产，包括耕地、磨坊、灌溉渠、商铺、手工工场、商队旅舍等，它主要是指赠与宗教机构、清真寺、经学院、道堂、圣墓和慈善机构等的土地。瓦克夫原则上不得出售、抵押、转让和继承，通常由"穆塔瓦里亚（Мутаваллия）"负责瓦克夫的承租及收入的分配，其收入主要用作各类宗教和慈善事业。布哈拉汗国的穆塔瓦里亚可世袭，通常由赛义德家族或赘巴依谢赫家族成员充任。瓦克夫由管理者承包给个人，个人再转租农民耕种。瓦克夫土地也

---

① 朱弗基加乌（Джуфт-и гау）与《зоудж аз авамиль》与"кош"同义，主要指土地面积单位，相当于 48—50 塔纳布，或 8—9 公顷。这一单位名称主要用于中世纪的中亚地区和邻近国家。到了 19 世纪中叶，这一名称被"科什（кош）"所替代，后者主要用于塔吉克地区。

② Абдураимов М. А. Очерки аграрных отношении в Бухарском ханстве в XVI-первои половине XIX века. T. 2. C. 57.

要向国家上缴税收,通常为收成的 1/3。① 汗或埃米尔也会颁发专门法令,指定某一个瓦克夫拥有免税权。② 相比于其他类型的土地,耕种瓦克夫的农民负担更为沉重,需承担宗教机构、包税人和国家三方的赋税劳役,因此境况最差。③ 实际上,穆塔瓦里亚滥用职权,胡乱分配瓦克夫收入,私下进行瓦克夫的买卖交易活动。④ 瓦克夫收入并非真正用于慈善事业,譬如,经学院经费并非根据在校生人数或教学所需划拨,而是完全依照瓦克夫管理者指令下拨。即使分配一定经费到学校,也会被学校负责人所侵吞。⑤

依照捐赠人对收入分配的要求,布哈拉汗国的瓦克夫类型分三种:一是公益瓦克夫,即捐赠地产的收入全部归宗教机构所有,由后者全权分配使用;二是专属瓦克夫。这类瓦克夫主要存在于布哈拉和撒马尔罕两地。瓦克夫收入全部归经学院师生和圣裔使用。17世纪的阿布杜拉济兹汗经学院享有专属瓦克夫;三是世袭瓦克夫,即赛义德家族后裔与和卓的瓦克夫,包括庄园、清真寺、道堂等,他们具有永久使用权。与帖木儿王朝时期相比,苏非派在布哈拉汗国的地位明显提高,瓦克夫的面积也不断增加。尤其自16世纪中叶始,赘巴依谢赫们对昔班尼王朝的影响进一步扩大。

为了笼络宗教上层,汗通常赠予他们大量地产,授予其各种特权。伊万诺夫曾专门著书论述过赘巴依谢赫们的资产,如布哈拉城的和卓穆罕默德·伊斯拉姆拥有约 2500 公顷的水浇地。⑥ 由于获得

---

① Абдураимов М. А. Очерки аграрных отношении в Бухарском ханстве в XVI-первои половине XIX века. Т. 2. С. 75.

② Вяткин В. Л. О вакуфах Самаркандской области // Справочная книжка Самаркандской области. Вып. X. Самарканд, 1912. С. 100.

③ Иванов П. П. Очерки по истории Средней Азии (XVI-середина XIX). С. 64.

④ История Узбекской ССР. Т. 1: С древнейших времен до середины XIX века. Ташкент: Фан, 1967. С. 526.

⑤ Камолов Х. Ш. История вторжения кочевых племен Дашт-и Кипчака в Среднюю Азию (XVI в.). С. 226.

⑥ Иванов П. П. Хозяйство джуйбарских шейхов. С. 52.

各类赏赐和特权，加之瓦克夫买卖现象普遍①，到阿布杜拉汗二世时期宗教人士已成为布哈拉汗国最大的土地所有者。然而，在扎尼王朝末期和曼格特王朝初期，布哈拉汗国政局动荡，宗教上层与世俗贵族竞争激烈，导致瓦克夫的数量急剧缩小。② 然而，到沙赫穆拉德和海达尔统治时期，撒马尔罕和布哈拉原有的瓦克夫得以复苏，宗教界的势力迅速扩大。到 19 世纪，瓦克夫约占布哈拉汗国所有土地面积的 1/2。③ 总之，一直作为中亚地区的宗教中心，被称为"小麦加"的布哈拉城又成为布哈拉汗国的政治中心，其瓦克夫所占比重自然增加。"在布哈拉，由于广泛占有瓦克夫，宗教学者的社会地位和经济基础得到稳固，且对布哈拉汗国的公共事务产生了较大影响。"④

最后，汗或埃米尔拥有大量的个人地产，他们也进行土地买卖。阿布杜拉汗二世之父亦思干答儿在位期间，通过亲信将位于布哈拉的个人土地售出。1620 年，伊玛姆库利汗将米安卡拉的几处个人村庄卖与帕尔瓦纳齐拉希姆（Рахим）。1801 年，海达尔埃米尔私自售出 150 塔纳布的国有土地。汗室成员的个人土地也是在穆尔克名义下存在的。昔班尼汗长子帖木儿·穆罕默德素丹之妻米赫尔·哈努姆（Михр Ханум）是当时布哈拉汗国最大的土地所有者，分布于撒马尔罕、卡尔希和沙赫里萨布兹等地的绝大部分地产均属于她的穆尔克。⑤ 另外，16 世纪的布哈拉汗国还保留着部落的公有地。然而，随着分封制的推广，公有地的支配权不再属于氏族或部落成员，而

---

① История Узбекской ССР. Т. 1：С древнейших времен до середины XIX века. С. 526.

② Абдураимов М. А. Очерки аграрных отношении в Бухарском ханстве в XVI-первои половине XIX века. Т. 2. С. 77.

③ Иванов П. П. Очерки по истории Средней Азии（XVI-середина XIX）. С. 131 - 132.

④ [英] 加文·汉布里：《中亚史纲要》，吴玉贵译，商务印书馆1994年版，第229页。

⑤ Иванов П. П. Хозяйство джуйбарских шейхов. С. 65.

是属于以亲兵、伯克、长老为代表的少数人。① 随着社会经济的发展，部落贵族和社会上层不断兼并土地、扩大地产，部落公有地的比重也随之下降。

自布哈拉汗国建立以来，河中地区的土地赏赐制度发生了变化，尤其在昔班尼王朝和扎尼王朝时期。昔班尼王朝伊始，伊克塔（Ikta）② 制度的变体——"苏尤尔加利"的内容发生了变化。③ 帖木儿王朝时期，苏尤尔加利制度下的土地基本世袭，土地所有者拥有免税、行政司法豁免权等特权。而到昔班尼王朝时期，这类土地已不再世袭，汗王可随时收回，或用其他领地代替，领地范围亦可随意变动。④ 自 17 世纪始，苏尤尔加利可世袭，赏赐的不再是土地而只是土地的租税。一般情况下，只有位高权重的少数人才可获得苏尤尔加利。⑤ 而到 19 世纪海达尔在位期间，苏尤尔加利的土地虽可世袭，但不再免税、不再拥有行政司法豁免权。⑥ 因此，在 17—19 世纪的布哈拉汗国，苏尤尔加利的内容和形式与坦霍类似。

坦霍出现于 16 世纪中叶，可世袭，是一种有条件、临时的土地

---

① 蓝琪主编：《中亚史》（第 5 卷），商务印书馆 2018 年版，第 60 页。
② 伊克塔是阿拉伯文 اقطاع（Ikta）的音译，即"采邑"。阿拉伯帝国赐予穆斯林行政和军事官员作为收入来源的土地。始出现于公元 7 世纪末的倭马亚王朝，到 10 世纪盛行。这一时期出现军事伊克塔，即以土地授予军队。受封者称为穆克塔（Muqta），最初规定只限使用，有权向农民征收土地税，向非穆斯林征收人头税。但无土地所有权，死后须归还哈里发。在中央政权衰弱时，伊克塔就成为世袭领地，转为私有。在塞尔柱帝国和蒙古统治时期，伊克塔制度继续存在。中亚地区也一直流行这一制度。自蒙古统治中亚之后，"伊克塔"这一名称在官方文件中逐渐消失，取而代之的是"苏尤尔加利"（суюргаль）。关于苏尤尔加利在 16 世纪河中地区的使用范围，参见 История таджикского народа. Т. 2, кн. 1: Возникновение и развитие феодального строя (VI-XVI вв.). Москва: Наука, 1964. С. 383.
③ Алимова Д. А., Ртвеладзе Э. В. Очерки по истории государственности Узбекистана. С. 109.
④ Ахмедов Б. А. История Балха (XVI-первая половина XVIII в.). С. 136 – 137.
⑤ Абдураимов М. А. Очерки аграрных отношении в Бухарском ханстве в XVI-первои половине XIX века. Т. 2. С. 104.
⑥ Абдураимов М. А. Очерки аграрных отношении в Бухарском ханстве в XVI-первои половине XIX века. Т. 2. С. 107 – 108.

赏赐。1552 年，阿布杜拉汗二世征服卡尔希以后，把一部分村庄作为坦霍赏赐给自己的战士。① 在 16—18 世纪的布哈拉汗国，坦霍赏赐的仅仅是租税而非土地。自 17 世纪始，这一赏赐制度由大迪万负责。实质上，苏尤尔加利和坦霍仅有使用权，而无所有权。这种赏赐土地的世袭制与官位的世袭密切相关。在 19 世纪的布哈拉汗国，坦霍的运用十分普遍。到了 19 世纪末至 20 世纪初，获得坦霍的官吏可获得租税收入或免税权。② 可见，一直以来，布哈拉汗国广泛运用的土地赏赐制度使贵族上层和宗教代表成为最大受益者，这在一定程度上促进了私有土地范围的扩大。因此，这种土地赏赐制度在一定程度上削弱了布哈拉汗国的中央集权和国家实力，同时也导致农民的赋税沉重、生活艰难。

二　赋役制度的完善

在沿袭帖木儿帝国的基础上，布哈拉汗国的赋役制度进一步完善。沙里亚法规定，穆斯林须缴纳的税收有海拉吉、乌什勒和天课。但实际上，在诸伊斯兰国家中税收远远不止上述三种。因此，布哈拉汗国建立了种类繁多的税收体系。据文献记载，16—17 世纪，布哈拉汗国居民所需缴纳的税收约 90 种。③ 即使在 19 世纪 80 年代，布哈拉汗国向农民征收的税种也超过 50 种，农民缴纳的税额几乎占到收成的一半。④ 自扎尼王朝起，布哈拉汗国已建立专门负责赋役管理的财政部。布哈拉汗国的赋役制度确保了统治阶层的利益需求，成为鱼肉民众的重要手段。扎尼王朝时期，苏布汗库利曾下令提前

---

① Хафиз-и Таныш Бухари. Шараф-нама-йи шахи（Книга шахской славы）. М.: Наука, 1983. C. 149 – 150.

② Абдураимов М. А. Очерки аграрных отношении в Бухарском ханстве в XVI-первои половине XIX века. T. 2. C. 120.

③ История Узбекской ССР. Т. 1: С древнейших времен до середины XIX века. C. 528.

④ Перепелицына, Л. А. Роль русской культуры в развитии культур народов Средней Азии. М.: Наука, 1966. C. 7.

征税 7 年的税收①。可见，布哈拉汗国民众所承担的赋税是何等繁重。对此，史学家米尔·穆哈默德·阿米尼·布哈里（Мир Мухаммед Амини Бухари）对乌拜杜拉汗二世时期布哈拉汗国财政税收事务的混乱现象进行了专门描述。②除赋税以外，繁重的徭役剥削也使民众怨声载道。因此，16—19 世纪布哈拉汗国的赋役种类繁多，其中诸多与中世纪中亚和伊朗的名称一致。③可见，在参照伊朗税收体系的基础上，布哈拉汗国仍保留了中世纪中亚地区的税收制度。布哈拉汗国的赋役制度主要分税收、地租和徭役三大类。

首先，土地税是布哈拉汗国的基本税收，也是国库收入的主要来源。它取决于土壤品质、地理位置、与市场的距离和统治者的意愿等，一般占到收成的 1/5 至 1/3。④相比帖木儿王朝时期 1/3 至 2/3 的土地税⑤，16 世纪布哈拉汗国的土地税额略低。此外，不同于帖木儿王朝时期以实物形式为主征收的土地税，自昔班尼王朝始布哈拉汗国更多以货币形式征收。据文献记载，自 16 世纪始，布哈拉汗国采用以货币形式征收的"玛里吉哈特（маль джихат）"取代名称"海拉吉"而得到广泛运用。⑥在 17 世纪的文献中，也是用玛里吉哈特指代土地税。玛里吉哈特占到收成的 30%—40%⑦，而向乌什勒穆尔克征收的土地税则为收成的 1/10 至 1/5。19 世纪 80 年代，布哈拉汗国征收的土地税达到 40%，而向穆尔克征收的优惠税基本

---

① Абдураимов М. А. Очерки аграрных отношении в Бухарском ханстве в XVI-первои половине XIX века. Т. 2. С. 154.

② Абдураимов М. А. Очерки аграрных отношении в Бухарском ханстве в XVI-первои половине XIX века. Т. 2. С. 161 – 162.

③ Абдураимов М. А. Очерки аграрных отношении в Бухарском ханстве в XVI-первои половине XIX века. Т. 2. С. 162.

④ Ахмедов Б. А. История Балха（XVI-первая половина XVIII в.）. С. 143.

⑤ 王治来：《中亚史纲》，湖南教育出版社 1986 年版，第 657 页。

⑥ Петрушевский И. П. Земледелие и аграрные отношения в Иране XIII-XIV вв. С. 375.

⑦ История Узбекской ССР. Т. 1：С древнейших времен до середины XIX века. С. 528.

不变。① 另外，菜园、葡萄园、草场等也须缴纳货币形式的土地税，1 塔纳布菜园征收 2—5 卢布，1 塔纳布草场征收 1 卢布 20 戈比。②"贾克特（зякет）"是根据牲畜数量征收的税种，通常占到牲畜总数的 10%，若在市场交易还需额外征收 2.5%—5% 的牲畜税。③ 布哈拉汗国向租地农民征收的地租税"玛尔瓦吉哈特（малваджихат）"原则上为收成的 10%，而实际上已占到 30%。④

在农业经济中，地方征税的程序是伯克按县市划分，由县长负责各县市的征税工作。通常，县长有自己的助手达鲁加（даруга）。一个"阿明"负责管理几个村。每个"基什拉克"均有税吏"阿克萨卡尔"，在山区的被称作阿尔巴布（арбаб）。征税期间这些下级官员均为县长调遣使用，后者在结束征税工作后将以实物形式为主的部分土地税赏赐给前者作为报酬。⑤ 土地税的征收通常以土地面积和人口密度为依据，由穆夫提负责测量面积，并以灌溉水量的大小确定税额。每年粮食收获时节重新制定征税名册，10 月末结束征税。之后，县长向伯克汇报当年的征税情况，伯克再向汗呈报地方年度征税情况。该报告中需列举该地区的征税明细，包括税种、税额、征税时间等，以及赠与汗的礼品清单。⑥

詹金森曾记载，布哈拉汗国的手工业者和商人以货币和实物两种形式上缴税收，税额通常为商品价值的 1/10。⑦ 事实上，这类税

---

① Абдураимов М. А. Очерки аграрных отношении в Бухарском ханстве в XVI-первои половине XIX века. Т. 2. С. 156.

② Исмаилова Б. И. Социальная структура и классовая борьба в Бухарском эмирате, 1868 – 1917 гг. / диссертация кандидата исторических наук. Душанбе, 1985. С. 39.

③ Маджлисов, Адил. Аграрные отношения в Восточной Бухаре в XIX-начале XX века. Алма-Ата: Ирфон, 1967. С. 257.

④ Иванов П. П. Очерки по истории Средней Азии (XVI-середина XIX). С. 58.

⑤ Абдураимов М. А. Очерки аграрных отношении в Бухарском ханстве в XVI-первои половине XIX века. Т. 2. С. 157 – 158.

⑥ Абдураимов М. А. Очерки аграрных отношении в Бухарском ханстве в XVI-первои половине XIX века. Т. 2. С. 161.

⑦ Английские путешественники в Московском государстве в XVI веке / Пер. с англ. Ю. В. Готье. Ленинград: Огиз, 1937. С. 183.

收的额度一直在上涨，它们主要包括商业税"塔姆加"（тамга）和交通税"巴季"（бадж）。① 塔姆加广泛运用于东方国家，也是国家财政收入的重要来源。巴布尔曾写道："喀布尔的所有收入基本来自塔姆加。"② 该税收额度不定，主要由收税的领主和包税人决定，从而时常引起手工业者和商人的不满。③ 巴季的税额通常为所运输商品价值的2%④，所有贩运商品的商人、手工业者和农民都必须上缴该税，而对布哈拉汗国权贵的商品，不论在国内流通还是出口销售均一律免税。⑤ 例如，和卓阿赫拉尔（Ахрар）进行对外贸易，汗免除了其商品的出口关税。⑥ 一般情况下，布哈拉汗国对进口商品征收的关税非常高。但经汗允许，部分外国商品也可免税进入布哈拉汗国市场。⑦ 此外，手工业者和商人还须缴纳其他形式的税收，如"苏弗普利（сув пули）""普利塔赫季扎伊（пули тахт-и джай）""达洛利（даллоли）"等⑧。1860年穆扎法尔上任以后，布哈拉汗国出现了一种新的贸易税"阿米诺纳（аминона）"。税额通常为商品价值的1.5%。它是布哈拉汗国经济处于危机之时，向商人、宗教代表和达官显贵等富裕阶层征收的一种特殊税，一直存在到1920年布哈拉汗国消亡为止。⑨

---

① История таджикского народа. Т. 2, кн. 1: Возникновение и развитие феодального строя (VI-XVI вв.). С. 396.

② Захир ад-Дин Бабур. Бабур-наме. Ташкент: Главная редакция энциклопедий, 1992. С. 128.

③ Ахмедов Б. А. История Балха (XVI-первая половина XVIII в.). С. 143.

④ Ахмедов Б. А. История Балха (XVI-первая половина XVIII в.). С. 143.

⑤ Мукминова Р. Г. Очерки по истории ремесла в Самарканде и Бухаре в XVI веке. Ташкент: Фан, 1976. С. 211.

⑥ Абдураимов М. А. Очерки аграрных отношении в Бухарском ханстве в XVI-первои половине XIX века. Т. 2. С. 182.

⑦ Абдураимов М. А. Очерки аграрных отношении в Бухарском ханстве в XVI-первои половине XIX века. Т. 2. С. 182.

⑧ Абдураимов М. А. Очерки аграрных отношении в Бухарском ханстве в XVI-первои половине XIX века. Т. 2. С. 182 – 183.

⑨ Исмаилова Б. И. Социальная структура и классовая борьба в Бухарском эмирате, 1868 – 1917 гг. С. 41.

除上述外，布哈拉汗国也有其他形式的税收，诸如用作行政机构开支的"阿马利亚特（амалят）""阿尔加特（алгат）"和"萨尔加特（салгат）"，用于灌溉体系管理的"米拉巴涅—伊—加里亚（мирабане-ий галля）"和"巴基普利（баки-пули）"，赏赐军队所需的"努克里伊耶（нукерийе）"和"马尔苏马特（марсумат）"，以及人头税"吉兹亚"（джизья）和特殊税收。在伊斯兰世界，人头税一般指向非穆斯林征收的税。而在蒙古帝国初期，中亚民众无论宗教信仰如何都须上缴人头税。布哈拉汗国虽是一个伊斯兰国家，但它因受蒙古统治的影响而继续向穆斯林征收人头税。1593—1594年，阿布杜拉汗二世占领乌尔根奇以后，向当地居民每人征收30腾格的税额。① 据阿布加齐描述，当时1腾格的价值高于1阿什拉菲，如此沉重的税收迫使许多当地居民出逃，抑或卖儿鬻女。② 当国家处于贫穷或战乱之时，汗也向民众征收一些特殊税收，用作财政补贴或军费开支。"阿瓦里扎特（аваризат）"一词在16—19世纪汗颁布的法令中频繁出现，这是一种向民众或贵族上层征收的特殊税，用于弥补因战争或汗宫殿举办盛会而出现的财政缺口。"朱尔（Джул）"是汗发动战争前向民众征收的应急税，在18—19世纪的布哈拉汗国比较常见。海达尔的信函中明确指出，埃米尔向不同部落和地区征收的朱尔标准不同。③ 还有专门为统治者征收的税"塔尔图克（тартук）"，即礼品。依照风俗，地方统治者应在每年的初春和秋末向汗奉送两次礼品。实际上，汗收到地方官员的进献礼品不胜枚举。

另外，与帖木儿帝国一样，布哈拉汗国也设有免税制度，即汗

---

① История Узбекской ССР. Т. 1: С древнейших времен до середины XIX века. С. 531.

② Мукминова Р. Г. Очерки по истории ремесла в Самарканде и Бухаре в XVI веке. С. 207.

③ Абдураимов М. А. Очерки аграрных отношении в Бухарском ханстве в XVI-первои половине XIX века. Т. 2. С. 201.

每年颁布新法令,确定免税人名单,并向其授予达尔罕证书。持证人须无条件为汗服务,作为回报他们在自己的领地上拥有免税权,还可获得其他特权,如可免受惩罚九次、可自由觐见汗王等。①

再者,布哈拉汗国的地租也与帖木儿王朝时期的基本相同,通过货币、实物和劳役三种形式征收。自古以来,实物地租"马里"或"海拉吉—马里"(маль 或 харадж-и-маль)是中亚地区主要的地租形式,尤其在农业经济领域。随着社会经济的发展,布哈拉汗国出现货币地租"纳克德"或"塔纳巴涅"(накд 或 танабане),其主要针对商品贸易和服务业,如商铺、集市、商队和公共浴室等。劳役地租主要指修建宫殿、城墙和水渠等,但劳役地租在布哈拉汗国并不常见②。在16世纪,布哈拉汗国的无地农民所缴纳的地租一般占到收成的30%,且一直在上涨。③ 据1556年的文献记载,地租已高至收成的40%。④ 到了扎尼王朝时期,随着土地兼并和土地赏赐的扩大,国家的地租收入越来越少。⑤ 一直以来,农民缴纳的地租以实物形式为主。但俄国占领以后,随着资本的大量输入和商品经济的发展,布哈拉汗国的地租基本以货币形式征收。⑥

最后,布哈拉汗国民众被迫从事繁多且苛严的徭役,如修灌溉渠、收割草料、修复道路桥梁、新建城堡宫殿等。在中亚地区,"比加尔"或"哈沙尔"(бигар 或 хашар)是指强迫民众修建大型建

---

① Chahryar Adle and Irfan Habibeds, *History of Civilizations of Central Asia*, Vol. V, Paris: UNESCO Publishing, 2003, p. 37.

② Абдураимов М. А. Очерки аграрных отношении в Бухарском ханстве в XVI-первои половине XIX века. Т. 2. С. 148.

③ История таджикского народа. Т. 2, кн. 1: Возникновение и развитие феодального строя (VI-XVI вв.). С. 387.

④ История таджикского народа. Т. 2, кн. 1: Возникновение и развитие феодального строя (VI-XVI вв.). С. 388.

⑤ Давидович Е. А. История монетного дела Средней Азии XVII-XVIII вв. Душанбе: Изд-во Акад. наук Таджик. ССР, 1964. С. 207.

⑥ Исмаилова Б. И. Социальная структура и классовая борьба в Бухарском эмирате, 1868–1917 гг. С. 58.

筑、灌溉工程和防御要塞等的徭役形式。这一术语首先出现在阿布杜拉汗二世的亚勒雷克中，意指征调民众修建要塞。① 国家财政官员"阿姆里亚克达尔（амлякдар）"和地方伯克负责徭役征发。1579 年和 1585 年，阿布杜拉汗二世曾两次下令，要求吉萨尔、库巴江（Кубадиан）、捷合纳夫（Дехнав）三地伯克招募 1 万名劳役者，在瓦赫什河流域修建用于灌溉赘巴依谢赫土地的灌溉渠。② 17—19 世纪，"马尔季卡尔（мардикар）"替代原有的比加尔名称得到广泛运用。海达尔曾命令哈扎尔的伯克征发马尔季卡尔，用于修建连通阿姆河道的灌溉渠。③ "卡纳尔加（коналга）"也是农民和市民承担的繁重徭役。该名称源自蒙古帝国时期，当汗、行政高官、军队将领等驻留某地时，当地居民须无偿提供住宿和饮食。乌拉格（улаг）是指为信使、使节所用的马匹、骆驼等牲畜提供给养。这一徭役形式在中亚自蒙古帝国时期一直保留至 20 世纪初。服兵役也是一种徭役，如"卡拉奇雷克""巴伊巴切（байбачче）""梅尔根（мерген）"和"泽姆列科普（землекоп）"等。其中，卡拉奇里克是指 19 世纪上半叶政府在各地征收骑兵和步兵的民兵组织形式。它由普通民众组成，主要用于完成作战期间的各类辅助工作。海达尔的信函中还专门列举了这类民兵组织的规模。④ 巴伊巴切是指征召贵族青年参军，他们须自带装备作战。⑤

总之，布哈拉汗国虽建立了较为完善的赋税体系，但却未能制定出一套合理规范的征收准则。扎尼王朝时期，财政官员利用汗政

---

① Абдураимов М. А. Очерки аграрных отношении в Бухарском ханстве в XVI-первои половине XIX века. Т. 2. С. 191.
② История Узбекской ССР. Т. 1: С древнейших времен до середины XIX века. С. 529 – 530.
③ Абдураимов М. А. Очерки аграрных отношении в Бухарском ханстве в XVI-первои половине XIX века. Т. 2. С. 195.
④ Абдураимов М. А. Очерки аграрных отношении в Бухарском ханстве в XVI-первои половине XIX века. Т. 2. С. 202 – 203.
⑤ Абдураимов М. А. Очерки аграрных отношении в Бухарском ханстве в XVI-первои половине XIX века. Т. 2. С. 204 – 205.

权的削弱征收苛捐杂税、恣意剥削民众，致使国家更加贫困。一直以来，布哈拉汗国居民承担着繁重的赋税和徭役，遭受着残酷的剥削与欺压，居民对统治阶层极为不满进而不断发动反抗暴动和起义。

三 货币政策的变化

彭树智先生曾言："商品关系的发展集中反映在货币流通方面。"① 自近代以来，随着中亚地区商品经济的不断发展，布哈拉汗国的货币使用日渐广泛。16—17 世纪，布哈拉汗国市场中流通的货币以银币（腾格）和铜币［第纳尔（динар）］为主，大型贸易主要使用白银结算，购买土地、建筑物、奴隶、牲畜等通用腾格，而小型交易时使用第纳尔。② 18 世纪以后，金币（阿什拉菲）在市场上的流通也越来越普遍，大宗贸易、购置地产和确定税价等更多采用金币结算。③ 不同于帖木儿帝国，布哈拉汗国自建立起开始制定新的货币政策，尝试进行货币改革，以期规范货币流通，确保商品经济和对外贸易的稳定发展。布哈拉汗国创立者昔班尼汗率先推行货币改革，改变原有的货币体制，重新确立近代中亚地区的货币准则。之后，阿布杜拉汗二世、乌拜杜拉汗二世和沙赫穆拉德埃米尔实施的三次货币改革相继反映出布哈拉汗国货币政策的变化，也是布哈拉汗国不同历史阶段经济状况的一种表现。

昔班尼汗对传统的货币体系进行了改革。15 世纪末至 16 世纪初，河中地区动荡的局势严重制约着商品贸易的发展。昔班尼汗夺取政权以后，加紧规范货币流通，稳定商品市场。一方面，迅速恢复银币的市场流通。作为市场中流通的主要货币，以昔班尼汗的名义发行的银币（重 4.8 克）迅速在赫拉特、布哈拉和撒马尔罕等城市流通，同时帖木儿王朝的旧银币也继续使用。另一方面，抑制铜

---

① 彭树智：《文明交往论》，陕西人民出版社 2002 年版，第 111 页。
② ［苏］Б. Г. 加富罗夫：《中亚塔吉克史：上古—十九世纪上半叶》，肖之兴译，中国社会科学出版社 1985 年版，第 333 页。
③ Бартольд В. В. История культурной жизни Туркестана. С. 275.

币的通货膨胀。自1501—1502年起，布哈拉汗国统一铸造面值相同、种类一致的铜币，同时取缔旧铜币。① 由此，新铜币迅速在市场流通开来，国库收入急剧增加。在此基础上，1507年5月，在赫拉特的主麻清真寺宣读呼图白的祈祷仪式上，昔班尼汗正式宣布货币改革。② 昔班尼汗的货币改革主要体现在改变旧的货币体系。1506年以前1枚银币兑换18枚铜币，改革后升至36枚。③ 1508年伊始，布哈拉汗国的货币重量从4.8克升至5.2克④，随后铸造统一的新银币和新铜币，且在26个城市和地区一并使用新货币⑤。至18世纪中叶，布哈拉汗国的银币纯度虽不等，但重量始终保持在5.2克。⑥ 因此，昔班尼汗彻底改变了帖木儿王朝的货币体系，重新确立了货币的重量、尺寸和类型，在全国范围内形成统一的货币体系。因此，昔班尼汗的货币改革为以后布哈拉汗国货币体系的形成奠定了基础。

昔班尼汗去世后，布哈拉汗国的货币流通陷入危机：铜币泛滥，银币严重短缺且价格上涨；银币和铜币的兑换比率各异；新旧货币的价值不等；铸币自由，铸币厂遍布各地。直至16世纪下半叶，阿布杜拉汗二世掌权以后，重新确立了统一、稳定和规范的货币制度，其改革的具体措施包括：（1）上调银币比率，从以前1枚银币兑换20枚铜币上涨至30枚；⑦（2）提高银币纯度，不允许掺杂任何其他

---

① Давидович Е. А. Денежная реформа 913/1507 – 914/1509 гг. Мухаммад-Шейбани-Хана（опыт комплексного источниковедения）/ сборника «Восточное историческое источниковедение и специальные исторические дисциплины», вып. 6. М.: Наука, 1989. С. 5 – 59.

② Давидович Е. А. Денежная реформа 913/1507 – 914/1509 гг. С. 5 – 59.

③ 蓝琪：《昔班尼汗在中亚历史上的地位》，《贵州师范大学学报（社会科学版）》2005年第1期。

④ Давидович Е. А. Денежная реформа 913/1507 – 914/1509 гг. С. 5 – 59.

⑤ Давидович Е. А. Денежная реформа 913/1507 – 914/1509 гг. С. 5 – 59.

⑥ Камолов Х. Ш. История вторжения кочевых племен Дашт-и Кипчака в Среднюю Азию（XVI в.）. С. 221.

⑦ Chahryar Adle and Irfan Habibeds, *History of Civilizations of Central Asia*, Vol. V, Paris: UNESCO Publishing, 2003, p. 438.

金属，铸币过程由国家专门机构严格监管；（3）取消地方铸币权，大幅缩减铸币厂数量。都城布哈拉成为铸币中心，其发行的货币开始在全国统一流通；（4）恢复部分城市的铜币铸造权。如前所述，布哈拉汗国的小型交易主要使用铜币结算，用于满足居民日常生活所需；（5）铸造各种币值的金币。阿布杜拉汗二世时期铸造的金币重量不等，有4.8克、2.4克和1.2克三种。[1] 金币主要用于积累财富，通常仅在国力强盛时方可铸造。通过以上措施，布哈拉汗国的货币流通渐趋正常化，货币外流中止，尤其是银币迅速恢复市场流通。布哈拉汗国的商品贸易迅速活跃，经济日渐复兴，政权统治也更加稳固。

自17世纪始，扎尼王朝统治下的布哈拉汗国开始走向分裂，经济实权逐渐掌握在部落贵族手中。尤其到17世纪末至18世纪初，布哈拉汗国的中央政权受到严重削弱，国家分裂、经济衰败。因此，为了强化中央集权、打击部落贵族势力，乌拜杜拉汗二世开始在政治、经济和军事等领域实施新政策，其中货币改革即一项重要举措。乌拜杜拉汗二世的货币改革对布哈拉汗国的经济，甚至是整个扎尼王朝的统治影响深远。17世纪，汗通过铸币权降低或提高货币纯度以增加国库收入。至17世纪末，布哈拉汗国的银币纯度从90%下降到22.5%。[2] 1702年，乌拜杜拉汗二世上任后遂将银币纯度从22.5%提高至35%，以期巩固贵族阶层利益，使之为汗效力。但随着事态的变化，部落贵族并不听从汗的指令，导致双方矛盾公开化。

为了加强中央集权，1708年，乌拜杜拉汗二世开始实施货币改革，其主要内容是保持银币重量不变，而将纯度下降至9%，相当于纯度降低了4倍。汗宣布新货币与旧货币的汇率和购买力相等，强

---

[1] Chahryar Adle and Irfan Habibeds, *History of Civilizations of Central Asia*, Vol. V, Paris: UNESCO Publishing, 2003, p. 438.

[2] Давидович Е. А. История монетного дела Средней Азии XVII-XVIII вв. С. 138.

制民众使用新货币，以此削弱贵族上层的经济实力，从而扩充国库收入。这一政策一经实施，立即引起社会各阶层，尤其是市民和商人的反抗。布哈拉商人拒绝使用新货币，手工业者也不愿将自己的商品廉价出售，加之原料得不到及时供应，许多商铺、手工作坊和工厂纷纷关门停业，因而集市空无一人，也无商品在售。所以，布哈拉及其周边地区的经济生活遭到严重破坏，市民连食品都买不到，从而出现饥荒，引发民众暴动。最后，暴动虽被镇压下去，但也取得了一定成效。在社会各阶层的压力之下，乌拜杜拉汗二世被迫妥协让步，更改了新旧货币的兑换汇率，即1枚旧银币相当于2枚新银币，即35%纯度的一枚银币等于9%纯度的两枚银币。然而，部落贵族、地主商人、宗教代表仍对汗的政策十分不满，汗最终于1711年被谋杀。

乌拜杜拉汗二世死后，布哈拉汗国一直使用这种低纯度的银币。曼格特王朝建立以后，布哈拉汗国的中央政权得到巩固，社会经济逐渐复苏。1785年，沙赫穆拉德上任以后实施新的货币政策。其内容包括银币重量减至3.36克；重新确立新货币的规格，统一发行金币；提高铸币技术，修正货币图案；提高新货币纯度，禁止旧货币流通。[1] 沙赫穆拉德时期的货币仍以扎尼王朝阿布尔加兹汗的名义发行，始终未出现沙赫穆拉德的名字。[2] 考虑到扎尼王朝后期低纯度的货币流通导致诸多手工业者和商人破产，沙赫穆拉德提高银币纯度，并允许自由铸币，即居民可用白银有偿换取同等重量的银币。这一措施不仅充裕了国库，而且规范了货币流通、促进了商品贸易的发展。

实质上，布哈拉汗国货币政策的变化对布哈拉汗国的经济发展至关重要。昔班尼王朝的两次货币改革意义重大，不仅规范了货币流通，而且确立了布哈拉汗国的货币体系。乌拜杜拉汗二世的货币

---

[1] Давидович Е. А. История монетного дела Средней Азии XVII-XVIII вв. С. 166.

[2] Давидович Е. А. История монетного дела Средней Азии XVII-XVIII вв. С. 164.

改革是在扎尼王朝统治最为混乱之时进行的,起初是为了巩固汗的政权统治,但结果却不尽人意。可见,在 18 世纪初的布哈拉汗国,建立中央集权国家的客观条件尚未成熟,货币改革甚至加速了扎尼王朝的灭亡。直至曼格特王朝建立,布哈拉汗国政权才得以稳固。沙赫穆拉德完善货币制度,推动了布哈拉汗国商品经济和对外贸易的长足发展,其子海达尔成为最后一位以自己名字铸造货币的统治者①。即便在俄国占领后的很长一段时间内,布哈拉汗国仍保留着自己的货币体系,银币纯度甚至达到 84%。② 在布哈拉汗国市场上,除俄国货币外,还有阿富汗、波斯和印度等国的外国货币广泛流通。可见,货币政策的变化与布哈拉汗国政权强弱、社会经济兴衰密切相关。

四　水资源管理体系的改善

中亚地区气候干旱,降雨量少,生态环境脆弱,因此,水资源的管理对中亚居民的生存和生活至关重要。中亚的灌溉传统历来悠久,农业经济以灌溉为主。公元前 15 世纪,灌溉渠首次在科佩特山脉的北部地区出现。而位于泽拉夫尚河谷地,撒马尔罕周边最早的灌溉设施则是公元前 500 年左右修建的。与其他中亚国家一样,布哈拉汗国的灌溉体系较为完善。布哈拉汗国的主要灌溉区位于泽拉夫尚河、卡什卡达里亚河、苏尔汉达里亚河、阿姆河中游和东布哈拉山区。其中,以布哈拉和撒马尔罕为中心的泽拉夫尚河谷地水量充沛,土壤也最为肥沃。据统计,每 1 阿尔(ap)③ 可灌溉 10 万塔纳布的土地。④ 在布哈拉汗国,包括布哈拉和卡拉库里所有县市在内

---

① Бартольд В. В. История культурной жизни Туркестана. С. 282.
② Логофет Д. Н. Страна бесправия. Бухарское ханство и его современное состояние. С. 107.
③ 阿尔(ap)是面积单位,约等于 100 平方米。
④ Арандаренко Г. А. Заметки об ирригации в нагорных туменах Зерафшанского тумена // Туркестанские ведомости. 1876. №51.

的泽拉夫尚河谷地的灌溉系统均由阿塔雷克管理。① 除河流外，布哈拉汗国也有地下水灌溉的水利工程用于灌溉不同地区的土地，如达什季（Дашти Кази）的几个村庄和泽拉夫尚河左岸地区。② 在布哈拉汗国各大城市还有专门的蓄水池"哈乌兹（хауз）"，但其规格不同。③

布哈拉汗国的灌溉工程分公共和私有两种形式。公共的灌溉工程一般由国家或地方政权出资，布哈拉汗国居民提供劳役修建。沙赫穆拉德埃米尔时期，还专门为修建灌溉工程设立一种特殊税"科什普利（кошпули）"，每一科什（相当于48—50塔纳布）土地缴纳2腾格（相当于40戈比）的税，税款全部用于灌溉工程的修缮。④ 但自海达尔上任以后，该税收的性质发生变化，税额增加5—9倍，且税收收入归国库使用，而不再用于修复灌溉设施。⑤ 私有的灌溉工程通常是指由私人出资依附于当地居民无偿修建的。由这类灌溉渠灌溉的新土地逐渐私有化。在布哈拉汗国历史上，宗教代表通过出资修建灌溉设施获得了更多私有土地。

在布哈拉汗国的行政机构中与灌溉有关的官衔和职位较多。直至18世纪中叶，灌溉体系的管理权始终掌控在阿塔雷克手中。阿塔雷克主要负责布哈拉汗国灌溉系统的管理和水资源的分配，下设诸多米拉布（мираб）。不同地区的米拉布分别管理不同的灌溉渠，其职责主要是向当地农民分配水资源和组织修缮灌渠。⑥ 当地文献对布

---

① Джурабаев Д. Х. Бухраский эмират второй половины XVIII- первой половины XIX вв. в письменных источниках. С. 322.

② Джурабаев Д. Х. Бухраский эмират второй половины XVIII- первой половины XIX вв. в письменных источниках. С. 219.

③ Абдукахор Саидов. Политическое и социально-экономическое положение Бухарского ханства в XVII-первой половине XVIII вв. / диссертация доктора исторических наук. Душанбе，2007. С. 30.

④ Иванов П. П. Очерки по истории Средней Азии（XVI-середина XIX）. С. 122 – 123.

⑤ Джурабаев Д. Х. Бухраский эмират второй половины XVIII-первой половины XIX вв. в письменных источниках. С. 164.

⑥ Абдукахор Саидов. Политическое и социально-экономическое положение Бухарского ханства в XVII-первой половине XVIII вв. С. 117.

哈拉汗国的水吏及其职责进行过专门描述，其中提及"库里—阿姆里亚克达尔（кулли-амлякдар）"和"萨尔卡尔—迪万（саркар-диван）"两个与灌溉管理有关的官衔。① 地方官员"阿尔巴布（арбаб）"和"阿明（或阿雷克—阿克萨卡尔）"也服从米拉布的命令，协助管理灌溉土地的水资源分配。另外，所有涉及灌溉系统的修复和清洗等工作均由农民服劳役进行。曼格特王朝时期，"大米拉布（главный мираб）"代替了阿塔雷克管理布哈拉汗国的灌溉系统，且全国省、市县级均下设地方米拉布，让其负责管理各地区的灌溉系统，而具体事宜由阿尔巴布、阿明和朱伊班（джуйбан）完成。一般情况下，大米拉布是从拥有"托克萨巴（токсабо）"称号的官员中挑选，由埃米尔亲自任命。而地方米拉布由省级官员伯克任命，主要从自己亲信中挑选，且设有助理"潘扎别克（панджабег）"，其职责是分配水资源和收取灌溉水费。② 农民须缴纳的灌溉水费额度不定，通常由阿尔巴布和潘扎别克共同确定以后呈报米拉布批准。总之，布哈拉汗国的各级水吏与其他行政官员一样无任何薪俸和赏赐，只有依靠鱼肉百姓获得更多物质财富。

布哈拉汗国的统治者历来重视水利工程建设，昔班尼王朝时期许多水利工程得以修缮。1502年，昔班尼汗下令修建横跨泽拉夫善河的拱桥③、修复萨乌兰④的水渠⑤。1556—1585年间，阿布杜拉汗二世下令修复多项水利设施，包括泽拉夫善河流域的水坝、穆尔加

---

① Абдукахор Саидов. Политическое и социально-экономическое положение Бухарского ханства в XVII-первой половине XVIII вв. С. 117.
② Давронов Хушвахтшо. Изменения в экономике Бухарского эмирата в период протектората России. С. 41.
③ История Узбекской ССР. Т. 1: С древнейших времен до середины XIX века. С. 523.
④ 萨乌兰（Сауран）位于今天哈萨克斯坦南部的突厥斯坦市西北43千米处。
⑤ Мукминова Р. Г. К истории аграрных отношений в Узбекистане XVI в. По материалам Вакф-наме. Ташкент: Наука, 1966. С. 42.

布河绿洲的水库、吉扎克绿洲和草原地区的水渠等。① 统治者也大力支持赘巴依谢赫们修缮灌溉设施。② 谢赫们在不同地区新建或修复水渠，使荒地和被破坏的土地重新恢复利用。③ 1559—1560 年，和卓卡瑟姆（Касым）负责修建从泽拉夫善河通往阿夫申④的水渠。1568—1569 年，由和卓萨义德负责的阿姆河水渠得以建成。⑤ 这些水利设施的修缮大大促进了河中地区灌溉农业的恢复和发展。

在 17 世纪初的布哈拉汗国，"班季阿米尔（Банд-и Амир）"水坝和灌溉网得以修复，从巴尔赫、胡里姆（Хульм）到阿赫奇（Ахч）和安德胡特（Андхуд）的水源得到了保障，也修建了从泽拉夫尚河到吉扎克绿洲的"图亚塔尔塔尔（Туятартар）"灌渠和穆尔加布河绿洲的"哈乌济汉（Хаузихан）"水库。⑥ 然而，在以后的扎尼王朝，由于统治阶层内讧不已、政局动荡，大量的灌溉设施严重受损、灌溉面积大幅缩小。这一时期布哈拉汗国主要是恢复和修缮原有的灌溉系统，但基本再无国家出资修建的灌溉工程，只有赘巴依谢赫为获得更多土地而修建的灌溉设施。⑦

自 18 世纪中叶曼格特王朝建立以来，布哈拉汗国开始修复灌溉系统，在最大的灌溉渠达尔戈姆上重建了大坝。在彭吉肯特、沙拉

---

① Политическая и экономическая обстановка в Бухарском ханстве в XVI веке.），http://vek-noviy.ru/istoyiya-uzbekistana-xvi-xx-veka/politicheskaya-i-ekonomicheskaya-obstanovka-v-buharskom-hanstve-v-xvi-veke.html，2019 年 1 月 6 日。

② Абдураимов М. А. Очерки аграрных отношении в Бухарском ханстве в XVI-первои половине XIX века. Т. 1. Ташкент: Фан, 1966. С. 193.

③ Абдураимов М. А. Очерки аграрных отношении в Бухарском ханстве в XVI-первои половине XIX века. Т. 1. С. 265.

④ 阿夫申（Афшин）是指布哈拉城以西的一个村庄。

⑤ Абдураимов М. А. Очерки аграрных отношении в Бухарском ханстве в XVI-первои половине XIX века. Т. 1. С. 265.

⑥ Бартольд В. В. К истории орошения Туркестана // Соч. Т. III. М: Наука, 1965. С. 113, 153.

⑦ Абдукахор Саидов. Политическое и социально-экономическое положение Бухарского ханства в XVII-первой половине XVIII вв. С. 118.

兹、乌尔古特、卡拉河和阿克河上修缮渠道。①沙赫穆拉德埃米尔即位以后，修复了泽拉夫尚河、阿姆河和卡什卡达里亚河的灌溉系统。据统计，这一时期泽拉夫尚河流域的灌溉系统由 42 条主干渠构成，撒马尔罕绿洲新建了 11 条灌溉渠。沙赫穆拉德采用两种方式修建水利工程：一是依靠地方政府财政，二是吸引个人投资。总之，沙赫穆拉德非常重视灌溉系统的修缮，吸引更多专业人才参与水利工程的建设。考虑到布哈拉汗国的地理和气候条件，他始终谨记："若想统治好国家，首先必须学会如何管理水资源。"②海达尔在位期间，也在撒马尔罕绿洲新建了 16 条长 187 俄里③的灌溉渠。④

总而言之，16 世纪和 18 世纪末至 19 世纪初，布哈拉汗国新建和修复了大量的灌溉工程，灌溉面积也进一步扩大，布哈拉汗国的农业经济迅速复苏。泽拉夫尚河谷灌溉工程的修复有利于乌兹别克游牧部落的壮大。自布哈拉汗国建立以后，乌兹别克游牧部落赶走了这里的土著塔吉克人。沙赫穆拉德在位期间，随着乌兹别克游牧民转向定居生活的速度加快，泽拉夫尚河谷出现了更多突厥名称。⑤至 19 世纪中叶，布哈拉汗国的乌兹别克游牧民已经大部分是定居农民或半游牧居民了。⑥可见，灌溉体系的有效管理促进了布哈拉汗国农业经济的发展，更是推动了游牧文明和农耕文明的交往。但是，布哈拉汗国的灌溉水源依然紧缺，每年可灌溉的土地仅占到 66%—75%⑦，这仍无法满足所有居民的生产生活需求。

1868 年以后，随着俄国移民的增多，布哈拉汗国的灌溉体系得

---

① 蓝琪主编：《中亚史》（第 5 卷），商务印书馆 2018 年版，第 286 页。
② Джурабаев Д. Х. Бухарский эмират второй половины XVIII- первой половины XIX вв. в письменных источниках. С. 166.
③ 1 俄里（Верста）相当于 1.6 千米。
④ Джурабаев Д. Х. Бухарский эмират второй половины XVIII-первой половины XIX вв. в письменных источниках. С. 323.
⑤ Бартольд В. В. История культурной жизни Туркестана. С. 281.
⑥ История Узбекской ССР. Т. 1: С древнейших времен до середины XIX века. С. 12.
⑦ Губаревичъ-Радобыльскій А. Экономическій очерк Бухары и Туниса. СПб., 1905. С. 18.

到一定程度的改善。另外，1889年俄国军队占领铁尔梅兹以后，为了灌溉1万俄亩①的土地，俄国军管代表决定修建灌溉渠。这是俄国在布哈拉汗国修建的第一个灌溉渠。② 之后，俄国代办处也在其他地方规划了水利工程的修建方案，力图将布哈拉汗国的灌溉面积扩大两倍，但实际上并未落实。另外，布哈拉汗国第二大城市撒马尔罕划归俄国版图，泽拉夫尚河绿洲的2/3划归突厥斯坦总督区的撒马尔罕州。这样，俄国基本确立了对布哈拉汗国灌溉体系的监督。布哈拉汗国最重要的灌溉水源——泽拉夫尚河上游归俄国控制，这对布哈拉汗国的农业经济和西布哈拉地区的用水产生了较大影响。③ 所以，农业中心逐渐向水源充沛的东部地区转移。

所以，以布哈拉为中心的西布哈拉地区时常出现缺水现象，其农业经济遭到严重破坏。1870年，布哈拉地区出现旱灾，粮食歉收引发饥荒。④ 同年，布哈拉向撒马尔罕派遣使团，目的是解决西布哈拉地区的缺水问题，但并无成效。1875年5月，俄国外交部官员万别尔格（Б. И. Вайнберг）在向突厥斯坦总督的报告中写道："布哈拉及其周边地区已经没有农业灌溉用水和居民饮用水了。"⑤ 总而言之，19世纪末至20世纪初，布哈拉汗国与俄国之间就泽拉夫尚河谷的水资源分配问题进行过多次交涉和谈判，但始终未得到妥善解决。这在一定程度上制约了布哈拉汗国植棉业的发展，对俄国经济的发展也造成一定影响。

---

① 1俄亩=1.09公顷。

② Логофет Д. Н. Бухарское ханство под русским протекторатом: Т. 2. Санкт-Петербург: В. Березовский, 1911. С. 89.

③ Джурабаев Д. Х. Бухарский эмират второй половины XVIII-первой половины XIX вв. в письменных источниках. С. 163.

④ 蓝琪：《论沙俄保护下的布哈拉汗国》，《贵州师范大学学报（社会科学版）》2009年第1期。

⑤ Давронов Хушвахтшо. Изменения в экономике Бухарского эмирата в период протектората России. С. 34.

五　经济自主权的丧失

19世纪60—80年代，俄国完成了对中亚地区的征服。1867年，包括哈萨克领土在内的大部分中亚领土划归以塔什干为首府的突厥斯坦总督区管辖，而布哈拉汗国和希瓦汗国以俄国附属国的身份继续保持着形式上的独立。俄国占领布哈拉汗国以后，双方于1868年和1873年签署的不平等条约，使布哈拉汗国的经济自主权基本丧失。有关俄国在布哈拉汗国获得经济特权的内容构成条约的主要内容，如俄国人在布哈拉汗国拥有贸易自由权；俄国公民有权在布哈拉汗国兴办企业和工厂，可购置不动产；俄国商船可在阿姆河自由航行；俄国有权在阿姆河沿岸修建码头和货栈，其安保警卫工作由布哈拉汗国政府负责；俄国商人在布哈拉汗国的财产和利益应得到保护。[①] 1886年，俄国在布哈拉设立政治代办处，使之成为俄国政府在布哈拉汗国的正式代表。政治代办处的一项主要职责是维护俄国商人在布哈拉汗国的利益需求，助推俄国在布哈拉汗国的贸易活动。此后，俄国资本不断涌入布哈拉汗国，对布哈拉汗国传统的自然经济体系造成极大冲击，刺激了当地的货币经济和商品贸易，推动了当地资本主义经济的发展。

然而，俄国在布哈拉汗国的经济政策带有明显的殖民特征。上文提及俄国占领泽拉夫尚河中上游地区，其目的是控制布哈拉汗国的主要水源，即农业经济的命脉。自古以来，河中地区植棉业较为发达，其纺织品也享誉世界。这也是俄国占领中亚的一大考量因素。为了本国纺织业的发展，俄国迅速展开在中亚的棉花种植，并引进美国棉品种。作为主要的植棉中心，布哈拉汗国的棉花种植面积进一步扩大，并逐渐成了俄国纺织业的主要原料产地。另外，在19世纪80—90年代，俄国的阿姆河舰船建成，并在横贯布哈拉汗国的整

---

① Матвеева Н. В. Представительство России в Бухарском эмирате и его деятельность. C. 48, 60-61.

个中亚地区修建了多条铁路。这样，俄国通过水路和陆路加强了与中亚本土的经济联系。

一直以来，布哈拉汗国是俄国最为重视的贸易国。铁路建成以后，俄国大幅扩大与布哈拉汗国的贸易往来，俄国商品也迅速占领布哈拉汗国市场，将当地手工业产品和其他国家商品排挤除外。由此，布哈拉汗国成了俄国工业产品的倾销地。随着铁路的修建，俄国移民开始大量涌入布哈拉汗国，俄国资本也迅速进入布哈拉汗国市场。布哈拉汗国开始出现银行、企业、工厂和大型的棉花种植园等，俄国资本家操纵布哈拉汗国的工商业经济，使之纳入俄国的资本主义经济体系。综上所述，俄国控制了布哈拉汗国的农业经济，并极力扩大棉花种植，导致布哈拉汗国粮食作物种植面积缩小、粮食短缺，甚至被迫从俄国进口。同时，俄国工业品的大量涌入导致布哈拉汗国原有的手工业迅速衰落，布哈拉汗国商品市场基本被俄国垄断。可见，在俄国统治之下，布哈拉汗国的经济结构严重失衡，并逐渐沦为俄国的原料产地和商品倾销地。

除上述外，俄国统治期间，布哈拉汗国的采矿业得到了长足发展。布哈拉汗国矿藏丰富，尤其在东布哈拉地区，但采矿技术十分落后。俄国统治以后，东布哈拉地区的黄金吸引了俄国政府和俄国商人的关注。1896—1917 年间，埃米尔向俄国工程师下发了 36 份关于勘探和开采黄金的特许文件。然而，大部分俄国企业家因种种原因而未能开采成功，只有工程师若洛夫加·巴科尔斯基（А. П. Жоровко-Покорский）取得了成果。1897 年，他开始在阿赫苏（Ях-су）河岸和萨费德—达里亚（Сафед-дарья）支流的巴里盏（Бальджуан）地区勘探黄金矿藏，期间曾遭到地方官员的阻挠，但最终于 1900 年开采出了 5 俄磅 18 所洛特尼克（золотник）[①] 的黄金，到 1909 年增至 16 俄磅 23 所洛特尼克。1914 年，每天的开采量

---

① 所洛特尼克（золотник）是俄国旧的重量单位，约等于 4.25 克。

在70—100所洛特尼克之间。① 其间，开采金矿的工人数量达到165人，他们的工作强度大，但报酬微薄。总之，20世纪初，在俄国政府的推动下，布哈拉汗国的黄金矿藏得以开采，这进一步强化了俄国对布哈拉汗国经济的剥削程度，体现了布哈拉汗国在俄国经济体系中的边缘地位。

19世纪80—90年代，西欧国家的工业产品，尤其是英国商品在布哈拉汗国市场上的比重较大，这严重制约了俄国商品在布哈拉汗国的销售。为了保护俄国在布哈拉汗国的商业利益，与英国争夺商品市场，强化俄国在布哈拉汗国市场的垄断地位，1893年俄国政府建立特别委员会，专门讨论有关中亚贸易的问题。同年年底，委员会决定建立布哈拉汗国与俄国的关税联盟，关闭布哈拉汗国与阿富汗的边境，拆除俄国与布哈拉汗国的边境线。1894年6月6日，这一决议得到了俄国国家委员会的同意。② 自此，俄国政治代办处开始在布哈拉汗国设立新的海关检查站，如1894年11月和12月在布哈拉和克里弗（келиф），③ 以及1895年1月在克尔基、希拉巴德（ширабад）、阿伊瓦季（Айвадж）、萨莱、丘别克（Чубек）和巴加拉克（Богарак）地区。④ 1895年春，沿着阿姆河和彭赤河的布哈拉汗国边境均设立了边境检查站。政治代办处在克尔基、帕塔黑萨尔、萨莱和加尔姆四个路段设置了警卫监督处。⑤ 1895年，布哈拉汗国被纳入俄国关税体系以后，俄国政府全面禁止西欧国家的工业产品进入布哈拉汗国，仅允许部分亚洲国家的商品进入，如茶叶、靛蓝、

---

① Фомченко А. П. Изменения в экономике Бухарского эмирата в период русского протектората（конец XIX-начало XX）// Учен. Зап. / Ташк. Гос. Пед. ин-т. им. Г. Низами. 1957. Вып. XI. C. 243 - 265.

② Юхновский Н. Характеристика торгового движения в Бухаре // Туркестанские ведомости. 1895. No. 11.

③ 克里弗（келиф）是布哈拉汗国南部的小城市，位于阿姆河右岸。

④ Юхновский Н. Характеристика торгового движения в Бухаре // Туркестанские ведомости. 1895. No. 11.

⑤ Юхновский Н. Характеристика торгового движения в Бухаре // Туркестанские ведомости. 1895. No. 11.

珍珠。① 这主要是因为俄国不生产此类产品，故不会对俄国在布哈拉汗国的贸易造成损害。俄国也允许阿富汗和波斯为布哈拉汗国提供农业产品。由此可见，俄国将布哈拉汗国纳入其关税体系，实行关税保护主义，主要是为了排挤与俄国有竞争关系的西欧工业商品，以此垄断布哈拉汗国的商品市场。自此，布哈拉汗国失去了贸易自主权，彻底变为俄国市场的一部分。据库什别克统计，1913年，布哈拉汗国从俄国进口的商品额达3500万卢布，而出口俄国的贸易额减少至3100万卢布，且继续朝着这一趋势变化。②

经过关税改革，俄国工业产品向布哈拉汗国的出口规模进一步扩大，俄国与布哈拉汗国之间的货币交易也日渐频繁。上文提及在布哈拉汗国流通的货币种类较多，不同货币间汇率兑换烦琐、交易结算复杂，这不利于俄国贸易的推进。为此，1891—1900年，俄国政治代办处与布哈拉汗国政府就有关停止铸造和发行布哈拉货币的问题进行了数次谈判。最终，布哈拉汗国政府妥协，并于1900年4月3日同意停止铸造腾格，而俄国政府将市场中流通的腾格以1∶15戈比的比率收购。1901—1903年间，俄国政府收购了部分旧腾格，以及1902年由阿布杜拉哈德汗发行的2400万新腾格。③ 经过这次货币改革，布哈拉汗国市场上流通的本地货币基本被俄国的纸币卢布、金币和银币所替代。至一战前夕，俄国货币已成为布哈拉汗国市场上的通用货币。不仅布哈拉汗国当地居民，而且连与布哈拉或俄国公司有贸易往来的阿富汗人也开始使用俄国货币。在布哈拉汗国集市上，商品价格以俄国货币计算，即15戈比相当于原来的1腾格。由此，俄国货币开始在布哈拉汗国全面流通，这对俄国在布哈拉汗

---

① Давронов Хушвахтшо. Изменения в экономике Бухарского эмирата в период протектората России. С. 210.

② Фомченко А. П. Русские поселения в Бухарском эмирате. Ташкент：Госиздат УзССР，1958. С. 8.

③ Тухтаметов Т. Г. Русско-бухарские отношения в конце XIX-начале XX в. Ташкент：Фан，1966. С. 58.

国的贸易活动起到了促进作用。因此，20世纪初，俄国与布哈拉汗国之间的贸易发展迅速。

俄国在布哈拉汗国的经济政策客观上促进了布哈拉汗国社会经济的发展。首先，俄国大力推动植棉业的发展，使布哈拉汗国游牧民向定居生活转变的步伐加快。自19世纪60年代成为俄国附属国以后，随着棉花种植面积的逐渐扩大，布哈拉汗国的牧场范围越来越小，更多游牧民被迫定居下来进行农耕生产。到了20世纪初，布哈拉汗国游牧民的定居化程度进一步加深。其次，修建铁路、创办企业工厂、开设银行等举措有助于冲破布哈拉汗国封闭落后的自然经济体系，加强国内外贸易和商品经济的发展，提高当地的生产力水平，促进当地民族资产阶级的产生，为布哈拉汗国资本主义经济的发展铺平道路。最后，俄国移民的到来一方面为布哈拉汗国引入马铃薯、燕麦、甜菜、西红柿等农作物品种，以及机械化的种植技术；另一方面推动了与棉纺织业有关工业的发展，促进了布哈拉汗国城市的扩大。至20世纪初，布哈拉汗国的俄国移民数量达6万人。① 随着俄国移民与当地居民的交往不断加深，双方在经济文化生活方面的相互影响也日渐增强。在俄国移民的影响下，布哈拉汗国居民的民族意识开始觉醒，要求摆脱俄国统治和推翻埃米尔专制政权的愿望愈发强烈，力求实现国家独立和民主自由。可见，俄国在布哈拉汗国的经济政策客观上推动了当地生产力的发展，促进了布哈拉汗国民族意识的觉醒，更是间接推翻了专制腐朽的埃米尔政权，传统的布哈拉汗国也因此最终消亡。

小　结

本章主要解读布哈拉汗国的政治军事制度、法律制度以及经济

---

① Давронов Хушвахтшо. Изменения в экономике Бухарского эмирата в период протектората России. С. 5.

制度的特点及演变。布哈拉汗国是一个传统的专制国家,其制度文明交往集中亚本土、阿拉伯—波斯伊斯兰国家、蒙古游牧帝国和俄国资本主义诸特点于一身,是多种文明因素相互叠加的结果。布哈拉汗国历经400余年,其制度文明的演变也随之进行。自16世纪建立以来,布哈拉汗国沿袭了河中地区原有的制度体系,继承了融合波斯特征的帖木儿帝国的政治经济制度,同时借鉴蒙古帝国的管理体制,完善了布哈拉汗国的法律体系。19世纪60年代俄国统治以后,布哈拉汗国原有的制度文化基本保留了下来。总而观之,俄国对布哈拉汗国制度体系的变革影响不大。相比于中亚其他国家,布哈拉汗国的制度体系较为完善,是近代中亚制度文明的缩影。

布哈拉汗国的制度文明交往经历了继承、融合、形成和完善的演变过程,其特点也比较明显。第一,以传统伊斯兰国家的制度为根基。河中地区的行政管理、司法体系和赋役制度均源自阿拉伯—波斯伊斯兰国家的管理体系,基本定型于萨曼王朝时期,在帖木儿帝国时期得到进一步完善。16世纪在河中地区建立政权以后,布哈拉汗国沿用当地原有的制度体系,宗教界也在其中发挥重要作用,使中亚地区的伊斯兰文明得以延续。第二,借鉴游牧帝国的管理体制。布哈拉汗国最初是由钦察草原上的乌兹别克游牧民建立,因此,游牧部落传统对布哈拉汗国的管理体制影响较大,如分封制、汗位继承制和部落习惯法。其中,分封制决定了布哈拉汗国始终无法建立起强大而稳定的中央集权制;汗位继承制则是依照蒙古帝国的制度,承认成吉思汗家族的高贵,试图再现蒙古帝国的荣光;部落习惯法主要参照蒙古帝国的大札撒,结合乌兹别克游牧部落的习俗规范形成,从而完善了布哈拉汗国的法制建设。第三,布哈拉汗国统治者因地制宜进行制度创新。近代以来,布哈拉汗国进行的货币改革是商品经济发展的必然结果。16世纪布哈拉汗国的货币改革为中亚地区货币体系的确立奠定了基础,18世纪初乌拜杜拉汗二世的货币改革虽然失败了,但在很长一段时间内布哈拉汗国依旧以乌拜杜拉汗二世改革后的货币流通为准。曼格特王朝的货币政策相对稳定,一直延续到20世纪初。第四，俄国在布哈拉汗国制度体系中的角色边缘化。作为俄国的附属国，布哈拉汗国基本保留了原有的制度体系。相比于突厥斯坦总督区，俄国在布哈拉汗国的制度改革十分有限，政治代办处的设立也主要限于制定和实施与俄国移民相关的政策。然而，俄国十分重视在布哈拉汗国的经济利益，实施殖民性质的经济政策，最终导致布哈拉汗国丧失经济自主权。

综观之，布哈拉汗国制度文明的演变是冲突与整合、外来与本土、多样性与统一性、传统与现代不断碰撞与结合的过程，也是人类历史进程中横向的不同文明形态与纵向的同一历史主体相互交往、相互交融的产物。因此，制度文明的演变必然会对布哈拉汗国物质文明和精神文明产生重要影响。

第 三 章

布哈拉汗国物质文明交往的曲折性和进步性

以物质生产活动及其劳作成果为内容的物质文明是人类文明交往的基本内容之一，它的交往类型就是人与人之间以生产资料、工具、产品、能力、活动等物质关系及人自身等物质内容为中介的物质交换活动。① 所以，以实践创造为基础的社会经济活动是布哈拉汗国物质文明交往的核心内容。自16世纪建立以来，布哈拉汗国的社会经济发生了显著变化。游牧文明与农耕文明的碰撞与交往、政权分化与统治者政策的变化、俄国统治与工业文明的冲击构成布哈拉汗国社会经济变革的主要因素。总之，在近代，布哈拉汗国的物质文明交往在经历曲折变化的同时也具有相当的进步性。

布哈拉汗国的经济领域发生了重大变革：农业经济向商品化和市场化转型，植棉业的迅速扩大导致农业经济结构的单一化；手工业经历了由盛转衰的过程；对外贸易也因15世纪末至16世纪初东西方陆路贸易的衰落而趋于衰落，但布哈拉汗国依然是周边贸易的积极参与者；俄国资本的输入对布哈拉汗国的工商业发展起到了重要作用。因此，俄国的殖民统治致使布哈拉汗国300多年的传统经济体系走向解体，使之逐渐沦为俄国资本主义经济的附庸。而在社会生活方面，其变化主要体现在游牧民的定居化、城市发展与市民

---

① 彭树智：《文明交往论》，陕西人民出版社2002年版，第530页。

阶层的壮大、底层民众的反抗运动、俄国移民的到来及其影响、交通运输和医疗条件的改善等五个方面。总而言之，从客观上讲，俄国的统治在一定程度上推动了布哈拉汗国生产力的发展和社会的进步。

第一节　社会经济变革的主要动因

作为布哈拉汗国的创建族群，乌兹别克游牧民在河中地区的统治，对当地社会经济的变革产生了重要影响。自16世纪建立以来，布哈拉汗国的政权统治并不稳固，加之统治者本身的政策变化，致使布哈拉汗国社会经济的发展进程时常中断，尤其是在17—18世纪上半叶。到了19世纪，英俄两大帝国力求争夺对布哈拉汗国的掌控权，从而影响当地社会经济的发展。直到19世纪下半叶，布哈拉汗国彻底沦为俄国的附属国。之后在俄国统治下，布哈拉汗国的社会经济发生了显著变化。

一　乌兹别克人与河中居民的广泛交往

马克思曾言："野蛮的征服者总是被那些他们所征服的民族的较高文明所征服，这是一条永恒的历史规律。"[①] 正因如此，作为布哈拉汗国的建立者和统治者，乌兹别克游牧民的生产力水平低于河中农业定居民的水平，被当地农业居民同化是必然趋势。这主要表现在乌兹别克人转向定居化的农业生产，并接受中亚传统的伊斯兰文化。因此，河中地区的农耕文明和伊斯兰文化得以传承和发展，而中亚也由此作为欧亚大陆文明交往史的一颗璀璨明珠继续熠熠生辉。

乌兹别克人的文明交往是以暴力交往为主进行争夺土地和建立政权，同时也在文化与经济交往的和平进程中发展与进步。乌兹别克人不仅是布哈拉汗国游牧文明的传播者，更是游牧文明与河中农

---

① 《马克思恩格斯选集》第1卷，人民出版社1995年版，第768页。

耕文明的融合者。乌兹别克游牧民除了较强的机动性外，氏族宗法制也是其社会生活的主要准则，牧民对部落首领的依附性较强。乌兹别克人的南下既是主动又是被动的，主动是指趁帖木儿帝国的式微占领富饶的河中地区，被动是说自阿布海尔汗逝后，乌兹别克部落联盟解体，各部落为争夺牲畜与牧场在钦察草原上冲突不断，迫使贫穷的牧民南迁河中地区。由上可知，乌兹别克人在传统农耕区建立政权，则是河中地区游牧文明与农耕文明的再度交往。但不同于蒙古帝国时期，乌兹别克人在河中地区政权的建立，并未打断中亚农耕文明的发展进程，而是在不同文明相互交往交融的基础上进一步推动了中亚文明发展。

正如彭树智先生所言："沟通各民族交往的直接领域是物质文明，纯精神世界是在物质文明之后的缓慢渐进过程。"[①] 布哈拉汗国建立以前，乌兹别克游牧民与河中定居民的交往即已存在。一直以来，农牧民之间有着密切的经济文化联系。北方乌兹别克游牧民需要南部河中定居民的农产品和手工业产品，而河中居民也需要乌兹别克游牧民的牲畜和原材料。因此，双方的商品交换甚是频繁。在权力上层，相比河中趋于衰微的帖木儿王朝，乌兹别克部落具有明显的军事优势。15世纪中后期，帖木儿系后王们力求获得其军事援助以夺取和稳固政权，并通过政治联姻维持和平交往。例如，1451年，卜赛因将兀鲁伯之女拉比娅嫁于阿布海尔汗。另外，由于钦察草原东部的乌兹别克部落与河中地区的居民均有突厥人种成分，且在宗教上均属苏非派。因此，双方在经济文化等方面的交往水到渠成。

16世纪布哈拉汗国建立以后，乌兹别克人开始与河中当地不同族群之间频繁交往，相互融合。首先，在种族和语言上有亲缘关系、操突厥语的中亚人与乌兹别克人进行融合，使得操突厥语的当地人几乎丧失了自己的部落区分和种族特征，后来绝大部分都被称为乌

---

① 彭树智：《文明交往论》，陕西人民出版社2002年版，第258页。

兹别克人。这为今天中亚地区乌兹别克民族的形成奠定了基础。至16世纪末，除乌兹别克人以外，布哈拉汗国的居民还有操突厥语的各民族和操波斯语的塔吉克人，而100年以后，当史学家们再一次提及布哈拉汗国居民时，则只剩下乌兹别克人和塔吉克人了。① 这足见操突厥语的当地人与乌兹别克人的同化进程之快。其次，布哈拉汗国的部分塔吉克人也与乌兹别克人相融合，尤其在乌兹别克人和操突厥语的当地人占多数的地区，如塔什干和费尔干纳地区。这些地区的塔吉克人逐渐丧失了讲自己母语的能力，而广泛使用乌兹别克语。只有在塔吉克人聚居地，如布哈拉城或东部山区，他们才能保持自己的种族和语言特征。最后，乌兹别克人与邻近部落和不同族群的交往还反映在前者受到当地居民的影响，尤其是原住民塔吉克人。众所周知，塔吉克人对乌兹别克人的经济和文化生活产生了重要影响。

在与河中定居民的交往过程中，乌兹别克游牧民逐渐转向定居生活。这在16世纪的布哈拉汗国最为凸显。在昔班尼王朝建立以前，河中地区大部分操突厥语的民族已经转向了定居生活，这为乌兹别克人南下融入河中地区的农耕生活奠定了基础。由于牧场的缺乏，来到河中地区的乌兹别克人开始向当地居民学习农耕技术，从事农业生产，由此，河中地区农业种植的规模大幅度扩大。同时，随着乌兹别克人与中亚当地操突厥语的各民族，以及原住民塔吉克人的交往和融合，乌兹别克人也开始接受中亚传统的伊斯兰教，更加严格地遵守苏非派的观念和礼仪。吴于廑先生指出，从世界历史的全局着眼，来自游牧世界的各族被吸收、融化于农耕世界，一批又一批接受农耕世界的先进经济和文化，也应该认为是历史的一种发展，即便这种发展往往是经过野蛮破坏才获得的。② 正因如此，乌

---

① Иванов П. П. Очерки по истории Средней Азии (XVI-середина XIX). Издательство Восточной Литературы. М., 1958. С. 72.
② 吴于廑：《世界历史上的游牧世界与农耕世界》，《云南社会科学》1983年第1期。

兹别克人无法抗拒河中地区的农业和先进文化的吸引力，渐趋适应河中地区的生活，接受当地的伊斯兰文化。至 16 世纪下半叶，在河中自然环境和定居民的影响下，乌兹别克人逐渐转向定居生活、从事农耕生产，印证了"游牧文明最终必然同化于农耕文明"①的观点。"乌兹别克人向定居生活过渡的进程，在 16 世纪末明显加快。"②

河中地区民族融合的速度较快，但 17 世纪以后，游牧民转向定居生活的进程趋于缓慢。乌兹别克部落之间走向联合，到 18 世纪逐渐形成以地域划分的部落联盟，如卡什卡达里亚河流域的曼格特部落、沙赫里萨布兹地区的克涅格斯部落、吉扎克和乌拉秋别地区的尤兹部落等。③ 布哈拉城的阿布杜里克里姆（Абдуль-Керим）曾指出，在 19 世纪初的布哈拉汗国，从事畜牧业的游牧民数量仍然很多，尤其在泽拉夫尚河谷地的米安卡拉和撒马尔罕地区，游牧民与定居民的数量几乎相等。④ 同时，梅伊耶多尔夫也曾描述道："在布哈拉汗国 250 万人口中，仍有近 100 万人仍过着游牧生活。"⑤ 在泽拉夫尚河谷地，乌兹别克人的生活基本上是夏季放牧，冬季回到城市或农村生活。到了 19 世纪 40—60 年代，布哈拉汗国的牧场范围虽然有限，但游牧民转向定居生活的进程依旧缓慢。但实际上，纯粹的游牧业已经在布哈拉汗国不存在了，更多乌兹别克人过着半游牧的生活，这是向定居生活过渡的阶段。

因此，布哈拉汗国的建立开启了乌兹别克游牧民与河中定居民

---

① 黄民兴：《试论中亚历史上文明交往研究中的一些关键问题》，《中东问题研究》2015 年第 1 期。

② ［苏］Б. Г. 加富罗夫：《中亚塔吉克史：上古—十九世纪上半叶》，肖之兴译，中国社会科学出版社 1985 年版，第 328—329 页。

③ 蓝琪主编：《中亚史》（第 5 卷），商务印书馆 2018 年版，第 183—184 页。

④ Иванов П. П. Восстание китай-кипчаков в Бухарском ханстве 1821 – 1825 гг. Москва; Ленинград: Изд-во Акад. наук СССР, 1937. С. 17.

⑤ Иванов П. П. Восстание китай-кипчаков в Бухарском ханстве 1821 – 1825 гг. С. 17.

之间的频繁交往,即游牧文明与农耕文明之间的深度交往。这必然会对河中地区的社会经济产生较大影响,民族融合、游牧民的定居化、经济文化的相互影响则成为布哈拉汗国社会经济变革的主要驱动力。

二 政权稳固问题与统治者政策变化

15世纪末至16世纪初,乌兹别克人南下攻灭帖木儿帝国,建立布哈拉汗国。但由于内外因素的叠加,布哈拉汗国未能将整个中亚地区统一起来,更无法建立起如同蒙古帝国或帖木儿帝国一般的庞大帝国。自帖木儿帝国解体以后,中亚地区走向分裂,逐渐形成布哈拉汗国、希瓦汗国、哈萨克汗国和浩罕汗国等不同的地方性政权。16世纪初,花剌子模从布哈拉汗国分离出去,建立了希瓦汗国。到18世纪,费尔干纳地区脱离布哈拉汗国的统治,并在此建立了独立的浩罕汗国。即便如此,俄国占领以前的布哈拉汗国始终是中亚地区的大国和强国。而在俄国征服以后,布哈拉汗国的地位也明显高于中亚其他政治实体。与希瓦汗国和突厥斯坦总督区相比,俄国政府对布哈拉汗国的干涉和控制相对有限,尤其在穆扎法尔统治时期。除了外交事务,布哈拉汗国的内政基本仍掌控在埃米尔政权手中。

然而,乌兹别克游牧民建立的布哈拉汗国政权必然带有明显的游牧传统。通常,布哈拉汗国被当作汗家族的私人财产而划分为不同封地,并在不同成员之间进行分配。这样,布哈拉汗国权力渐趋分散,无法建立起中央集权制的稳定国家。这在很大程度上制约了布哈拉汗国社会经济的发展。政权分裂导致布哈拉汗国社会频发暴乱,各领主为争夺领地而斗争不已,经济发展面临严峻挑战。由此,权力受限的统治者无法实现社会安定,更无力关心普通民众的福祉。这种情况在17下半叶至18世纪上半叶尤为突出。由于政权分化,布哈拉汗国分裂为由汗家族和部落贵族控制的不同地区,尤其在18世纪上半叶,费尔干纳、塔什干和巴尔赫地区逐渐分离出去,摆脱了扎尼王朝的统治,布哈拉汗国的中央政权形同虚设。再者,希瓦汗国和哈萨克游牧民也趁机劫掠布哈拉汗国，抢夺领土和财富。这种内讧和外侵导致布哈拉汗国完全处于无政府状态：经济衰败、民生凋敝、社会动荡不安最终引发各地区民众暴乱；居民破产、灌溉设施遭到破坏，从而导致耕地荒废；商队抢劫猖狂、劫匪与暴徒横行，致使对外贸易近乎停滞。俄国使节佛罗里奥·别聂维尼写道："布哈拉汗国居民深陷饥荒，甚至连阿布尔费兹汗的牲畜供给都无法保证。"① 阿布达尔·拉赫曼尼·塔里（Абдар-Рахмани Тали）在《阿布尔费兹汗》中，也对18世纪上半叶布哈拉汗国的政治危机和民众的艰难处境进行了客观描述。②

当然，布哈拉汗国的政权统治并非一直混乱，在16世纪下半叶，即阿布杜拉汗二世统治时期中央集权得到强化，这极大促进了当地社会经济的发展。这一时期，布哈拉汗国修缮了大量的灌溉设施、商道驿站和道路桥梁，规范了货币流通体系，修筑了城墙、清真寺、公共浴室和商队旅舍等。这为恢复和保障布哈拉汗国社会经济的发展发挥了重要作用，商道的畅通也促进了国内外贸易的兴盛。但好景不长，1598年阿布杜拉汗二世逝后，布哈拉汗国重新陷入政权分化和内讧加剧的泥潭之中。直到1740年，波斯纳迪尔沙的入侵，彻底将布哈拉汗国纳入波斯的统治范围。但不同于希瓦汗国，阿布尔费兹汗自愿臣服于纳迪尔沙，从而使布哈拉汗国民众生活免遭战乱的破坏。因此，18世纪上半叶布哈拉汗国的社会经济虽衰败萧条，但波斯的入侵对布哈拉汗国居民生活影响十分有限。到了18世纪末，曼格特王朝的中央集权不断强化，国家趋于统一和稳定，河中地区的社会经济也得到了很大程度的复苏。因沙赫穆拉德热衷于伊斯兰教和沙里亚法，故他即位以后推行的政策倾向于遵守和履

---

① Абдукахор Саидов. Политическое и социально-экономическое положение Бухарского ханства в XVII-первой половине XVIII вв. / диссертация доктора исторических наук. Душанбе, 2007. С. 96.

② Абдуррахман-и Тали'. История Абулфейз-хана. Перевод с таджикского, предисловие, примечания и указатель профессора А. А. Семёнова. Ташкент, 1959. С. 37.

行伊斯兰教法，尤其表现在废除沙里亚法规定以外的其他税种，减轻了民众的税收负担。沙赫穆拉德还推行恢复农业生产的政策，如修复灌溉网、休养生息、改善居民生活环境等。另外，他也通过实施货币改革促进手工业和贸易的发展。

不同统治者的政策变化对布哈拉汗国的社会经济也产生了不同影响。乌拜杜拉汗二世在 1708 年进行的货币改革非但没有削弱部落贵族的势力，反而导致原本支持汗强化中央集权的中下层民众也开始反对货币改革，尤其是手工业者和普通商人。手工业者和商人拒绝使用新货币，拒绝将自己的产品廉价出售，导致手工作坊停工、商铺关闭。可见，乌拜杜拉汗二世的货币政策制约了布哈拉汗国手工业和贸易的发展，集市交易暂停，市民生活深受影响，甚至引发饥荒。另外，在 18 世纪末至 19 世纪初，即沙赫穆拉德和海达尔统治时期，他们提倡节俭、反对奢侈，进而导致这一时期布哈拉汗国的金刺绣工艺步入衰落。① 然而，自 19 世纪中叶布哈拉汗国国门被打开以后，其金刺绣制品在欧洲市场上备受欢迎。② 金刺绣制品向欧洲市场的出口反过来刺激了布哈拉汗国金刺绣工艺的进一步发展。布哈拉汗国最后一任埃米尔穆罕默德·阿利姆将所有的棉花加工企业归于自己名下管理，强制棉农以低价出售棉花。另外，他还负责监督布哈拉的贸易市场，尤其是卡拉库里羊的销售。③ 因此，穆罕默德·阿利姆通过剥削本国民众，将加工棉大量出口到俄国，使自己获利颇丰。可见，穆罕默德·阿利姆推行的政策不但满足了俄国原料的供应需求，而且为自己攫取了大量财富。

---

① Пугаченкова Г. А., Ремпель Л. И. История искусств Узбекистана с древнейших времен до середины девятнадцатого века. М., 1965. С. 388.

② Джурабаев Д. Х. Бухарский эмират второй половины XVIII-первой половины XIX вв. в письменных источниках. / диссертация доктора исторических наук. Худжанд, 2014. С. 423.

③ Мухаммад Ризо Хомиди. Политические, экономические и культурные преобразования в Средней Азии в XIX-начале XX вв. / диссертация кандидата исторических наук. Душанбе, 2007. С. 86.

由此可见，政权是否稳固直接关系到布哈拉汗国社会经济的发展，因此，稳固的政权是保证布哈拉汗国社会经济发展的基本前提。纵观历史，布哈拉汗国的政权统治并不稳定，时常出现政权分化、国家分裂的趋势，这必然会制约布哈拉汗国社会经济的发展。此外，统治者政策的变化也是影响布哈拉汗国社会经济发展的重要因素之一，是否采取与民生息的政策将对布哈拉汗国社会经济产生不同影响。综观之，布哈拉汗国统治者推行的经济政策比较混乱，政策的实施不具有连贯性和长久性。其中，有利于社会经济发展的措施十分有限，且具有明显的阶段性。因此，政权稳固与否和统治者政策的变化，成为影响布哈拉汗国社会经济发展的两大重要因素。

三　俄国统治与工业文明的冲击

在布哈拉汗国的历史进程中，俄国的统治对其发展影响显著。布哈拉汗国原本是一个封闭、保守、传统的伊斯兰国家，但在19世纪中叶，俄国在哈萨克草原地区的征服完成以后，中亚南部的浩罕汗国、布哈拉汗国和希瓦汗国也随之划入了俄国的势力范围。俄国在中亚地区的统治方式并不统一，而是像英国统治印度一样，将一部分领土直接归并俄国统治，而保留另一部分领土以附属国的形式继续由原先的统治者管理。巴托尔德认为，征服布哈拉汗国之初，考虑到布哈拉汗国人口稠密、文明程度相对较高，俄国政府深知不能以统治哈萨克草原地区的方式将其直接吞并，而是应当继续保留埃米尔的政权，使之服从俄国的最高统治。在俄方看来，布哈拉汗国是中亚的大国，埃米尔被视为"中亚伊斯兰世界的领袖"。在俄国与阿富汗、英国的外交关系中，布哈拉汗国始终发挥着关键作用。与布哈拉汗国的贸易对俄国也至关重要。即使在战时，俄国也采取措施保证双方的贸易不受影响，并向布哈拉汗国居民承诺："商业贸易照旧进行，布哈拉商队可在遵守和平时期贸易原则的基础上继续活动，确保商队贸易的安全。"因此，至少在形式上，俄国在布哈拉汗国各项政策与活动的展开都是经双方代表共同商议后确定的。

与突厥斯坦总督区相比，俄国在布哈拉汗国的统治是间接性的。起初，俄国政府对布哈拉汗国的内部事务干涉有限，主要通过突厥斯坦总督区使节代表，及后来的政治代办处解决与俄国及其移民有关的事务。然而，这种状况在 19 世纪 80 年代末外里海铁路修建以后发生了变化。自布哈拉经卡尔希至铁尔梅兹路段铁路的修建，更是提高了布哈拉汗国主要城市的商业意义。由于铁路的修建，1873 年条约中的许多条款才得以落实，俄国"元素"开始向布哈拉汗国加速渗透，尤其在社会经济领域。在铁路沿线修建的定居点吸引了更多俄国移民到布哈拉汗国投资，工厂企业的开办更是强化了俄国与布哈拉汗国之间的贸易往来。逐渐地，定居点扩建为俄国移民城市，成为商品贸易中心，引领布哈拉汗国经济发展。因此，俄国统治期间，部落贵族、官宦阶层和宗教人士在布哈拉汗国的地位有所下降，而商人阶层和受教育人群的地位明显提高。在社会生活方面，布哈拉汗国也出现了用面包和食盐迎接贵客的俄式习俗。与同期中亚其他地区相比，布哈拉汗国的交通状况较差、民众生活改善不够明显、城市发展不太活跃，尤其在东布哈拉地区。相比以前，俄国统治以后，布哈拉汗国的社会经济发生了显著变化。尤其在铺设铁路以后，俄国移民的大量涌入和俄国资本的迅速扩张，为布哈拉汗国社会经济的发展注入了新活力。

由于受到工业文明的冲击，布哈拉汗国经济领域也开始出现商品货币关系。在成为俄国附属国以前，布哈拉汗国经济仍以自然经济为主导，农牧民和手工业者完全依附于贵族和宗教人士、巴依（бай）①阶层和高利贷者，且须完成各类徭役或通过支付货币代替服劳役。在布哈拉汗国经济结构中，农耕业占据首位，其后是畜牧业，再者狩猎业也成为辅助行业，可为市场提供各类珍贵毛皮。农闲时节农民也从事手工业生产，如金属加工、棉织品加工和陶器制作等。手工业制品主要用于国内交易，只有少数产品销往国外。布

---

① 巴依（бай）是指中亚地区、雅库特、阿尔泰山以及高加索部分地区的大地主。

哈拉汗国内讧和战争不断，以及统治阶层对居民的残酷剥削均阻碍了生产力发展，布哈拉汗国经济基本处于中世纪水平。但自1868年俄国统治，尤其是1885年阿布哈拉哈德即位以后，俄国对布哈拉汗国的影响进一步加深，尤其在经济领域，比如商品货币关系开始出现。在外里海铁路建成以后，布哈拉汗国与俄国的贸易往来更加密切，俄国出口到布哈拉汗国的工业产品数量迅速增加。由此，布哈拉汗国的植棉业开始成为与俄国贸易的支柱产业，并带动与之相关的手工业生产，而其他产业则逐渐萎缩。

19世纪末至20世纪初，布哈拉汗国的生产力发展迅速，商品流通范围不断扩大。与俄国贸易的增加、手工业生产的专业化、城市面貌的显著变化都促进了布哈拉汗国商品货币关系的发展。19世纪末，布哈拉汗国的征税工作基本完成了从实物向货币形式的过渡，货币税开始广泛使用。另外，这一时期土地买卖现象依旧普遍，土地开始集中到少数人手中，使得农民更加贫穷。至20世纪初，土地兼并更加普遍，无地或少地农民数量逐年增加，阶层对立更加明显。据德里克尔（X. H. Дриккер）研究，在东布哈拉地区，大部分农民已无个人土地，而是以雇农或佃农的身份在地主的私有土地或瓦克夫土地上劳作。随着商品货币关系的发展，布哈拉汗国的农业生产逐渐商品化，如植棉业和卡拉库里绵羊的养殖；而对外贸易逐渐转向原料出口，布哈拉汗国向俄国出口棉花，而从俄国进口粮食和金属制品。自19世纪80年代起，俄国资本随之进入布哈拉汗国，建立银行、工厂和企业等，由此布哈拉汗国经济得到大力发展。

俄国统治以后，布哈拉汗国经济发展分为两个阶段：一是自1868年至19世纪90年代，二是自19世纪90年代至1917年。第一个阶段是俄国制成品开始占据布哈拉汗国市场。但由于交通不便，俄国工业产品的数量有限。布哈拉汗国的棉花种植范围开始扩大，但仍未形成较大规模的生产，不具有普遍性。到了第二个阶段，即铁路建成以后，俄国政府开始采取一系列措施以获取更多工业生产原料。这些措施包括建立植棉检测机制、鼓励俄国企业资助棉农生产、帮助棉农消灭蝗虫，以及设立技术官员、农学家及其助手等。所以，这一阶段农业趋向专业化生产，并出现商品经济的元素，布哈拉汗国的商品市场开始形成。因此，随着商品货币关系的出现，布哈拉汗国的资本主义经济开始发展，当地民族资产阶级也逐渐形成，而农民和贫民成了他们的对立阶层。在商品货币经济的影响下，布哈拉汗国的地主身份也发生变化，他们不仅是土地所有者，而且还拥有相当的资本，除收取地租外还向农民高额放贷。可见，地主在积极参与货币经济的过程中逐渐向资产阶级过渡。

因此，俄国统治以后，商品货币关系的发展导致布哈拉汗国社会经济出现巨大变动。作为布哈拉汗国的经济基础，农业经济的结构发生改变，经济作物棉花取代了以往粮食作物的生产，导致布哈拉汗国粮食不能自足。货币的引入导致土地买卖频繁，更多土地集中在地主手中，而失去土地的农民被迫通过出卖劳动力谋生，甚至部分农民外出打工，主要充当城市工厂的工人。东布哈拉地区的无地农民时常前往费尔干纳州的棉织厂务工，也有一些农民充当铁路工人。由于俄国工业制品的大量涌入，传统发达的手工业迅速衰微，手工业者也濒临破产。可见，商品货币关系的出现导致农民和手工业者破产，布哈拉汗国传统的宗法体制和自然经济走向解体。

19世纪末至20世纪初，俄国在布哈拉汗国实施的关税改革和货币改革，致使俄国完全控制了布哈拉汗国经济。1895年关税改革以后，棉花种植和卡拉库里绵羊养殖成为布哈拉汗国农业的主要部门，经济结构趋于单一化。俄国推行的货币改革导致布哈拉汗国货币彻底退出市场流通，使之完全纳入俄国经济体系。归根结底，俄国统治仍具有明显的殖民性质，推行的政策带有俄国化倾向，试图通过社会经济改革将布哈拉汗国以和平方式归并俄国版图。

即便如此，俄国统治及其带来的工业文明冲击在一定程度上仍对布哈拉汗国的社会经济产生了进步意义。其一，俄国政府颁布法令废除奴隶制、禁止毒品输入，这推动了布哈拉汗国的社会文明进步。其二，制止了布哈拉汗国的分裂与内讧，保证了其社会稳定。

其三，资本主义经济的出现，加速了布哈拉汗国传统自然经济体系的解体，使当地的商品经济得以发展。第四，与俄国经济联系的加强，促使布哈拉汗国逐渐步入世界经济发展的轨道。第五，商品货币关系的出现，加快了贫穷者与富裕者之间的分化与对立，促使当地民族资产阶级加快形成。第六，商品经济的发展促使城乡人员流动频繁，布哈拉汗国的城市化进程也不断加快。第七，革命思想传入布哈拉汗国，加之俄国移民与当地居民的频繁交往，更是促进了布哈拉汗国社会的进步与发展。第八，铁路、邮局电报站、诊所和学校等的修建，改善了布哈拉汗国的基础设施。第九，俄国警察局的设立保障了布哈拉汗国的秩序安定和道路安全，使商队贸易通道畅通无阻。第十，照明器、摄影机等俄国工业产品的输入，的确提高了布哈拉汗国居民的生活水平。

因此，俄国的统治在布哈拉汗国社会经济变革中发挥了重要作用，其影响当然有利有弊。但客观来讲，俄国统治期间，布哈拉汗国的社会经济摆脱了封闭保守的传统体制，猛烈冲击了当地的封建主义和蒙昧主义。这对于促进社会经济步入现代化无疑具有推动作用，正如恩格斯所言："俄国的统治，不管怎样卑鄙无耻，怎样带有种种斯拉夫的肮脏东西，但对于黑海、里海和中亚地区，对于巴什基尔人和鞑靼人，都是具有文明作用的。"[①]

第二节　农业经济的转型

作为中亚传统的农业区，河中地区历来以农耕业为主。同时，由于处在游牧文明与农耕文明的交汇地带，畜牧业也是其重要的经济部门。布哈拉汗国农业经济的发展，通常会受到多种因素的影响和制约。一直以来，农业是布哈拉汗国最重要的经济部门，因此，布哈拉汗国仍是一个以传统自然经济体系为主的农业国家。但是，

[①]《马克思恩格斯全集》第27卷，人民出版社1972年版，第285页。

俄国的统治却打破了这一自给自足的经济体系，农业经济开始向商品化和市场化转型，畜牧业日趋衰落，而棉花种植业却迅速兴盛，导致布哈拉汗国的农业经济结构发生变化。

一 生态环境与农业发展

文明的生态观是人、土壤、水、植物、动物处于一个共同体之中，共生共荣、同衰同灭、休戚与共。人与自然是统一的，人起源、依靠、发展、归结于自然，因此，生态文明系统会对人类文明交往产生制约作用。① 同其他中亚地区一样，布哈拉汗国常年干旱缺水，只有沿河流域的狭长地带和绿洲适宜农业种植。降雨量少导致不可能依靠雨水耕种土地，只能通过灌溉水渠维持农业耕种。19 世纪下半叶，布哈拉汗国的领土面积约 20 万平方千米。② 按照自然环境的不同布哈拉汗国分为两部分，即东布哈拉和西布哈拉。东布哈拉地区山地较多，但水量丰富。西布哈拉地区气候炎热、土壤肥沃，尤其是泽拉夫尚河、卡什卡达里亚河和阿姆河沿岸地区非常适宜农业种植。布哈拉汗国的四大农耕区分别是：阿姆河谷地及其支流苏尔汉达里罕（Сурхандарья）河、卡费尔尼甘（Кафернигaн）河和瓦赫什河沿岸；泽拉夫尚河谷地；卡什卡达里亚河谷地及其支流沿岸；吉萨尔山区、彼得山区及其支脉。其中，前三个都位于西布哈拉地区。③ 因此，布哈拉汗国的农业经济主要集中在西布哈拉地区。

16 世纪布哈拉汗国的农牧经济经历了艰难而曲折的发展过程。布哈拉汗国建立初期，农耕经济遭到严重破坏。乌兹别克游牧民进入河中地区以后，开始大肆劫掠，变耕地为牧场，破坏灌溉设施，导致当地生态系统不断退化，农业经济受损严重。帖木儿帝国时期撒马尔罕周边果园花木繁盛，而到 16 世纪初，昔班尼汗率军占领这

---

① 彭树智：《文明交往论》，陕西人民出版社 2002 年版，第 8 页。
② Покотилло Н. Н. Отчет о поездке в пределы Центральной и Восточной Бухары в 1886 г. Ташкент，1888. C. 28.
③ Логофет Д. Н. Бухарское ханство под русским протекторатом：T. 2. C. 76.

座城市以后，这些果园几乎变为废墟。① 此外，16 世纪初的布哈拉汗国局势动荡，对外征战不已，使得农业生产环境欠佳。再者，赋税劳役繁重导致土地荒废、农民破产，许多地方发生饥馑。1501 年，仍处于围困中的撒马尔罕，商人趁机抬高物价，愤怒的民众冲入粮店疯抢粮食。② 1512 年 11—12 月，河中地区罕见的暴风雪更是引发了大饥馑，甚至在两大中心城市布哈拉和撒马尔罕，也有许多人被活活饿死。③ 同年，迁至布哈拉汗国的赫拉特著名学者萨尼丁·马赫穆德·瓦西菲（Зайниддин Махмуд Васифи）在其诗歌《饥饿》中专门描述过这次大饥馑，他写道："这一年撒马尔罕的物价飙升，民众饥饿难耐，只能遥对天空中的日月幻想，而在城中见不到任何食物。"④ 因此，昔班尼王朝统治初期，河中地区的农业经济遭到严重破坏，民众生活异常艰难，政权统治面临严重危机。

尽管如此，河中地区的农业很快得到了恢复和发展，其主要原因如下：首先，严峻的国内形势迫使统治者们转变观念，意识到发展农耕经济的重要性。1512—1513 年，乌拜杜拉汗率军将巴布尔赶出河中地区，恢复了乌兹别克人的统治。昔班尼王朝统治者开始意识到，河中地区的地形和气候条件适宜发展农业而非畜牧业，况且这一地区的农业发展历史悠久。另外，发展农业不仅可以为手工业和贸易发展提供原材料，而且能为布哈拉汗国增加税收、充裕国库，进而为对外战争和扩张领土奠定基础。其次，统治者重视水利修缮工作。1502 年，昔班尼汗率先修建灌溉渠。到 16 世纪中下叶，布哈拉汗国修缮了大量的水利工程，进而推动了灌溉农业的恢复与发

---

① История Узбекской ССР. Т. 1：С древнейших времен до середины XIX века. Ташкент：Фан，1967. С. 52.

② Мукминова Р. Г. Очерки по истории ремесла в Самарканде и Бухаре в XVI веке. Ташкент：Фан，1976. С. 216.

③ Мукминова Р. Г. Очерки по истории ремесла в Самарканде и Бухаре в XVI веке. С. 30.

④ Камолов Х. Ш. История вторжения кочевых племен Дашт-и Кипчака в Среднюю Азию（XVI в.）/ диссертация доктора исторических наук. Душанбе，2007. С. 207.

展。再者，乌兹别克人向定居生活的过渡加快了河中地区农业经济的复苏。

与 16 世纪相比，17—18 世纪上半叶由于混战和内讧不断，布哈拉汗国的农业发展速度放缓，甚至出现衰退迹象。17 世纪来到中亚的旅行家指出，河中地区粮食种植的规模并不大。① 1669—1670 年，到访中亚的俄国使节鲍里斯·帕祖汉（Борис Пазухан）描述道："在布哈拉和巴尔赫，甚至在希瓦，粮食的种植面积十分有限，待缴税后留给农民支配的粮食少的可怜。"② 乌兹别克游牧民是布哈拉汗国畜牧业的主体，他们占据了布哈拉汗国南部、泽拉夫尚河谷地和阿姆河沿岸的肥美牧场。③ 然而，在河中地区，由于牧场和水源不足，乌兹别克人的游牧经济也同样受到破坏。这样，部分游牧民不得不另谋出路，如通过劫掠当地农耕区和商队谋生，由此加剧了河中地区农业经济的衰退和农民的破产。到了 18 世纪末，渐趋稳定的政权统治确保了农业发展的良好环境，加之沙赫穆拉德重视农业，布哈拉汗国的农业经济很快得到复苏。19 世纪来到中亚的旅行家发现，布哈拉汗国农业中广泛使用奴隶劳动。万伯里写道："在中亚，小麦的价格不是依据阿姆河的水量，而是取决于一年内购买的奴隶数量。"在他的游记中可以看出，布哈拉汗国的大地主和贵族上层拥有数量庞大的奴隶，除农耕种植外，许多奴隶也从事畜牧业。④

一直以来，农业在布哈拉汗国经济结构中所占比重最大，主导着河中地区的经济发展。布哈拉汗国的传统农业以农耕业为主，畜牧业也是重要组成部分。布哈拉汗国的农具较为落后，几个世纪以

---

① Абдураимов М. А. Очерки аграрных отношении в Бухарском ханстве в XVI-первои половине XIX века. Т. 1. Ташкент: Фан, 1966. С. 193.

② Абдураимов М. А. Очерки аграрных отношении в Бухарском ханстве в XVI-первои половине XIX века. Т. 1. С. 193.

③ Абдураимов М. А. Очерки аграрных отношении в Бухарском ханстве в XVI-первои половине XIX века. Т. 1. С. 193.

④ Иванов П. П. Очерки по истории Средней Азии (XVI-середина XIX). Издательство Восточной Литературы. М., 1958. С. 125.

来，木犁、木耙、铲、镰刀等基本未发生变化。① 但是，河中地区的农业传统悠久，农耕和灌溉技术比较发达，且农民热爱劳作。梅伊耶多尔夫曾写道："在耕地劳作时，布哈拉农民的耕种技术娴熟，积极性也高，在广阔的田地上几乎看不到任何空地。"② 总之，相比于中亚其他地区，布哈拉汗国的农业经济发展水平较高。但在俄国统治以后，布哈拉汗国的农业生产也发生了明显变化。其一，植棉业规模的极速扩大，导致农业结构单一化，粮食和其他作物的种植面积急剧缩小，甚至开始进口粮食；其二，商品货币关系开始引入农业生产，致使布哈拉汗国自给自足的传统自然经济走向解体；其三，畜牧业走向衰败，游牧民转向定居生活的进程加快。总而观之，俄国的统治一方面促使布哈拉汗国的农业开始转型，向商品化和市场化过渡；另一方面，以棉花种植为主的单一经济作物生产导致农业发展不能因地制宜，妨碍了农业综合、平衡、协调地发展。

二 传统发达的农耕业

不同于蒙古帝国的征服，16世纪布哈拉汗国的建立和统治并未摧毁河中地区上千年的农耕文化。16世纪中下叶，布哈拉汗国的农耕业日渐恢复和发展。17—18世纪，在布哈拉汗国的农耕区，尤其是泽拉夫尚河谷地，各类农作物被广泛种植，但以粮食作物为主，其中麦类作物近10种，此外还有水稻、绿豆、豌豆、玉米和芸豆等。③ 16—18世纪的中亚文献对粮食作物的种植进行过专门描述，如在《农业技术论著》中第三、四章详细描述了粮食作物种植和收成情况。④ 在16—19世纪，到访布哈拉汗国的俄国旅行家中不乏农

---

① [苏] Б. Г. 加富罗夫:《中亚塔吉克史：上古—十九世纪上半叶》，肖之兴译，中国社会科学出版社1985年版，第331页。

② Мейендорф Е. К. Путешествие из Оренбурга в Бухару. М.: Наука, 1975. С. 159.

③ История Узбекской ССР. Т. 1: С древнейших времен до середины XIX века. С. 524.

④ Абдураимов М. А. Очерки аграрных отношений в Бухарском ханстве в XVI-первой половине XIX века. Т. 1. С. 195.

学家、测量学家和土壤学家等，他们对当地农作物的种类和种植区域进行了广泛研究。19 世纪 60—70 年代，到访泽拉夫尚河谷地的昆（А. Л. Кун）在其报告中对当地农业生产的诸多问题进行了解读。他将泽拉夫尚河谷地按照作物种类分为粮食种植区、油料作物区、经济作物区和水果种植区。① 哈内科夫曾指出，米安卡拉地区土壤肥沃、水源充沛，比布哈拉汗国其他地方更适宜进行农耕种植，其水稻不仅能满足布哈拉汗国居民所需，而且可将剩余部分出口俄国和波斯。② 穆罕默德·萨利赫（Мухаммед Салих）曾专门对 17 世纪下半叶撒马尔罕地区的谷类作物进行了详细介绍。③ 可见，泽拉夫尚河谷地、卡什卡达里亚河谷，以及苏尔汉达里亚地区发达的农耕业，证实了曾遭受游牧民劫掠的河中地区农业生产业已恢复。

除粮食作物外，得益于河中地区适宜的气候条件，果树栽培成为河中地区的特色经济，分布范围主要包括泽拉夫善河谷地、费尔干纳盆地和卡什卡达里亚河流域，且各地都有一些特色水果，如布哈拉的甜瓜、撒马尔罕的苹果、忽盏的石榴和安集延的梨等。巴布尔曾在回忆录中赞美故乡的水果，认为河中地区的水果不仅品种多，而且味道香甜，尤其是费尔干纳盆地生产大量的优质瓜果，到一定时节甚至成为当地居民的主要食物。自帖木儿帝国始，帖木儿及其亲信就拥有自己的果园（又称庄园），这一传统在布哈拉汗国也延续下来。16 世纪初河中地区的果园虽遭到破坏，但很快得到了复苏。位于撒马尔罕地区沙弗拉尔县的帖木儿个人庄园在 16—17 世纪仍在使用，且维护的甚好。④ 在布哈拉汗国文献中，采用专门术语指代不同类型的果园，比如 "恰哈尔巴格（чахарбаг）" 和 "巴格

---

① Абдураимов М. А. Очерки аграрных отношении в Бухарском ханстве в XVI-первои половине XIX века. Т. 1. С. 201.

② Ханыков Н. Описание Бухарского ханства. СПб., 1843. С. 145 – 148.

③ Абдураимов М. А. Очерки аграрных отношении в Бухарском ханстве в XVI-первои половине XIX века. Т. 1. С. 203.

④ Абдураимов М. А. Очерки аграрных отношении в Бухарском ханстве в XVI-первои половине XIX века. Т. 1. С. 212.

第三章　布哈拉汗国物质文明交往的曲折性和进步性　　173

（6ar）"。伊凡诺夫认为，恰哈尔巴格通常指代布哈拉汗国统治阶层代表的庄园，而巴格一般专指葡萄园。① 在《阿布杜拉汗二世传》中提及塔什干卡伊卡乌斯（Кайкаус）地区的恰哈尔巴格，也是塔什干统治者夏季避暑官邸。另外，还有以昔班尼汗命名的庄园，以及于 1558—1559 年在布哈拉修建的阿布杜拉汗二世的恰哈尔巴格。② 除汗和贵族外，赘巴依谢赫们也拥有自己的果园，且数量不断增加。谢赫们在布哈拉、卡尔希、巴尔赫、吉萨尔等地区拥有许多果园，并在这里栽种了名贵树种和品种各异的果树，还培育装扮果园的各类花草。这类果园面积较大，仅在布哈拉就占有 260 塔纳布。③

　　布哈拉汗国的葡萄栽培业十分发达，且主要分布在泽拉夫尚河和卡什卡达里亚河流域。例如，在泽拉夫尚河谷地葡萄栽培面积约 3600 俄里，而在卡什卡达里亚河流域则占到 8000 俄里。④ 布哈拉汗国的葡萄品种繁多，约有 40 种。⑤ 哈内科夫指出，仅在布哈拉地区，葡萄品种多达 13 种。布哈拉汗国的葡萄品质优良，其中产于沙赫里萨布兹、吉萨尔、卡尔希和卡巴季安（кабадиан）地区的最负盛名。葡萄不仅用来制作葡萄酒、糖浆和醋，也制成葡萄干出口国外。⑥ 葡萄成为布哈拉汗国出口的主要商品之一。16 世纪下半叶伊始，布哈拉汗国的干果成为出口俄国的重要商品。但由于民众普遍信奉伊斯兰教，长期以来葡萄酒业在布哈拉汗国未得到显著发展。布哈拉汗

---

① Абдураимов М. А. Очерки аграрных отношении в Бухарском ханстве в XVI-первои половине XIX века. Т. 1. С. 213 – 214.

② Абдураимов М. А. Очерки аграрных отношении в Бухарском ханстве в XVI-первои половине XIX века. Т. 1. С. 217.

③ Абдураимов М. А. Очерки аграрных отношении в Бухарском ханстве в XVI-первои половине XIX века. Т. 1. С. 219.

④ Искандаров Б. И. Из истории проникновения капиталистических отношений в экономику дореволюционного Таджикистана（вторая половина XIX в.）. Душанбе：Дониш，1976. С. 107 – 108.

⑤ Тимаев К. Среднеазиатское виноградарство // Туркестанский сборник. Т. 520. С. 108 – 118.

⑥ История Узбекской ССР. Т. 1：С древнейших времен до середины XIX века. С. 524 – 525.

国的葡萄酒业主要由犹太人、印度人、俄国人和其他非穆斯林经营。1868年俄国统治以后，布哈拉汗国的葡萄栽培规模进一步扩大。在满足布哈拉汗国国内需求的基础上，葡萄及其制成品开始大量出口国外，除邻近国家外主要向俄国和其他欧洲国家出口。据拉加费特研究，每年从布哈拉汗国出口至俄国的葡萄干达到10万普特（1普特=16.38千克），价格在每8普特约10—20卢布。①

另外，布哈拉汗国居民种植的蔬菜种类也比较多样，如洋葱、胡萝卜、甜菜、萝卜、白菜、蒜、黄瓜、辣椒、南瓜等，此外还有薄荷、黄连等药材和染料植物。万伯里曾在游记中写道："布哈拉汗国的蔬菜种类相当丰富，在这里几乎可以找到所有种类的蔬菜，且品质较好。"②19世纪末至20世纪初，在俄国移民和文化传播者的影响下，布哈拉汗国农民也开始种植土豆、西红柿和甜菜。这些新作物首先在西布哈拉地区的铁路沿线种植，随后扩展到整个布哈拉汗国，甚至是东布哈拉地区。比如，在库利亚布地区，除种植其他蔬菜外也开始种植土豆和西红柿；在萨莱地区栽种的土豆和甜菜，部分销售到铁尔梅兹地区和布哈拉汗国边境检查站。③ 可见，同果园栽培一样，蔬菜种植对布哈拉汗国居民的生活意义同样重大。

种瓜业也是布哈拉汗国的特色产业。不仅在西布哈拉地区，就连东布哈拉地区的农民都有专门的瓜园。例如，在阿姆河沿岸的查尔朱有大片瓜地，村庄每一位拥有土地的居民均有近2塔纳布的瓜园。④ 英国探险家、东印度公司官员亚历山大·伯恩斯（(Alexander Burnes) 曾写道："布哈拉才是甜瓜的第一产地，其他地方的甜瓜根

---

① Логофет Д. Н. Бухарское ханство под русским протекторатом: Т. 2. С. 105.

② Вамбери А. Очерки Средней Азии (Дополнение к Путешествию по Средней Азии). М., 1868. С. 224 – 225.

③ Юсупов Ш. Вахшская долина накануне установления Советской власти. Душанбе: Дониш, 1975. С. 30.

④ Давронов Хушвахтшо. Изменения в экономике Бухарского эмирата в период протектората России, 1868 – 1917 гг. / диссертация кандидата исторических наук, Тадж. гос. ун-т им. В. И. Ленина. Душанбе, 1990. С. 80.

本无法与布哈拉的相比。"① 布哈拉汗国的西瓜和甜瓜也向中亚其他地区、高加索和俄国出口。19 世纪末至 20 世纪初,布哈拉汗国的种瓜业趋于专业化生产,以甜瓜为主。这一时期,布哈拉汗国的甜瓜出口量每年增长 2 倍,到十月革命前夕甚至达到 3 倍。② 再者,布哈拉汗国还种植桑树养蚕,主要分布在布哈拉、克尔基、沙赫里萨布兹、奇拉克琴(Чиракчин)、卡巴季安、卡拉杰金(каратегин)③、吉萨尔和库利亚布等地区。18 世纪末占领谋夫以后,布哈拉汗国在波斯人的影响下重新恢复养蚕业。④ 布哈拉汗国逐渐成为中亚养蚕业的摇篮,除布哈拉汗国外,浩罕汗国也产蚕丝,不过质量相对较差。布哈拉汗国的蚕丝出口到喀布尔和印度。俄国统治以后,布哈拉汗国的养蚕业继续发展。蚕丝的大量出口促进了布哈拉汗国对外贸易的发展,也在一定程度上改善了布哈拉汗国居民的生活状况。1882 年,阿兰达列克(Г. А. Арандаренко)曾到过库利亚布地区。据他描述,库利亚布居民主要从事养蚕业。⑤拉加费特曾指出,生活在东布哈拉山区的塔吉克人也种桑养蚕。可见,养蚕业是布哈拉汗国辅助的家庭手工业,并在居民生活中广泛存在。⑥ 由此可见,养蚕业不仅对布哈拉汗国自

---

① Борнс А. Путешествие в Бухару: рассказ о плавании по Инду от моря до Лагора с подарками великобританского короля и отчет о путешествии из Индии в Кабул, Татарию и Персию, предпринятом по предписанию высшего правительства Индии в 1831, 1832 и 1833 годах лейтенантом Ост-Индской компанейской службы, Александром Борнсом, членом Королевского общества / Изд. П. В. Голубкова, д. чл. Рус. геогр. о-ва. Ч. 3. Москва: Унив. тип., 1848 – 1849. С. 248 – 249.

② Давронов Хушвахтшо. Изменения в экономике Бухарского эмирата в период протектората России. С. 82.

③ 卡拉杰金(Каратегин)本义为黑山,是属于塔吉克斯坦境内的历史遗迹。它位于阿姆河右岸瓦赫什河中游的山区。

④ Бартольд В. В. История культурной жизни Туркестана. Сочинения. Т. 2. Ч. 1. М., 1963. С. 280.

⑤ Арандаренко Г. А. Досуги в Туркестане. 1874 – 1889. Санкт-Петербург: тип. М. Стасюлевича, 1889. С. 429.

⑥ Chahryar Adle and Irfan Habibeds, *History of Civilizations of Central Asia*, Vol. V, Paris: UNESCO Publishing, 2003, p. 379.

身，而且对俄国乃至整个欧洲都意义重大。最后，河中地区的经济作物以棉花种植为主，而关于布哈拉汗国的植棉业后文将专门论述，故此处不再赘述。

三 畜牧业的发展变化

由于乌兹别克人的加入，自 16 世纪始，河中地区的畜牧业所占比重明显提高。即便到了俄国统治时期，畜牧业渐趋衰落，但它仍在布哈拉汗国农业经济体系中占据重要地位。畜牧业存在于布哈拉汗国大部分地区，尤其是苏尔汉达里亚河谷地、杰纳乌（Денау）、尤尔琴（Юрчин）、巴伊孙（Байсун）、吉萨尔、库利亚布和希拉巴德地区。① 这里的城市和居民点均设有专门的牲畜交易所。古扎尔成为 19 世纪布哈拉汗国的牲畜交易中心，布哈拉汗国其他城市，甚至是中亚各地的商人都来此交易。② 布哈拉汗国拥有牲畜数量最多的地区在阿姆河上游，头数约 205 万；其次是卡什卡达里亚河流域约有 177 万头，而泽拉夫尚河谷地有近 135 万头牲畜。③ 在布哈拉汗国，放养的牲畜有卡拉库里绵羊、山羊、角畜、骆驼和不同品种的马。对于乌兹别克游牧民而言，从事畜牧业是他们基本的生活方式，牲畜是其主要财富。而在定居民看来畜牧业可充当副业，许多人通过畜牧养殖增加收入。总之，适宜的自然条件和地理环境有助于布哈拉汗国畜牧业的发展，其牲畜数量也相对充足。

一直以来，牲畜和牧场主要集中在汗室成员、宗教上层和乌兹别克游牧部落首领手中。例如，昔班尼汗的个人领地拥有大量的马、羊和骆驼等。赘巴依谢赫伊斯拉姆拥有 500 头骆驼、700 匹马和

---

① Тухтаметов Т. Г. Россия и Бухарский эмират в начале XX века. Монография. Душанбе：Ирфон，1977. С. 89.

② Давронов Хушвахтшо. Изменения в экономике Бухарского эмирата в период протектората России. С. 102.

③ Ишанов А. И. Бухарская Народная Советская республика. Ташкент：Узбекистан，1969. С. 329.

10000 只绵羊，而其子阿布·巴克尔·萨阿德（Абу Бакр Саад）和卓则拥有 1000 头骆驼、1500 匹马和 25000 只绵羊。① 在 19 世纪下半叶，库利亚布的巴依阶层拥有大量牲畜，例如，巴依巴扎尔（Базар）拥有 5 万头角畜，他每年向塔什干、哈纳巴德（ханабад）、鲁斯塔克（рустак），甚至是布哈拉出售牲畜。他拥有最大的牧场，雇用了约 200 名放牧人。② 在帕米尔地区，最富有的塔吉克人是沙赫达利亚（Шахдарья）地区的巴伊尚别（Пайшанбе）兄弟，他们拥有 5000 至 1 万头牲畜，雇用的牧民有西帕米尔地区的塔吉克人和东帕米尔地区的吉尔吉斯人。巴伊尚别兄弟不仅是西帕米尔地区和吉尔吉斯南部地区，更是费尔干纳地区的肉类供应商。③ 在布哈拉汗国，大牧主通常有自己的夏季牧场，并为争夺更多牧场而相互争斗。拥有大量牲畜和牧场的巴依阶层广泛雇用牧民，而后者通常能够获得一定数量的牲畜作为报酬。一般情况下，假如每年放牧 1000 只绵羊，牧民可获得 20 只作为回报。④

养羊业在布哈拉汗国畜牧业中占据第一位，羊肉成为当地居民的主要肉类食品，出售羊群、羊毛等成为游牧民的主要经济来源。养羊业几乎在布哈拉汗国所有地区普遍存在，但主要集中在东布哈拉地区，仅在库尔甘—秋宾（Курган-тюбин）地区的扎特尔库里（Джалтыр-куль）村庄就有 13 万只绵羊和山羊。⑤ 1914 年，东布哈拉地区的羊数超过 113.3 万只。⑥ 相比之下，西布哈拉地区的养羊业

---

① История таджикского народа. Т. 2, кн. 1: Возникновение и развитие феодального строя (VI-XVI вв.). М.: Наука, 1964. С. 378.

② Юсупов Ш. Очерк истории Кулябского бекства в конце XIX и начале XX века. Душанбе: Изд-во АН ТаджССР, 1964. С. 53.

③ Искандаров Б. И. Восточная Бухара и Памир во второй половине XIX в. Душанбе. Ч. 2. 1963. С. 221.

④ Нечаев А. В. По горной Бухаре: Путевые очерки. Санкт-Петербург: тип. М. М. Стасюлевича, 1914. С. 47.

⑤ Юсупов Ш. Вахшская долина накануне установления Советской власти. С. 54.

⑥ Давронов Хушвахтшо. Изменения в экономике Бухарского эмирата в период протектората России. С. 116.

发展相对缓慢。但到19世纪80年代，由于双方贸易加强，俄国对布哈拉汗国的绵羊需求量也随之增加，这刺激了当地养羊业的活跃。自19世纪90年代始，西布哈拉地区的古扎尔、查尔朱、卡尔希、沙赫里萨布兹、奇拉克琴地区的养羊业发展迅速。到20世纪初，它们成了布哈拉汗国养羊业的中心。① 布哈拉汗国的羊类主要以产地区分，如吉萨尔羊、吉尔吉斯羊、波斯羊、土库曼羊、塔吉克羊、卡拉库里羊等，但除了卡拉库里羊外，其他羊类均属于肥尾羊。

俄国统治以后，布哈拉汗国的畜牧业发生了一些变化。首先，牲畜数量进一步增加。库尔甘—秋宾地区在1886年的牲畜头数为3.05万，1909年达到9.075万头，1914年则增至18.53万。② 库利亚布地区在1906年有25万只羊，其他牲畜约6万头，而到1914年，绵羊和山羊的数量增至26.855万，牲畜总数达到36.52万。③ 至于牲畜总数，布哈拉汗国始终未做官方的数据统计。据拉加费特估计，布哈拉汗国的牲畜总头数约为2千万。④ 其二，设立兽医站。20世纪以前，布哈拉汗国始终未设有专门的兽医检查站，尤其在冬季，牲畜死亡率较高。随着资本主义经济的发展，俄国对中亚的畜牧业产生了兴趣，尤其是布哈拉汗国的卡拉库里绵羊。1911年，俄国政府开始考虑在布哈拉汗国设立兽医站，突厥斯坦总督萨姆萨诺夫向俄国代办处和埃米尔提议，在卡尔希和古扎尔设立兽医站，为当地牧民提供医疗帮助。⑤ 次年4月18日，经布哈拉汗国政府与俄国达成协议，卡尔希、古扎尔和查尔朱的兽医站正式建立，其开支

---

① Давронов Хушвахтшо. Изменения в экономике Бухарского эмирата в период протектората России. С. 117.

② Юсупов Ш. Вахшская долина накануне установления Советской власти. С. 54.

③ Юсупов Ш. Очерк истории Кулябского бекства в конце XIX и начале XX века. С. 53.

④ Давронов Хушвахтшо. Изменения в экономике Бухарского эмирата в период протектората России. С. 113.

⑤ Давронов Хушвахтшо. Изменения в экономике Бухарского эмирата в период протектората России. С. 111.

均由布哈拉汗国政府承担。① 因此，兽医站的设立在一定程度上促进了布哈拉汗国畜牧业的发展，俄国兽医为当地牧民提供了较大帮助，也为畜牧业的发展提供了技术支持。

第三，卡拉库里羊的养殖得到大力支持。作为布哈拉汗国珍贵的羊种，卡拉库里羊的羔皮在布哈拉汗国和国外市场备受欢迎，黑色的卡拉库里羊羔皮可卖到一张 10—16 卢布，而灰色的可高达 50 卢布。② 因此，布哈拉汗国的卡拉库里羊羔皮吸引了不同国家的商人前来采购，它不仅出口到俄国、高加索地区和伊朗，乃至到达西欧国家和美国。③ 俄国统治以后，卡拉库里村镇成为卡拉库里羊的养殖中心，牧场主要位于阿姆河、卡尔希和卡拉库里村镇之间的乌尔塔丘里（Урта-Чуль）草原上。④ 19 世纪末至 20 世纪初，西布哈拉地区的卡尔希和克里弗地区的卡拉库里羊养殖业得到了大力发展，在东布哈拉地区也有卡拉库里羊的养殖区，但规模相对较小。俄国和欧洲市场对卡拉库里羊羔皮的较大需求量，刺激了布哈拉汗国卡拉库里羊的养殖业。19 世纪 60—70 年代，布哈拉汗国卡拉库里羊的数量在 60 万—70 万只左右，到 1898 年则超过了 150 万只⑤，一战前夕这一数量超过 400 万⑥。由此观之，俄国统治期间，卡拉库里羊的数量增长 6 倍。⑦ 同时，这也证实了卡拉库里羊羔皮出口量的大幅度增加。19 世纪中叶，布哈拉汗国的卡拉库里羊羔皮出口量为 3 万—4

---

① Давронов Хушвахтшо. Изменения в экономике Бухарского эмирата в период протектората России. С. 111 – 112.

② Мейендорф Е. К. Путешествие из Оренбурга в Бухару. С. 111.

③ Тухтаметов Т. Г. Экономическое состояние Бухарского эмирата в конце и начале веков. （Развитие в стране капиталистических отношений）// Труды института истории АН КиргССР. Вып. 3. Фрунзе：Изд-во АН КиргССР，1957. С. 161.

④ Тухтаметов Т. Г. Россия и Бухарский эмират в начале XX века. С. 92.

⑤ Торговые сношения России с Бухарою // Туркестанский сборник. Т. 432. С. 145.

⑥ Давронов Хушвахтшо. Изменения в экономике Бухарского эмирата в период протектората России. С. 119.

⑦ Ишанов А. И. Бухара в период первой русской революции // Изв. АН УнССР. 1955. No. 12. С. 77 – 83.

万张，而到 19 世纪 80 年代则达到 75 万张，20 世纪初已突破 100 万张。① 拉加费特指出，布哈拉汗国拥有约 400 万只卡拉库里羊，这为布哈拉汗国每年带来 700 万卢布的收益。②

第四，养马业和骆驼养殖趋于衰落。俄国统治以前，马和骆驼在布哈拉汗国的交通运输和贸易往来中发挥着重要作用。布哈拉汗国的马种类较多，但以土库曼的阿尔加马克（аргамак）马（即汗血宝马）最为著名。布哈拉汗国的养马业主要集中在东布哈拉的吉萨尔、杜尚别和拉卡伊（Локай）地区。相比于西布哈拉地区，这里地域辽阔、气候适宜，还有专门的马匹交易市场。骆驼作为布哈拉汗国主要的运输工具，尤其对布哈拉汗国的商队贸易意义重大。萨德里金·阿宁曾对骆驼在中亚交通运输中的作用作过专门描述。③ 在布哈拉汗国，东布哈拉地区的骆驼养殖规模更大，主要由土库曼人养殖，分单峰骆驼和双峰骆驼，前者的价格在 200—600 腾格，后者为 120—150 腾格。④ 单峰骆驼价格高的原因在于它的耐力更强、体形更壮、力量也更大。万伯里曾说过，布哈拉的单峰骆驼和吉尔吉斯地区的双峰骆驼是中亚最好的骆驼。⑤ 然而，到了 19 世纪末至 20 世纪初，除牧场减少外，俄国在布哈拉汗国修建铁路，致使马和骆驼的需求量减少，养马业和骆驼养殖业渐趋衰落。但是，由于铁路的覆盖范围有限，尤其在东布哈拉山区，直至 1917 年，骆驼在布哈拉汗国的货物运输中仍发挥着一定作用。

---

① Давронов Хушвахтшо. Изменения в экономике Бухарского эмирата в период протектората России. С. 123 – 124.
② Логофет Д. Н. Бухарское ханство под русским протекторатом: Т. 2. С. 113.
③ Айни С. Воспоминания. Москва; Ленинград: Изд-во Акад. наук СССР. Ленингр. отд-ние, 1960. С. 495.
④ Давронов Хушвахтшо. Изменения в экономике Бухарского эмирата в период протектората России. С. 132.
⑤ Вамбери А. Очерки Средней Азии (Дополнение к Путешествию по Средней Азии). С. 235.

四 棉花种植业的兴衰

中亚地区的植棉业可上溯至公元 6—7 世纪，棉花种植几乎从未中断过，即便在蒙古帝国时期也是如此。除山区外，布哈拉汗国其他地区均可种植棉花，但主要集中在卡什卡达里亚河和苏尔汉达里亚河谷地，以及亚卡巴格（Яккабаг）、吉塔布（Китаб）、奇拉克琴、卡尔希、沙赫里萨布兹、古扎尔和铁尔梅兹等地区。① 19 世纪中叶以前，布哈拉汗国是中亚地区棉花的主要产地。布哈拉汗国的棉花首先用于满足当地居民生活所需，其次由织布工和手工业者收购，制成棉织品以后再出售，俄国和哈萨克草原地区成为布哈拉汗国棉花及其制成品的主要出口国。18 世纪下半叶，棉花的价格在 1 俄磅 10—15 戈比，而棉纱为 30—40 戈比。② 俄国统治初期，塔什干的棉纱价格仍是 40 戈比。③ 总之，俄国统治以前，布哈拉汗国的棉花主要满足于内需，对外出口的规模十分有限，因此植棉业的发展比较缓慢。哈内科夫曾在 19 世纪 40 年代到过布哈拉，认为与昔班尼王朝和扎尼王朝时期相比，这一时期当地种棉业的技术和规模变化甚微。④

19 世纪中叶以后，布哈拉汗国成为俄国纺织业原料的主要供应地，棉花的出口量也逐年增加。自 19 世纪 60 年代始，由于美国内战的爆发，俄国纺织业所需的美国棉花进口急剧下降，导致包括布哈拉汗国在内整个中亚地区的棉花价格大幅上涨。1861 年以前棉花的价格在每普特 4—5 卢布，1861 年升至 7.5 卢布，1862 年上涨至

---

① Абдураимов М. А. Очерки аграрных отношении в Бухарском ханстве в XVI-первои половине XIX века. Т. 1. С. 241.

② Академик П. Пекарский. Жизнь и литература переписка Петра Ивановича Рычкова, СПБ., 1867. С. 105.

③ Костенко А. Ф. Туркестанский край. Опыт военно-статического обозрения Туркестанского военного округа, т. 3, СПБ., 1880. С. 35.

④ Ханыков Н. Описание Бухарского ханства. С. 142 – 143.

12—13 卢布，到 1866 年则达到每普特 22—24 卢布。① 由此，棉花的价格在 1860—1866 年间涨幅 5—6 倍，布哈拉汗国的棉花种植面积也随之扩大。俄国统治以前，布哈拉汗国的棉花种植面积约 2.3 万俄亩。到 1880 年，棉花的种植面积扩大至 5 万俄亩，1890 年则为 6.2 万俄亩。② 19 世纪末，布哈拉汗国的棉花年产量平均在 80 万—100 万普特。③ 据 1893 年的数据显示，1892 年布哈拉向俄国出口的棉花总量达到 125 万普特。④ 1892 年 11 月 24 日，《突厥斯坦公报》也对此进行了报道："相比于往年，今年布哈拉汗国的棉花产量较高，大约 120 万普特。至于棉花的品质，得益于当地气候条件，其柔软性更好。品质较好的棉花在市场上的价格是每普特 29—31 腾格。"⑤

至 19 世纪 80 年代，布哈拉汗国种植的棉花品种为当地的古扎（гуза）⑥。相比于塔什干和浩罕的棉花，布哈拉汗国的棉花品质更好。但与美国棉种相比，布哈拉棉花的品质和产量都比较低。尤费列夫（В. И. Юферев）曾言，布哈拉的古扎棉粗糙无光泽，且纤维较短，其长度约 22 毫米，而美国棉纤维长度达 27 毫米。⑦ 因此，为了将中亚变为俄国的原料产地，俄国计划将美国棉种引入中亚。1884 年，美国棉种在费尔干纳地区种植试验成功，此后新品种开始

---

① Перепелицына Л. А. Роль русской культуры в развитии культур народов Средней Азии. С. 25.
② Давронов Хушвахтшо. Изменения в экономике Бухарского эмирата в период протектората России. С. 61.
③ Давронов Хушвахтшо. Изменения в экономике Бухарского эмирата в период протектората России. С. 61.
④ Давронов Хушвахтшо. Изменения в экономике Бухарского эмирата в период протектората России. С. 61.
⑤ Предварительные данные об урожае хлопка в 1892 г. // Туркестанские ведомости. 1892. No. 47.
⑥ 古扎（гуза）即草棉，一种短纤维的棉花，是质量低劣的小棉。
⑦ Юферев В. И. Хлопководство в Туркестане. Госуд. Типография им. Ивана Фёдорова, 1925. С. 84.

向更多中亚地区推广。① 布哈拉汗国的统治阶层也对美国棉种较为感兴趣，作为布哈拉汗国使节代表，穆扎法尔埃米尔之子阿布杜法塔赫（Абдулфаттах）于 1869 年来到圣彼得堡，向俄国沙皇尼古拉二世表达了对美国棉种的兴趣，以期引入布哈拉汗国种植。② 但因种种原因，这一进程拖延至 1886 年，俄国企业才开始在布哈拉汗国试种美国棉花。同年，俄国企业向布哈拉汗国棉农提供了约 30 普特的美国棉籽③，但试种并未成功。次年，查尔朱地区的伯克阿斯塔纳库尔·伊纳克（Астанакул Инак）尝试引进美国棉种，但也失败了。此外，1886 年，经俄国政府和埃米尔政府同意，奥伦堡商人马佐夫（С. И. Мазов）获得了阿姆河沿岸的 1000 俄亩土地及其 12 年的免税权，用于试种美国棉花。④ 1888 年，他在 30 俄亩的土地上成功试种美国棉花，但其产量较低。第二年遭遇水灾，致使 272 俄亩的美国棉花地几乎一无收成。但到 1890 年，150 俄亩的美国棉花地取得了好收成。⑤ 自此，美国棉花在布哈拉汗国的种植试验成功。

因此，19 世纪 90 年代以后，布哈拉汗国的植棉面积和产量逐年增加。1892 年，在哈特尔琴（Хатырчин）省美国棉花的种植面积约 120 塔纳布，而收成达 2200 普特，即 1 塔纳布超过 18 普特。⑥ 1893 年，克尔米涅地区也开始种植美国棉花。因此，美国棉的引进和广泛种植，逐渐排挤了布哈拉汗国当地品种较差的亚洲棉，为布

---

① 蓝琪：《论沙俄在中亚的统治》，《贵州师范大学学报（社会科学版）》2016 年第 1 期。

② Давронов Хушвахтшо. Изменения в экономике Бухарского эмирата в период протектората России. С. 63.

③ Давронов Хушвахтшо. Изменения в экономике Бухарского эмирата в период протектората России. С. 63.

④ Тухтаметов Т. Г. Экономическое состояние Бухарского эмирата в конце и начале веков. С. 158.

⑤ Расулев А. Р. К истории хлопководства в Бухаре конца XIX-начала XX века. // Общественные науки в Узбекистане. 1969. No. 7. С. 48 – 52.

⑥ Расулев А. Р. К истории хлопководства в Бухаре конца XIX-начала XX века. С. 48 – 52.

哈拉汗国植棉业的发展史开启了新篇章。再者，世界市场上对棉花的较大需求量，也促进了布哈拉汗国植棉业的发展。1900—1902年，布哈拉汗国棉花的平均年产量在 120 万普特左右。① 相比于 1903 年，1904 年布哈拉汗国的植棉面积扩大了 20%—25%。② 如表 3—1 所示，由于灌溉水源的不足，1906 年的棉花收成较低。到 1907—1908 年，布哈拉汗国棉花种植的收成再度增加，超过 1906 年收成的 25%。③ 1908 年，布哈拉汗国的棉花种植面积近 7 万俄亩，收成为 140 万普特，其中向俄国出口 120 普特，收益达 1 千万卢布。④ 据耶弗多基莫夫（Л. В. Евдокимов）统计，1912 年，布哈拉汗国的棉花种植面积约 10 万俄亩。⑤ 1913 年，布哈拉汗国的棉花收成为 151.4 万普特。⑥ 到了 1914 年，随着一战的爆发和国际形势的变化，俄国从美国和埃及进口的棉花大幅缩减，与此同时，从中亚地区进口棉花的数量急剧增加，这促使布哈拉汗国的植棉业步入兴盛期。

表 3—1　　1904—1906 年布哈拉汗国不同地区的棉花产量

（单位：万/普特）

年份 地区	1904 年	1905 年	1906 年
济拉布拉克（Зирабулак）	—	7.9701	—
克尔米涅	14.2538	10.2269	5.7732

---

① Давронов Хушвахтшо. Изменения в экономике Бухарского эмирата в период протектората России. С. 65.

② Давронов Хушвахтшо. Изменения в экономике Бухарского эмирата в период протектората России. С. 65.

③ Виды на урожай хлопка в Бухаре // Туркестанское сельское хозяйство. 1908. No. 8. С. 557.

④ Хлопководство в Бухаре // Туркестанское сельское хозяйство. 1908. No. 2. С. 174.

⑤ Давронов Хушвахтшо. Изменения в экономике Бухарского эмирата в период протектората России. С. 68.

⑥ Юферев В. И. Хлопководство в Туркестане. С. 139.

续表

年份 地区	1904 年	1905 年	1906 年
基济尔捷别（Кызыл-Тепе）	21.5857	7.4567	6.0133
卡甘	81.1911	51.0664	69.0772
布哈拉	—	—	0.0527
卡拉库尔	23.4121	10.9728	6.6273
查尔朱	87.7575	61.5556	56.0846

资料来源：Давронов Хушвахтшо. Изменения в экономике Бухарского эмирата в период протектората России，1868 – 1917 гг. /диссертация кандидата исторических наук，Тадж. гос. ун-т им. В. И. Ленина. Душанбе，1990. C. 66.

一战爆发以后，由于棉花价格的迅速上涨，布哈拉汗国的俄国企业家鼓励当地棉农进一步扩大棉花种植面积，以此赚取更多利益。从 1914—1918 年布哈拉汗国向俄国的棉花出口量可以看出，布哈拉汗国的植棉业取得进一步发展。1911—1913 年，每年布哈拉汗国向俄国的棉花出口量约为 123.3 万普特，收益 1233 万卢布。[1] 但在一战期间，布哈拉汗国的棉花出口量达到 220 万普特，价值相当于 2700 万卢布。[2] 1915 年，布哈拉汗国采用美国棉种的种植面积达 5.13 万俄亩[3]，棉花的年产量约 300 万普特[4]。据伊沙诺夫（А. И. Ишанов）统计，1916 年布哈拉汗国的棉花种植面积达到 11.5 万俄亩。[5] 总而言之，俄国统治以后，布哈拉汗国的植棉业得到了迅速发展，尤其是美国棉种的引入，极大改善和提高了布哈拉汗国的棉花

---

[1] Ремез И. А. Внешняя торговля Бухары до Мировой войны. Ташкент：ЦСУ Туркреспублики，1922. C. 62.

[2] История Бухарской Народной Советской Республики（1920 – 1924 гг.）. Сборник документов. Ташкент：Фан，1976. C. 286.

[3] Расулев А. Р. К истории хлопководства в Бухаре конца XIX-начала XX века. C. 50.

[4] Давронов Хушвахтшо. Изменения в экономике Бухарского эмирата в период протектората России. C. 71.

[5] Давронов Хушвахтшо. Изменения в экономике Бухарского эмирата в период протектората России. C. 77.

品质和产量。20世纪初,随着一战的爆发,棉花价格的上涨促使布哈拉汗国棉花种植面积再度扩大,棉花出口量也极速增加。1850—1860年间,布哈拉汗国棉花的出口量约5万普特,而到1916年出口量已增至220万普特。① 1860年,俄国的棉花进口额占到53%,其中,从中亚地区进口的比例为31%。② 而在这31%的进口额中,来自布哈拉汗国的则占到13%③。而对于布哈拉汗国,棉花出口占到全国出口总量的40%。④ 可见,俄国统治以后,尤其在19世纪末至20世纪初,布哈拉汗国的植棉业发展达到兴盛。

然而,相比于费尔干纳地区,美国棉种引入布哈拉汗国的进程相对缓慢,其原因如下:一是种植美国棉种所需要的水量多于当地棉种的两倍,而布哈拉汗国灌溉水源的短缺是其阻碍因素之一;⑤ 二是相比于当地棉种,美国棉种的种植需要更多时间和精力;三是高品质的美国棉籽数量较少,棉农很难买到;四是受到当地棉籽供应商的阻碍,美国棉种的推广严重受限;五是净棉厂与棉花产地距离较远,制约了美国棉种的推广;六是交通条件的制约;七是布哈拉汗国管理制度和农业技术的落后。由此可见,这是阻碍布哈拉汗国植棉业进一步发展的重要因素。科斯坚科曾指出,俄国统治初期,中亚地区能为俄国提供300万普特的棉花,其中产自布哈拉汗国的占到200万普特,50万普特来自希瓦汗国,而剩下的50万普特则来自俄国统治下的所有地区,包括费尔干纳。⑥ 而到了1897年,中亚地区向俄国提供的250万普特棉花总量中,200万来自费尔干纳地

---

① Фомченко А. П. Русские поселения в Бухарском эмирате. С. 21.
② Мухаммад Ризо Хомиди. Политические, экономические и культурные преобразования в Средней Азии в XIX-начале XX вв. С. 61.
③ Фомченко А. П. Русские поселения в Бухарском эмирате. С. 21.
④ Фомченко А. П. Русские поселения в Бухарском эмирате. С. 21.
⑤ Давронов Хушвахтшо. Изменения в экономике Бухарского эмирата в период протектората России. С. 72.
⑥ Бартольд В. В. История культурной жизни Туркестана. С. 447.

区。① 20世纪初，费尔干纳的棉花种植面积扩大至30万俄亩，而布哈拉汗国的则只有10万俄亩。② 一直以来，布哈拉汗国都是中亚棉花的主产区，但自俄国统治以后，费尔干纳地区逐渐取代了它的位置。尽管如此，布哈拉汗国仍然是俄国纺织业的重要原料产地。

第三节　工商业及贸易的发展

一直以来，河中地区的手工业和贸易比较发达，尤其在帖木儿帝国时期。自16世纪布哈拉汗国建立以后，统治者们也十分重视河中地区的手工业和贸易发展。俄国征服中亚以前，布哈拉汗国一直是中亚地区的手工业和贸易中心。但随着俄国统治的到来，布哈拉汗国发达的手工业生产步入衰落，而原本多元化的对外贸易关系也发生了实质性的变化。另外，俄国资本的输入也为布哈拉汗国的资本主义经济发展创造了条件。

一　手工业的兴衰

一直以来，作为中亚地区的手工业中心，布哈拉汗国的手工业生产较为发达。但自1868年，尤其是19世纪80年代铁路修筑以后，俄国工业产品大量涌入布哈拉汗国市场，低廉的价格致使布哈拉汗国原始的手工业产品逐渐被淘汰。商品货币关系的发展使布哈拉汗国手工业者走向破产，手工业生产也最终步入衰落。19世纪末至20世纪初，俄国廉价的机制棉纺品进入布哈拉汗国以后，当地的棉纺织品生产逐渐萎缩。此外，俄国向布哈拉汗国大量出口金属制品、瓷器和陶器等其他制成品，以及轧棉机、造纸机、榨油机、磨坊、稻谷除杂机等机器，这将布哈拉汗国原始的手工业产品排挤出

---

① Бартольд В. В. История культурной жизни Туркестана. С. 447－448.
② Chahryar Adle and Madhavan K. Palat and Anara Tabyshalieva, eds., *History of Civilizations of Central Asia*, Vol. VI, Paris：UNESCO Publishing，2005，p. 58.

去，使手工业生产陷入停滞。因俄国无法提供丝织品、皮革制品和地毯，故布哈拉汗国的这类手工业生产得到继续发展。综观之，对于以自然经济为主体的传统国家，布哈拉汗国的手工业生产体系较为完善。直至俄国统治以后，商品货币关系的引入才将布哈拉汗国原有的自然经济体系打破，传统的手工业生产无法与俄国工业相抗衡，布哈拉汗国逐渐变为俄国工业商品的倾销地。因此，如同传统农业一样，布哈拉汗国的手工业生产必然走向式微。

16世纪布哈拉汗国建立初期，俄国学术界对河中地区的手工业发展持两种不同的评价。众所周知，帖木儿帝国时期河中地区的手工业相当繁荣。西班牙使节可拉维约曾指出，帖木儿帝国时期河中地区来自各处的工匠人数已超过15万①。的确，帖木儿将对外征战中掳掠的诸工匠迁往撒马尔罕和其他城市，如纺织工、镀金工、玻璃匠、兵器匠、陶匠等，极大地促进了河中地区的手工业发展，都城撒马尔罕更是如此。诚如可拉维约所描述的，此都中凡百行业，皆无缺乏专门技工之感。② 因此，对比帖木儿帝国时期手工业的繁荣景象，一些学者认为昔班尼汗征服河中地区以后统治实力明显减弱，从而导致当地手工业发展受限。然而，另一些学者则认为，16世纪河中地区的手工业也取得了明显进步。③"如果说乌兹别克汗王们的掳掠阻碍了当地经济发展的话，那么乌兹别克游牧民同当地农民的接触必然产生积极作用：不仅为手工业生产提供原料，而且扩大手工业产品的销路。"④因此，经过帖木儿帝国时期的长足发展，16世纪河中地区的手工业取得了进步和完善。尤其在16世纪下半叶，布

---

① ［西班牙］罗·哥泽来滋·克拉维约：《克拉维约东使记》，［土耳其］奥玛·李查译，杨兆钧译，商务印书馆1985年版，第157页。
② ［西班牙］罗·哥泽来滋·克拉维约：《克拉维约东使记》，［土耳其］奥玛·李查译，杨兆钧译，商务印书馆1985年版，第157页。
③ Гафуров Б. Г. Таджики. Древнейшая, древняя и средневековая история. М.: Наука, 1972. C. 537.
④ ［苏］Б. Г. 加富罗夫：《中亚塔吉克史：上古—十九世纪上半叶》，肖之兴译，中国社会科学出版社1985年版，第332页。

第三章　布哈拉汗国物质文明交往的曲折性和进步性　189

哈拉和撒马尔罕的城市手工业发展显著，保留至今的陶器、瓷器、金属器具、纸、武器、纺织品等文物印证了这一点。①

相比于 16 世纪，17—18 世纪布哈拉汗国的手工业发展比较缓慢，除了纺织业和皮革制造业外，其他领域未取得明显进步。而到 18 世纪末至 19 世纪上半叶，布哈拉汗国的手工业发展迅速，实用工艺更是突出。因此，俄国占领以前，相比于周边国家，布哈拉汗国的手工业较为发达，各个行业有自己的组织形式，专业化程度高、地域特色鲜明、与市场需求紧密相连。纵观历史，帖木儿帝国时期手工业的繁荣景象为布哈拉汗国手工业发展奠定了良好基础。从横向角度讲，农耕业与畜牧业的并存、乌兹别克游牧民与河中居民的交往则丰富了手工业产品种类，扩大了产品销路。总之，布哈拉汗国的手工业趋向进步和完善。

据文献记载，布哈拉汗国的手工业门类齐全，仅布哈拉城则有上百余种②，包括纺织、造纸、皮革制造、陶艺、金属加工、武器制造、珠宝加工、刺绣和木雕等，其中纺织业和造纸业尤为兴盛。河中地区盛产棉花和丝绸，手工业者将其制成棉织品和丝织品，并在满足国内居民需求的基础上出口国外。虽然印度、伊朗和中国的纺织品出口至此，但布哈拉汗国的纺织品生产在 16—18 世纪仍得到了稳步发展。③ 布哈拉汗国的纺织业具有鲜明的地域特色。布哈拉城制作的一种丝织品"多罗吉（дороги）"在俄国深受青睐，其特点是质地顺滑、条纹细窄、颜色以纯色为主。④ 1642 年 9 月 11 日，在纳迪尔·穆罕默德致俄国沙皇米哈伊尔·费德罗维奇（Михаил Федорович）的信函中，列举了赠与沙皇的 18 种礼品，其中就有巴

---

① Юлдашев М. А. К истории торговых и посольских связей Средней Азии с Россией в XVI-XVII вв. Ташкент: Наука, 1964. С. 11.

② Сухарева С. А. Позднефеодальный город Бухара. Ташкент, 1962. С. 98.

③ Chahryar Adle and Irfan Habibeds, *History of Civilizations of Central Asia*, Vol. V, Paris: UNESCO Publishing, 2003, p. 663.

④ Юлдашев М. А. К истории торговых и посольских связей Средней Азии с Россией в XVI-XVII вв. С. 14.

尔赫地区的纺织品和丝织品。① 除棉织品外，吉萨尔和库利亚布的丝织品也非常受欢迎。1910 年，俄国学者基马费伊奇（Е. Тимофеич）写道："吉萨尔地区拥有世界上最好的丝织品，但数量有限，价值昂贵，基本只供当地统治者和富人享用。"② 当地伯克通常将丝织品作为礼品赠与汗及其他官员。20 世纪初，到访过库利亚布的瓦雷金（М. А. Варыгин）指出，用库利亚布的半丝织品制作的长袍非常精致，其品质甚至超过吉萨尔的，但价格却不高，9 俄尺的长袍仅需 10—12 卢布。③ 1914 年，布哈拉汗国制造了价值 150 万卢布的 10 万普特丝织品，这几乎占到整个中亚丝织品规模的 1/2。④

中亚的造纸业历史悠久。据李约瑟研究，早在公元 650 年，中国的造纸术已传入撒马尔罕。布哈拉汗国的造纸工厂数量较多，主要分布在撒马尔罕及其周边。16 世纪，撒马尔罕著名的造纸工匠米尔·伊布拉吉姆（Мир Ибрагим）生产出一种特级纸，⑤ 它以精美实用而闻名遐迩。1514 年，阿里·梅什赫季（Али Мешхеди）素丹在自己的书法作品中专门描述过这种纸。⑥ 巴布尔认为，世界上最好的纸造于撒马尔罕。⑦ 撒马尔罕的造纸业如此发达，从另一个角度也说明了纸的需求量之大，布哈拉汗国臣民的文化水平相对较高。除撒马尔罕外，布哈拉、赫拉特等城市也生产纸张，且有各自的印刷厂。阿布杜拉济兹汗（1645—1680）统治时期，撒马尔罕和布哈拉

---

① Абдукахор Саидов. Политическое и социально-экономическое положение Бухарского ханства в XVII-первой половине XVIII вв. С. 154.

② Тимофеич. Промышленность в Бухаре // Туркестанские ведомости. 1910. No. 174.

③ Давронов Хушвахтшо. Изменения в экономике Бухарского эмирата в период протектората России. С. 147.

④ Ишанов А. И. Бухарская Народная Советская республика. С. 87.

⑤ Камолов Х. Ш. История вторжения кочевых племен Дашт-и Кипчака в Среднюю Азию (XVI в.). С. 234.

⑥ Мукминова Р. Г. Очерки по истории ремесла в Самарканде и Бухаре в XVI веке. С. 95.

⑦ Захир ад-Дин Бабур. Бабур-наме. Ташкент: Главная редакция энциклопедий, 1992. С. 152.

生产的纸张品质已达到中亚地区最高水平。① 到 17 世纪末，撒马尔罕和布哈拉的纸张出口到中国和欧洲国家。② 据乌兹别克斯坦的档案记载，经历了 18 世纪的衰败，19 世纪布哈拉汗国的造纸业重新恢复，布哈拉汗国开始大量生产不同规格和色彩的纸张。③ 万伯里曾在《中亚旅行记》中这样称赞："撒马尔罕和布哈拉的书写纸不仅在中亚，甚至在周边国家都享有盛誉。这种纸用真丝制成，光滑柔软且耐用，书写阿拉伯字母非常方便。"④

布哈拉汗国的皮革制造业也比较显著。万伯里曾在游记中指出，布哈拉汗国游牧民制作的皮革是中亚地区质量较好的。⑤ 17—18 世纪的布哈拉汗国已生产出高质量的皮革制品，且主要集中在巴尔赫和巴达赫尚地区。巴尔赫以生产貂皮和海狸皮闻名。巴达赫尚地区首府法尔扎巴特（Файзабад）城的皮鞋和皮靴，除满足国内市场外也对外出口。而 19 世纪上半叶，皮革制造业在布哈拉汗国畜牧业较发达的东布哈拉地区，以及大城市中发展较快，如布哈拉、撒马尔罕、卡尔希、乌拉秋别等。皮匠可以生产出供不同人群使用的各类皮革产品，如皮鞋、帽子、大衣、皮箱、马具、器具等。俄国统治以后，布哈拉汗国的皮革制造业得到进一步发展。在布哈拉城的 52 个街区都有制造皮鞋的鞋铺，而沙赫里萨布兹的鞋匠数量已达 50 人。⑥ 20 世纪初，雇佣关系在布哈拉汗国的皮革制造业出现。在大的

---

① Абдукахор Саидов. Политическое и социально-экономическое положение Бухарского ханства в XVII-первой половине XVIII вв. С. 155.

② Гафуров Б. Г. История таджикского народа. Т. 1. С древнейших времен до Великой Октябрьской социалистической революции 1917 г.： В кратком изложении. М. ： Госполитиздат，1952. С. 356.

③ Джурабаев Д. Х. Бухраский эмират второй половины XVIII- первой половины XIX вв. в письменных источниках. С. 355.

④ Вамбери А. Путешествие по Средней Азии. М. ： Восточная литература，2003. С. 294.

⑤ Вамбери А. Путешествие по Средней Азии. С. 351.

⑥ Давронов Хушвахтшо. Изменения в экономике Бухарского эмирата в период протектората России. С. 151.

皮革制造厂，雇用的工匠和学徒近 40 人。①

作为前帖木儿帝国的首都，撒马尔罕直至 16 世纪初一直是河中地区武器制造的中心，武器种类主要包括剑、军刀、匕首、长柄战斧、铠甲和头盔等。克拉维约曾评价道："15 世纪初，撒马尔罕制造的武器依然落后，工匠的铸铁技术也较差。"② 然而，到 15 世纪下半叶，该地制造的武器质量明显提高，并开始销往河中以外地区，这与当时河中地区战争频发有关。到 16 世纪，在乌拜杜拉汗的统治下，布哈拉汗国首都自撒马尔罕迁往布哈拉，其军队也大多集中于此，因而武器制造的中心也转移到布哈拉。③ 此外，16 世纪下半叶，布哈拉城内已出现火药库，布哈拉汗国统治者通过派往俄国的使节获得火炮和弹药。④ 可见，16 世纪的布哈拉汗国在对外战争中已使用火炮。1697 年，哥萨克人费多尔·斯基宾（Федор Скибин）指出，布哈拉汗国已经出现制造大炮和步枪的工匠。⑤

此外，布哈拉汗国的制陶业发展显著，尤其在布哈拉和撒马尔罕。河中地区出现了许多令人称羡的器具，如装饰唯美的各类罐子、盘子、碗等。⑥ 金属加工也是布哈拉汗国重要的手工业部门。铁匠数量众多，遍布城乡各地，仅在布哈拉就有 150 位铁匠⑦。他们不仅制作月锄、钉子、车轮铁圈等，而且制造带有雕刻花纹的金属餐具等。卡尔希是铜、银器制品的重要产地。18 世纪末至 19 世纪初，布哈

---

① Айни С. Бухара: (Воспоминания) В 2-х кн. Кн. 2. Душанбе: Ирфон. С. 129.

② Руи Гонсалес де Клавихо. Дневник путешествия в Самарканд ко двору Тимура (1403 – 1406). М.: Наука, 1990. С. 141.

③ Мукминова Р. Г. Очерки по истории ремесла в Самарканде и Бухаре в XVI веке. С. 123.

④ Юлдашев М. А. К истории торговых и посольских связей Средней Азии с Россией в XVI-XVII вв. С. 15.

⑤ Материалы по истории Узбекской, Таджикской и Туркменской ССР. Ч. 1. Вып. 3. Л., 1932. С. 266.

⑥ Юлдашев М. А. К истории торговых и посольских связей Средней Азии с Россией в XVI-XVII вв. С. 15.

⑦ Сухарева О. А. К истории городов Бухарского ханства (историко-этнографические очерки). С. 31.

拉汗国的制毯、珠宝加工、刺绣、陶瓷生产、木雕等实用工艺得到了大力发展。其中，珠宝店遍布布哈拉汗国各大城市，但布哈拉的数量最多，其珠宝匠近 400 人。① 布哈拉、撒马尔罕、努拉塔（Нурата）、沙菲尔卡姆（Шафиркам）、沙赫里萨布兹等城市的刺绣远近闻名，尤其是金刺绣。② 埃米尔也将金丝制品作为礼物，赠与外国君主及其使节代表。布哈拉汗国的木雕工艺流传已久，主要用于建筑装饰，也成为布哈拉汗国民间艺术创作的主要形式。

在帖木儿帝国一百多年发展的基础上，布哈拉汗国的手工业一直保持着较强的专业化程度，其特点也较为鲜明。其一，行业分布区域的固定化。詹金森曾在游记中写道："每一种手工行业均有特定的位置和市场。"③ 根据行业划分为不同区域，且每种手工业拥有独立的作坊和市场，不与其他行业混合分布，如制陶区、制革区、皮制品加工区。④ 行业选址根据其特性决定，如珠宝店通常位于市中心。陶瓷厂、制毯厂则集中在紧邻河水的郊区。造纸坊和烧炭厂大多分布在城外⑤。另外，行业分布还有城乡之分，个别行业仅存在于城市，如珠宝、雕刻、玻璃制造业等。其二，行业的阶层划分和制度化管理。在布哈拉汗国，手工业行业阶层划分明显，如工匠、领班、工匠助手和学徒等。工匠技能除家传以外，主要通过签订合同授予学徒，后者以孤儿或破产农民居多，合同内容包括技能名称、学习期限、学徒的职责、姓名和年龄等。⑥ 实际上，工匠不但剥削学

---

① История Бухары с древнейших времен до наших дней. Ташкент: Фан, 1976. С. 166.

② Джурабаев Д. Х. Бухраский эмират второй половины XVIII- первой половины XIX вв. в письменных источниках. С. 351.

③ Английские путешественники в Московском государстве в XVI веке. С. 182.

④ Гафуров Б. Г. Таджики. Древнейшая, древняя и средневековая история. С. 538.

⑤ Chahryar Adle and Irfan Habibeds, *History of Civilizations of Central Asia*, Vol. V, Paris: UNESCO Publishing, 2003, p. 380.

⑥ Мукминова Р. Г. Очерки по истории ремесла в Самарканде и Бухаре в XVI веке. С. 153.

徒的劳动，还向他们收取学费。① 学徒的实际学习时间较长，如织布工学徒的学制原则上为半年至 4 年，而实际上则需要 5 年方可完成。② 每一种行业均有各自的行会及其章程，行会管理者由国家任命，属于富裕阶层，拥有特权地位，不直接从事生产。他们对本行会进行制度化管理，主要负责监督生产过程和产品质量，以及分配和征收国家规定的税收。其三，根据市场需求进行生产。生产的产品主要有以下类型：（1）满足当地市民生活所需的商品；（2）专供贵族阶层使用的产品，如珠宝、丝绸、武器等；（3）销往邻近城市和地区的商品；（4）向国内外销售的大宗商品，如纸张、染料、纺织品等。③ 虽与同时期欧洲的工场手工业规模无法相比，但自 16 世纪始，布哈拉汗国已出现手工工场，纺织业和造纸业的作坊已初具规模。④

　　手工业的专业化发展促进了布哈拉汗国经济文化的复兴。第一，刺激了集市贸易⑤的繁荣。尤其在首都布哈拉，保留至今的圆拱形巴扎即修建于阿布杜拉汗二世时期。此外，撒马尔罕、卡尔希、塔什干、安集延和忽盏等城市的集市贸易也较为活跃。值得注意的是，除粮食外，农牧民也将蔬菜、水果、毛皮等其他各类农畜产品运往集市交易，以便换取缴税的现金和购买所需的手工业产品。⑥ 另外，布哈拉汗国统治者也重视集市贸易的发展。1586—1587 年，阿布杜拉汗二世曾多次下令在集市周边修建供过往商人住宿的旅馆，在商

---

① История Узбекской ССР. Т. 1：С древнейших времен до середины XIX века. С. 527.

② История таджикского народа. Т. 2，кн. 1：Возникновение и развитие феодального строя（VI-XVI вв.）. С. 402.

③ Мукминова Р. Г. Очерки по истории ремесла в Самарканде и Бухаре в XVI веке. С. 147.

④ Мукминова Р. Г. Очерки по истории ремесла в Самарканде и Бухаре в XVI веке. С. 177.

⑤ 集市贸易是指当时国内的城市贸易，即主要以巴扎为交易中心的贸易活动。

⑥ История таджикского народа. Т. 2，кн. 1：Возникновение и развитие феодального строя（VI-XVI вв.）. С. 403.

第三章　布哈拉汗国物质文明交往的曲折性和进步性　195

道途中修建蓄水池和交易场所。①

第二，带动了大城市的迅速发展。由于首都迁至布哈拉，布哈拉汗国统治者更加重视布哈拉城的建设。他们仿效帖木儿的做法，将对外征战中俘虏的各类能工巧匠用于都城建设。昔班尼汗、阿布杜拉汗二世都曾在夺取呼罗珊和花剌子模以后，从当地掳掠大量手工业者送往布哈拉城。据统计，16 世纪布哈拉城的手工业者和商人占到城市总人口的 1/3。②经过乌拜杜拉汗和阿布杜拉汗二世的扩建和治理，到 16 世纪下半叶布哈拉城的规模急剧扩大，逐渐成为布哈拉汗国的手工业生产中心。19 世纪下半叶，布哈拉城的手工业者数量达到 1 万—1.5 万。③此外，其他城市也因手工业的兴盛而获得发展，如撒马尔罕、塔什干、沙赫里萨布兹、卡尔希等。

第三，丰富了河中地区的文化生活，手工业者在这方面发挥了重要作用。布哈拉汗国许多诗人、艺术家和历史学家均出自手工业行会，他们远离宫廷生活自由创作，更加真实地反映了社会现实。除宫廷文学外，手工业者创作的民间文学成为表达民众意愿的主渠道。15—16 世纪，河中和呼罗珊两个地区 712 名诗人中有超过 150 名为手工业者。④ 16 世纪上半叶，撒马尔罕有超过 45 位诗人在集市、作坊、商铺等地方完成文学创作。⑤ 布哈拉汗国作家穆特里比·撒马尔罕季（Мутриби Самарканди）曾在《波斯文学选集》中写道："16 世纪最后 25 年至 17 世纪初，布哈拉汗国 320 名诗人中有

---

① Камолов Х. Ш. История вторжения кочевых племен Дашт-и Кипчака в Среднюю Азию (XVI в.). С. 236.
② Английские путешественники в Московском государстве в XVI веке. С. 182.
③ Гафуров Б. Г. Точикон, охирхои асри миёна ва даври нав (Таджики, Средневековая и новая история. - на тадж. яз), кн. 2. Душанбе, 1985. С. 109.
④ Камолов Х. Ш. История вторжения кочевых племен Дашт-и Кипчака в Среднюю Азию (XVI в.). С. 277.
⑤ Камолов Х. Ш. История вторжения кочевых племен Дашт-и Кипчака в Среднюю Азию (XVI в.). С. 280.

超过 70 名为手工业者，如织布工、鞋匠、裁缝等。"① 此外，还有一些手工业者从事书法、绘画和音乐等创作。正因如此，布哈拉汗国的文化繁荣在一定程度上与手工业的兴盛密不可分。

二　贸易发展的多元化

"商业贸易最能表现人类文明交往的开放性、合作性、物质性和全球性，它同时又是人类政治交往、社会交往、文化交往的先导、中介和沟通的渠道。"② 首先，国内贸易是商业贸易的基本形式。一直以来，布哈拉汗国的国内贸易较为活跃，秩序良好。布哈拉、撒马尔罕、卡尔希、沙赫里萨布兹、古扎尔、吉萨尔、库利亚布等都是重要的贸易城市，城内商铺鳞次栉比，商品也是琳琅满目。例如，19 世纪下半叶至 20 世纪初，仅在布哈拉城就有 50 个集市，而在整个布哈拉汗国集市数量约 500 个，贸易额达到 2000 万卢布。③ 除集市外，商队旅舍也是布哈拉汗国进行贸易的重要场所，主要用于境外商品的储存，以及它们的批发销售。不过，国内贸易的活跃程度也可通过商队旅舍数量的变化反映出来。布尔纳舍夫（Т. С. Бурнашев）曾在游记中指出，18 世纪末的布哈拉城有 9 家商队旅舍。④ 而到 19 世纪 40 年代，布哈拉城的商队旅舍有 38 家，19 世纪 70 年代初增至 50 家，20 世纪初则超过 60 家。⑤ 总之，在 19 世纪下半叶，包括用于普通住宿的旅馆在内，布哈拉城的商队旅舍数量达到 150 家。⑥ 布哈拉汗国从事贸易的主要是当地的塔吉克人、乌兹别

---

① Камолов Х. Ш. История вторжения кочевых племен Дашт-и Кипчака в Среднюю Азию（XVI в.）. С. 277.
② 彭树智：《我的文明观》，西北大学出版社 2013 年版，第 11 页。
③ Ишанов А. И. Бухарская Народная Советская республика. С. 351.
④ Бурнашев Т. С. Путешествие от Сибирской линии до города Бухары в 1794 и обратно в 1795 году // Сибирский вестник. СПб., 1818. Ч. II. С. 283.
⑤ История Бухары с древнейших времен до наших дней. С. 168.
⑥ Никольский М. Э. Благородная Бухара:（Страничка из скитаний по Востоку）. СПБ. : П. П. Сойкин, ценз. 1903. С. 21.

克人和犹太人，还有鞑靼人、阿富汗人、印度人和波斯人。19 世纪末，商人和手工业者占到布哈拉汗国总人口的 15%，① 从事贸易的商人数量达到 1.2 万人②。据统计，布哈拉汗国的穆斯林商人有上百人，拥有的资产额在 2 万—50 万卢布之间。从事贸易的犹太人也较富裕，资产额在 3 万—40 万卢布之间。③ 由于缺乏相关数据统计，布哈拉汗国的国内贸易总额无法得知。但 1883 年的数据显示，仅布哈拉城的贸易额就达到 1.3 亿法郎。④

自古以来，中亚的对外贸易始终维系着东西方丝绸之路的畅通。16 世纪伊始，新航路的开辟使东西方贸易通道发生转移，中亚陆路贸易的枢纽地位开始下降。16 世纪后半叶，随着在西伯利亚统治权的建立，俄国开辟了一条绕过中亚，从西伯利亚直通中国的陆上贸易通道，由此，中亚的过境贸易日渐衰落。⑤ 与波斯、印度的频繁战事，导致布哈拉汗国与西方和印度的贸易额锐减。在很长一段时间里，哈萨克游牧民⑥对河中地区的侵袭不断，且时常关闭经七河地区通往中国的商路，导致布哈拉汗国与东方的贸易减少。自 16 世纪末阿姆河自里海改道至咸海以后，里海贸易圈急剧缩小，也限制了布

---

① Бабаханов М. Б. Из истории периодической печати Туркестана. Душанбе, 1987. С. 14.

② Ишанов А. И. Бухарская Народная Советская республика. С. 351.

③ Клем В. Современное состояние торговли в Бухарском ханстве // Туркестанский сборник. Т. 540. С. 90.

④ Мазов С. Восточная Бухара, Бадахшан и Северный Афганистан (По чужим и своим наблюдениям и заметкам) // Туркестанский сборник. Т. 404. С. 46. 当时的汇率：100 法郎相当于 37 卢布 50 戈比。参见于 Давронов Хушвахтшо. Изменения в экономике Бухарского эмирата в период протектората России. С. 198.

⑤ Бартольд В. В. Тюрки: двенадцать лекций по истории тюркских народов Средней Азии. М.: Ломоносовъ, 2017. С. 197.

⑥ 到 15 世纪末，哈萨克游牧民仍属于钦察草原上乌兹别克部落联盟的一部分，直到昔班尼率领部分乌兹别克部落南下河中时，哈萨克人迁徙至七河流域。至此，乌兹别克人逐渐过渡到农耕的定居生活，而哈萨克人仍保持畜牧经济的游牧生活方式，这成为后来双方形成两大民族的重要经济基础。16 世纪初，哈萨克汗国在锡尔河以北的大草原上壮大起来，尤其是哈斯木汗（1511—1523）的统治对昔班尼王朝在河中地区的统治构成持续的威胁。

哈拉汗国对外贸易的扩大。因此，从国际大环境来讲，自16世纪起，布哈拉汗国的对外贸易趋于衰落，尤其自17世纪以后这种衰落更加明显。赛伊多·纳萨菲（Сайидо Насафи）① 曾在自己的诗歌中描述道："在17世纪末的布哈拉汗国，集市上没有买者，贸易完全处于停滞状态。"② 到18世纪，布哈拉汗国失去了对巴尔赫、塔什干和费尔干纳的统治权，致使布哈拉汗国与印度和中国的贸易受阻，必须途经阿富汗和浩罕汗国而增加成本。19世纪开始，英俄两大帝国加紧争夺阿富汗和中亚市场，影响了布哈拉汗国的对外贸易。19世纪末20世纪初，布哈拉汗国的对外贸易基本处在俄国的控制之下。

尽管如此，布哈拉汗国也力求维持与周边地区的传统贸易往来。据詹金森证实，布哈拉城每年举行一次商人代表大会，届时邀请来自俄国、印度、波斯、哈萨克草原、巴尔赫等周边国家和地区的商队参加。③ 与此同时，布哈拉汗国商队也前往印度、波斯、哈萨克草原、西伯利亚和喀什等国家和地区进行贸易。④ 1558年，詹金森作为俄国沙皇伊凡四世的使节访问布哈拉汗国，至此两国外交关系正式确立，双方的贸易往来也随之加强。16世纪下半叶，布哈拉汗国和印度分别处于阿布杜拉汗二世和阿克巴大帝统治的兴盛时期。基于共同的宗教信仰和利益诉求，1585年和1587年，两位君主互派使节访问对方国家，此后两国使节交流和贸易往来迅速加强。出土于今天塔吉克斯坦的希萨尔、杜尚别和瓦赫达特，属于阿克巴大帝

---

① 赛伊多·纳萨菲（Сайидо Насафи，出生日期不详，逝世日期约在1707—1711年间）是扎尼王朝时期阿布杜拉兹汗、苏布汉库利汗和乌拜杜拉汗同时代的著名波斯语诗人。

② Чехович О. Д. Документы к истории аграрных отношений в Бухарском ханстве. Вып. 1. // Акты феодальной собственности на землю XVII- XIX вв. Ташкент, 1954. С. 72–73.

③ Английские путешественники в Московском государстве в XVI веке. С. 184.

④ Иванов П. П. Очерки по истории Средней Азии (XVI-середина XIX). С. 74–75.

第三章 布哈拉汗国物质文明交往的曲折性和进步性

时代的大量硬币印证了布哈拉汗国与印度的贸易往来。① 而这一贸易的目的之一即是平衡 16 世纪葡萄牙人控制印度洋西岸贸易港口所带来的影响。

自 16 世纪始，波斯与布哈拉汗国之间的教派冲突导致战火延绵不断，这在一定程度上影响了双方的贸易关系。然而，自古以来，波斯与河中地区的经济联系较为紧密，尤其在帖木儿帝国的沙哈鲁定都赫拉特以后，整个中亚的经济重心转向呼罗珊地区。一直以来，虽战争不断，但由于地理位置相邻，布哈拉汗国与阿富汗以及希瓦、浩罕两大汗国的贸易关系较为密切，且通过浩罕汗国与中国新疆地区的贸易往来也逐渐加强。因此，在俄国统治以前，布哈拉汗国以周边地区为中心积极展开对外贸易。

布哈拉汗国出口的商品以纺织品为主，同时也包括纸张、地毯、丝绒、干果、铜器等。布哈拉汗国进口的除大宗商品外主要为奢侈品，用于汗室和贵族消费，如貂皮、海象牙、鹰隼等。布哈拉汗国与周边地区进行交易的商品种类丰富：布哈拉汗国的农牧产品和手工业产品在俄国市场上备受欢迎，如羔羊皮、纺织品、地毯和服装，从俄国进口的则有皮革、呢绒、木制品及其他商品；布哈拉商人进口印度的白色绸缎、染料、珍珠和茶叶等，也将本地的丝织品、皮革和马匹等销往印度；布哈拉商人向波斯出售皮革、奴隶和其他俄国商品，而从波斯进口各种棉织品、亚麻布、丝织品和英国商品；布哈拉汗国的塔什干作为邻近哈萨克草原的最大城市，向后者提供手工业产品，尤其是纺织品。② 突厥斯坦城（当时属于布哈拉汗国）也为草原游牧民供应精美的服饰、地毯和金银首饰，③ 羊毛质地、花

---

① Довуди Д. Денежное обращение Хатлона（V в. до н. э. -нач. XX в. н. э.）/ диссертация доктора исторических наук. Душанбе, 2007. С. 291.

② Иванов П. П. Очерки по истории Средней Азии（XVI-середина XIX）. С. 75.

③ Фазлаллах ибн Рузбехан Исфахани. Михман-наме-йи Бухара（Записки бухарского гостя）. М. : Наука, 1976. С. 102.

色多样的哈萨克长袍也出口至布哈拉，但价格昂贵①；布哈拉汗国从阿富汗进口核桃、马匹、毛皮、干果、金属制品和英国商品等，而向阿富汗输出布匹、丝织品、黄金以及俄国商品；布哈拉汗国进口的中国商品主要有茶叶、麝香、大黄、绸缎和瓷器等。

19 世纪中叶以前，作为中亚地区的贸易中心，布哈拉汗国在与周边地区贸易往来中通常处于优势地位，其对外贸易特征明显。其一，以使节贸易为主。一直以来，布哈拉汗国的对外贸易权主要掌控在统治阶层手中，因此官方使节成为外贸主体，他们拥有免税权，基本垄断大宗商品和奢侈品的贸易。布哈拉汗国与俄国、印度的使节贸易十分频繁。自彼得大帝上任以来，俄国开始对中亚地区感兴趣，重视与布哈拉汗国的使节往来，加快了双方的贸易。自 16 世纪下半叶始，布哈拉汗国政府与地方素丹向俄国派遣大批使节商队，双方贸易日趋活跃。②除布哈拉外，塔什干、巴尔赫等地也出现俄国的使节商队。③ 1528—1529 年，忽春赤汗派遣以阿明·米尔扎（Амин Мирза）为代表的使团首访印度，至此，布哈拉汗国与印度的外交关系正式确立，使节贸易也由此开启。

其二，"布哈拉商人"的经商传统不可忽视。所谓"布哈拉人"④，

---

① История Узбекской ССР. Т. 1： С древнейших времен до середины XIX века. С. 537.

② Гафуров Б. Г. Таджики. Древнейшая，древняя и средневековая история. С. 540.

③ История таджикского народа. Т. 2，кн. 1： Возникновение и развитие феодального строя（VI-XVI вв.）. С. 406.

④ 关于对"布哈拉人"称谓的解释不同学者观点迥异，但学术界普遍认为这一表述主要源于中亚自古以来所具有的浓厚商业氛围，不论是中古时代长于经商闻名于欧亚大陆的粟特人，还是受商业和宗教双重地位影响的布哈拉人，甚至到 18—19 世纪因中亚贸易中心东移而出现的"浩罕人"和"塔什干人"。之所以出现泛称现象，除均处于中亚地域空间外，人种、语言以及信奉同一宗教密切相关，因为伊斯兰教将经商视为真主热爱的职业，进而使穆斯林具有重商思想。当然，对"布哈拉人"称谓的理解不能局限于同一地域空间的商人群体，它还包括从事农耕业的部分中亚人群，如 17 世纪 40—50 年代移居至准噶利亚务农的布哈拉人。参见［日］佐口透《新疆民族史研究》，章莹译，新疆人民出版社 1993 年版，第 220 页。欧美学界认为，"布哈拉人"不仅代表布哈拉汗国居民，而且泛指中亚地区所有居民。参见 E. M. Downs，*Trade and Empire*：*Merchant networks*，*frontier commerce and the State in Western Siberia*（*1644—1728*），Dissertation for Doctor Degree，Stanford University，2007. p. 220。

或称"布哈拉商人",最初指来自布哈拉汗国的商人群体。① 但因泛化现象普遍,17 世纪下半叶以后它实际上是作为族群概念定义的,即对中亚突厥化定居民的统称。显然,这一定义亦是源自其善于经商的属性,主要指代在欧亚内陆从事贸易活动的"中亚人"。16—17 世纪,布哈拉商人依然是陆上丝绸之路的主角,除销售本地商品外,还充当哈萨克草原、俄国、波斯、印度和中国等地商人的媒介进行中间贸易,譬如将中国的大黄运往俄国市场。17 世纪上半叶,布哈拉商人基本垄断了俄国和波斯的大黄贸易。② 1653 年,布哈拉商人希里普·亚里奥夫(Ширип Яриов)直接将 41 普特(约 671.6 千克)的大黄运至托木斯克出售。③ 在 18 世纪的阿斯特拉罕,生活着许多布哈拉商人,并形成庞大的移民区。俄国旅行家耶弗列莫夫(Ф. С. Ефремов)曾指出,布哈拉人是最善于经商的亚洲人,他们与印度人、波斯人、俄国人、希瓦人、吉尔吉斯人、卡尔梅克人和中国人都进行贸易往来。④ 布哈拉商人的足迹遍布整个中亚乃至其周边国家和地区,继续维持着欧亚中心地带陆路贸易的畅通和活跃。

第三,对外关系的变化导致贸易路线的转移。自 16 世纪建立以来,战争成为布哈拉汗国对外交往的主要形式。如前所述,布哈拉汗国与波斯、印度和阿富汗等国家战火不断,与东部的哈萨克草原和浩罕汗国也是冲突频发,仅与北方的俄国关系相对温和。因此,与波斯、印度和阿富汗的敌对关系限制了布哈拉汗国向西、向南扩

---

① 褚宁、马建春:《16—17 世纪"布哈拉人"与欧亚内陆贸易网络的构建》,《世界历史》2016 年第 6 期。

② Курц Б. Г. Состояние России в 1650 – 1655 гг. по донесениям Родеса. М.: Синодальная типография, 1915. С. 153.

③ Потанин Г. Н. О караванной торговле с Джунгарской Бухарией в XVIII столетии// Чиения в Императорском Обществе истории и древностей российских при Московском университете, кн. 2. М.: Унив. тип., 1868. С. 53.

④ Ефремов Ф. С. Странствование Филиппа Ефремова в киргизской степи, Бухарии, Хиве, Персии, Тибете и Индии и возвращение его оттуда чрез Англию в Россию. Третье, вновь переделанное, исправленное и умноженное издание // Путешествия по Востоку в эпоху Екатерины II. М.: Восточная лит., 1995. С. 214 – 215.

大贸易网，与哈萨克草原部落和浩罕汗国的冲突阻碍了布哈拉汗国与中国的贸易往来。而此时的俄国正好向东南方向扩张，且对中亚纺织品的需求大增。随着18世纪有关阿姆河发现金矿报道的出现，俄国对布哈拉汗国的兴趣进一步增强，决定提升与布哈拉汗国的贸易关系。加之东西方陆路贸易的衰落最终促使布哈拉汗国政府调整对外贸易路线，重点开展与俄国的贸易往来，且力求在双方贸易往来中掌控主导权。到了1850年，与俄国贸易范围的扩大使布哈拉汗国可向所有邻国供应俄国商品。① 19世纪上半叶，英俄两国对阿富汗和布哈拉汗国市场的争夺激烈化，最终俄国占据上风，将布哈拉汗国变为自己的附属国。自此，布哈拉汗国的对外贸易关系发生了实质性变化。

俄国统治以后，布哈拉汗国继续与希瓦汗国、阿富汗、波斯、印度和中国展开贸易往来。布哈拉汗国在与希瓦汗国的贸易关系中处于顺差地位。1911—1913年，布哈拉汗国对希瓦汗国的出口额达103.5万卢布，而进口额为10万卢布。② 19世纪末20世纪初，布哈拉汗国与阿富汗的贸易关系进一步强化。19世纪末，布哈拉汗国从阿富汗的商品进口量逐渐增加，1891年的进口额为150万卢布，1895年达到650万卢布，1904—1905年则增至1050万卢布。③ 自20世纪始，布哈拉汗国向阿富汗的贸易出口量也开始增加，1901年为250万卢布，次年增至450万卢布，1905年达到500万卢布。④ 自19世纪90年代以来，波斯商品在布哈拉汗国市场上的数量明显增加。在19世纪80年代，波斯商品的进口额为60万卢布，而到

---

① Chahryar Adle and Irfan Habibeds, *History of Civilizations of Central Asia*, Vol. V, Paris: UNESCO Publishing, 2003, p. 423.

② Ремез А. Внешняя торговля Бухары до мировой войны. С. 15.

③ Рельсовый путь из Туркестана в Индию через Афганистан // Туркестанский сборник. Т. 447. С. 96 – 98.

④ Рельсовый путь из Туркестана в Индию через Афганистан. С. 96 – 98.

1895年已达200万卢布。① 印度商品经波斯和阿富汗大量出口到布哈拉汗国，经波斯到布哈拉汗国的出口额达到248万卢布。② 1891年，经阿富汗出口的印度商品额约203.9万卢布。③ 19世纪90年代，布哈拉汗国从印度进口的商品额近441.6万卢布。总之，布哈拉汗国与阿富汗、伊朗和印度的贸易往来也反映出俄英对布哈拉汗国市场的激烈争夺。布哈拉汗国与中国喀什的贸易往来未曾中断，每年的贸易量约700—800支驼队。④

此外，俄国统治初期，布哈拉汗国与西方国家也有一定的贸易往来。布哈拉汗国向英国、法国、德国和意大利等国出口蚕丝、葡萄干、地毯、羊毛和卡拉库里羊羔皮，进口白糖、布匹、火枪及其他工业产品。19世纪90年代初期，欧洲产品尤其是英国商品在布哈拉汗国市场上仍占有相当比重，它与俄国商品相比更具市场竞争力。然而，1895年推行关税改革以后，俄国全面禁止西方国家的工业产品进入布哈拉汗国市场，以期用俄国商品全面替代。同时，外里海铁路的开通进一步扩大了俄国与布哈拉汗国的贸易往来，俄国工业产品和食品类大量输入布哈拉汗国。1895—1898年，俄国出口到布哈拉汗国的商品量从120万普特增至143万普特，而布哈拉汗国向俄国的出口量仍保持在120万—130万普特之间。⑤ 为了继续加快与布哈拉汗国的贸易往来，俄国于1901年迫使埃米尔推行货币改革。1915年，布哈拉汗国出口到俄国的棉花从19世纪末的120万

---

① Юхновский Н. Характеристика торгового движения в Бухаре // Туркестанские ведомости. 1895. No. 11.

② Юхновский Н. Характеристика торгового движения в Бухаре // Туркестанские ведомости. 1895. No. 11.

③ Давронов Хушвахтшо. Изменения в экономике Бухарского эмирата в период протектората России. С. 201.

④ Давронов Хушвахтшо. Изменения в экономике Бухарского эмирата в период протектората России. С. 203.

⑤ Торговые сношения России с Бухарою // Туркестанский сборник. Т. 432. С. 145.

普特上涨至262.4万普特。① 1914年，俄国进口至布哈拉汗国的商品额达3534.4万卢布。② 除棉花以外，布哈拉汗国还向俄国出口卡拉库里羊、毛皮、地毯、蚕丝、干果等。一战前夕，对俄出口量占到布哈拉汗国总出口量的93%③，而从俄国进口的商品额占到布哈拉汗国总进口额的44%④。这一时期，双方的贸易额每年达到近6630万卢布⑤。因此，经过关税改革和货币改革，布哈拉汗国与其他国家的对外贸易额急剧缩减，几乎完全变为俄国商品的倾销地和所需原料的供应地。

三 资本输入与俄国企业的建立

随着铁路的修筑，布哈拉汗国与俄国的贸易往来更加密切。自19世纪90年代始，俄国资本开始进入布哈拉汗国。1894年，俄国国家银行的布哈拉分行在卡甘设立，注册资本达9000万卢布。⑥ 一战前，银行向布哈拉汗国企业每年的贷款额在4000万卢布左右。⑦ 到1915年，布哈拉已有俄国—亚洲银行、俄国对外贸易银行、莫斯科商业银行、亚速海—顿河银行、西伯利亚贸易银行、联合银行和伏尔加—卡马商业银行等7家私立银行的分行，除伏尔加—卡马商业银行外，前6家银行的总资金为2030万卢布。⑧ 1917年9月设立的俄国—布哈拉银行，可用于信贷业务的资金达500万卢布。⑨ 一般

---

① Давронов Хушвахтшо. Изменения в экономике Бухарского эмирата в период протектората России. С. 211.
② Искандаров Б. И. Бухара. (1918 – 1920 гг.). Душанбе: Дониш, 1970. С. 19.
③ Фомченко А. П. Русские поселения в Бухарском эмирате. С. 21.
④ Ремез А. Внешняя торговля Бухары до мировой войны. С. 29 – 30.
⑤ Давронов Хушвахтшо. Изменения в экономике Бухарского эмирата в период протектората России. С. 213.
⑥ История Бухары с древнейших времен до наших дней. С. 170.
⑦ Фомченко А. П. Русские поселения в Бухарском эмирате. С. 21.
⑧ Рябинский А. Царская Россия и Бухара в эпоху империализма // Историк-марксист. 1941. No. 4. С. 3 – 25.
⑨ Давронов Хушвахтшо. Изменения в экономике Бухарского эмирата в период протектората России. С. 164.

而言，银行资本主要投入与植棉有关的经济活动，通过当地的棉花采购商向棉农贷款。20世纪初，布哈拉汗国出现了各类企业工厂，如雅罗斯拉夫纺织厂、波斯和中亚贸易合资企业、"棉花"股份公司等。可见，布哈拉汗国的经济开始走向市场化。

银行每年向工厂企业贷款达4000万卢布，后者再以12%的年利率贷款给当地的棉花采购商，而棉花采购商更以5—6倍的利率剥削棉农，迫使棉农购买高于市场价25%的商品来还贷。① 加富罗夫（Б. Г. Гафуров）曾指出，银行的贷款利率一般在5%—6.5%，但棉农必须经过中间人方可拿到贷款，这样棉农贷款的利率上涨了10倍，基本占到了收成的50%—70%。② 巴托尔德写道："小额贷款基本不受银行关注，而主要由从事高利贷的印度人掌控。"③ 由此，棉农被迫从印度人那里贷款获得高额生产资金，而他们却根本无力偿还贷款，导致欠款逐年增加，最终不得不变卖土地沦为雇农。无地农民的数量逐年增加，到1914年布哈拉汗国的无地农民比重超过35%。④ 因此，银行的建立为布哈拉汗国的经济发展注入了大量资本，促进了布哈拉汗国农业经济中资本主义关系的出现，有利于棉花种植的专业化。然而，这也导致布哈拉汗国的高利贷愈发活跃，农民破产失去土地，遭到更残酷的剥削与压迫。

此外，投入布哈拉汗国的俄国资本还用于兴办净棉厂、纺织厂、榨油厂以及其他农产品的初级加工厂。19世纪末，布哈拉汗国出现第一批净棉厂和纺织厂。对此，《突厥斯坦公报》作了专门报道，文中指出布哈拉的净棉厂数量较少，但商人德列热夫斯基

---

① Ишанов А. И. Бухара в период первой русской революции. С. 77 – 83.
② Давронов Хушвахтшо. Изменения в экономике Бухарского эмирата в период протектората России. С. 166.
③ Бартольд В. В. История культурной жизни Туркестана. С. 224.
④ Саидмурадов Х. С. Вопросы экономической истории дореволюционной Средней Азии в трудах В. И. Ленина // Учен. Зап. / Тадж. Гос. Ун-т им. В. И. Ленина. 1971. С. 123 – 134.

(К. Дрежевский)已在不久前建立了第一家净棉厂和榨油厂。① 到 1901 年，布哈拉已有 7 家净棉厂，其中 2 家使用蒸汽发动机，剩余 5 家使用水动力。② 1904 年，两家新工厂在卡甘建立。③ 1905—1907 年革命前夕，布哈拉汗国已有 9 家净棉厂，总资产在 80 万卢布左右。④ 这些工厂在半年内加工约 250 万普特的原棉，这几乎占到布哈拉汗国总加工棉的 1/2。⑤ 一战前夕，布哈拉汗国已有 26 家净棉厂。⑥ 这些净棉厂均配有美国机器，生产效率高，每台机器一天的净棉量达 300 普特，即 100 普特纤维。⑦ 另外，俄国在布哈拉汗国也开办了 4 家机械化的榨油厂，其主要分布在俄国移民城市卡甘、查尔朱、克尔基和铁尔梅兹。⑧ 除净棉厂和榨油厂外，布哈拉汗国还出现了 3 家制肠厂、1 家毛皮加工厂、3 家欧式磨坊、2 家卷烟厂、5 家酿酒厂、1 家印刷厂以及其他工厂。⑨ 可见，这些工厂的出现主要是为了满足布哈拉汗国的国内市场，尤其是俄国移民的需求。另外，铁路器材库和阿姆河舰队工厂直接归俄国政府管辖。⑩ 再者，俄国资本还用于开采布哈拉汗国矿藏，尤其是东布哈拉地区的黄金开采。总之，一战爆发前，布哈拉汗国约有 60 家企业，而到 1917 年超过

---

① Давронов Хушвахтшо. Изменения в экономике Бухарского эмирата в период протектората России. С. 167.

② Назруллаев С. Дорожное строительство и развитие транспорта в Таджикистане в 1917 - 1941 гг. Душанбе: Дониш, 1979. С. 11.

③ Давронов Хушвахтшо. Изменения в экономике Бухарского эмирата в период протектората России. С. 167.

④ Ишанов А. И. Бухара в период первой русской революции. С. 77 - 83.

⑤ Рябинский А. Царская Россия и Бухара в эпоху империализма. С. 6.

⑥ Искандаров Б. И. Бухара. (1918 - 1920 гг.). С. 18.

⑦ Масальский В. И. Туркестанский край. СПБ., 1913. С. 465.

⑧ Раджабов С. А. Роль великого русского народа в исторических судьбах народов Средней Азии. Ташкент: Госиздат УзССР, 1955. С. 46.

⑨ Давронов Хушвахтшо. Изменения в экономике Бухарского эмирата в период протектората России. С. 169 - 170.

⑩ История Бухарской и Харезмской Народных Советских республик. М.: Наука, 1971. С. 25.

70 家。当然，这些企业基本归俄国资本家所有。①

一般而言，俄国在布哈拉汗国开办的工厂企业规模并不大，一家工厂的员工数量通常为 35 人左右，仅个别企业的规模达到 100—140 人。农忙时节，布哈拉汗国所有企业的工人数量可达 3480 人，而其余时间为 509 人。② 工厂企业的工人主要来自无地或少地的农民。19 世纪末至 20 世纪初，在东布哈拉地区，农民选择阶段性外出打工的现象非常普遍，在来自东布哈拉地区和帕米尔地区的成年男性中，每年约有 15%—20% 的选择外出打工，③ 他们主要在工厂、铁路、商队旅舍和棉花种植园劳作。例如，塔什干和费尔干纳地区的净棉厂工人基本是来自东布哈拉地区的塔吉克人。十月革命以前，塔吉克人构成了突厥斯坦总督区和布哈拉汗国净棉厂工人的主体，占到工人总数的 90%。④ 在其他工厂企业中，塔吉克人也是主要的劳动力群体。企业家们利用劳动力的廉价加紧剥削雇佣工人。当地工人一天的工作时长为 10—12 小时，有时甚至达到 16—17 小时，但获得的报酬极少，每日仅赚得 80 戈比，甚至还有黑工每日仅获得 25 戈比⑤。相比之下，俄国工人的报酬却是一天 1 卢布 50 戈比。⑥ 另外，当地工人的工作和生活环境极差，时常出现工人死亡的情况。

因此，俄国资本的输入、工厂企业的兴办以及商品货币关系的出现，首先，一方面促进了布哈拉汗国资本主义经济的出现和发展；另一方面由于高利贷资本的活跃，布哈拉汗国专制体制和俄国政策

---

① Давронов Хушвахтшо. Изменения в экономике Бухарского эмирата в период протектората России. С. 170.

② Искандаров Б. И. Бухара. (1918 - 1920 гг.). С. 19.

③ Назаршоев М. Н. Социально-экономическое положение дореволюционного Памира. Душанбе: Ирфон, 1975. С. 234.

④ Масов Р. М. Победа Великого Октября. -коренной перелом в исторических судьбах таджикского народа // Великий Октябрь в исторических судьбах таджикского народа. Душанбе: Ирфон, 1987. С. 6 - 28.

⑤ Давронов Хушвахтшо. Изменения в экономике Бухарского эмирата в период протектората России. С. 177.

⑥ Искандаров Б. И. Восточная Бухара и Памир во второй половине XIX в. С. 329.

的殖民掠夺本质显露无遗，进一步阻碍了布哈拉汗国生产力的发展。其次，致使布哈拉汗国出现新的社会阶层，即无产阶级。农民破产转换为工厂工人，并与俄国工人一同遭到企业主和资本家的剥削，他们对布哈拉汗国的专制暴力和俄国的殖民统治极为不满。1905—1907 年俄国革命的爆发，激发了当地无产阶层反抗剥削压迫的斗志。之后，在布哈拉汗国的卡拉杰金、库利亚布、卡尔希、克尔米涅、巴里盏、吉萨尔、帕米尔等地区接连爆发民众起义和骚乱。最后，虽在俄国军队的帮助下得以平息，但起义和骚乱却对布哈拉汗国产生了巨大的政治影响：一方面惊动了俄国政府，布哈拉汗国及其民众生存状况的问题不仅受到政治代办处和突厥斯坦总督的关注，而且俄国外交部也将此提上议程进行专门讨论；另一方面动摇了埃米尔政权和俄国殖民统治。1917 年，沙俄政府被推翻以后，布哈拉汗国也在十月革命的推动下步入灭亡。

第四节 社会生活的变化

在 16—20 世纪初长达 4 个多世纪的时间里，布哈拉汗国的社会生活发生了巨大变化。第一，乌兹别克游牧民转向定居生活。作为布哈拉汗国的统治阶层，乌兹别克游牧民自 16 世纪来到河中地区，即开始与当地居民交往融合。为了适应当地社会经济生活，他们开始学习农耕种植，逐渐转向定居生活。俄国的统治更是加快了这一进程。第二，城市发展显著，市民阶层分化明显。作为首都，布哈拉城得到了明显发展。俄国统治以后布哈拉汗国出现许多新型移民城市，且发展速度快，市民阶层也开始发生变化。第三，不同时期爆发不同类型、不同程度的民众起义。这对布哈拉汗国社会产生了重要影响。第四，俄国移民涌入以后与当地居民的交流交往，改变了布哈拉汗国社会的发展方向。当地居民的思想文化开始受到俄国的影响。第五，俄国统治以后，布哈拉汗国的交通运输和医疗条件得到大力改善，布哈拉汗国居民的生活水平得以提高。由上可知，布哈拉汗国社会生活发生的变化，主要是从俄国统治以后开始的。这种变化是逐渐摆脱封闭和落后，而趋向开放和进步。

一 人口分布与游牧民定居

据文献记载，19世纪上半叶，布哈拉汗国的总人口约250万。① 拉加费特对1910—1911年间的布哈拉汗国人口作了大致统计，认为布哈拉汗国拥有约300万人口，约每平方俄里生活着6个人。布哈拉汗国居民包括定居民、半游牧民、游牧民和市民四类，其中定居民和游牧民各50万，半游牧民170万，城市人口约30万。② 1913年，古里沙姆巴洛夫（С. И. Гулишамбаров）宣布，布哈拉汗国的定居人口达80万，而游牧民依旧为50万，半游牧民减少到150万，城市人口达到80万。③ 宗教学者认为，进行人口普查是违背伊斯兰教义的，况且游牧民的流动性大，统计难度较大。因此，布哈拉汗国自始至终未进行过官方正式的人口普查。本书只能通过不同学者的研究得出一个大致数据。上述两位学者的统计虽不完全一致，但我们可以看出，自19世纪60年代俄国统治以后，布哈拉汗国人口一直在增加，且更多游牧民转向定居生活，尤其在20世纪初布哈拉汗国灌溉面积的扩大更是加快了游牧民和半游牧民的定居化进程。根据布哈拉苏维埃人民共和国时期的统计，布哈拉汗国的农村人口占到总人数的85.1%，城市人口占9%，而游牧民仅占5.9%。④ 再者，俄国统治期间，尤其是20世纪初城市化出现以后，布哈拉汗国的城市人口数量增长明显。这与俄国移民城市的建立，以及商品经

---

① Иванов П. П. Восстание китай-кипчаков в Бухарском ханстве 1821 – 1825 гг. С. 14.

② Логофет Д. Н. Бухарское ханство под русским протекторатом: Т. 1. Санкт-Петербург: В. Березовский, 1911. С. 187.

③ Гулишамбаров С. И. Экономический обзор Туркестанского района, обслуживаемого Средне-Азиатской железной дорогой. Ашхабад, 1913, чч. 1 – 3. С. 201.

④ Исмаилова Б. И. Социальная структура и классовая борьба в Бухарском эмирате, 1868 – 1917 гг. / диссертация кандидата исторических наук. Душанбе, 1985. С. 56.

济的发展密切相关。

布哈拉汗国的人口分布主要依灌溉水源的位置决定。人口密集区为布哈拉汗国西部地区泽拉夫尚河谷地的布哈拉、克尔米涅、哈特尔琴和扎特金（затдин）四省，其次是卡什卡达里亚河流域的沙赫里萨布兹、吉塔布和奇拉克琴三省，苏尔汉达里亚河谷地的古扎尔省和季纳乌斯（Динаусс），以及阿姆河沿岸的克尔基和查尔朱两省。相形之下，东部地区的人口相对稀疏，且主要分布在瓦赫什河及其支流的卡拉杰金，以及库利亚布和巴里盏两省。人口最少的 7 个省份是达尔瓦兹（Дарваз）、库尔干杰平（Курган-Тепин）、卡巴江（Кабадян）、希拉巴德、卡巴克林（Кабаклин）、布尔达雷克（Бурдалык）和克里弗。由此观之，布哈拉汗国的人口分布不均衡，且主要集中在西部地区。由于人口密度过大，西部地区时常出现灌溉土地不足的情况。布哈拉汗国东部地区由于交通不便、山地较多，不适宜农耕生产，但水资源丰富、人口稀少，通过完善灌溉系统可吸引大量居民迁入。19 世纪末至 20 世纪初，由于俄国控制了布哈拉汗国第一大水源——泽拉夫尚河，导致布哈拉及其周边地区的农业生产萎缩。随着连接东布哈拉地区的铁路建成，布哈拉汗国的农业经济开始向东部地区转移。再者，俄国重视与阿富汗的贸易往来，作为与阿富汗接壤的地区，东布哈拉地区开始吸引更多外来居民迁入，以此带动当地经济的发展。皮拉绍耶夫（Х. Пирошоев）在自己的论著中证实，20 世纪初，东布哈拉地区的城市人口达到 74500 人。①

布哈拉汗国居民的族群具有多样性，以乌兹别克人和塔吉克人为主，还有土库曼人、吉尔吉斯人、卡拉卡尔帕克人、哈萨克人、阿拉伯人、哈扎拉人、阿富汗人、犹太人、印度人、波斯人和俄国

---

① Пирумшоев Х. Отражение истории городов и городской жизни Восточной Бухары конца XIX-начала XX вв. в трудах русских дореволюционных исследователей / диссертация кандидата исторических наук, Ташкент, 1979. С. 104.

人等。各族群所占比例分别为乌兹别克人50.7%、塔吉克人31.1%、土库曼人10.3%、其他族群人口占7.9%。① 乌兹别克人是布哈拉汗国的主体族群。15世纪末至16世纪初，来自钦察草原的乌兹别克游牧民南下夺取河中政权以后，布哈拉汗国一直由乌兹别克人统治。乌兹别克游牧民也与当地操突厥语的民族融合成后来的乌兹别克族。乌兹别克族的形成是一个漫长的多民族融合过程。关于乌兹别克民族的形成，一些学者认为形成较晚，而另一些学者则认为它的历史十分悠久。但是，随着研究的不断深入，学术界普遍形成了比较一致的观点，即现代乌兹别克族基本形成于16世纪，诚如加文·汉布里所言："昔班尼王朝的成就在于，它使河中地区永远成为了乌兹别克人的故乡。"②

布哈拉汗国建立初期，只有失去牧场或牲畜的穷困牧民才会选择定居生活，游牧生活被认为是富裕的象征。由此，乌兹别克游牧民藐视那些定居者的生活方式，并极力将自己与那些抛弃游牧帐篷、改为在土坯房中定居并依靠农业为生的人区别开来。③ 虽然，整个近代中亚的社会经济发生了巨大变化，大部分乌兹别克游牧民最终转向了定居生活，但他们仍保留着强烈的部落意识。总之，乌兹别克人不仅是布哈拉汗国主体族群，更是游牧民的主体。乌兹别克人主要生活在布哈拉、卡拉库里、卡尔希、古扎尔和米安卡拉地区。拉加费特在论著中详细列举了乌兹别克人的102个部落④，其中主要部落有曼格特、克涅格斯、布尔库特、昆格拉特、乃蛮、基塔—基普恰克等。在各大部落中，乌兹别克人通常推举各自部落的首领参与布哈拉汗国政治，为本部落谋求更多权力和财富。

---

① Победа Советской власти в Средней Азии и Казахстане. Ташкент, 1967. С. 635.

② [英]加文·汉布里：《中亚史纲要》，吴玉贵译，商务印书馆1994年版，第226—227页。

③ Chahryar Adle and Madhavan K. Palat and Anara Tabyshalieva, eds., *History of Civilizations of Central Asia*, Vol. VI, Paris: UNESCO Publishing, 2005, p. 94.

④ Логофет Д. Н. Бухарское ханство под русским протекторатом: Т. 1. С. 155 – 156.

除乌兹别克人以外，塔吉克人主要分布在东布哈拉山区的希拉巴德、杰纳乌、库利亚布、达尔瓦兹等地区，也有部分生活在布哈拉、撒马尔罕、吉萨尔及泽拉夫尚河上游地区。塔吉克人是定居民，主要从事农耕业、手工业和贸易。土库曼人分游牧人口和定居人口，主要分布在阿姆河沿岸、卡尔希和靠近希瓦汗国的边境地区。1820年，梅伊耶多尔夫访问布哈拉汗国后记录，布哈拉城约有7万人，其中3/4为塔吉克人。① 吉尔吉斯人、卡拉卡尔帕克人和哈萨克人等游牧民主要分布在吉萨尔山脉，基济里（Кизиль）河、塔伊尔苏（Таир-су）河流域，以及库利亚布、巴里盏、卡拉杰金等山谷地带。阿拉伯人主要分布在布哈拉省，其中部分为游牧民。还有一些生活在卡尔希和铁尔梅兹地区的阿拉伯人，他们过着半游牧的生活，其中部分已定居下来，从事农耕生产。布哈拉汗国的波斯人主要生活在城市，大致分为三类：一是战争俘获的奴隶；二是18世纪末沙赫穆拉德占领谋夫以后，强迫当地的波斯人迁往布哈拉、撒马尔罕等城；三是从波斯自行移民来的文人学者等。印度人是布哈拉汗国高利贷的主要从业者，基本生活在城市专门的印度旅舍。19世纪上半叶，生活在布哈拉商队旅舍的300余名印度人从事放高利贷。② 阿富汗人分布在阿姆河沿岸和布—阿边境的皮扬朱（Пянджу），也有在城市中的阿富汗商人。19世纪初，由于阿富汗内乱不安，大批阿富汗人逃到布哈拉汗国避难。19世纪上半叶，在布哈拉城的阿富汗人达2000名。③ 俄国人以俄国移民为主，主要生活在铁路沿线新建城市卡甘、铁尔梅兹、克尔基等。

俄国统治以前，除了印度人以外，犹太人是布哈拉汗国唯一不信仰伊斯兰教的族群。布哈拉汗国成为中亚地区犹太人分布最多的国家，由此也被称为布哈拉犹太人。据说，河中地区的犹太人历史

---

① 王治来：《中亚通史》（近代卷），新疆人民出版社2004年版，第174页。
② Джурабаев Д. Х. Бухраский эмират второй половины XVIII-первой половины XIX вв. в письменных источниках. С. 386.
③ 王治来：《中亚通史》（近代卷），新疆人民出版社2004年版，第174页。

可追溯到公元前 10 世纪，到公元 7 世纪，随着阿拉伯帝国的扩张，犹太人开始大规模迁入布哈拉、撒马尔罕等城市，如古代粟特人一样，他们善于经商，为中亚经济的发展作出了贡献。在与原住民塔吉克人的交往与融合过程中，犹太人逐渐放弃了原有的语言，而是使用一种由波斯语演变而来的塔吉克语，即中亚犹太方言。由于史料缺失，我们对 19 世纪中叶以前的布哈拉汗国犹太人了解较少。但从零星的文献中得知，早在公元 6 世纪，中亚城市已有犹太人居住区。[1] 自 16 世纪萨法维王朝建立以后，在波斯受到歧视和迫害的犹太人迁往布哈拉。随着布哈拉城犹太社区的建立，17 世纪更多来自波斯的犹太教徒迁入河中地区，由此布哈拉成为犹太人的聚居中心。在 16 世纪初的布哈拉城，由于布哈拉汗国政府禁止犹太人进入布哈拉城内，故犹太人社区位于城市边缘地带，修建城墙，将他们与城内的居民分隔开来。

在 19 世纪初的布哈拉城，大约生活着 800 户犹太人家庭，他们仅被允许在三条街居住，禁止在城内骑马。伯恩斯指出，布哈拉城的犹太人约 4000 人，其中包括从马什哈德和波斯迁入的。[2] 据当地犹太人描述，在布哈拉城的三个犹太人社区，生活着 500 多户家庭，犹太人数量超过 3000 人。[3] 1793 年，摩洛哥的一位拉比约瑟夫·马马姆·马加里比来到布哈拉，在当地修建犹太会堂，改变了当地犹太教徒的祷告形式。[4] 布哈拉汗国政府规定，布哈拉犹太人着装不得与当地居民一样，曼格特王朝时期许多犹太人被迫皈依伊斯兰教。19 世纪初期，两大犹太会堂在布哈拉建立，均处于犹太社区的控制

---

[1] Сухарева О. А. К истории городов Бухарского ханства（историко-этнографические очерки）. Монография. Ташкент: Издательство АН УзССР, 1958. С. 88.

[2] Сухарева О. А. К истории городов Бухарского ханства（историко-этнографические очерки）. С. 88.

[3] Сухарева О. А. К истории городов Бухарского ханства（историко-этнографические очерки）. С. 89.

[4] Chahryar Adle and Irfan Habibeds, *History of Civilizations of Central Asia*, Vol. V, Paris: UNESCO Publishing, 2003, p. 820.

之下。因此，犹太社区具有行政和宗教双重职能。① 犹太人通过行商聚敛大量财富，成为布哈拉汗国的富人阶层。俄国的统治受到当地犹太人的欢迎，由此后者的地位得以提高，曾被迫皈依伊斯兰教的部分犹太人重新恢复犹太教的信仰。俄国统治以后，犹太人也基本获得了与穆斯林同等的权利，更是通过购置地产和经商等方式获得了更多利益，也成为俄国在布哈拉汗国统治的坚定支持者。

相比于希瓦汗国，布哈拉汗国的游牧民转向定居生活的进程较快，主要分为三个阶段：16 世纪、18 世纪末和 19 世纪末至 20 世纪初。16 世纪是指布哈拉汗国建立以后，乌兹别克游牧民大批涌入传统农耕区——河中地区，由于牧场不足，为了生存，贫穷的游牧民不得已转向定居生活，并向当地塔吉克人学习耕种技术，从事农业生产。再者，昔班尼王朝的统治者们通过修缮灌溉渠、开垦荒地，鼓励更多游牧民转向定居生活，以此实现政权稳定。第二阶段是 18 世纪末，即沙赫穆拉德统治时期，灌溉系统得到极大改善，灌溉土地面积也随之扩大。这样，布哈拉汗国游牧民转向定居生活的进程加快，进入 19 世纪，大部分生活在卡什卡达里亚河谷、泽拉夫尚河谷、苏尔汉达里亚河谷的乌兹别克游牧民开始过着定居或半定居的生活。第三阶段是俄国统治以后，布哈拉汗国社会经济的变革，又一次推动了 19 世纪末至 20 世纪初布哈拉汗国游牧民的定居化进程。但总体而言，布哈拉汗国游牧民的定居化进程相对缓慢，在 19 世纪 60 年代末的泽拉夫尚河谷地，尚不存在真正的定居民，甚至连卡塔库尔干地区的居民都是半定居民。② 直到 1917 年俄国统治结束，游牧民仍在布哈拉汗国占有相当比重。

究其根源，游牧民转向定居生活导致氏族制度的瓦解，氏族制度的瓦解又归根于部落贵族特权的削弱。通过对布哈拉汗国历史的

---

① Chahryar Adle and Irfan Habibeds, *History of Civilizations of Central Asia*, Vol. Ⅴ, Paris: UNESCO Publishing, 2003, p. 820.

② Иванов П. П. Восстание китай-кипчаков в Бухарском ханстве 1821 – 1825 гг. С. 18.

论述，可以看出，部落贵族始终在布哈拉汗国扮演着重要角色，尤其在17—18世纪中叶。相形之下，曼格特王朝时期部落贵族的权力虽受到削弱，但在布哈拉汗国政治经济生活中仍具有显著地位。因此，相比于受直接管辖的突厥斯坦总督区，作为附属国的布哈拉汗国基本拥有内部事务的决定权，作为统治阶层，部落贵族自然发挥着重要作用，这必然影响布哈拉汗国游牧民的定居化进程。

二 城市发展与市民阶层壮大

自16世纪布哈拉汗国建立以来，河中地区的城市得到长足发展，尤其是首都布哈拉城。在公元10世纪，布哈拉已成为中亚的最大城市。① 1220年，蒙古铁蹄踏遍布哈拉城，使之遭到严重破坏，致使很长时间都无法恢复。直至16世纪再次成为布哈拉汗国首都，布哈拉城重新受到重视，重建工作迅速展开。自16世纪始，诸多欧洲学者到访过布哈拉城，并对此进行过诸多描述。1558—1560年，詹金森拜访布哈拉期间，这样描述道："布哈拉是一座大城市，诸多建筑以砖结构为主，建造宏伟。"② 19世纪上半叶，梅伊耶多尔夫、伯恩斯、万伯里也对布哈拉城作过专门描述。尤其在19世纪40年代，作为俄国使团成员，俄国东方学家哈内科夫来到布哈拉，并对布哈拉汗国进行了全面研究。19世纪60年代俄国统治以后，更多俄国人来到布哈拉汗国，且对布哈拉城的关注度提高，出版了有关著作，对布哈拉城及其人口进行了详细论述。由上可知，自16世纪始，布哈拉城成为布哈拉汗国真正意义上的中心城市，并在整个中亚近代文明交往中举足轻重。因此，相比于布哈拉汗国其他城市，布哈拉城更具代表性，进一步显示出布哈拉汗国城市文明的发展程度。

---

① Сухарева О. А. К истории городов Бухарского ханства (историко-этнографические очерки). С. 73.
② Английские путешественники в Московском государстве в XVI веке / Пер. с англ. Ю. В. Готье. Ленинград: Огиз, 1937. С. 182.

16世纪布哈拉城发展显著，主要表现在城市规模的扩大、市民生活水平的提高和城市经济发展的迅速。他们仿效帖木儿的做法，将对外征战中俘虏的各类能工巧匠用于都城建设。由于首都迁至布哈拉城，昔班尼王朝统治者们开始重视布哈拉城的建设。昔班尼汗、阿布杜拉汗二世都曾在夺取呼罗珊和花剌子模以后，从当地掳掠大量的手工业者送往布哈拉城。经过乌拜杜拉汗和阿布杜拉汗二世的扩建和治理，至16世纪下半叶布哈拉城的城墙得以重建，城市规模向东西方向的郊区迅速扩大，这与城市东西方向的手工业发展有关。至16世纪80年代，它一跃超过撒马尔罕成为布哈拉汗国的经济中心。① 另外，16世纪下半叶，布哈拉城及其周边地区新建建筑最多。加富罗夫曾指出："整个近代布哈拉城的建筑风貌主要基于16世纪。"② 在这一百年间，布哈拉城的建筑数量超过近千年来一直为河中地区首府的撒马尔罕城。③

布哈拉汗国从未进行过人口普查。哈内科夫曾对布哈拉城的城市人口作过大致统计，主要依据统计街区或住户数量确定。布哈拉城由360个街区构成，街区数量与清真寺数量相等。④ 按照住户统计，布哈拉城约有2500户，每一户24—28人，因此，布哈拉城的人口在6万—7万人左右。1886年，军事家巴斯拉夫斯基（И. Т. Пославский）在布哈拉城也进行过人口统计，认为该城约有5万人。⑤ 哈内科夫指出，20世纪初的布哈拉城人口数量约8.5万—9万。总之，俄国占领以后，随着铁路的修建和棉花加工业的兴起，

---

① Мукминова Р. Г. Очерки по истории ремесла в Самарканде и Бухаре в XVI веке. С. 33.
② Гафуров Б. Г. Таджики. Древнейшая, древняя и средневековая история. Книга 2. Душанбе: Ирфон, 1989. С. 296.
③ 蓝琪主编：《中亚史》（第5卷），商务印书馆2018年版，第64页。
④ Сухарева О. А. К истории городов Бухарского ханства (историко-этнографические очерки). С. 68.
⑤ Сухарева О. А. К истории городов Бухарского ханства (историко-этнографические очерки). С. 70.

布哈拉城的人口密度扩大，双层建筑明显多于中亚其他国家，其中官宦、宫廷人员、军队阶层和宗教界人士占主体，而手工业者和商人为服务群体。因此，布哈拉城的人口变迁反映出了布哈拉汗国的历史演变进程。1926年，苏联对布哈拉城进行了人口普查。据统计，布哈拉城的家庭数量达13491个，人口46706人，其中41839人为当地居民。① 可见，苏联时期布哈拉城的人口减少明显，这可能与当地经济发展缓慢，尤其是原始手工业的破产导致大量市民外迁有关。

作为布哈拉汗国的最大城市，布哈拉城的人口流动性较大，不同族群和不同地方的居民涌入从事手工业和贸易活动。自18世纪始，布哈拉汗国内讧不止、经济萧条，导致布哈拉城迅速衰败。据18世纪末至19世纪初的文献记载，布哈拉城衰败之时仅剩下两个街区有人居住。② 直到曼格特王朝建立，布哈拉的城市生活才逐渐复苏起来，尤其到18世纪末人口数量也大幅增加，曾经的布哈拉市民重返家园。19世纪末至20世纪初布哈拉城的街区名称与16—17世纪的一致足以见之。其原因在于沙赫穆拉德统治时期，一方面向布哈拉城市民颁发达尔罕证书，向穆斯林免税；另一方面从谋夫迁移了1.7万—3万居民到布哈拉。③ 由此，布哈拉城市民的族群多样化，但以乌兹别克人为主。在1926年的人口普查中，乌兹别克人占到乌兹别克加盟共和国的74.19%。④ 另外，塔吉克人、阿拉伯人、波斯人、犹太人、印度人等也构成了布哈拉城市民的族群代表。但对于布哈拉城市民而言，宗教属性比民族属性更重要。乌兹别克语

---

① Материалы Всесоюзной переписи 1926 г., вып. 1, Поселенные итоги, Самарканд, 1927. С. 41.

② Сухарева О. А. К истории городов Бухарского ханства (историко-этнографические очерки). С. 76.

③ Сухарева О. А. К истории городов Бухарского ханства (историко-этнографические очерки). С. 77.

④ Сухарева О. А. К истории городов Бухарского ханства (историко-этнографические очерки). С. 75.

和塔吉克语为城市的主要用语，市民一般掌握两种语言，而周边郊区的农民则主要讲乌兹别克语。布哈拉城也有自己的方言，其中大部分词汇引自古波斯语。

手工业者是布哈拉城的主要群体，他们依据行业不同分布在不同街区。居民的职业根据所处的街区可以体现出来。布哈拉城的许多街区名称与手工业行业相对应，在 19 世纪末 20 世纪初虽已失去原义，但这些名称仍旧保留了下来，如制订工街区、制针工街区、陶器匠街区、制皂工街区等。随着手工业的发展，专业化的街区并不能满足生产需求，手工业生产开始向城市周边的郊区延伸，形成手工业郊区商业区，如布哈拉城西南郊区的纺织工厂。另一方面，手工业生产的族群划分明显，例如，波斯人擅长编织卡纳乌斯（канаус）丝绸、丝绒和丝巾。除上述织品外，布哈拉人还制造条纹状半丝织品，如别卡萨布（бекасаб）、阿洛恰（алоча）、阿德拉斯（адрас）。犹太人通常是冷染工人，而塔吉克人是热染工人。布哈拉城还有皮革制造、金属加工、珠宝加工、木材加工等专门的生产和销售街区。

作为中亚最大的贸易中心，布哈拉城还有诸多从事贸易的商人，根据交易商品的不同组成不同名称的商人团体。每一类商品均有自己的销售区，同一行业的商人也基本生活在同一区域。除当地商人外，城市中还有许多外来商人，其中很多外来商人常住商队旅舍。商队旅舍也通常是由外来商人开设的，依照商人来源地的不同而逐渐固定化，例如布哈拉城的希瓦人旅舍。19 世纪上半叶，在布哈拉城中生活着 4000 多名印度商人。[①] 他们在这里有自己的商队旅舍，通过放高利贷逐渐融入布哈拉的城市生活，债务人不仅有地主和大商人，也有贫穷的手工业者。除此以外，布哈拉宗教机构的人数也占有相当比例，比中亚任何一座城市的都多。首先是经学院的学生。哈内科夫指出，布哈拉的经学院约有学生 9000—

---

① Савельев П. С. Бухара в 1835 году. СПб., 1836. C. 13

10000 名。19 世纪下半叶至 20 世纪初，这一群体的数量有所下降，这一时期仅有 20% 的经学院仍在运行。① 在布哈拉的毛拉阶层中，经学院的教师阶层等级分明，如阿訇、阿里亚姆、穆夫提—阿斯卡尔（муфтий-аскар）、穆夫提—卡隆（муфтий-калон）等。一般情况下，一所经学院设有 1—2 名穆达里斯。布哈拉城还有伊玛目、苏非依禅、圣裔等宗教人士。

布哈拉汗国的传统社会地位决定了布哈拉城市民的阶层属性。作为布哈拉汗国的政治中心，布哈拉城聚集了大批官宦人士、军事贵族和宗教人士，并为此修建了许多建筑，设立了政府机构，如汗的宫殿、中央办公厅、官员或将军住所等。他们拥有较多地产，成为布哈拉城的剥削阶层。而布哈拉城的受剥削阶层主要是手工业者。与其他手工业城市相比，布哈拉城的手工业者劳动组织具有自己的特征，拥有更多数量的工厂，学徒技艺的获取形式与其他城市也有所不同。同时，布哈拉城还保留专门的宫殿工匠，专门为汗的宫殿服务，主要有绣金工、珠宝匠和普通工匠。直到 20 世纪初，布哈拉城都未形成资本主义发展所需的工厂工业，而同一时期却在卡甘的净棉厂和铁路企业出现了工人阶层。大型的批发商人建立组织，共同推举一位领导组织和安排大型贸易活动的实施。到 20 世纪初，高利贷资本在布哈拉城仍占主导地位，甚至连俄国银行在布哈拉城的资本也需通过高利贷者之手投入布哈拉汗国的经济领域。布哈拉城的资本主义关系发展缓慢，接受破产农民的能力十分有限，雇工数量也相对较少。总之，直到 20 世纪初，布哈拉城仍是典型的传统城市，并未进入资本主义发展阶段。

俄国统治时期，除布哈拉城外，卡尔希成为布哈拉汗国第二大城市，也被誉为布哈拉汗国的粮仓②，之后依次为沙赫里萨布兹、吉

---

① Сухарева О. А. К истории городов Бухарского ханства（историко-этнографические очерки）. С. 97.

② Бартольд В. В. История культурной жизни Туркестана. С. 423.

萨尔、古扎尔、巴里盏、查尔朱、克尔基和库利亚布。但总体而言，城市人口在布哈拉汗国所占比例很小，绝大多数居民仍生活在农村和牧区。但随着俄国的征服，布哈拉汗国增建了许多新城市，城市生活取得了较大发展。20世纪初，布哈拉汗国人口约有300万，其中城市人口数量为29.2万人，约占到总人口的1/10。①

随着外里海铁路在布哈拉汗国境内的铺设，1886年，铁路沿线阿姆河站点出现第一个俄国城市——查尔朱。一战爆发以前，查尔朱的城市面积超过2.5平方俄里，人口超过1.5万，建有10多家工厂、300多家各类贸易机构，也设有邮局电报局、海关检查站、法庭、俄语学校、教堂等。②1888年，卡甘城建立，该城规划合理，街道笔直宽阔，修建单层房屋，由埃米尔出资为俄国使团修建办公场所。卡甘后来成为俄国政治代办处的驻地，这里也修建了埃米尔的宫殿，其建筑风格不同于布哈拉汗国原有的建筑。至1917年，卡甘城的人口约1.2万人。该城已有7家轧棉厂、730余处宫殿地产和从事棉花、皮革等买卖的公司。这里还设有俄国银行的卡甘分行、邮局电报局、交通检查站、两所中小学、诊所和印刷厂。③

1889年，在阿姆河沿岸出现了俄国定居点，后来逐渐发展为克尔基市，它是布哈拉汗国与阿富汗边境地区的重要城市。俄国与阿富汗的贸易也带动了克尔基的经济发展，这里很快出现商铺、企业、工厂和俄国—亚洲银行分行。克尔基也成了布哈拉汗国重要的贸易中心，一战前的年贸易额达到2200万卢布。1891年，克尔基的居民有137人，而到1912年已达到6000人。④另外，1894年，在布—阿边境的阿姆河沿岸又出现了俄国定居点，即后来的铁尔梅兹。

---

① Исмаилова Б. И. Социальная структура и классовая борьба в Бухарском эмирате, 1868 – 1917 гг. С. 55 – 56.
② Фомченко А. П. Русские поселения в Бухарском эмирате. Ташкент: Госиздат УзССР, 1958. С. 14.
③ Фомченко А. П. Русские поселения в Бухарском эмирате. С. 15.
④ Фомченко А. П. Русские поселения в Бухарском эмирате. С. 16.

它具有重要的贸易和军事战略意义，逐渐成为俄国与阿富汗、印度西北部进行贸易往来的中心城市。1902 年，自撒马尔罕至铁尔梅兹的邮局建立。1916 年，连接卡甘和铁尔梅兹的布哈拉铁路正式运营。这些都促进了铁尔梅兹的发展，其基础设施得到完善。至一战前，铁尔梅兹的居民数量达到 2647 人（不包含 4000 人的驻防军）。①

总之，俄国征服以前，布哈拉汗国的城市发展缓慢且不平衡。通过分析布哈拉城及其市民生活可知，布哈拉汗国的城市发展主要集中在 16 世纪、18 世纪末至 19 世纪初两个阶段。城市居民以统治阶层和社会上层为主，城市贫民主要为手工业者。但自 19 世纪下半叶俄国征服以后，布哈拉城及其他布哈拉汗国城市发展缓慢，而途经铁路沿线、由俄国定居点扩建的城市迅速发展为新型城市，如查尔朱、卡甘、克尔基和铁尔梅兹。在俄国的统治下，资本主义生产关系在这些城市出现，促进了布哈拉汗国民族资产阶级和工人阶级的形成，进而推动河中地区经济的发展。但这与布哈拉汗国政治发展道路和俄国统治目的并不相符，必将威胁到埃米尔政权和俄国统治。

三　社会分层与民众暴动频繁

自 16 世纪布哈拉汗国建立以后，乌兹别克部落贵族和宗教界占领了布哈拉汗国绝大多数的土地。16—19 世纪中叶，即俄国征服以前，布哈拉汗国的政治史就是统治阶层争夺领土的战争史，而处于社会底层的农牧民和手工业者也因此遭受了极大伤害，成为统治阶层剥削压迫的主要对象。19 世纪末至 20 世纪初，在俄国的统治下，布哈拉汗国的商品经济迅速发展，而传统的农业经济日趋衰落，农

---

① Фомченко А. П. Русские поселения в Бухарском эмирате. С. 17.

民濒临破产，从而导致反对剥削和压迫的民众暴动持续不断。① 再者，布哈拉汗国政权不稳、混战不已、经济萧条、社会动乱，这根本无法保障普通民众的生活，因此诱发了不同程度的反抗运动，如16世纪初卡拉库利城的起义和撒马尔罕的暴动②。自17世纪始，尤其到了18世纪上半叶，布哈拉汗国局势愈发动荡，统治阶层的剥削进一步加深，更加频繁且不同形式的起义暴动也随之而来。

然而，这些反抗运动的出现也并未真正改善民众生活，实际上是统治阶层为争夺权力而产生的内讧。这不仅反映在乌兹别克部落贵族内部，更是表现在汗与部落贵族之间，尤其到了扎尼王朝中后期，部落贵族势力急剧扩大，汗时常借助某一部落来反抗另一部落。曼格特王朝时期，埃米尔也与吉萨尔、沙赫里萨布兹的部落首领发生冲突。归根结底，这是汗的中央集权被弱化、部落贵族权势不断增强的结果，势力强大的部落贵族都拥有自己的军队和民兵组织。然而，这并不意味着布哈拉汗国没有反对剥削、反对压迫的农民起义，恰恰相反，这类起义暴动也是此起彼伏，接连不断。它们虽被镇压下去，但仍对布哈拉汗国产生一定影响。

自17世纪起，起义暴动在布哈拉汗国出现的频率明显增加。在阿布杜拉济兹汗统治时期，距离撒马尔罕不远的达赫比德（Дахбид）镇爆发民众起义。③ 1608年，在巴尔赫地区，统治者的暴政激起当地民众的激烈反抗。到了1645年，巴尔赫归纳迪尔·穆罕默德统治，次年却被印度占领和掠夺。由此，当地居民赋税更加繁重，生活状况急剧恶化，甚至在1648年巴尔赫出现了饥荒和通货膨胀，最终引发巴尔赫及其周边民众的反抗运动，这进一步摧毁了莫

---

① Мухаммад Ризо Хомиди. Политические, экономические и культурные преобразования в Средней Азии в XIX-начале XX вв. С. 117 – 118.
② История Узбекской ССР. Т. 1: С древнейших времен до середины XIX века. С. 534.
③ Абдукахор Саидов. Политическое и социально-экономическое положение Бухарского ханства в XVII-первой половине XVIII вв. С. 231.

卧儿王朝在巴尔赫的统治。① 1681 年，在泽拉夫尚河谷地的米安卡拉，卡拉卡尔帕克人和乌兹别克部落爆发了反对布哈拉政府的人民起义②。1708 年，乌拜杜拉汗二世实施的货币改革引发布哈拉汗国民众不满，导致布哈拉城发生骚乱。1713 年，在撒马尔罕地区，当地统治者的残暴统治激起民众反抗，并将统治者赶出撒马尔罕。③ 次年，在布哈拉城，克涅格斯部落发起反对汗政权的暴动，最终在当地市民的支持下，汗政权得以稳固。1718 年，由于统治者穆罕默德汗的残暴统治，巴尔赫地区的居民发动了规模较大的起义。④

总之，到扎尼王朝统治末期，布哈拉汗国基本处于无政府状态，部落贵族更是各据一方，米安卡拉的基塔—基普恰克部落开始成为对抗中央政权的主力，并鼓动当地民众发动起义。1746 年，米安卡拉爆发大规模起义，由基塔（китай）部落首领伊巴杜拉（Ибадулла）率领 1.2 万人，攻入布哈拉城准备推翻阿布尔费兹汗的统治。起初，阿布尔费兹汗战败，双方停战进行谈判。但阿布尔费兹汗不同意和解条件，进而向波斯纳迪尔沙求助。最终，纳迪尔沙派遣哈基姆之子拉赫姆率领波斯军队返回布哈拉，帮助阿布尔费兹汗平息了叛乱。⑤ 自此，曼格特部落的首领拉赫姆开始成为布哈拉汗国的实际统治者。

曼格特王朝建立初期，布哈拉汗国不同地区发动数次起义，其原因主要是国内其他乌兹别克部落反对曼格特部落的政权统治。在泽拉夫尚河流域、乌拉秋别和吉萨尔等地区的暴乱，一定程度上证

---

① Абдукахор Саидов. Политическое и социально-экономическое положение Бухарского ханства в XVII-первой половине XVIII вв. С. 231.

② Иванов П. П. Восстание китай-кипчаков в Бухарском ханстве 1821 – 1825 гг. С. 8.

③ Абдукахор Саидов. Политическое и социально-экономическое положение Бухарского ханства в XVII-первой половине XVIII вв. С. 239.

④ Абдукахор Саидов. Политическое и социально-экономическое положение Бухарского ханства в XVII-первой половине XVIII вв. С. 240.

⑤ Иванов П. П. Восстание китай-кипчаков в Бухарском ханстве 1821 – 1825 гг. С. 8 – 9.

明了布哈拉汗国社会对非成吉思汗后裔的曼格特部落篡夺布哈拉汗国政权的质疑和不满。1758年拉赫姆逝后，国内敌对部落召集1万军队攻向布哈拉城，暴动最终被达尼亚尔镇压。①1759—1761年间，达尼亚尔和沙赫穆拉德共同镇压了不同地方的起义和骚乱，例如，塔特肯特（Таткент）②城爆发了由尤兹（юз）部落和基塔部落联盟发动的起义，起义者甚至占领了撒马尔罕城。另外，泽拉夫尚河流域的土库曼人和努拉塔要塞的乌兹别克部落别尔库特（беркут）也发生骚乱。③1784年，布哈拉城发生大规模起义，致使上千人丧生④，商人和贵族上层趁机要求达尼亚尔下台，并推举沙赫穆拉德即位。

1785年，沙赫穆拉德即位以后，克尔米涅、沙赫里萨布兹、忽毡和谋夫等地的部落贵族发动起义，反对沙赫穆拉德的统治。但是，起义均遭到后者的残酷镇压。⑤相比于前两位统治者，沙赫穆拉德在位期间，虽有部分地方统治者试图独立，但其势力已受到大幅削弱，因此布哈拉汗国爆发民众起义的频率有所下降。1800年，为了反抗布哈拉汗国政府的重税，在谋夫地区的土库曼人发动起义。⑥次年，在阿姆河沿岸的克尔基和克济拉亚克（Кызыл-аяк）等地区，土库曼人再次发动起义。⑦1803—1804年，米安卡拉的基塔—基普恰克部落发起了反对海达尔埃米尔的暴动，目的是联合浩

---

① Джурабаев Д. Х. Бухраский эмират второй половины XVIII-первой половины XIX вв. в письменных источниках. C. 129.
② 塔特肯特（Таткент）是靠近哈特尔琴（Хатырчин）附近的小城镇。
③ Иванов П. П. Очерки по истории Средней Азии（XVI-середина XIX в.）. C. 10.
④ Вамбери Г. История Бухары или Трансоксании с древнейшего времени до настоящего: По восточным обнародованным рукописным историческим источникам. СПб., 1873. C. 119.
⑤ Джурабаев Д. Х. Бухраский эмират второй половины XVIII-первой половины XIX вв. в письменных источниках. C. 145.
⑥ Иванов П. П. Восстание китай-кипчаков в Бухарском ханстве 1821 – 1825 гг. C. 54.
⑦ Иванов П. П. Восстание китай-кипчаков в Бухарском ханстве 1821 – 1825 гг. C. 54.

罕汗国、沙赫里萨布兹和希瓦汗国推翻曼格特王朝的统治，但最终仍被海达尔镇压下去。① 总之，在18世纪下半叶和19世纪初的曼格特王朝，民众暴动主要仍是其他部落贵族反对曼格特王朝统治的权力之争。

1821—1825年基塔—基普恰克部落起义是布哈拉汗国史上规模最大、历时5年之久的一次民众起义。它极具代表性和典型性，故值得深入解读。首先，了解起义的时代背景。19世纪初的布哈拉汗国处于海达尔埃米尔统治时期。经过曼格特王朝初期尤其在沙赫穆拉德时期的治理和恢复，19世纪的布哈拉汗国地域辽阔，北部边境城市为突厥斯坦，西南到达穆尔加布河谷地，东南部包括大部分阿富汗领土。② 尽管如此，布哈拉汗国实力并不强大，部分地区仍处于半独立状态，与首都布哈拉城的政治和经济联系微弱，且经常遭到希瓦汗国的侵掠，以及与浩罕汗国进行着频繁的领土争夺。众所周知，布哈拉汗国经济仍以传统的农牧业为主，而在整个18世纪的布哈拉汗国，混战频发导致当地农牧业经济受损，尤其是畜牧业的衰败迫使许多牧民转向定居生活。18世纪末布哈拉汗国的灌溉系统虽得到恢复，但仍无法满足需求。因此，耕地和水资源的短缺使得居民的生活日益窘迫，只能依靠家庭纺织等传统作坊维持生计。据统计，19世纪上半叶，布哈拉汗国部分地区的无地农民数量竟占到总人口的25%。③ 1811年，冬春连旱，庄稼绝收，农民贫穷之极，国内出现饥馑。布哈拉汗国居民的贫穷主要是因为统治阶层，尤其是部落贵族和宗教界控制了布哈拉汗国的绝大部分土地，同时农牧民遭到残酷剥削。另外，19世纪上半叶，部落贵族与埃米尔之间的斗

---

① О некоторых событиях в Бухаре, Коканде и Кашгаре. Записки мирзы Шемса Бухари, изданные в тексте, с переводом и примечаниями В. В. Григорьевым. Казань, 1861. С. 12.

② Иванов П. П. Восстание китай-кипчаков в Бухарском ханстве 1821 - 1825 гг. С. 13.

③ Иванов П. П. Восстание китай-кипчаков в Бухарском ханстве 1821 - 1825 гг. С. 19.

争仍在继续，尤其是沙赫里萨布兹的克涅格斯部落是曼格特王朝政权最强劲的对手。

其次，介绍基塔—基普恰克部落的情况。位于泽拉夫尚河谷地、在撒马尔罕和布哈拉之间的广阔地域生活着诸多乌兹别克部落氏族，其中，人数最多的是位于克尔米涅至卡塔库尔干的基塔部落，及其向东抵达撒马尔罕地区的基普恰克部落。由于地域相邻，这两大部落氏族时常联盟合并，故被称作基塔—基普恰克。在中亚地区，第一次提及基塔—基普恰克部落，是在 17 世纪下半叶。① 基塔—基普恰克部落不仅分布在中亚地区，甚至在克里米亚和高加索地区也有他们的足迹。文献记载有关基塔—基普恰克部落的人数并不一致。米尔扎·舍姆斯（Мирза Шемс）在日记中记述，19 世纪上半叶基塔—基普恰克部落人数已达 12 万。② 而在《海达尔埃米尔传》中作者写到，这两大部落的总人数约为 8 万，每个部落约 4 万人。③ 还有一些学者认为，两大部落的人数近 7 万，其中基塔部落约 4.5 万，而基普恰克约 2.4 万。④ 在泽拉夫尚河谷地，以米安卡拉为中心的基塔—基普恰克部落主要从事畜牧业，但也有农耕生产，城市生活发展缓慢。这一地区的政治经济生活仍以部落氏族宗法体制为主要特点，部落贵族与贫穷农牧民的两极分化严重。基塔—基普恰克两大部落的联盟仅仅是外在形式的政治联盟，而各自部落内部的氏族结构和军队组织完全不同，各自具有独立的氏族划分体系。即便在经济生活方面，这两大部落也不尽相同。两大部落之间的冲突在 1821—1825 年的大起义中显现出来，这也预示了起义的失败。

再次，探究起义的主要原因。第一，海达尔在位期间，布哈拉汗国的土地赏赐和土地买卖现象更加普遍，加之海达尔重视宗教事务，导致私有土地和瓦克夫土地比重进一步增加，对农民的剥削程

---

① Иванов П. П. Восстание китай-кипчаков в Бухарском ханстве 1821 – 1825 гг. С. 29.
② Иванов П. П. Восстание китай-кипчаков в Бухарском ханстве 1821 – 1825 гг. С. 30.
③ История эмира Хайдера, соч. Ибадуллы и Мухаммед Шерифа, рукопись. С. 3.
④ Иванов П. П. Восстание китай-кипчаков в Бухарском ханстве 1821 – 1825 гг. С. 30.

度也日益加深，故农民积怨已久。第二，海达尔向布哈拉汗国军队划拨的开支较大，同时海达尔的个人生活奢靡，这些都要通过搜刮民众财富来实现，足见布哈拉汗国居民负担之沉重。第三，国内高利贷活跃，赋税更多以货币形式征收；当地官员滥用职权，肆意搜刮民脂民膏。简言之，苛捐杂税，徭役繁重，征税官吏的残暴行为成为此次起义的主要动因。1821年，海达尔下令要求卡塔库尔干统治者阿亚兹比（Аяз-бий）向基塔—基普恰克部落征召500人服兵役，前往谋夫地区作战。[①] 通常情况下，富人可通过贿赂官吏免除服役，而穷人则成为官吏征兵的主要对象。这导致当地的劳动力严重短缺，许多贫农被活活饿死，这直接导致了1821—1825年大起义的爆发。因此，作为布哈拉汗国较富裕的地区，米安卡拉地区的基塔—基普恰克部落成员遭到残酷剥削，进而引发当地民众持续高涨的不满情绪，最终在部落首领的带领下发动起义，共同反对海达尔的政权。

最后，分析起义的性质及影响。这次起义是布哈拉汗国历史上规模最大、影响也最显著的一次。除外部势力参与外，城市手工业者和贫民也参与其中。在以前的布哈拉汗国，民众起义更多是部落贵族借此实现个人目标，即在部落贵族领导下与其他部落或汗进行土地或权力的争夺，这具有一定的目的性、分散性和局部性。然而，1821—1825年的大起义不同，这是一次自发的、全民性的、反抗剥削压迫的大规模民众运动。起义虽被海达尔镇压，但却对布哈拉汗国的政治经济生活产生了重要影响。其一，导致海达尔的政权迅速垮台，布哈拉汗国实力受到严重削弱。起义被镇压后的第二年，即1826年海达尔去世。为了镇压起义，海达尔花费了更多人力、物力和财力，布哈拉汗国国库所剩无几，军队规模急剧缩小，导致周边希瓦和浩罕两大汗国趁机入侵和掳掠的现象愈发频繁。其二，阻碍

---

① Иванов П. П. Восстание китай-кипчаков в Бухарском ханстве 1821 – 1825 гг. C. 55.

了国内外贸易发展。这次起义历时 5 年之久，导致布哈拉汗国持续动荡。米安卡拉作为布哈拉至撒马尔罕路段的必经之路，此次起义导致通往费尔干纳、塔什干，甚至到俄国和中国新疆地区的商道受阻。其三，对基塔—基普恰克部落生活的米安卡拉地区社会经济结构的影响显著。这次起义被镇压以后，埃米尔作出妥协，暂停对人口密集的米安卡拉地区征收赋税①，以期恢复当地的经济生活。但由于牲畜被杀、牧场遭到破坏，卡拉卡尔帕克人、基塔伊—基普恰克部落的许多游牧民破产，被迫转向定居生活进行农耕种植。由此，当地社会经济结构开始发生变化，加速了部落氏族体制的瓦解。

另外，从起义的过程可知，除布哈拉汗国其他部落支持外，外国势力也参与了起义。基塔—基普恰克部落首领曾向当时驻留在吉扎克的浩罕汗国奥马尔汗求助，以期在后者的襄助下推翻海达尔的统治。《海达尔埃米尔传》的作者也指出，希瓦汗国也曾与基塔—基普恰克部落达成同盟，试图干涉布哈拉汗国内政。这对布哈拉汗国与希瓦汗国的关系走向产生了较大影响。

四　俄国移民的到来及其影响

俄国向中亚地区的移民可追溯至 18 世纪初，即俄国征服哈萨克草原地区之时。直至 19 世纪 60 年代，俄国基本巩固了在哈萨克草原地区的殖民统治，并竭力推行以军事移民为主的政策。自 1861 年废除农奴制以后，为了缓和国内矛盾，俄国政府鼓励当地农民移民前往哈萨克草原及中亚其他地区，以此实现中亚的俄国化政策。1891—1892 年，俄国发生饥馑，当地居民如潮水般涌入中亚。20 世纪初，随着 1905—1907 年革命的爆发，俄国农民掀起反抗地主的斗争，斯托雷平不得已进行土地改革，并广泛推行移民政策，将俄国农民迁往边远地区。1906—1910 年间，俄国有近 250 万农民被迁往

---

① Иванов П. П. Восстание китай-кипчаков в Бухарском ханстве 1821 – 1825 гг. С. 90.

西伯利亚、远东、中亚和其他地区。① 总之，在统治中亚期间，俄国竭力推行移民政策，目的是实现中亚地区的俄国化。

然而，俄国向中亚的移民主要集中在哈萨克草原和突厥斯坦总督区，而向南部的布哈拉汗国和希瓦汗国的移民较少。况且，除军事人员和俄国官员外，农民是构成中亚北部地区俄国移民的主体，而在南部的布哈拉汗国，俄国移民以铁路工人、商人和手工业者为主。毋庸置疑，俄国移民的到来，为中亚地区带来了相对进步的物质文明和精神文明，但同时也给中亚地区带来诸多问题，如剥夺当地居民土地、实施不平等的民族政策等。就布哈拉汗国而言，俄国移民也是俄国推行殖民政策的重要工具，同时对布哈拉汗国的社会经济产生了深远影响。

自俄国与布哈拉汗国的战争结束，1873年双方签署和平条约以后，俄国移民开始在布哈拉汗国出现。随着俄国与布哈拉汗国的贸易往来不断加强，更多俄国商人迁往布哈拉汗国。紧接着，外里海铁路的铺设、俄国驻防军的派驻、撒马尔罕至铁尔梅兹铁路的修建、阿姆河舰队和1895年俄国海关的设立，促使越来越多的俄国居民向布哈拉汗国移民。据1898年的数据统计，布哈拉汗国共有12150名俄国移民。20世纪初，布哈拉汗国境内的俄国军事人员数量为8000余人。到1917年，布哈拉汗国的俄国移民数量达到5万人，其中不包含军事人员。② 然而，相比于1897—1916年间迁至中亚北部六省的130.14万俄国移民③，在布哈拉汗国的俄国移民数量相对较少。到了19世纪末，布哈拉汗国的铁路沿线和阿姆河沿岸出现了诸多俄国移民的定居点，其中部分后来演变为俄式新型城市，如上文提及的卡甘、克尔基和铁尔梅兹等。在新型城市和首都布哈拉城生活着近5000名俄国移民。④ 起初，这些新型城市基本以俄国移民为主，

---

① 孟楠：《俄国统治中亚政策研究》，新疆大学出版社2000年版，第149页。
② Фомченко А. П. Русские поселения в Бухарском эмирате. С. 12.
③ 孟楠：《俄国统治中亚政策研究》，新疆大学出版社2000年版，第155页。
④ Фомченко А. П. Русские поселения в Бухарском эмирате. С. 23.

当地居民非常少见，但后来当地居民的数量也开始增加。来到布哈拉汗国的俄国移民包括各类社会群体，如俄国官员和军人及其家属、各类商人、工人、铁路工程师、手工业者和农民等，他们的民族也是多样化的，除俄罗斯人以外，还有亚美尼亚人、犹太人和鞑靼人。

不同于突厥斯坦总督区，俄国政府并未向布哈拉汗国推行强制的移民政策，尤其在俄国农民的迁移问题上。对此，在1909年塔什干的会议上俄国政治代办处代理人柳特什（Лютш）作了专题报告，参会代表也进行了专门讨论。会议最终决定不向布哈拉汗国推行移民政策，主要是考虑到两点：一是布哈拉汗国的剩余土地不足；二是移民政策将会引起当地居民对俄国的不满。

关于俄国移民购买布哈拉汗国土地的权益问题已在1873年和约第12条款中注明。① 因此，俄国政府通过在布哈拉汗国建立居民点来安置移民。1888年6月23日，在埃米尔与突厥斯坦总督签署的特别备忘录中，布哈拉汗国政府同意俄国在铁路沿线和阿姆河沿线修建定居点，并共同商议有关定居点的土地购置，修建街道、房屋、工厂，保障供水，安保、教育、医疗等基础设施的相关事宜。② 俄国移民可以通过布哈拉汗国政府或个人购买土地。一般情况下，购买工厂所用土地的面积约750—1500平方俄丈，商铺土地5—15平方俄丈，住宅用地350—750平方俄丈不等。③ 根据俄国政治代办处与布哈拉汗国政府的协议，布哈拉汗国居民有权迁至俄国定居点居住。

随着外里海铁路的铺设，布哈拉汗国开始出现第一个俄国定居点，即阿姆河火车站，靠近旧城查尔朱。1886年12月，新查尔朱城区建成。自1887年始，布哈拉汗国政府正式批准俄国移民可从个

---

① Фомченко А. П. Русские поселения в Бухарском эмирате. С. 13.
② Фомченко А. П. Русские поселения в Бухарском эмирате. С. 13.
③ Фомченко А. П. Русские поселения в Бухарском эмирате. С. 13 – 14.

人手中购置土地，用于修建房屋、货仓和兴办工厂、企业。① 新查尔朱城区位于阿姆河航运和铁路沿线的交叉口，位置优越，贸易往来频繁。它逐渐扩建为一座贸易中心城市。

此后，诸多俄国定居点日渐成为布哈拉汗国的新城市，俄国移民对当地社会经济的发展具有进步意义。首先，俄国移民在布哈拉汗国修建工厂和货仓，创办企业、银行、学校、诊所和邮局电报站，这一方面提高了布哈拉汗国居民的生活水平，让更多居民了解更为现代化的城市生活；另一方面也促进了商品货币关系的发展，致使布哈拉汗国封闭的自然经济走向解体。其次，俄国移民与当地居民之间的交往和联系促使俄国的革命思想在布哈拉汗国居民中广泛传播。20世纪初布哈拉汗国出现的工人罢工运动，以及反抗埃米尔政权和俄国统治的农民起义都证明了布哈拉汗国居民反抗意识的觉醒。再者，俄国移民成为布哈拉汗国与俄国及其他国家进行贸易往来的主体，其所在的俄式新型城市成为国际化贸易中心。一战前，卡甘有15家工厂企业，查尔朱有10家。俄国移民城市铁尔梅兹和克尔基也是布哈拉汗国与阿富汗进行贸易的主要城市。最后，俄国移民的到来及工厂的开办使得布哈拉汗国出现工人阶层，同时俄国资本的涌入也促成了当地民族资产阶级的产生，这对布哈拉汗国未来发展道路产生了深远影响。

当然，不同族群的交往定会产生相互作用，俄国移民对当地居民产生影响的同时，也受到后者的影响。俄国农民向当地居民学习耕种经验，包括当地农作物的耕种和灌溉土地的耕种方法。另外，通过学习，俄国居民也掌握了建造适宜当地环境和条件的房屋技术。总之，尽管俄国移民在布哈拉汗国所占的比例较低，但不同于中亚北部地区以农民为主体的移民，布哈拉汗国的俄国移民主要是工商业阶层，他们对河中地区商品经济的发展至关重要。俄国移民的到来一方面迅速瓦解了布哈拉汗国原有的落后经济体系，让布哈拉汗

---

① Фомченко А. П. Русские поселения в Бухарском эмирате. С. 14.

国经济不断融入现代世界经济体系；另一方面使布哈拉汗国居民摆脱传统封闭的枷锁，逐渐接受先进的生产生活方式，将布哈拉汗国与进步和文明的世界联系起来。所以说，俄国移民对布哈拉汗国社会经济的影响主要反映在城市方面，而对农村社会的影响有限。这与布哈拉汗国本身具有发达的农业经济、当地农业人口众多而可耕土地较少有一定关系。

五 交通运输和医疗条件的改善

彭树智先生指出："交通是文明交往洪流奔腾向前的大动脉，交通因交往而凿通"[①]，横贯欧亚大陆的古丝绸之路便是人类文明交往的重要通道。作为丝绸之路上的必经之地，包括布哈拉汗国在内的中亚地区为欧亚两大洲的贸易往来，以及东西方的文明交往作出了重要贡献。因此，中亚统治者历来重视道路建设，尤其是保证商路的畅通。自帖木儿帝国建立以后，统治者们强化交通设施建设，包括修建桥梁、铺设道路、建造商队旅舍和建立驿站等，尤其在帖木儿、阿布杜拉赫和兀鲁伯统治时期。因此，在继承帖木儿帝国遗产的基础上，16世纪建立初期的布哈拉汗国道路状况良好。但随着15世纪末新航路的开辟，中亚作为东西方陆路贸易通道的作用逐渐下降，布哈拉汗国统治者不再特别关注商路是否安全，这种趋势自17世纪始逐渐凸显出来。由此，布哈拉汗国的道路状况不断恶化。直到俄国统治以前，东布哈拉地区甚至没有适宜马车运输的道路，货物运送只能通过驮运进行。

1868年俄国统治以后，为了加强与布哈拉汗国的贸易，俄国帮助布哈拉汗国政府重修了公路和驿站。但随着铁路的铺设和运行，这些道路的作用明显下降。为了加强边境安全和实现对外贸易，在俄国政府的要求下布哈拉汗国政府重视移民城市克尔基的建设，保证它与查尔朱之间的道路畅通，并在沿途修建商队旅舍。但自1888

[①] 彭树智：《我的文明观》，西北大学出版社2013年版，第15页。

年起，查尔朱经克尔基至铁尔梅兹的阿姆河轮船运输开启。除结冰期外，轮船运输几乎替代了当地马车运输，加快了不同城市之间的商品交换。一直以来，铁尔梅兹与撒马尔罕之间没有道路相通。俄国政治代办处在取得埃米尔的同意后，由俄国工程师出面，通过召集当地民众服劳役，修建撒马尔罕至铁尔梅兹的道路，并在沿途修建了15个驿站，直至1902年建成运行。① 1900年，布—阿边境地区从克尔基经丘别克到达库利亚布的公路建成使用，之后还陆续修建了从撒马尔罕到基塔布、沙赫里萨布兹、古扎尔、希拉巴德等布哈拉汗国城市的公路，这些都促进了布哈拉汗国国内贸易的发展。② 然而，这却是在压榨当地民众劳动力基础上修建的，给当地民众造成了极大伤害。另外，布哈拉汗国一直有牲畜驮运，尤其在东部山区，骆驼和马成为当地货物运输的主要工具。由于自然条件的限制，落后的牲畜驮运并不能满足当地居民的生活所需。

相比于阿姆河水上运输，铁路运输对布哈拉汗国的意义更为显著。为了加强俄国腹地与中亚地区的联系，1880年8月俄国政府决定修筑自克拉斯诺茨克始发的外里海铁路，1885年修至阿什哈巴德。③ 之后，又考虑延伸该铁路经布哈拉汗国至撒马尔罕路段。对俄国而言，除发展贸易外，外里海铁路的修建具有重要的战略意义，将进一步强化对布哈拉汗国的控制。1885年6月25日，俄国代表与埃米尔政府达成协议，共同修建贯通布哈拉汗国的铁路。④ 1886年5月2日，外里海铁路已通至谋夫，同年11月修至查尔朱，往后延伸至布哈拉城。1897年通至撒马尔罕和安集延，1899年最终与塔什干相通。该铁路在布哈拉汗国境内的路段长达246俄里。之后，在布

---

① Логофет Д. Н. Бухарское ханство под русским протекторатом: Т. 1. С. 203.

② Логофет Д. Н. Бухарское ханство под русским протекторатом: Т. 1. С. 204.

③ Давронов Хушвахтшо. Изменения в экономике Бухарского эмирата в период протектората России. С. 180.

④ Давронов Хушвахтшо. Изменения в экономике Бухарского эмирата в период протектората России. С. 180.

哈拉汗国境内又建成了从查尔朱至卡塔库尔干的铁路。这样，外里海铁路不仅将布哈拉汗国境内的布哈拉、查尔朱、卡拉库里、克尔米涅、扎特金等主要城市城连接起来，而且将俄国、布哈拉汗国与突厥斯坦总督区连接起来。这为俄国商品进入中亚尤其是布哈拉汗国提供了便利，同时也加快了布哈拉汗国向俄国的棉花出口。可见，外里海铁路的修建促进了俄国和布哈拉汗国的贸易往来，双方的贸易额逐年增加。另外，查尔朱车站电报的开通促使来自布哈拉和希瓦的商队络绎不绝。①

考虑到布哈拉城与卡甘火车站近 15 俄里路程，俄国政治代办处与埃米尔政府经过多次协商，并在 1898 年阿布杜拉哈德埃米尔与俄国代表就此进行谈判，最终决定于 1900 年春开始修建这一铁路，并于次年 8 月 15 日建成使用。② 此后，为了保障布哈拉汗国边境安全，俄国政府计划将铁尔梅兹与撒马尔罕或布哈拉连接起来。考虑到成本和效益，俄国最终决定修建自卡甘经卡尔希、克尔基、希拉巴德至铁尔梅兹的铁路。其中卡尔希是考虑的主要因素，因为它是布哈拉汗国第二大城市，贸易发展的潜力较大。1904—1908 年间，俄国对这一线路进行了多次实地调研，规划方案已经完成。1908—1909 年间，完成了卡甘至卡尔希路段的勘察工作，③ 直到 1912 年全路段的勘察工作结束。1914 年 7 月 16 日，自卡甘经卡尔希至铁尔梅兹的铁路又称布哈拉铁路正式开始修建。④ 直至 1916 年 7 月 15 日，长达 572 俄里的布哈拉铁路正式建成并投入运营。⑤ 布哈拉铁路的建成一

---

① Давронов Хушвахтшо. Изменения в экономике Бухарского эмирата в период протектората России. С. 181.

② Давронов Хушвахтшо. Изменения в экономике Бухарского эмирата в период протектората России. С. 184 – 185.

③ Логофет Д. Н. Бухарское ханство под русским протекторатом：Т. 1. С. 209.

④ Давронов Хушвахтшо. Изменения в экономике Бухарского эмирата в период протектората России. С. 192.

⑤ Тухтаметов Т. Г. Россия и Бухарский эмират в начале XX века. Душанбе：Ирфон，1977. С. 129.

方面巩固了俄国在布哈拉汗国东南部，即与阿富汗接壤的边境地区的统治地位，避免英国对布哈拉汗国的渗透；另一方面将促进布哈拉汗国主要城市与中亚其他地区的贸易往来与经济联系。

总之，俄国统治以后布哈拉汗国境内修建的铁路路段长达830多俄里，这对布哈拉汗国意义重大：一则打破了布哈拉汗国国内经济的封闭性，各地区之间的经济联系更为密切，国内外贸易增长迅速；二则棉花的大量出口导致产业结构趋向单一化，致使布哈拉汗国经济畸形发展；三则带动了俄国资本的输入，资本主义生产关系开始出现，布哈拉汗国生产力得以提高。

除交通运输条件以外，俄国统治以后布哈拉汗国的医疗水平也得到了大幅提高。关于俄国统治以前布哈拉汗国医疗方面的文献资料甚少，因此本书仅作一大致描述。中亚传统医学是在融合阿拉伯医学和波斯医学的基础上形成的，因此也属于伊斯兰医学的重要组成部分。纵观历史进程，中亚传统医学主要经历了三个阶段的"繁荣"。第一阶段是花剌子模王朝和萨曼王朝统治下的8—12世纪。这一时期，中亚医学达到相当高的水平，医学家伊本·西纳被尊称为世界医学之父。第二阶段是帖木儿帝国统治下的14—15世纪。帖木儿帝国统治者历来重视人才，譬如，在兀鲁伯的宫殿中聚集了众多学者和专家，其中不乏医学家；忽辛·拜哈拉（1469—1506）统治期间，包含医院、公共浴池、经学院和高等医学院在内的医疗建筑群在首都赫拉特建成，新编的医学教科书和相关医著也逐渐问世。[①]第三阶段为近代早期，即16—18世纪。在这一时期，医学最发达的当属布哈拉汗国。布哈拉城和撒马尔罕等大城市出现各类医院、诊所和医学院，医生除治病救人外也编写医著。进入19世纪，由于宗教狂热和内外纷争不休，布哈拉汗国的医学发展缓慢，直至19世纪后期俄式现代医学逐步兴起，开始挑战传统医学在布哈拉汗国的权威。

---

① Кадыров А. А. История медицины Узбекистана. Ташкент: Ибн-Сина, 1994. С. 6.

布哈拉汗国很大程度上依赖民间医疗，治疗技艺代代相传，传统疗法主要包括经验疗法、宗教疗法和迷信疗法。实际上，在布哈拉汗国，疾病更多以巫术和宗教方式处理，且被归因为邪恶精灵或"罪"在作祟。当然，当地也有专门的医疗从业者，如"塔比布（табиб）"①、外科医生（джаррах）、龙线虫提取师（риштач）、助产士、创伤治疗师（синичек）、水蛭疗师（зулукч）和放血师等，其中塔比布最具代表性。② 知名塔比布不仅服务于当地民众，甚至远赴草原部落医治患者，他凭经验诊断和治疗疾病，其中，放血疗法和正骨术最受欢迎。③ 汗国常见的地方性疾病主要包括"萨尔托夫病"（сартовская болезнь）④、麻风病、麦地那龙线虫病（ришта）⑤、甲状腺肿大、"阿富汗溃疡"⑥和"帕沙—胡尔达"（паша-хурда）⑦,⑧其中萨尔托夫病和麦地那龙线虫病最为普遍。萨尔托夫病是一种皮肤病，在塔什干比较常见，它自发病到治愈通常需要2—8个月。1558年，作为首位访问布哈拉的俄国使节，詹金森在其游记中提及

---

① 塔比布（табиб）原本指代男性穆斯林的名字，后来泛指医生。

② Шишов А. Сарты. Этнографическое и антропологическое исследование / Сборник материалов для статистики Сырдарьинской области. Том 11. Ташкент, 1904. С. 391.

③ Шишов А. Сарты. Этнографическое и антропологическое исследование / Сборник материалов для статистики Сырдарьинской области. Том 11. Ташкент, 1904. С. 391.

④ 萨尔托夫（сартов）源自 сарты，意为古代对中亚地区定居民的称呼，从民族学的角度看萨尔托夫人与中亚土著定居民塔吉克人十分相似，但不同的是，萨尔托夫人不讲波斯语而讲突厥语。从面部长相来看，他们是介于塔吉克人与操突厥语的族群之间。参见 Сатанский А. Ташкентская язва или сартовская болезнь // Туркестанские ведомости. 1877. No 46，47，48。

⑤ Свияжский И. К изучению о происхождении и развитии ришта // Туркестанские ведомости. 1882. No 39.

⑥ Саид Хабибуллох Хӯжа Саид Орифх ӯжа ӯғли. Ёмон яра, яъни куйдиргихусусида（О пендинской язве）// Туркистон вилоятининг газети. 1910. No 55.

⑦ 帕沙—胡尔达（паша-хурда）是指苍蝇传播引起的疾病，如疟疾、霍乱、痢疾等。

⑧ Маев Н. О разновидностях зоба и методы его лечения // Туркестанскиеведомости. 1887. No 48；Шалыгин К. Об эндемическом зобе в Коканде // Туркестанские ведомости. 1877. No 20，21，24.

麦地那龙线虫病在中亚广泛流行,这是欧洲人首次得知这一疾病。①它主要分布在布哈拉汗国的吉扎克、卡尔希和布哈拉城等地区,发病与气候、水源和饮水习惯密切相连。

在俄国占领以前,布哈拉汗国的传统医疗存在诸多问题。其一,医疗观念陈旧,医学基础薄弱。作为一个伊斯兰国家,布哈拉汗国的民众普遍遵守伊斯兰教有关洁净的规定,如讲究清洁卫生,礼拜前进行大、小净;饮食上不吃不洁净的食物,禁食猪肉和动物的血液;严禁饮酒、赌博,禁止不正当的行为等。当遭遇重大疾病时,布哈拉汗国的民众会邀请巫医作法,通过护身符、念咒语等方式摆脱疾病困扰,这不仅影响了当地民众的健康观,而且严重制约了布哈拉汗国医疗事业的发展。显然,传统医学观念始终在布哈拉汗国社会发挥着重要作用。布哈拉汗国的民间医学较为落后,民间医生并不掌握医疗科学知识。因此,现有的医学论著主要是来自印度,用波斯语写成的。譬如,布哈拉汗国民间医学的根基主要源于伊本·西纳的《药典》和14—15世纪的布哈拉医生别纳·阿维采纳(Бена-Овицена)撰著的《治愈良方》(Шира-и-клюб),②但这类医书是用波斯语撰写而成的。当地以乌兹别克语撰写的医学论著较少,即使有也基本是从波斯语翻译过来的。③《治愈心脏》(Шира-и-клюб)是布哈拉汗国最受欢迎的医学著作,沥青作为药材广泛使用。总之,19世纪中叶以前布哈拉汗国居民几乎不了解现代医学。

其二,医疗机构和人才短缺,民众健康不受重视。至19世纪末,布哈拉汗国仍旧未建立起正规的现代化医院和医学类院校,仅

---

① Путешествие Джениксона в Среднюю Азию 1558 – 1560 гг. // Английские путешественники в Московском государстве в XVI в. Перевод с английского Ю. В. Готье. Л., 1937. С. 182.

② Нуров А. Р., Исупов С. Дж. Научное наследие Абумансура Муваффакка в области фармации // Здравоохранение Таджикистана. 2013. № 1. С. 14 – 18.

③ Логофет Д. Н. Бухарское ханство под русским протекторатом: Т. 2. Санкт-Петербург: В. Березовский, 1911. С. 136.

存位于清真寺内部、依靠瓦克夫经费资助、专门用于收留残疾人士和绝症患者的 2—3 个场所，且未安排专业医护人员对其医治和陪护。① 布哈拉汗国的医疗队伍以赤脚医生和巫医为主，数量有限，且其中仅有个别医生接受过医学教育，换言之，汗国医生不仅数量少且水平低，根本无法满足当地民众的医疗需求。与此同时，在传统医学观念中，疾病与健康更多属于私人之事而非公共事项。② 所以布哈拉汗国政府极少关注民众健康，对改善医疗条件视若无睹，对当地暴发的各类疾病也是不闻不问，布哈拉汗国的民众对现代医学、卫生保健和疾病防控等知识更是闻所未闻。

其三，民众患病率高，医疗保障不到位。据拉加费特记载，恶劣的自然环境、脏乱的卫生条件，以及民众不健康的生活习惯导致布哈拉汗国暴发诸多疾病，如天花、疟疾、黄热病、肠胃疾病、皮肤病、麻风病、线虫病、甲状腺疾病、梅毒、沙眼、结核病，还有周期性的瘟疫和霍乱等。③ 为了遏制麻风病的传播，布哈拉汗国政府下令修建隔离区"马哈乌（Maxay）"，但除水源外这里并无任何医疗资源供患者使用。④ 显然，布哈拉汗国政府并未采取有效措施，即便在首都布哈拉城每年均会暴发不同疾病致使民众死亡。19 世纪 80 年代末，俄国政治代办处负责人曾致信突厥斯坦总督区总督，强调布哈拉汗国医疗水平低、卫生条件较差，当地民众患病的死亡率高

---

① Огудин В. Л. Народная медицина Средней Азии и Казахстана. М. : Издательский дом «Ганга», 2021. C. 36.
② ［英］安东尼·吉登斯、［英］菲利普·萨顿：《社会学》（第七版），赵旭东译，北京大学出版社 2015 版，第 421 页。
③ Логофет Д. Н. На границах Средней Азии. Санкт-Петербург: В. Березовский, 1909. C. 78；Логофет Д. Н. Страна бесправия. Бухарское ханство и его современное состояние. Санкт-Петербург: В. Березовский, 1909. C. 95 - 96；Логофет Д. Н. Бухарское ханство под русским протекторатом: Т. 2. C. 152.
④ Логофет Д. Н. Бухарское ханство под русским протекторатом: Т. 2. Санкт-Петербург: В. Березовский, 1911. C. 143.

达25%。① 再者，布哈拉汗国的药物种类有限且疗效不佳，对于当地频发的流行病和传染病汗国缺乏有效的疫苗和特效药，由此产生较高的发病率和死亡率。

自1868年沦为俄国附属国以后，布哈拉汗国的文明形态发生了重大转变，不仅体现在政治和经济领域的殖民化，而且从社会文化方面趋于斯拉夫化。作为社会生活的重要方面，布哈拉汗国的现代医疗卫生事业也在俄国殖民治理体系下逐渐发展起来。19世纪末至20世纪初，在俄国政府的参与下，布哈拉汗国的医疗改革顺利推进，现代医疗卫生体系开始萌芽。但相较于突厥斯坦总督区，俄国政府在布哈拉汗国并未制定独立的医疗政策。因此，布哈拉汗国的医疗改革举措主要依托突厥斯坦总督区医疗管理局予以实施。

首任总督考夫曼向医疗管理局增加经费投入以扩大俄式医疗机构规模。② 之后，急诊室、诊所、医院和军队诊疗所等不同类型的俄式医疗机构在各大城市和边境地区相继成立。通过与俄国医生、护士和药剂师的直接交往，当地居民对现代医学的了解日益增多，也趋于接受和认可俄式医疗。1882—1883年，俄国参议员兼军事医疗监察员③吉尔斯（Ф. К. Гирс）在其调研报告中指出，中亚居民越来越认可俄式现代医学，但其医疗服务对象主要限于市民，农牧民对其相当陌生，甚至怀有敌意。④ 据他统计，1881年在俄式医疗机构就诊的患者有22600名，其中18500人为当地居民，这还不及中亚

---

① Ахмедов А., Ахмедова М. А., Маслова Е. В., Ахмедов Ф. А. Обобщение опыта здравоохранения в различных административных регионах Бухарского эмирата и его влияние на состояние здоровья населения того периода // Вестник Академии медицинских наук Таджикистана. № 2, 2017.

② Высочайше утвержденное Положение Военного совета-Об увеличении расхода на содержание Туркестанского окружного военно-медицинского управления. 22 июля 1869 года. ПСЗРИ – 2. Т. 44. Отд. 1. СПб. 1873. № 47341. С. 936.

③ 军事医疗监察员为图尔克斯坦军区医疗管理局的负责人，即全面负责俄国在中亚地区的医疗事务。

④ Отчет ревизующего по Высочайшему повелению Туркестанский край тайного советника Гирса. 1884. С. 160.

人口的1%。① 所以，考夫曼在任期内虽采取了有力举措，但中亚医疗状况改变甚微。

1882—1884年，切尔尼亚耶夫总督基本延续了之前的医疗政策，仅是象征性地增加了对医疗管理局的经费支持。② 1884年，罗森巴赫（Н. О. Розенбах）接任新总督以后着手改组当地医疗机构。根据1885年3月11日军区委员会决议，忽盏、佩罗夫斯克、奇姆肯特等地的军队诊疗所改为普通诊所。③ 据统计，1885年中亚规模较大的两家军队医院分别位于塔什干和撒马尔罕，而在其他地方共有19家诊所。④《突厥斯坦总督区管理条例》规定，俄式医疗机构的医生有权向当地患者出售药品，特困人群可通过国家或当地政府补贴免费获取药品，同时他们也为当地居民接种天花疫苗，重点吸引年轻人接种。⑤

进入20世纪初，俄政府又开始强化对中亚医疗机构的监管。1901年10月，医疗管理局在铁尔梅兹建立诊所，其床位数量达160

---

① Отчет ревизующего по Высочайшему повелению Туркестанский край тайного советника Гирса. 1884. С. 160.

② Высочайше утвержденное Положение Военного совета-О производстве чинам Туркестанского Окружного военно-медицинского управления добавочного содержания за труды по заведыванию Врачебной частью по военно-народному управлению Туркестанского края. 13 июля 1884 года. ПСЗРИ – 3. Т. 4. СПб. 1887. № 2359. С. 410 – 411.

③ Высочайше утвержденное Положение Военного совета-О производстве чинам Туркестанского Окружного военно-медицинского управления добавочного содержания за труды по заведыванию Врачебной частью по военно-народному управлению Туркестанского края. 13 июля 1884 года. ПСЗРИ – 3. Т. 4. СПб. 1887. № 2359. С. 410 – 411.

④ Высочайше утвержденная 11 марта 1885 года Ведомость госпиталям и местным лазаретам в Туркестанском военном округе. ПСЗРИ – 3. Т. 5. СПб. 1887. Штаты и табели. № 2802. С. 58.

⑤ 有关医疗的规定在这里说明。1886年条例第二章规定，中亚医疗事务仍由军事总督下属的军事医疗管理局负责，医疗管理局主要成员包括总督军事医疗监察员、监察员助理、兽医、眼科医生、医助、药剂师助理、化学实验室主任等。各大城市医疗机构的医生主要由军事医疗监察员任命，同时须征得突厥斯坦总督区总督的同意。总之，中亚的医疗事务全权由突厥斯坦军区掌控。

张，还专门配备译员以有效医治当地患者。① 次年 2 月，医疗管理局将谋夫、忽盏两地诊所的床位数增至 160 张，同时分别增添 1 名助产士。② 俄国在撒马尔罕和忽盏设立的妇幼诊所由女性医生负责管理，医疗管理局每年划拨 730 卢布用于购置药品和支付员工工资等。再者，医疗管理局每年为马尔吉兰、浩罕、安集延和纳曼干等 10 所城市的医疗机构提供 1100 卢布的运营经费。③ 到了一战期间，受战争局势和进程影响中亚医疗状况发生重大变化，尽管医疗机构仍在维持运作，但其经费大大削减，部分医务工作者通过征兵或自愿方式赴前线支援。④ 由此导致的结果是原本规模有限的医疗队伍进一步缩小，医疗机构面临资金不足、器械老化、医疗服务不到位等诸多困难。与此同时，一战爆发后俄国的难民和数以万计的战俘不断涌入中亚，为当地医疗服务带来巨大压力和挑战。⑤ 1917 年沙俄帝国崩溃以后，包括布哈拉汗国在内的整个中亚地区推行的医疗政策也随之终结。

因此，对于布哈拉汗国而言，俄国政府协助当地医疗改革进程

---

① Высочайше утвержденное Положение Военного совета-Об учреждении местного лазарета в урочище Термез. 30 октября 1901 года. ПСЗРИ – 3. Т. 22. Отд. 1. СПб. 1904. № 20962 а. Дополнения к 21-му тому ПСЗРИ – 3. С. 42.

② Высочайше утвержденное Положение Военного совета-О расширении Мервского и Джаркентского местных лазаретов. 22 марта 1902 года. ПСЗРИ – 3. Т. 22. Отд. 1. СПб. 1904. № 21256. С. 192.

③ Ахмедов А., Ахмедова М. А., Маслова Е. В., Ахмедов Ф. А. Обобщение опыта здравоохранения в различных административных регионах Бухарского эмирата и его влияние на состояние здоровья населения того периода // Вестник Академии медицинских наук Таджикистана. № 2, 2017.

④ Ахмедов А., Ахмедова М. А., Маслова Е. В., Ахмедов Ф. А. Обобщение опыта здравоохранения в различных административных регионах Бухарского эмирата и его влияние на состояние здоровья населения того периода // Вестник Академии медицинских наук Таджикистана. № 2, 2017.

⑤ Ахмедов А., Ахмедова М. А., Маслова Е. В., Ахмедов Ф. А. Обобщение опыта здравоохранения в различных административных регионах Бухарского эмирата и его влияние на состояние здоровья населения того периода // Вестник Академии медицинских наук Таджикистана. № 2, 2017.

顺利推进，具体措施包括三个方面。一是控制流行病和传染病的传播。1790 年，布尔纳舍夫访问布哈拉汗国，其任务是调查当地存在的各类疾病及其传播情况，重点介绍当地流行的麦地那龙线虫病、疟疾、天花、斑疹伤寒、瘟疫、热病和梅毒。①可见，布哈拉汗国长期以来存在严重的流行病和传染病。俄国统治以后当地卫生条件依然较差。1895 年，俄国政府派遣由细菌学专家和相关医生组建的彼得堡医疗队考察布哈拉，经过实地调研和相关实验证实了当地环境卫生差的事实。为此，俄国医疗队向布哈拉政府提议整顿市区环境卫生，尤其是尽快改善水质。

一直以来，布哈拉汗国恶劣的卫生环境严重威胁着民众健康，致使诸多传染病肆虐。② 1889 年，中亚地区暴发霍乱，受感染的 1344 名当地居民最后仅 19 人幸存，③ 由此在当地社会引发剧烈骚乱。而在同时期的布哈拉汗国，由于依照俄国政治代办处的建议实施了及时有效的防疫举措，使当地疫情得到遏制。同年 8 月，疟疾在布哈拉城猖獗，仅一个夏季便夺走 7000 人的性命，一天的死亡人数达到 150 例。④ 对此，埃米尔花费 6000 卢布采购药品，并请求突厥斯坦总督派遣俄国医疗队支援布哈拉汗国。⑤ 众所周知，自 1894 年俄国关闭与阿富汗的边境以后，布哈拉汗国无法从印度低价进口奎宁，这也加剧了疟疾的传播。⑥ 当疫情全面失控以后，埃米尔被迫

---

① Бурнашев Т. С. 1818. Путешествие от Сибирской линии до города Бухары в 1794 и обратно в 1795 году. - Сибирский вестник. Ч. 3. С. 114 – 115.

② Санитарное состояние Туркестанского края в 1882 году. Туркестанские ведомости. 1884. № 19.

③ Абдирашидов З. Аннотированная библиография туркестанских материалов в газете «Таржуман» (1883 – 1917). Токио. 2011. С. 77.

④ Абдирашидов З. Аннотированная библиография туркестанских материалов в газете «Таржуман» (1883 – 1917). Токио. 2011. С. 64.

⑤ Фомченко А. П. Русские поселения в Бухарском эмирате. С. 28.

⑥ Логофет Д. Н. Бухарское ханство под русским протекторатом: Т. 2. Санкт-Петербург: В. Березовский, 1911. С. 139

于 1898 年 11 月 23 日会见俄国抗疫委员会主席请求俄方提供帮助。①历经一年多时间，1899 年 12 月 8 日疟疾基本被消灭。② 到了 19 世纪末，为了有效预防天花，俄国政府免费为布哈拉汗国的儿童接种牛痘疫苗。③

二是创办专门的妇幼诊所。在布哈拉汗国的传统社会，妇女地位比较低下，权利受限，早婚和多婚现象普遍。俄国人类学家京兹布尔克（В. В. Гинзбург）曾指出，布哈拉汗国近 1/3 的女性在月经初潮来临前即已出嫁，由此染上各类疾病致使死亡率升高。④ 因此，布哈拉汗国女性非但不能享受与男性平等的权利，同时也无法接受应有的教育，对健康医疗常识全然无知。与此同时，受宗教信仰和传统风俗影响，布哈拉汗国的女性比较保守，即便生病也不会选择到以男性医生为主的俄国医疗机构医治。

至 19 世纪 90 年代，俄统治下的布哈拉汗国尚未设立专门的妇幼保健机构，女性在接受医疗卫生服务方面明显处于弱势地位。对此，1882 年 10 月，俄国女医生帕斯拉夫斯卡娅（А. В. Пославская）等人联合向突厥斯坦总督区总督提议在中亚设立妇幼诊所，无偿为当地妇女和儿童提供医疗服务，⑤ 历经一年时间，1883 年 12 月 4 日，中亚首家妇幼诊所在塔什干投入运营。⑥ 而在布哈拉汗国，直至

---

① Абдирашидов З. Аннотированная библиография туркестанских материалов в газете «Таржуман»（1883 - 1917）. Токио. 2011. С. 113.

② Абдирашидов З. Аннотированная библиография туркестанских материалов в газете «Таржуман»（1883 - 1917）. Токио. 2011. С. 113.

③ Chahryar Adle and Madhavan K. Palat and Anara Tabyshalieva, eds., *History of Civilizations of Central Asia*, Vol. VI, Paris: UNESCO Publishing, 2005, p. 578.

④ Гинзбург В. В. Горные таджики. М., 1935. С. 2.

⑤ Шадманова С. Б. Медицина и население Туркестана: традиции и новации（конец XIX-начало XX вв.）// Историческая этнология. 2017. Том 2, № 1.

⑥ Пославская А., Мандельштам Е. Обзор десятилетней（1883 - 1894）деятельности амбулаторной лечебницы для женщин и детей в Ташкенте. Ташкент, 1894. С. 4 - 5. 同时期，《突厥斯坦公报》详细追踪报道了该诊疗所建立初期的发展状况，通常每期占据 2—3 个版面，其刊登内容主要包括该诊疗所收治的患者数量、疾病种类和病因等方面数据。

1891年才成立了首家妇幼诊所,专门为汗国妇女和儿童提供医疗服务,其运作模式仍主要参照塔什干妇幼诊所进行。

三是设立不同类型的医疗机构。19世纪80年代以后,随着俄国驻防军、官员和移民数量不断增加,相应的医疗服务设施也开始加紧筹建,其中军队医院和布哈拉医院最具代表性。1886年,忽盏市新建一家拥有15张床位的军队医院,之后在查尔朱、卡尔基、铁尔梅兹等也相继开办。① 19世纪末,在东布哈拉地区的霍罗格和帕米尔地区开设两家服务当地部队的诊所。② 它们也向本地居民开放,起初可提供无偿诊治和免费药品,但自1890年起对非现役军人实施自费医疗,即一次门诊挂号、就诊和配药共需15戈比。③ 1891年,布哈拉汗国首家俄式医院在布哈拉城建立,且拥有附属的诊所和药店。④

之后,布哈拉汗国各大城市陆续出现俄式药店、诊所和医务所。据统计,布哈拉汗国共有5家俄式药店,分别位于卡甘、布哈拉、查尔朱、克尔基和铁尔梅兹。⑤ 到了1913年,布哈拉汗国境内的医疗机构数量明显增加,包括布哈拉的首家女性诊所、帕塔黑萨尔的军区诊所、查尔朱诊所、铁尔梅兹诊所和克尔基诊所等。⑥ 另外,在布哈拉汗国民主进步人士和俄国移民的双重压力下,埃米尔被迫在卡尔希、乌拉秋别、杜尚别、彭吉肯特、沙赫里萨布兹等地开设小

---

① Логофет Д. Н. Бухарское ханство под русским протекторатом: Т. 2. С. 141.
② Туркестанские ведомости. 1905, № 185 – 186.
③ Логофет Д. Н. Страна бесправия. Бухарское ханство и его современное состояние. Санкт-Петербург: В. Березовский, 1909. С. 95 – 96.
④ Ахмедов А., Ахмедова М. А., Маслова Е. В., Ахмедов Ф. А. Обобщение опыта здравоохранения в различных административных регионах Бухарского эмирата и его влияние на состояние здоровья населения того периода //Вестник Академии медицинских наук Таджикистана. № 2, 2017.
⑤ Логофет Д. Н. Бухарское ханство под русским протекторатом: Т. 2. С. 142 – 143.
⑥ Ахмедов А., Ахмедова М. А., Маслова Е. В., Ахмедов Ф. А. Обобщение опыта здравоохранения в различных административных регионах Бухарского эмирата и его влияние на состояние здоровья населения того периода //Вестник Академии медицинских наук Таджикистана. № 2, 2017.

型医务所。①

俄国学界对布哈拉汗国医疗改革的成效普遍持肯定态度。正如阿巴什所言，俄统治以后布哈拉汗国的人口数量明显增加，与 19 世纪上半叶相比，20 世纪初布哈拉汗国的人口数量增加 50 万，总人口达到 300 万。② 在阿巴什看来，正是由于俄式现代医学的推广与运用，布哈拉汗国的人口死亡率得以明显下降，而出生率大幅度提升，③ 换言之，这是布哈拉汗国医疗水平提升的必然结果。然而，乌兹别克斯坦学者沙特玛诺娃（С. Б. Шадманова）并不认同这一观点。她认为，由于俄方经费投入不足，布哈拉汗国乃至整个中亚地区的医改举措并未取得实质性成果，不具有普遍性和大众性。显然，上述两种截然不同的观点是出自不同身份，站在不同立场而得出的，不具有客观性和全面性。

实际上，俄国统治期间，包括布哈拉汗国在内的中亚地区居民并不认可俄式医学，根本不愿前往俄式医疗机构就医。但到了 20 世纪初，随着俄国移民与当地居民的交往日益加深，后者逐步认可俄式医学，并纷纷选择到当地医院或诊所就医。据统计，1912 年，在布哈拉汗国的俄式医疗机构，接受治疗的患者共计 27983 名，而妇幼诊所接诊患者达 13500 人，其中绝大多数为当地土著居民。④ 另外值得关注的一个特殊现象是，在布哈拉汗国工作十余年的俄国医生萨克洛夫（Г. Г. Соколов）和卡瓦列夫斯基（Н. В. Ковалевский）

---

① Ахмедов А., Ахмедова М. А., Маслова Е. В., Ахмедов Ф. А. Обобщение опыта здравоохранения в различных административных регионах Бухарского эмирата и его влияние на состояние здоровья населения того периода // Вестник Академии медицинских наук Таджикистана. № 2, 2017.

② Логофет Д. Н. Бухарское ханство под русским протекторатом: Т. 1. Санкт-Петербург: В. Березовский, 1911. С. 187.

③ Волков И. В. Социальная политика царской власти в Русском Туркестане: сфера здравоохранения // Власть. 2019, № 1.

④ Перепелицына Л. А. Роль русской культуры в развитии культур народов Средней Азии. М.: Наука, 1966. - С. 112.

发现，儿童疾病在布哈拉汗国非常少见。①

然而，总体看来，由于经费投入不足，在布哈拉汗国设立的俄式医疗机构数量少且服务质量并不高。在布哈拉汗国，除军队医院外布哈拉医院是唯一一家面向所有民众的大型医院，其他诊所主要设在铁路沿线的查尔朱、铁尔梅兹、克尔基等新型城市，重点服务当地的俄国移民群体。再者，布哈拉汗国的现代医疗机构分布不均衡。就地区而言，医疗机构主要分布在相对发达的西布哈拉地区，而对东布哈拉地区俄国政府关注甚少，这里除军队诊疗所外基本没有其他医疗机构，所以当地医疗状况更差。即便在西布哈拉地区，医院、诊所和药店则主要分布在移民城市和大城市，而小城镇和乡村地区几乎不存在医疗机构，当地居民对现代医学也相当陌生，他们仍然依靠传统疗法医治疾病。至 20 世纪初，包括布哈拉汗国在内的整个中亚也未能建立起一所真正的中高等医学教育机构，由此导致当地医学教育落后，当地医务人员业务水平低。综上所述，正如沙特玛诺娃所言，俄国在布哈拉汗国推行的医改举措力度十分有限，难以惠及普通民众。

总之，到了 19 世纪末，布哈拉汗国的医疗状况发生了翻天覆地的变化，在俄国当局的协助下当地流行病和传染病得到有效控制，俄国驻防军和移民的到来也加速了俄式医疗机构在布哈拉汗国的建立。与此同时，俄国医生的加入、医疗机构的设立，现代医疗设备和药物的引进等举措为布哈拉汗国构建现代医疗体系奠定了坚实的基础。然而，在俄国殖民统治下的布哈拉汗国医疗改革力度十分有限，成效不尽如人意。譬如，布哈拉汗国的这些医院、诊所和药店以俄国医生和军医为主，重点服务于俄国政府官员、军队人士和俄国移民，且主要由布哈拉汗国政府提供经费支持。② 俄国统治以后，布哈拉汗国的现代医疗机构数量虽大幅增加，但仍主要集中在俄国

---

① Логофет Д. Н. Бухарское ханство под русским протекторатом: Т. 2. С. 149.
② Фомченко А. П. Русские поселения в Бухарском эмирате. С. 29.

移民城市和布哈拉城、卡尔希等大城市，这远远无法满足布哈拉汗国当地居民的需求。在布哈拉汗国其他中小城市和农牧区几乎没有医疗机构，根本无法为本地居民提供医疗保障。由此可见，布哈拉汗国的医疗保障体系仍有待进一步完善和提升。

小　结

本章从经济和社会生活两大方面来阐释布哈拉汗国物质文明的变迁。首先，通过分析社会经济变革的动因可以得知，游牧文明与农耕文明的交往是贯穿于整个中亚文明史进程的主线，也是促进欧亚大陆文明发展的重要途径。如同中亚历史上出现的诸多王朝政权一样，布哈拉汗国始终未能成为一个强大、统一、持久的大国。历史上，由于本地区社会经济和文化的相对落后，导致了中亚地区是一个"文明低地"，从而造成频繁的外来政治军事入侵、文化渗透和对本地区的统治。[①] 近代中亚形成了以俄国征服为标志的地区政治、经济、社会、文化等不同程度的重组，再次实现了中亚地区文明交往的高潮，即俄国化。19世纪下半叶，包括布哈拉汗国在内的整个中亚地区都属于俄国的势力范围。俄国的征服和统治必然会对中亚地区的文明发展带来深远影响。1868年沦为俄国的附属国成为布哈拉汗国历史上的一个重大转折点，布哈拉汗国的文明实现了跳跃式发展，尤其反映在经济和社会生活方面。

布哈拉汗国社会经济的变革与发展推动了中亚地区的文明交往。第一，乌兹别克游牧民与河中定居民的交往丰富了河中地区的经济文化生活，也实现了游牧文明最终必然同化于农耕文明的历史规律。第二，乌兹别克人和俄国移民的加入进一步拓展了河中地区不同民族之间的交往与融合。乌兹别克人的加入最终成就了今天中亚地区

---

① 黄民兴：《试论中亚历史上文明交往研究中的一些关键问题》，《中东问题研究》2015年第1期。

人口最多的乌兹别克族。俄国移民的到来则对布哈拉汗国城市现代文明的发展起到了关键作用。第三，传统陆路贸易商道的衰落制约了布哈拉汗国东西方横向贸易的发展。但随着俄国实力的日益强大，布哈拉汗国的对外贸易开始向北发展，并长期控制着与俄国贸易的主动权。即便在俄国统治以后，布哈拉汗国仍能通过与俄国的贸易往来维持着国家的稳定与独立。贸易活动带来的不仅是物质文明的交往，而且也带来了社会生活的变化，不同国家、不同民族相互熟悉，彼此了解的进程由此加速。第四，俄国资本主义生产关系的渗透在某种程度上实现了布哈拉汗国经济的跳跃式发展，也对布哈拉汗国的社会结构产生了深远影响。布哈拉汗国传统自然经济体系和部落氏族宗法制度走向瓦解，取而代之的是市场化的资本主义经济和阶层分化的资本主义社会结构。第五，俄国统治期间布哈拉汗国出现的社会经济变革，从本质上来讲是俄国殖民掠夺的结果。这种变革致使布哈拉汗国的经济结构失衡，并演变为俄国的原料产地和商品销售地。布哈拉汗国的社会生活在一定程度上趋于俄国化，改良思潮不断高涨，民族意识也日益觉醒。

文明交往的形态是以社会经济形态为基础的，故物质文明乃文明交往第一要素。但是，文明的交往不仅是物质交往，它还包括人与人之间的感性和精神变换活动。[1]"物质交往，提高了人们富裕文明的生活；精神交往，升华了人们思想文明的境界。"[2] 显然，物质文明与精神文明相互作用，相得益彰，共同推动了人类文明的进步与发展。作为中亚近代文明的重要载体之一，布哈拉汗国的精神文明也是中亚各民族共同创造的璀璨文明。

---

[1] 彭树智：《文明交往论》，陕西人民出版社2002年版，第6页。
[2] 彭树智：《文明交往论》，陕西人民出版社2002年版，第8页。

第四章

布哈拉汗国多元文化的融会与变迁

自古以来,以宗教为代表的文化拥有强大的社会整合能力和创新性,宗教与文化的密切联系,使之成为文明交往的基本要素。自建国以来,以苏非主义为特征的伊斯兰文化成为布哈拉汗国的主导文化。一直以来,作为陆上丝绸之路的核心地带和亚洲文明发展的一个"交通环岛区",河中地区在保持自身文化传统的基础上,来自波斯、阿拉伯、突厥、蒙古、印度与中国等异彩纷呈的文化不断在这里碰撞交汇,形成多元化、宗教性和开放型的本土文化,在融会的基础上进一步实现创新和输出。可以说,丝绸之路促进了中亚文明的发展,使其融入亚洲历史,而中亚地区的发展也大大丰富了丝绸之路沿线地区的文明史。文化是文明交往的重要标尺,随着近代陆上丝绸之路的衰落,包括布哈拉汗国在内整个中亚地区的文化也随之步入衰败。但从微观上看,自16世纪至20世纪初,布哈拉汗国的文化变迁以三大王朝的更迭为界限,不同时期的表现特征明显。政权统治、宗教影响力、地理位置和俄国统治决定了这一时期布哈拉汗国的文化变迁既有发展和繁荣,也出现了停滞与衰败。19世纪下半叶俄国的占领与统治,对布哈拉汗国传统文化的转型产生了较大影响。

第一节 布哈拉汗国伊斯兰文化的特点

宗教是文化基因的价值核心和内在精神,文明交往离不开宗教或近似宗教的价值体系带来的强烈文化政治归属性，宗教与文学、宗教与艺术、神性与诗性，它们之间交织着不同文化的"异相"和"共相"。① 伊斯兰教进入中亚以后，河中地区很快成为中亚伊斯兰宗教与文化的中心。可以说，布哈拉汗国是中亚近代伊斯兰文化的典型代表，具有鲜明的地区性特点。首先，中亚地区形成并完善了自成体系的、具有明显地域特色的苏非派伊斯兰教。其次，由于统治阶层的支持，苏非派在布哈拉汗国拥有较高的政治地位和权力，且对布哈拉汗国社会经济的发展产生了重要影响，更在布哈拉汗国文化各领域发挥着关键性作用。最后，布哈拉汗国传统发达的伊斯兰教育在一定程度上决定了整个中亚近代文明的发展程度。总之，不同于近代欧洲和部分亚洲国家，布哈拉汗国的文化依旧以宗教为向导，更加丰富了伊斯兰文明的内涵。

一 文化发展的宗教属性

中亚的伊斯兰教已有上千年的发展历程。直至今日，它在中亚地区仍具有相当影响力。作为苏非主义的重要发源地，中亚地区形成了自成体系的、具有鲜明地域特色的宗教派别。近代以来，布哈拉汗国一直是中亚地区的宗教中心，其伊斯兰文化也取得了显著发展。即便在俄国征服以后，布哈拉汗国的伊斯兰文化传统依然得到了保护和继承。直到19世纪中叶，布哈拉依然保持着中世纪的面貌，也是伊斯兰世界城市文化的重镇，更是伊斯兰精神文化的中心之一。② 因而，布哈拉汗国的文化发展必然受到当地伊斯兰教的深刻影响，不仅产生了大批宗教学者及其著作，而且渗透到教育、哲学、文学、艺术和建筑等领域。而世俗文化只能隐藏在苏非主义思想的

---

① 彭树智：《我的文明观》，西北大学出版社2013年版，第17页。
② Джурабаев Д. Х. Система мусульманского образования в Бухарском ханстве в конце XVIII-начале XIX вв.（по материалам русских источников）// Вестник Таджикского государственного университета права, бизнеса и политики. Серия общественных наук. 2013. № 3（55）. С. 209 – 216.

外衣下缓慢发展,科学领域尤甚。

首先,布哈拉汗国的教育事业完全掌控在宗教界手中,培养的知识精英也同时属于宗教人士,他们充当国家的政府官员、法官、教师和学者等。由于接受了完备的宗教教育,他们成了苏非派伊斯兰教传统的坚定支持者和保护者。另外,受伊斯兰教的影响,宗教人士不仅掌握当地乌兹别克语和塔吉克语,甚至精通阿拉伯语和波斯语。在布哈拉汗国的受教育人群中,绝大多数人除掌握宗教知识外,他们还是哲学家、诗人和文学家,更是布哈拉汗国文化事业的积极参与者。梅伊耶多尔夫曾对布哈拉城作为伊斯兰文明中心的地位进行过专门描述,他指出:"正因为拥有大量的宗教教育机构、乌里玛阶层和圣墓,布哈拉城才成为穆斯林的朝觐圣地。我曾在蒙古语文献中读到,«бух»意为'知识',«apa»则是'宝库',故'布哈拉'(бухара)即是'知识的宝库'。"①

其次,苏非派学说理论得以完善。除统治阶层的支持外,宗教学的发展与当时社会动乱、经济衰败以及民生凋敝密切相关。宗教学者试图通过宗教麻痹民众,禁锢其思想,使之忘却社会现实,这在 17 世纪的布哈拉汗国尤为突出。宗教学者主要从事苏非派教义学理论的学术研究。谢赫费奈尔·布哈里(Фенаи ал-Бухари)在著作《渴望寻觅之爱》中,通过援引著名宗教学者和苏非派人士的观点论证教义学。② 此外,《爱的真谛之信条》《精神之完美》和《虔诚信徒讲述遵守教规者的秘密》也是重要的教义学论著。③ 它们重点阐释苏非派的基本教义、著名谢赫的生平传记和不同教团的教义准则,其主要是强调苏非派教义不仅不违背伊斯兰教的基本宗旨,而且完

---

① Мейендорф Е. К. Путешествие из Оренбурга в Бухару. М. : Главная редакция Восточной литературы, 1975. C. 93.

② Абдукахор Саидов. Политическое и социально-экономическое положение Бухарского ханства в XVII-первой половине XVIII вв. / диссертация доктора исторических наук. Душанбе, 2007. C. 242.

③ Абдукахор Саидов. Политическое и социально-экономическое положение Бухарского ханства в XVII-первой половине XVIII вв. C. 242 – 243.

全符合正统伊斯兰教的教义教规。这一时期,布哈拉汗国著名的宗教学者有尤苏夫·卡拉巴季(Юсуф Карабаги)和穆罕默德·侯赛因(Мухаммад Хусайн)。

18 世纪末至 19 世纪初,正值曼格特王朝沙赫穆拉德和海达尔统治时期,布哈拉汗国的宗教学发展达到鼎盛,甚至出现"宗教狂热"。由于统治者的大力支持,宗教教育的兴盛推动了宗教学的发展,为布哈拉汗国培养了大批宗教学者和其他人才。属于纳合什班底教团的谢赫尼亚兹库利·哈利费·尔列巴比·阿特·土库曼尼(Ниязкули Халифа ал-Лебаби ат-Туркмени,卒于 1821 年)是这一时期布哈拉汗国著名的宗教学者。沙赫穆拉德曾向他学习过古兰经学和其他宗教知识,海达尔埃米尔将他视为自己的精神导师。此外,他用塔吉克语和波斯语创作诗歌,是当时穆加迪德派的虔诚信徒,坚决支持布哈拉汗国伊斯兰教育体系的改革。① 来自乌拉秋别的宗教学者哈兹拉特·赛义德·奥利姆和卓·奥洪德(Хазрат Сайид Олимходжа Охунд)曾教导过海达尔和纳斯鲁拉两位埃米尔,并成为宗教典籍的著名评注者。②

可见,宗教学者通常受到统治阶层的敬重,沙赫穆拉德和海达尔自身也成了布哈拉汗国著名的宗教学者。即使到了纳斯鲁拉统治时期,布哈拉汗国仍有大批的宗教学者,他们在布哈拉汗国社会依然拥有强大影响力。总之,伊斯兰教成为社会发展的主导思想,经学、教义学和经注学几乎构成经学院所有的教学内容③。因此,18 世纪末至 19 世纪初布哈拉汗国的宗教学异常繁荣,这也从侧面印证了世俗文化的衰败。

---

① Соегов М. Ниязкули ал-Лебаби ат-Туркмени-знаменитый шейх ордена муджеддидийе-накшбендийе,http://www.akademikbakis.org/33/06,2019 年 8 月 17 日。

② Джурабаев Д. Х. Бухарский эмират второй половины XVIII- первой половины XIX вв. в письменных источниках. / диссертация доктора исторических наук. Худжанд,2014. С. 368 – 369.

③ История Узбекской ССР. Т. 1,Книга вторая. Ташкент. Изд-во АН УзССР,1956. С. 70.

再次，自16世纪始布哈拉汗国的科学发展相对滞后，仅在医学、数学、地理学等个别领域略有起色。其一，医学领域的成就。1526年，来自呼罗珊地区的塔比布阿里（Али）在撒马尔罕编著了《医学汇编》（Руководство для врачевания），较为全面地介绍了基础医学知识和常见病种及其疗法。① 另外，眼科学和药物学比较突出。著名的眼科专家有沙哈礼·伊布·苏莱曼（Шахали ибн Сулайман）和穆哈迈德·胡塞·阿米拉克·阿斯·撒马尔罕季（Мухаммад Хусайн ал-Мираки ас-Самарканди），前者撰写了《痊愈指南》（Исцеление больного），后者于1541年完成了药物学专著的编纂。② 源于对医学的浓厚兴趣，苏布汉库利汗曾下令在布哈拉城修建医院，设立医学图书馆。③ 他不仅在医院亲自坐诊，而且撰写了《苏布汉库利的精湛医术》。④ 此外，他还下令收集和重编现有的医学论著。总之，扎尼王朝时期布哈拉汗国编写和保存了大量的医学著作，如《最佳的医学经验》（Хайр ат-таджориб）、《应得礼物》（Тухфа-йи шаиста）和《医学价值》（Мизан ат-тибб）。⑤

其二，宇宙地理学方面的著作。河中地区的天文学以15世纪兀鲁伯在撒马尔罕设立的天文台而著称。但到16世纪，占星术开始取代天文学，统治者及社会上层的思想逐渐受制于占星术。在16世纪初的文献中，仅提及一位来自撒马尔罕的天文学家马赫穆德·阿尔法里西（Махмуде ал-Фариси），他在1517年编写了著作《月球方程

---

① Камолов Х. Ш. История вторжения кочевых племён Дашт-и Кипчака в Среднюю Азию (XVI в.) / диссертация доктора исторических наук. Душанбе, 2007. С. 286.

② Камолов Х. Ш. История вторжения кочевых племён Дашт-и Кипчака в Среднюю Азию (XVI в.). С. 286.

③ История таджикского народа. Т. 2, кн. 2: Поздний феодализм (XVII в. - 1917 г.). М.: Изд-во вост. лит., 1964. С. 56.

④ Абдукахор Саидов. Политическое и социально-экономическое положение Бухарского ханства в XVII-первой половине XIII вв. С. 244.

⑤ Собрание восточных рукописей Академии наук Узбекской ССР: Каталог. АН УзССР, действ. чл. АН ТаджССР, д-ра ист. наук, проф. А. А. Семенова; Ин-т востоковедения. Ташкент: [б. и.], 1952. С. 265 – 266.

论》(Трактат об уравнении Луны)。① 1575 年，来自巴尔赫的天文地理学家穆罕默德·伊比恩·达尔韦什·阿尔穆弗基·阿尔巴尔黑（Мухаммад ибн Дарвеш ал-Муфти ал-Балхи）完成了著作《珍品收藏》（Маджма Ал-Гара Иб 或 Собрание редкостей），其中第 20 章专门描述了天文观测现象，以及动植物、山川河流、地形等自然科学。② 1593 年，阿明·阿赫马德·拉济（Амин Ахмад Рази）编纂了地理学辞典《七种气候》（Хафт Иклим）。③ 到 17 世纪，依照纳迪尔·穆罕默德汗的要求，穆罕默德·伊比·阿布卡西姆（Мухаммад ибн Абулкасим）收集了大量的原始资料，编写了有关宇宙学和地理学的著作《奇妙的世界》（Аджа Иб Ат-Табакат）。这部著作中有关巴尔赫和费尔干纳地区地理环境的资料均由作者实地考察搜集完成，故地理学部分的学术价值较高。④

在 17 世纪，由和卓穆罕默德·扎马诺姆·伊布·沙拉弗·阿季诺姆·哈桑（Мухаммад Заманом ибн Шараф ад-Дином Хасан）制作，用于天文观测的星盘得以保留下来。⑤ 在苏布汉库利的图书馆中保存有天文宇宙学的著作，以及同时代学者对此类论著的评注。⑥ 作为出使俄国的使团代表，布哈拉汗国学者米尔·阿布达尔卡里姆·米尔·伊斯马伊尔·布哈里（Мир Абдалкарим Мир Исмаил Бухари）于 1804 年到过圣彼得堡，并访问了莫斯科和阿斯特拉罕。由此，在其著作《中亚史》中专门描述了钦察草原、费尔干纳谷地、

---

① Камолов Х. Ш. История вторжения кочевых племён Дашт-и Кипчака в Среднюю Азию (XVI в.). С. 284.

② Матвиевская Г. П. Розенфельд Б. А. Математики и астрономы мусульманского средневековья и их труды. (VIII-XVII вв.). Т. П. М.: Наука, 1983. С. 571.

③ Камолов Х. Ш. История вторжения кочевых племён Дашт-и Кипчака в Среднюю Азию (XVI в.). С. 285.

④ История таджикского народа. Т. 2, кн. 2: Поздний феодализм (XVII в. - 1917 г.). С. 55.

⑤ Кары-Ниязов Т. Н. Астрономическая школа Улугбека. М. Л., 1950. С. 74.

⑥ Абдукахор Саидов. Политическое и социально-экономическое положение Бухарского ханства в XVII-первой половине XIII вв. С. 246.

突厥斯坦和其他地区的地理环境。① 在 1843 年问世的《世界之镜》中有专门绘制的世界地图，同时对中亚及周边地区和国家的地理状况也进行了详尽描述。②

其三，其他科学领域的发展状况。1550 年，数学家穆罕默德·阿敏·伊布奥拜杜拉·穆敏哈巴基（Мухаммад Амин ибн Убайдулла Муминабади）完成了《遗产分配计算法》和另一部数学论著的撰写。③ 1593 年，布哈拉汗国出现了详细介绍乘法运算的《计算法论著》（Трактат о способах счета）。④ 在农学方面，1515—1516 年，法济列姆·黑拉维（Фазилем Хирави）编写了《农耕指南》（Наставление в земледелии），其中重点关注赫拉特地区的农耕种植问题。到 16 世纪末，布哈拉汗国出现了另一本系统阐述中亚农耕学理论和实践的农学著作。⑤ 另外，1835 年，阿布塔黑尔·卡济·阿布萨义德·撒马尔罕季（Абу Тахир Кази Абу Саид Самарканди）在著作《撒马尔罕》中对撒马尔罕及其周边地区进行了专门的地形测量，但这主要是为宗教学者、苏非派领袖和统治者选择陵墓位置而进行的。⑥

由上可知，布哈拉汗国的科学发展更多是为政权统治服务，是在宗教界允许的范围内进行的。因此，受制于伊斯兰教，布哈拉汗国的哲学和逻辑学领域停滞不前。不难看出，伊斯兰教不仅在布哈

---

① Вильданова А. Б. О состоянии науки в Среднеазиатских городах XVI-первой половины XIX века（По данным восточных рукописей из фонда ИВ АН Уз. ССР）// Общественные науки в Узбекистане. 1989. №7. С. 35.

② Вильданова А. Б. О состоянии науки в Среднеазиатских городах XVI-первой половины XIX века. С. 35.

③ Наука в Бухарском ханстве в XVI в. http：//testhistory. ru/history. php？id = his_2_30，2019 年 10 月 3 日。

④ Камолов Х. Ш. История вторжения кочевых племен Дашт-и Кипчака в Среднюю Азию（XVI в.）. С. 285.

⑤ Камолов Х. Ш. История вторжения кочевых племен Дашт-и Кипчака в Среднюю Азию（XVI в.）. С. 285.

⑥ Самария. Описание древностей и мусульманских святынь Самарканда Абу Тахир-Ходжи. VI. Самарканд，1898. С. 153 – 259.

拉汗国的政治和经济领域发挥作用，更是对思想和文化方面产生深远影响。与同时期大部分东方国家一样，布哈拉汗国的科学基本陷入停滞状态。直到19世纪中叶，布哈拉汗国居民的认知能力相当于欧洲中世纪神学体系下的知识水平，在自然科学、宇宙学和地理学方面仍以抽象推理为主。①

最后，文学、艺术、建筑等领域宗教色彩浓郁。自古以来，中亚地区的文化深受多种宗教元素的影响，到了近代其他宗教元素也早已融合到伊斯兰教之中，使得布哈拉汗国的文学、艺术和建筑等领域具有鲜明的伊斯兰教色彩。布哈拉汗国的文学创作更多以苏非神秘主义为题材阐述宗教哲理。为了迎合统治者的需求，宫廷文学更是与宗教紧密结合。海达尔统治时期，米尔·侯赛因·伊布·沙赫穆拉德（Мир Хусайн ибн Шахмурад，卒于1824/1825年）创作的历史著作《布哈拉历史的宗教馈赠》（Сокровища богобоязненности по истории Бухары）宗教色彩鲜明，内容包括纳合什班底教团学说和正统伊斯兰教法教规。作为沙赫穆拉德埃米尔统治时期的见证人，作者对沙赫穆拉德的统治也进行了评价。

作为文学作品中的插图，16世纪出现的布哈拉画派细密画迅猛发展，对以苏非学说为主的史著中的战争场面和典型故事予以视觉呈现。但因伊斯兰教法规定不允许表现有动植物和人的图案，即禁止偶像崇拜，况且统治阶层要求民众严格遵守伊斯兰教规，不得有任何违规行为，这样导致细密画的创作内容和风格单一化，人物肖像、雕塑、壁画等艺术形式基本消失。但是，伊斯兰教的盛行也为书法艺术的发展提供了优质平台，所以在曼格特王朝时期，以阿拉伯字母为基础的书法艺术比较发达。一直以来，布哈拉汗国的建筑也以宗教类为主，且在世界建筑艺术领域光彩夺目，如清真寺、经学院、道堂、圣墓等。总之，在苏非派的强大影响力之下，布哈拉汗国的艺术文化领域已深深打上了宗教的烙印。

---

① История Узбекской ССР. Т. 1，Книга вторая. С. 70.

二 地区教育中心地位的确立

公元 7 至 8 世纪,一手高举《古兰经》,一手挥舞马刀的阿拉伯军队一路向东扩张,最终占领中亚地区。之后,随着伊斯兰教的广泛传播,河中地区居民逐渐放弃原有宗教信仰从而改信伊斯兰教。逐渐地,布哈拉城和撒马尔罕成为整个中亚地区穆斯林教育的中心。16 世纪的思想家哈桑胡扎·尼索里(Хасанхужа Нисорий)曾多次强调:"在布哈拉工作和生活的学者数量庞大。而撒马尔罕至今仍是科学教育的中心,这里的宗教学者大多从事科学研究。"① 但自布哈拉汗国建立以后,布哈拉城逐渐取代撒马尔罕成为布哈拉汗国的教育重镇。在中亚地区,布哈拉汗国的宗教教育机构〔玛克塔布(мактаб)② 和经学院〕数量最为可观。③ 19 世纪 30 年代,即纳斯鲁拉埃米尔在位时期,布哈拉汗国的玛克塔布数量达到 366 所,其中 1/3 的建筑规模较大,能容纳 70—80 名学生。④ 而到 19 世纪 90 年代,中亚地区的玛克塔布达上万所,就读学生有 12 万—14 万名。据 1908 年档案记载,布哈拉汗国拥有 5000 余所玛克塔布和 117 所经学院,是中亚地区教育机构数量最多的。⑤ 1911 年,布哈拉汗国

---

① Кандахаров А. Х. Культура и обучение Средней Азии 16 века // Проблемы современной науки и образования. 2016. № 13 (55). С. 53 – 55.

② 玛克塔布(мактаб,又称 мектеб,мектел,мактал,куттаб)源自阿拉伯语,字面意思是"可以写字的地方",主要指中小学学校。在不同语言中表达的意义有所不同。在阿拉伯语中,玛克塔布只代表初等教育机构,而在波斯语中,它是指初等和中等教育机构。中亚地区更多受到波斯文化的影响,因此,布哈拉汗国的玛克塔布是指中小学学校。

③ Джурабаев Д. Х. Система мусульманского образования в Бухарском ханстве в конце XVIII-начале XIX вв. (по материалам русских источников). С. 209 – 216.

④ Борнс А. Путешествие в Бухару: рассказ о плавании по Инду от моря до Лагора с подарками великобританского короля и отчет о путешествии из Индии в Кабул, Та- тарию и Персию, предпринятом по предписанию высшего правительства Индии в 1831, 1832 и 1833 годах лейтенантом Ост-Индской компанейской службы Александром Борнсом, членом Королевского общества / Пер. П. В. Голубкова. Ч. II. М., 1848. С. 431.

⑤ Chahryar Adle and Madhavan K. Palat and Anara Tabyshalieva, eds., *History of Civilizations of Central Asia*, *Vol. VI*, Paris: UNESCO Publishing, 2005, p. 148.

的玛克塔布约有 12 万名学生，官方注册登记的经学院数量也有所增加。①

作为伊斯兰教学的高等院校——经学院依旧是培养宫廷官员、法官和教师等人才的重镇。河中地区最早的经学院出现于 10 世纪。与依附于清真寺的玛克塔布不同，更多的经学院通常是由汗、宗教学者或其他人士捐助修建和运行的独立建筑。布哈拉汗国著名的经学院有布哈拉城的米尔阿拉布经学院、库卡尔多什经学院、阿布杜拉汗经学院、撒马尔罕的兀鲁伯经学院和昔班尼汗经学院、塔什干的巴拉克汗经学院和库克立达什经学院等。萨尼丁·马赫穆德·瓦西菲曾对兀鲁伯经学院和昔班尼汗经学院进行过专门描述："兀鲁伯经学院有 10 位穆达里斯，其中最著名的是贝什·马弗拉纳·阿米尔卡兰（бьш Мавлана Амиркалан）。而昔班尼汗经学院有 4 位穆达里斯，其中马弗拉纳·霍扎吉（Мавлана Ходжаги）最具威望。"② 詹金森在游记中提到，布哈拉城刚建立不久的米尔阿拉布经学院拥有 200 多名在校生。③ 到了 18 世纪末，布哈拉城的经学院数量已超过 150 所，在校生规模达 3 万人。④ 经历了 18 世纪上半叶的动荡和衰落，撒马尔罕在沙赫穆拉德统治时期得到重建，当时已恢复运行的经学院就有 10 所，如兀鲁伯经学院（Медресе Улугбека）、舍尔达尔经学院（Медресе Шердар）、基洛卡里经学院（Медресе Тилля-Кари）、阿赫拉尔经学院（Медресе Ходжа-Ахрар）等。⑤

---

① Chahryar Adle and Madhavan K. Palat and Anara Tabyshalieva, eds., *History of Civilizations of Central Asia*, Vol. VI, Paris: UNESCO Publishing, 2005, p. 565.

② Камолов Х. Ш. История вторжения кочевых племен Дашт-и Кипчака в Среднюю Азию (XVI в.). С. 289.

③ Кандахаров А. Х. Роль образования и культуры в социально-политической жизни в Бухарском ханстве XVI века // Апробация. 2014, № 11. С. 9 – 11.

④ Иванов П. П. Очерки по истории Средней Азии (XVI-середина XIX в.). С. 107 – 108.

⑤ Джурабаев Д. Х. Бухраский эмират второй половины XVIII-первой половины XIX вв. в письменных источниках. С. 446.

在经学院接受教育的除当地居民外,还有来自周边地区的学生。① 萨尼丁·马赫穆德·瓦西菲曾经描述过:"1504 年冬,有 10 名来自呼罗珊的学生历经艰辛最终抵达撒马尔罕,并进入当地的经学院学习。"② 19 世纪 30 年代访问布哈拉城的杰梅宗曾说过,布哈拉城的经学院在整个中亚地区享有盛誉,并吸引大量来自希瓦汗国、浩罕汗国、吉萨尔、撒马尔罕及其他草原地区的学生。③

布哈拉汗国统治者历来重视教育事业的发展。16 世纪,乌拜杜拉汗之子阿布杜拉济兹汗赞助修建的图书馆在当时的中亚地区影响显著。此后,布哈拉汗国统治者基本延续了对宫廷图书馆的保护,这为文化教育发展提供了有力支撑。昔班尼王朝时期,汗下令在布哈拉、撒马尔罕、塔什干、巴尔赫和其他城市修建诸多新建筑,其中绝大多数为经学院和清真寺,部分甚至至今犹存。仅在阿布杜拉汗二世统治时期兴建和修复了超过 500 处建筑,其中以经学院和清真寺居多。④ 据史料记载,在占领河中以前,布哈拉汗国创建者昔班尼汗曾赴布哈拉哈专门学习过两年的经学。⑤ 16 世纪宗教学家穆罕默德·萨利赫曾经称赞说:"昔班尼汗是《古兰经》最好的诵读者,同时代再无人与他相比。"⑥ 除了提高自己的学识,昔班尼汗还率先推行教育改革,要求包括政府官员和乌兹别克贵族在内的各社会阶层代表均须接受教育,以提升布哈拉汗国整体的教育水平。此后布哈拉汗国的统治者基本接受过宗教教育,他们不仅可以创作文学、编写各类著作,而且赞助修建宫廷图书馆和经学院,甚至成为宗教

---

① Кандахаров А. Х. Культура и обучение Средней Азии 16 века. С. 53 – 55.
② Болдырев А. Н. Мемуары Заивн-ад-дина Васифи, как источник для изучения культурнои жизни Среднеи Азии и Хорасана на рубеже XV-XVI веков. // Труды Отдела истории, культуры и искусства Востока Государственного Эрмитажа, Л. : 1949. Т. II.
③ Записки о Бухарском ханстве: (Отчеты П. И. Демезона и И. В. Виткевича). М. : Наука, 1983. С. 46.
④ Сагдуллаев А. История Узбекистана. Том I. Т. : Университет, 1999. С. 270.
⑤ Камалиддин Бинаи Шейбанинамэ. Материалы по истории казахских ханств XV-XVIII веков (Извлечения из перс. и тюрк. соч.). Алма-Ата: Наука, 1969. С. 651.
⑥ Кандахаров А. Х. Культура и обучение Средней Азии 16 века. С. 53 – 55.

学者。尤其到了 18 世纪末至 19 世纪初，布哈拉汗国统治者对宗教教育的重视程度达到顶峰。

  18 世纪中叶，即曼格特王朝统治初期，统治者与宗教界之间关系紧张、矛盾升级，宗教教育从而不受重视，大部分经学院和清真寺被废弃或另作他用。但自 1785 年沙赫穆拉德即位以后，完全不同于以往统治者，他开始向宗教界靠拢，大力推动宗教文化的发展。因此，沙赫穆拉德和海达尔执政期间宗教教育受到了相当程度的重视。布哈拉汗国主要城市的经学院教师由埃米尔亲自任命，而一般城市的则由地方素丹任命。布哈拉城大量被废弃或挪为他用的教育机构得到重建。① 其间，他主张修缮经学院和清真寺，完善瓦克夫机制以提高经费支持，任命高水平的宗教学者担任经学院教师，同意恢复撒马尔罕的经学院教学工作。沙赫穆拉德执政时期，经学院师生可以从瓦克夫、慈善机构和国家政府得到一定程度的资助。同时布哈拉汗国政府也为学生设立专门的奖学金②。海达尔埃米尔不仅是宗教教育的支持者和沙里亚法的专家，更是在宫殿中修建经学院，并亲自授课，其听众达 500 人。③ 最终，海达尔培养了 100 多名学生，其中 7 人成为经学院的教师。④ 在欧洲旅行家的印象中，比起君主，海达尔更像一位托钵僧。⑤ 海达尔执政期间，布哈拉汗国的宗教教育进入繁盛期，这是伊斯兰时代任何一位统治者都未曾取得的

---

  ① Джурабаев Д. Х. Система мусульманского образования в Бухарском ханстве в конце XVIII-начале XIX вв.（по материалам русских источников）. С. 209 – 216.

  ② Ведман В. А. Об уровне просвещенности и культурного развития Бухарского эмирата // Сб.: Молодежь в науке и культуре XXI в.: материалы междунар. науч. -творч. форума. 31 окт. - 3 нояб. 2016 г. / Челяб. гос. Ин-т культуры；сост. Е. В. Швачко. Челябинск，2016. С. 100 – 101.

  ③ Бартольд В. В. История культурной жизни Туркестана. Сочинения. Т. 2. Ч. 1. М., 1963. С. 110

  ④ Джурабаев Д. Х. Научные труды светских и региозных деятелей Бухарского эмирата в конце XVIII- начале XIX века // Вестник Челябинского государственного университета. 2013. № 36（327）. История. Вып. 58. С. 96 – 102.

  ⑤ Бартольд В. В. История культурной жизни Туркестана. С. 110

成就。①

玛克塔布是宗教教育初级阶段的实体机构。自13世纪以来这种教育形式未曾改变过。学校由宗教界管理，清真寺管辖，经费来源主要是学生家长，布哈拉汗国政府不提供任何的经费支持。根据沙里亚法，作为教师的清真寺伊玛目不得因讲授宗教课程而收取费用，故他们只能通过在清真寺担任哈基布、伊玛目、穆埃德津（муэдзин）等职务，或是在各类宗教活动中诵读祷词，或者在学校讲授如书法、算术等非宗教类课程获得收入维持生计。另外，节日期间学生家长也会为教师们准备礼物。②1833年，杰梅宗在布哈拉城时曾这样描述："玛克塔布数量非常多，几乎每个清真寺都设有这类学校；学生主要学习阿拉伯语，以及诵读和书写《古兰经》的部分章节。"③可见，玛克塔布数量与清真寺的数量大致相当。

一般情况下，玛克塔布的环境较差，学生学习条件艰苦，以地面为课桌，教室狭小且黑暗。通常一所学校由一名教师和一个班级组成，学生数量为5—6人至25—30人，学生年龄在4—15岁之间。④学生入学以后，在老师的带领下开始诵读《古兰经》和学习阿拉伯语。完成第一阶段的基础学习以后，学生们将再花2年时间来学习《古兰经》中《马纳拉》（Манара，又称"《哈弗季亚克》Хафтияк"）章节，之后继续用2年时间阅读波斯语版的《圣训》⑤。一般情况下，学生会读一两本宗教书籍，了解伊斯兰教的基本教义

---

① Ахмад Дониш. История мангитской династии. Душанбе, 1967. С. 36.

② Джурабаев Д. Х. Бухраский эмират второй половины XVIII- первой половины XIX вв. в письменных источниках. С. 445.

③ Записки о Бухарском ханстве：（Отчеты П. И. Демезона и И. В. Виткевича). С. 45.

④ Джурабаев Д. Х. Система мусульманского образования в Бухарском ханстве в конце XVIII-начале XIX вв. (по материалам русских источников). С. 209 – 216.

⑤ Воспитание, школа и педагогические взгляды в Средней Азии и Узбекистане со времен Темуридов до I-ой половины XIX века // http：//www. ref. rushkolnik. ru/v55607/?download = file, 2019年10月7日。

教规即可毕业。①

作为中高等教育体系的主要机构,经学院一直在布哈拉汗国的伊斯兰教育中占据重要地位,成为培养国家所需人才的中坚力量。通常情况下,学生在经学院享受免费教育,经学院向所有有意愿获取知识的人开放。但实际上绝大多数学生都是来自布哈拉汗国社会上层家庭,且仅限男性。自16世纪布哈拉汗国建立以来,在继承优良教育传统的基础上,统治者大力支持教育发展,使布哈拉汗国的经学院教育享誉整个中亚地区。经学院的毕业生深受布哈拉汗国及中亚其他地区的欢迎,除担任法官、伊玛目和教师外还自行开办经学院,甚至担任统治阶层的精神导师和宗教领袖。

在撒马尔罕和布哈拉的经学院学习氛围浓郁。16世纪,穆罕默德·阿里姆·沙赫(Мухаммад Олим Шайх)在撒马尔罕路过兀鲁伯经学院(1420年修建)时曾亲眼见到一群学生们围在一起讨论,他也情不自禁地停下脚步,旁听同学们辩论有关天文学的问题。②1820年,梅伊耶多尔夫(Е. К. Мейендорф)游历布哈拉城期间感叹道:"这里所有人都热爱学习、尊重知识,创办学校是宗教人士虔诚的表现,让贫穷孩子上学是基本的宗教义务。"③

布哈拉汗国所有经学院的教学体系大致相同。每学年于10月开学,7、8、9三个月为假期,周四、周五为休息日④。教学分初级、中级和高级三个阶段,初级学制为9—10年、中级学制为8年、高级学制为2—3年,每一阶段均有指定教材和参考书目。初级阶段的学生需要掌握阿拉伯语法、沙里亚法概论和宗教哲学,中级阶段的学习内容包括苏非派思想与主张,以及伊斯兰教法的核心内容。高

---

① Иванов П. П. Очерки по истории Средней Азии (XVI-середина XIX в.). С. 216.
② Кандахаров А. Х. Культура и обучение Средней Азии 16 века. С. 53 – 55.
③ Мейендорф Е. К. Путешествие из Оренбурга в Бухару. С. 152.
④ Ханыков Н. В. Описание Бухарского ханства. СПб., 1843. С. 213 – 214.

级阶段是学生跟随导师研读思想内涵深入的宗教论著,如经注学。①经学院并非依照学生的学习程度分班,而是依照教材内容确定。学习课程也通常依照教材而非科目进行,每本教材的学习期限不定。经学院开设的宗教课程主要有逻辑学、伊斯兰教学、沙里亚法和经注学②,世俗科目包括阿拉伯语、天文学、医学、历史、地理、文学、建筑学和音乐等。③

为了完成经学院所有阶段的学习,按照穆达里斯的要求,学生只有阅读完137本教材和参考书才算完成经学院的学业。④ 通常情况下,即便不举行毕业考试,完成所有教学课程的学习也不少于20年,所以达到毕业要求的学生实际上只占少数。⑤ 杰梅宗曾在布哈拉停留了一个多月时间,深入了解了经学院的教育体系,并对具体科目的授课内容也进行了专门论述。⑥ 他认为,宗教学乃是布哈拉汗国经学院的学科之首,更是获取知识的全部来源。⑦

因此,在布哈拉汗国历史进程中,宗教教育始终占据重要地位,布哈拉城成为近代中亚的宗教教育中心,即便俄国统治以后依然如此。布哈拉汗国传统发达的宗教教育进一步推动了中亚伊斯兰文化的繁荣,使之能够长久延续下来,并为中亚文明的发展增添了无限光彩。也正因如此,沦为俄国附属国以后,布哈拉汗国的俄国文化传播并未像在哈萨克草原地区和突厥斯坦总督区一样产生较大影响。

---

① Остроумов Н. П. Мадрасы в Туркестанском крае // Журнал Министерства народного образования. Новая сер. Ч. 7. 1907. Январь. С. 13 – 14.

② Ханыков Н. В. Описание Бухарского ханства. С. 222.

③ Джурабаев Д. Х. Система мусульманского образования в Бухарском ханстве в конце XVIII-начале XIX вв. (по материалам русских источников). С. 209 – 216.

④ Саййид Мухаммад Насир б. Музаффара. Тахкикат-и Арк-и Бухара (Исследования о Бухарском Арке). / Пер. с персидского, введение, комментарии и указатели С. Гуломова. Ташкент, 2009. С. 51 – 106.

⑤ Иванов П. П. Очерки по истории Средней Азии (XVI-середина XIX в.). С. 217.

⑥ Записки о Бухарском ханстве:(Отчеты П. И. Демезона и И. В. Виткевича). С. 45 – 46.

⑦ Ахмад Дониш. История мангитской династии. С. 150.

而恰恰相反，布哈拉汗国的传统文化较为完整地保存了下来，伊斯兰教育更是如此。

第二节　多元文化的变迁

布哈拉汗国的文化主要是由塔吉克人、波斯人和以乌兹别克人为主、操突厥语的中亚各民族相互交往、交流和交融的产物。宗教是文化基因的价值核心和内在精神，所有民族文化的各个门类都体现了各民族文化的宗教精神。宗教与文化密切联系，使之成为文明交往的基本要素。[①] 布哈拉汗国及其周边地区的不同民族主要信仰伊斯兰教，其文化构成也以伊斯兰教为核心，形成具有强大社会整合力的融合型文化。但自19世纪下半叶沦为俄国保护国以后，布哈拉汗国的文化形态随之发生变化，形成一种以伊斯兰文化和东正教文化相融合的混合型文化。相比于突厥斯坦总督区，布哈拉汗国的文化变迁受俄国影响较弱。即便如此，具有显著殖民特征的俄国文化也逐渐渗入布哈拉汗国社会，并时而与当地宗教文化发生尖锐冲突。但是，俄国文化的引入却在一定程度上向当地民众传播和推广了现代文明，在保持本地区文化传统的基础上了解和熟悉更多的欧洲文明，进而促成本土文化的进步。因此，本节论述的主要是俄国征服以前布哈拉汗国的文化变迁及特点，而关于俄国统治以后布哈拉汗国的文化发展在后文专门论述。

一　建筑步入衰微

随着伊斯兰文化的推进，布哈拉汗国的建筑艺术也呈现出明显的宗教特性。自阿拉伯帝国统治以后，布哈拉和撒马尔罕等城市的建造风格和样式与阿拉伯城市类似。城市一般设有城墙，内城通常有通往不同方向的城门。城市街道以广场为中心，石板铺路，两旁

---

① 彭树智：《我的文明观》，西北大学出版社2013年版，第17页。

布满商业集市。大型的宗教建筑一般采用韧性强且结实的石膏灰泥烧砖建造，如清真寺、经学院、道堂和陵墓等。另外，还有代表政治权威的城堡和宫殿也位于市中心。城市中还有民用住宅、公共浴室、商队旅舍、水库等建筑，这些都构成了河中地区城市的主要建筑类型，较为持久地保存了典型的中亚城市体系。在中亚历史进程中，蒙古帝国的征服使河中地区的城市及其建筑遭到了严重破坏，建筑艺术陷入停滞期。然而，随着14世纪帖木儿帝国的建立，中亚建筑艺术发展达到鼎盛。对外征战期间，除掠夺财物以外，帖木儿及其军队俘虏大量的能工巧匠，并将他们带回撒马尔罕及其周边城市用于城市建设和治理，其中不乏诸多建筑师和工程师。虽然工匠们大多是被强制征召而来，但通过运用他们的技术和创新最终成就了一种新的建筑风格，即每个元素都要体现出宏大壮美的主题。① 这一时期中亚建筑依然以伊斯兰风格为主，包含了突厥文化的特色，还融合了波斯建筑风格。同时由于中国工匠的参与，当地建筑也在一定程度上受到了中国建筑风格的影响。② 帖木儿时代的建筑巍峨壮观、色调明快、雕镂精湛、装饰华丽，成为中亚建筑史上的杰作。③

自16世纪始，布哈拉汗国的建筑艺术也主要继承帖木儿时代的丰富遗产，在建筑类型和设计风格上均与帖木儿时代类似。在此基础上，这一时期河中地区的建筑工艺又有了新的发展，如新建的道堂、清真寺和经学院等均配有专门的设计图纸。这些图纸至今仍保存在乌兹别克斯坦东方学研究所。④ 复杂的拱顶和满足空间需要的拱系列的多样化是明显的变化，装饰材料有釉砖、雕刻镶嵌板、花式釉陶、雕花石膏、木石浮雕等，装饰图案以几何图案、碑铭及程式

---

① Asimov, M. S. and C. E. Bosworth, *History of Civilizations of Central Asia. Vol. IV*, Paris: United Nations Educational, Scientific and Cultural Organization, 1998, p. 532 – 533.

② 丁万录:《丝路遗珠：前近代中亚地区伊斯兰教建筑》,《北方民族大学学报（哲学社会科学版）》2017年第4期。

③ 蓝琪:《金桃的故乡——撒马尔罕》,商务印书馆2014年版,第113页。

④ Пугаченкова Г. А., Ремпель Л. И. История искусств Узбекистана с древнейших времен до середины XIX века. М., 1965. С. 323.

化的植物图案为主。① 另外，与帖木儿帝国一样，布哈拉汗国的大型建筑多数由统治者组织建造，这在一定程度上显示出统治阶层的权威性。

这一时期布哈拉汗国的建筑艺术特征明显：一是民用建筑明显增多，而纪念性建筑相对减少。16 世纪伊始，布哈拉汗国的城市中出现了大量的民用建筑，如商队旅舍、公共浴室、集市和住宅房屋等。詹金森曾在自己的旅行记中专门对布哈拉城的公共浴室做过描述，认为当地的公共浴室设计非常独特，在其他地方都未曾见过。② 由于苏非派在布哈拉汗国社会生活中的显著地位，布哈拉汗国不再为汗室家族修建陵墓，而是将其直接葬于经学院或道堂内，如阿布杜拉兹汗逝后葬于布哈拉的别哈乌丁（Бехауддин）道堂。③ 因此，相比于帖木儿帝国，布哈拉汗国修建的纪念性建筑较少。

二是统治者们致力于首都布哈拉城的建设。自乌拜杜拉汗掌权以来，布哈拉城逐渐成为河中地区的中心城市。它及其周边地区的新建建筑最多，但仍以宗教类建筑为主，这与统治者对宗教的重视程度相关。加富罗夫曾说过，整个近代布哈拉城的建筑风貌主要基于 16 世纪。④ 詹金森于 1558 年到达布哈拉城时曾描述道："布哈拉是一座大城市，建筑宏伟，大多数建筑以砖结构为主。"⑤

三是阿布杜拉汗二世时期大兴土木，建筑水平达到新高度。阿布杜拉汗二世时期布哈拉城新建的城墙一直保留到了 20 世纪初。⑥ 这一时期新建和修缮了约 500 处建筑，除民用建筑外主要仍是宗教

---

① 丁万录：《丝路遗珠：前近代中亚地区伊斯兰教建筑》，《北方民族大学学报（哲学社会科学版）》2017 年第 4 期。

② Английские путешественники в Московском государстве в XVI веке. C. 182.

③ Пугаченкова Г. А., Ремпель Л. И. История искусств Узбекистана с древнейших времен до середины XIX века. C. 330.

④ Гафуров Б. Г. Таджики. Древнейшая, древняя и средневековая история. Книга 2. Душанбе: Ирфон, 1989. C. 296.

⑤ Английские путешественники в Московском государстве в XVI веке. C. 182.

⑥ История Узбекской ССР. Т. 1: С древнейших времен до середины XIX века. Ташкент: Фан, 1967. C. 546.

类建筑，如米尔阿拉布经学院（1535—1536 年）、法扎巴特（Файзабад）道堂（1585 年）和阿布杜拉汗经学院（1577—1578 年）等。①

四是相比于帖木儿时代，16 世纪布哈拉汗国的建筑规模缩小，建筑内部装饰简化。16 世纪的布哈拉汗国因长年征战，国库经费持续缩减，从而导致建筑行业出现低成本造价的现象，尤其从 16 世纪下半叶开始更趋明显。② 这成为昔班尼王朝许多建筑未能保存下来的重要原因。

到了 17 世纪，布哈拉汗国的新建筑主要由部落贵族或社会上层人士赞助修建。与 16 世纪相比，这一时期布哈拉汗国的建筑水平急剧下降、新建筑数量明显减少，这主要是因为布哈拉汗国局势动荡、经济萧条导致许多优秀的建筑师和设计师移居他国。随着 17 世纪末至 18 世纪中叶布哈拉汗国中央政权的不断分裂，地方部落贵族的政治权力逐渐扩大、经济实力日益雄厚。

在文化方面，部落贵族通过赞助修建新建筑以彰显自己的权威。1613 年，由贵族亚兰格图什资助、建于撒马尔罕雷吉斯坦广场上的雄伟建筑群留存至今。依照他的指令，建筑师阿布达尔·扎巴尔（Абдал-Джаббар）设计，仿效兀鲁伯经学院的构造，在其对面修建了"雄狮"经学院（Медресе Шердор），其内部结构独特，装饰精美。③ 1646—1659 年间，他再次下令在该广场修建第三座建筑，即"金色"经学院（Медресе Тилля-Кари），它兼顾经学院和清真寺两大职能。④ 至此，由三座建筑构成的撒马尔罕大广场更加地光辉夺目。由伯克纳迪尔（Надир）赞助、完成于 17 世纪的布哈拉建筑群

---

① Архитектура в Бухарском ханстве в XVI в. http：//testhistory. ru/history. php？id＝his_ 2, 2019 年 10 月 12 日。

② Гафуров Б. Г. Таджики. Древнейшая, древняя и средневековая история. С. 298.

③ История Узбекской ССР. Т. 1： С древнейших времен до середины XIX века. С. 587.

④ Пугаченкова Г. А., Ремпель Л. И. История искусств Узбекистана с древнейших времен до середины XIX века. С. 332.

"拉布—哈乌兹（Лаб-хауз）"包括经学院、道堂和蓄水池，其中库卡尔多什经学院始建于16世纪，道堂和蓄水池修建于17世纪。① 总之，这一时期布哈拉汗国的建筑风格和类型与16世纪的并无明显差别。

与16和17世纪相比，18—19世纪中叶河中地区的建筑艺术明显衰败。布哈拉汗国的城市地产大多属于瓦克夫。瓦克夫数量的不断扩大及其资产的不可转让，使瓦克夫制度成为一股强大的力量，导致整个城市的土地所有权冻结，阻碍城市建筑规划的进行。这成为城市面貌变化微弱的主要原因之一。② 18世纪下半叶，布哈拉汗国各城市中的受损建筑得到一定程度的修复，但新建建筑较少。

19世纪上半叶，布哈拉汗国的建筑水平较前几个世纪明显下降，保存至今的建筑甚少。③梅伊耶多尔夫曾在自己的游记《从奥伦堡到布哈拉的旅行》中对布哈拉建筑艺术的衰败感到遗憾。他认为，曾经的布哈拉城要比现在的繁华许多，不同于15—16世纪，这时的建筑师已无法设计和修建出原属清真寺那种唯美壮观的门柱了。④ 在他看来，此时布哈拉城的建筑已完全衰败，几乎没有新建筑来证明它的独特与繁华，仅存的中心街道也已堆满石子，部分住宅区只剩下残垣断壁。⑤ 再者，布哈拉城的公共建筑陈旧：公共浴室破旧肮脏、棉花仓库面积狭小且屋顶漏水。⑥ 另外，在布哈拉城近300座清真寺中，大部分规模较小，一般仅容纳100人左右，且内部装饰简陋破旧。

作为中亚的地标性建筑，这一时期的清真寺已然没有了往日的

---

① Гафуров Б. Г. Таджики. Древнейшая, древняя и средневековая история. С. 575.
② Chahryar Adle and Madhavan K. Palat and Anara Tabyshalieva, eds., *History of Civilizations of Central Asia*, Vol. Ⅵ, Paris: UNESCO Publishing, 2005, p. 822.
③ История таджикского народа. Т. 2, кн. 2: Поздний феодализм (ⅩⅦ в. - 1917 г.). С. 125 - 126.
④ Мейендорф Е. К. Путешествие из Оренбурга в Бухару. С. 118.
⑤ Мейендорф Е. К. Путешествие из Оренбурга в Бухару. С. 102.
⑥ Записки о Бухарском ханстве: (Отчеты П. И. Демезона и И. В. Виткевича). С. 99 - 101.

精美与壮观。宫殿、经学院、圣墓等建筑虽继续在修建，但其数量、质量及规模较之前相比差别明显。自 18 世纪始，马赛克艺术不再应用到建筑内部装饰，布景装饰所用的釉陶器质量也较差。① 由此观之，布哈拉汗国建筑装饰艺术步入"黄昏期"。

自 19 世纪下半叶俄国统治以后，布哈拉汗国的民用建筑取得了明显进步。这一时期，中亚地区形成了三大建筑流派，即布哈拉派、花剌子模派和费尔干纳派。其中，采用精美雕刻和绘饰图案的西达拉伊—马黑—哈萨（Ситораи Мохи Хоса）宫殿是布哈拉流派的典型建筑。② 其次，与突厥斯坦总督区一样，随着俄国移民的增加，布哈拉汗国不断涌现俄式新型城市。这为布哈拉汗国的建筑文化增添了新元素。布哈拉城附近的卡甘城是完全依照俄国城市模型规划修建的，它采用同心放射状布局，俄国官员、军队和商人是主要的居住群体。

再次，俄国占领以后伊斯兰教在中亚的影响力下降，但俄国资本主义经济的不断渗透促使布哈拉汗国民族资产阶级形成。然而，后者的壮大却为修缮旧建筑和兴建新建筑提供了资金支持，瓦克夫数量也大幅增加，清真寺、经学院和汗王宫殿等得到不同程度的修缮。总之，瓦克夫数量的扩大在一定程度上促进了布哈拉汗国传统建筑的复兴。

最后，俄式建筑的出现使中亚地区的建筑文化更加丰富多彩。俄式医院、剧院、民用住宅和行政建筑开始在布哈拉汗国的移民城市耸立起来。受此影响，俄国建筑师与当地建筑师互通合作，建造出一种内部装饰为中亚风格的俄式建筑，例如，卡甘城的埃米尔宫

---

① Иванов П. П. Очерки по истории Средней Азии（XVI-середина XIX в.）. С. 225.
② Мухаммад Ризо Хомиди. Политические, экономические и культурные преобразования в Средней Азии в XIX-начале XX вв. / диссертация кандидата исторических наук. Душанбе, 2007. С. 131.

殿融合了不同建筑风格和内部装饰元素。① 因此，俄国的统治为布哈拉汗国传统伊斯兰风格的建筑引入欧式元素，使中亚地区的建筑更广泛地吸收阿拉伯、波斯、中国、印度和俄国等的元素，形成具有地区特色和风格的艺术文化。

二 文学转向现实题材

自 16 世纪建立以后，布哈拉汗国的文学创作较为活跃。16 世纪下半叶在哈桑·希萨里（Хасан Хисори）编写的《布哈拉诗集》中提及，乌拜杜拉汗和阿布杜拉兹汗统治时期布哈拉汗国共有 250 余名文人学者，其中最著名的当数萨尼丁·马赫穆德·瓦西菲。② 阿布杜拉汗二世时代仅布哈拉城的诗人数量就已达 350 名，不仅在人数方面不亚于 15 世纪，而且在作品质量上同样如此。③

昔班尼王朝的文学创作以历史传记和诗歌为主要体裁，特点如下：第一，史学发展成为主流。由于统治者重视官方编史，这一时期有关中亚历史的文献数量和质量均超过上一世纪④。史学代表作有 1505 年前后完成的《史选·胜利记》（Таварих-И Гузиде，Нусрат-Наме），它按照时间顺序记录了蒙古帝国统治钦察草原、中亚和伊朗的历史，以及昔班尼汗创建布哈拉汗国的历史。⑤ 哈菲兹·塔内什（Хафиз Таныш）的《沙荣耀录》（Шараф-нама-йи шахи）记载了有关 16 世纪中亚、哈萨克斯坦及周边邻国的政治史。法兹鲁拉·鲁兹别汗（Фазлулла Рузбе）的《布哈拉宾客纪事》资料翔实，重点

---

① Chahryar Adle and Madhavan K. Palat and Anara Tabyshalieva, eds., *History of Civilizations of Central Asia*, Vol. VI, Paris: UNESCO Publishing, 2005, pp. 829 – 831.

② Гафуров Б. Г. История таджикского народа. Т. 1. С древнейших времен до Великой Октябрьской социалистической революции 1917 г.: В кратком изложении. М.: Госполитиздат, 1952. С. 343.

③ История таджикского народа. Т. 2, кн. 1: Возникновение и развитие феодального строя (VI-XVI вв.). С. 412.

④ Иванов П. П. Очерки по истории Средней Азии (XVI-середина XIX в.). С. 11.

⑤ Ахмедов Б. А. Историко-географическая литература Средней Азии. XVI-XVIII вв. (письменные памятники). Ташкент: Фан, 1985. С. 12.

记述了昔班尼汗出兵远征哈萨克草原、乌兹别克人和哈萨克人的民族起源、昔班尼王朝的封邑制度及宗教政策等内容。① 直至今日，它们仍是研究 15—16 世纪中亚历史的重要文献。

第二，诗歌创作受到重视。昔班尼汗、乌拜杜拉汗和阿布杜拉兹汗三位统治者都喜好作诗，昔班尼汗的诗集至今仍保留在伊斯坦布尔的手抄本文献库中②。阿布杜拉兹汗统治（1540—1550）期间资助修建的宫廷图书馆享有盛誉，这里保存了大量诗集的珍贵书稿。加拿大学者玛丽亚·伊娃·苏布特尔尼（Maria Eva Subtelny）指出："诗歌是文化中的文化，诗歌的重要性在于它在伊斯兰环境中所起的威望作用。诗是文化的主流，它是评价一个王朝最高成就的决定性因素。"③ 因此，汗王宫殿成了宫廷诗人汇聚交流和畅谈之所。

第三，古乌兹别克语④的文学创作兴起。自 16 世纪乌兹别克人进入河中地区以后，开始与当地的突厥语民族进行交流与融合，在语言上也逐渐突厥化，进而形成乌兹别克语。16 世纪 30 年代，在乌拜杜拉汗的支持下，布哈拉汗国的文学作品更多使用乌兹别克语创作，主要包括史学和翻译文学两大类。16 世纪初著名史学家穆罕默德·萨利赫的《昔班尼传》（Шейбани-Наме）是用乌兹别克语写成的。巴布尔的诗集和回忆录也是这一时期乌兹别克语文学作品的典范。翻译文学主要是指波斯文学开始被翻译成乌兹别克语的创作。据文献记载，忽春赤汗曾授意学者翻译了两部波斯语的史著。⑤

扎尼王朝时期，现实主义题材的文学创作较昔班尼王朝时期更

---

① Ахмедов Б. А. Историко-географическая литература Средней Азии. XVI-XVIII вв. (письменные памятники). С. 26 – 30.

② Сыздыкова Ж. С., Кадырбаев А. Ш. Ученые «Во власти» на мусульманском востоке эпоха Чингизидов // Историческая и социально-образовательная мысль. 2017, Том 9, № 3/2. С. 71 – 77.

③ [加拿大]玛丽亚·伊娃·苏布特尔尼：《16 世纪初中亚的文化艺术和政治》，李玉昌摘译，周锡娟校，《中亚研究》1984 年第 4 期。

④ 古乌兹别克语又称察合台突厥语，是今天乌兹别克语的雏形。

⑤ История таджикского народа. Т. 2, кн. 1: Возникновение и развитие феодального строя (VI-XVI вв.). С. 410.

加活跃。著名诗人玛利哈·撒马尔罕季（Малиха Самарканди）在著作《回忆诗友》（Вспоминающий о собеседниках）中提及这一时期河中地区 114 位诗人的名字，且作者几乎与其中每个人都见过面，如著名诗人奥比德·穆姆托兹·瓦利（Обид Мумтоз Вали）。① 这些诗人在自己的作品中直接或间接地批判社会现实，反对专制统治，试图维护被压迫、被剥削的劳苦大众的权益。自 17 世纪 40 年代始，河中地区的文学创作明显活跃起来②，城市手工业者成为创作主体，如织布工赛伊多·纳萨菲、制作手套的工人穆罕默德·阿明·萨尔法拉兹（Мухаммад Амин Сарфараз）和铁匠玛谢霍·撒马尔罕季（Масехо Самарканди）等。③

与此同时，自 17 世纪 80 年代，即苏布汉库利称汗以后，布哈拉汗国的宫廷文学走向衰败，许多宫廷诗人被迫移民印度。据文献记载，短期内有超过 15 位宫廷诗人迁往印度，其中包括扎拉尔·基塔布达尔（Джалал Китабдар）和萨米·萨达特（Сами Садат）。④ 这主要与当时布哈拉汗国国内形势恶化、社会阶层矛盾激化从而引发民众暴动有关。但是，这却反过来刺激了现实主义题材的城市文学的发展，出现了表达对统治阶层不满、针砭时弊的诗歌作品，其中纳萨菲的《春日的旋律》（Сказание о тварях）最具代表性。纳萨菲是布哈拉汗国第一位公开维护民众利益、尖锐批判专制统治的诗人⑤，并专门为穷人、手工业者和农民创作诗歌，其作品在民间广为流传。正如玛列霍（Малехо）所言："相比于其他诗人的作品，纳

---

① История таджикского народа. Т. 2, кн. 2: Поздний феодализм (XVII в. - 1917 г.). С. 49.

② История таджикского народа. Т. 2, кн. 2: Поздний феодализм (XVII в. - 1917 г.). С. 49.

③ Абдукахор Саидов. Политическое и социально-экономическое положение Бухарского ханства в XVII-первой половине XVIII вв. С. 255.

④ История таджикского народа. Т. 2, кн. 2: Поздний феодализм (XVII в. - 1917 г.). С. 50.

⑤ Гафуров Б. Г. Таджики. Древнейшая, древняя и средневековая история. С. 329.

萨菲的诗歌更为民众所熟知。"①

扎尼王朝时期，人物传记类的史著大量问世。这一时期布哈拉汗国史书的显著特点是以人物传记为主，并通过编年史的形式重点讲述扎尼王朝的历史，代表作有《穆克木汗传》（Тарих-И Муким-Хани）、《乌拜杜拉汗传》（Убайдаллах-Наме）、《阿布尔费兹汗传》（Тарих-И Абу-Л-Файз-Хани）和《列王世系》（Силсилат Ас-Салатин）。其中，《乌拜杜拉汗传》主要记述了乌拜杜拉汗二世当政时期（1702—1711）布哈拉汗国的历史。《列王世系》是一部记述古代突厥人、蒙古帝国、帖木儿帝国和布哈拉汗国的历史，其中对扎尼王朝时期纳迪尔·穆罕默德、阿布杜拉济兹、苏布汉库利三位汗执政时期的历史记述较为详细。此外，受巴尔赫统治者纳迪尔·穆罕默德委托，著名史学家马赫穆德·伊布·瓦利（Махмуд ибн Вали）完成的著作《高尚品德的神秘之海》（Море тайн относительно доблестей благородных）是一部百科全书，内容包括历史、地理和人物传记，由序言、七卷本和结语组成，其中，历史篇涵盖自成吉思汗建立蒙古帝国至扎尼王朝纳迪尔·穆罕默德汗执政时期的内容。②

曼格特王朝统治时期，由于统治者大力推崇伊斯兰教，布哈拉汗国的宗教氛围十分浓郁，文学创作以形式主义为主，缺乏思想和创新意识。一是宫廷文学作品以颂诗为主，辞藻华丽而内容空泛。二是民间文学以模仿为主，主要流派被称作别季利派。③ 别季利派的

---

① История таджикского народа. Т. 2, кн. 2: Поздний феодализм（XVII в. - 1917 г.）. С. 51.

② Абдукахор Саидов. Политическое и социально-экономическое положение Бухарского ханства в XVII-первой половине XIII вв. С. 247.

③ 别季利（Мирзо Абдулкодир Бедиль，1644-1721）出生于孟加拉地区，自1685年始在德里生活和创作，是17世纪末至18世纪中亚、波斯、印度地区的著名诗人和思想家。他留下了丰富而珍贵的诗歌、散文和哲学作品，其作品主要表达的是批判现实的思想，创造了独特的诗歌语言，即印度风格或别季利派。18—19世纪，在河中地区出现了大批模仿别季利的作品体裁和内容的中亚诗人，即别季利派。Гафуров Б. Г. История таджикского народа. Т. 1. С древнейших времен до Великой Октябрьской социалистической революции 1917 г. С. 378.

中亚诗人大多只是模仿别季利作品的语言风格，而在内容上缺乏反映社会现实的思想内涵。三则为了强化宗教影响和禁锢民众思想，统治阶层让更多的宗教学者进行文学创作。这类文学作品主要通过引用伊斯兰教典籍的片段和著名宗教学者的言论，在结合布哈拉汗国社会现状的基础上阐释深刻的宗教思想，这不仅迎合了身处苦难中的广大民众的精神需要，更是满足了统治阶层麻痹人民、加强统治的需要。18世纪下半叶，在布哈拉民众和宗教界影响力较大的谢赫塔什姆哈玛特·阿济赞（Ташмухаммад Азизан）即是一位文学家。① 四则史著仍以官方编史为主，且数量有限，如《拉希姆汗传》（История Рахим-Хана）。它主要记述1721—1768年间曼格特王朝的历史，是作者依照穆罕默德·拉希姆汗和穆罕默德·达尼亚尔的要求编写的。②

俄国统治者的到来客观上促使布哈拉汗国文学题材趋于现实化。扎吉德运动的兴起对当时布哈拉汗国的文学创作产生了广泛影响，阿赫玛德·多尼什和萨德里金·阿宁是现实派代表作家。他们根据社会现实和时代要求提出自己的观点和思想，如对现代科学文化的追求、对黑暗专制统治的批判和对欧洲进步思想的宣扬等。但是，在当时埃米尔宫殿中仍有一批持有传统宗教观念，采用原有创作风格的宫廷文学家。他们对一切新事物和进步思想表示坚决反对。

然而，布哈拉汗国社会经济的变化、俄国革命思想和文化的传播促使文学创作日渐摆脱宗教桎梏，使之倾向于现实主义和自由主义。通过研究19世纪下半叶至20世纪初的文学作品也可从侧面反映出布哈拉汗国社会的变化。据文献记载，在同时代的450名诗人和作家中，尽管只有少数诗人摆脱了传统思想的束缚，传播新思想

---

① Аширов А. А. Пасилов Б. А. Зикр джахр в ритульной практике суфийских групп Средней Азии и его этнографические особенности // Этнографическое обозрение. 2010. № 5. С. 40.

② Джурабаев Д. Х. Бухраский эмират второй половины XVIII-первой половины XIX вв. в письменных источниках. С. 361.

和新文化，但这也对以后中亚社会文化的发展产生了重要影响。下文第三节专门就俄国统治时期紧密结合社会现实的文学活动进行详细论述，故此不再赘述。

三 艺术趋向本土化

自古以来，中亚地处东西交通要冲和丝绸之路咽喉地段，是各种艺术文化交汇交融之地，故这一地区的艺术文化较为发达。但随着陆上丝绸之路的衰落，进入近代的中亚逐渐与世界其他地区相隔离，它的艺术文化在融合中世纪丰富元素的基础上趋向本土化。俄国的统治对布哈拉汗国艺术文化的发展影响不大，仅有俄国油画在19世纪末至20世纪初的布哈拉汗国新建筑中出现，同时具象艺术开始渗透这一地区。但这始终不具有普遍性。因此，作为中亚近代文明的重要载体，布哈拉汗国的艺术文化发展具有典型性和代表性，主要体现在布哈拉画派的细密画、发达的音乐文化和独具特色的书法艺术三方面。

第一，绘画艺术主要表现在以布哈拉画派为代表的细密画最终形成。细密画是以书籍插图为主的伊斯兰艺术的表现形式。帖木儿时期，作为东方伊斯兰世界的艺术中心，赫拉特的细密画艺术异常繁荣。其中最著名的绘画大师为卡马利德丁·别赫佐德（Камолиддин Бехзон），他使图画和色彩的和谐达到完美程度，革新了传统的艺术内容，创立了全新的构图方法。① 这种风格为布哈拉画派的形成奠定了基础。布哈拉汗国建立以后，统治者首先通过对外征战掳掠了更多艺术家。例如，1507年占领赫拉特以后，昔班尼汗将别赫佐德带回宫殿，要他为自己画像。② 其次，16世纪萨法维王朝占领呼罗珊地区以后，为了避免战争和宗教迫害，赫拉特的逊尼派画家纷纷迁

---

① Пугаченкова Г. А., Ремпель Л. И. Очерки искусства Средней Азии (Древность и средневековье). М.: Искусство, 1982. С. 158.

② История таджикского народа. Т. 2, кн. 1: Возникновение и развитие феодального строя (VI-XVI вв.). М.: Наука, 1964. С. 408.

往河中，如赫拉特的细密画大师谢赫扎杰·马赫穆德（Шейхзаде Махмуд）及其学生阿布杜拉·穆罕默德·姆哈辛（Абдулла Мухаммад Мухассин）。由此，波斯细密画在河中地区迅速传播和发展开来。

于是，河中地区的细密画广泛吸收和融合波斯艺术元素，从最初的赫拉特画派向赫拉特—布哈拉画派过渡，直至形成具有本土特色的布哈拉画派。布哈拉画派的细密画兴起于16世纪上半叶，至16世纪50年代最终形成。该派画家数量超过20人。① 其中，部分画家经布哈拉汗国统治者授意前往奥斯曼帝国、莫卧儿帝国及喀山汗国的宫殿进行绘画创作。② 构图简洁匀称、色彩鲜艳明亮是布哈拉画派的显著特征。不同于传统的波斯细密画，16世纪河中地区的细密画创作范围扩大，不再限于诗歌作品，而更多出现在学术论著和史学著作当中。史书中的细密画生动再现了战争场面及统治者的丰功伟绩。《列王记》（Шах-Наме）、《哈姆扎》（Хамза）和《阿布海尔传》（Тарих-И Абу-Л-Хайр-Хани）手抄本的插图成为布哈拉画派的代表作。③

到了17世纪，布哈拉汗国的绘画艺术更趋本土化。这一时期带有细密画插图的书稿留存至今的甚少，但从保留下来的作品可以看出，在继承16世纪绘画传统的基础上，布哈拉画派依照时代风格和社会需求增添了新元素，本土化色彩更显突出。④ 纳萨菲曾在自己的作品中这样称赞河中地区的绘画家："我们画家的作品如此精美，以

---

① Каримов Усмонжон. Литературно-исторические источники и основные тенденции таджикской литературы XVI в. / диссертация доктора филологических наук. Душанбе, 1987. С. 208.

② Камолов Х. Ш. История вторжения кочевых племен Дашт-и Кипчака в Среднюю Азию (XVI в.). С. 294.

③ Пугаченкова Г. А., Ремпель Л. И. Очерки искусства Средней Азии (Древность и средневековье). С. 159.

④ Пугаченкова Г. А., Ремпель Л. И. История искусств Узбекистана с древнейших времен до середины XIX века. С. 358 – 359.

至于中国画家都无法与之媲美！"①在 1628 年问世的《胜利者之书》（Фатх-наме）中，由撒马尔罕画家完成的 12 幅插图是这一时期细密画的代表作。它们以战争题材为主，画面色彩鲜艳，人物细节描绘清晰，战争场面富于动感。② 为了迎合统治者需要和突出本土特色，绘画家们着重描绘河中地区游牧和定居两种生活场景，以及乌兹别克人习俗的诸多细节：修剪胡须的独特方式、椭圆形白色毡帽镶嵌有黑色的卷沿、类似骑兵穿着的尖后跟皮靴、使用的武器装备等。③

这一时期肖像画发展显著。1642 年，波斯画家穆因·穆萨维尔（Муин Мусаввир）为伊玛姆库利汗创作的肖像画至今仍保存在俄罗斯东方艺术博物馆中。④ 另外，以人物肖像为题材的细密画插图也应用于学术著作。经苏布汉库利汗同意，医学著作中开始出现用于人体解剖学的细密画插图。⑤ 但是，此后布哈拉汗国的细密画创作逐渐脱离文学作品，传统的绘画技能和方式没落，这样，文学作品中的细密画艺术也渐趋消失⑥。

然而，到了 18—19 世纪，传统的细密画艺术步入衰微，布哈拉汗国的书市完全被从克什米尔进口的插图手稿画占领。⑦ 布哈拉汗国局势的动荡导致经济和文化生活出现危机，大批艺术家移民印度，其中有不少细密画画家。19 世纪初在布哈拉汗国几乎找不到一位细密画画家，尤其是肖像画家，因为他们已被镀金工匠和素描画家所

---

① Антология таджикской поэзии. М.：Гослитиздат，1957. С. 440 – 441.

② История таджикского народа. Т. 2，кн. 2：Поздний феодализм（XVII в. - 1917 г.）. С. 54.

③ ［俄］Г. А. 普加琴科娃、［俄］Л. И. 列穆佩主编：《中亚古代艺术》，陈继周、李琪译，新疆美术摄影出版社 1994 年版，第 81 页.

④ Пугаченкова Г. А.，Ремпель Л. И. История искусств Узбекистана с древнейших времен до середины XIX века. С. 360.

⑤ История таджикского народа. Т. 2，кн. 2：Поздний феодализм（XVII в. - 1917 г.）. С. 54.

⑥ Ашрафи М. М. Персидско-таджикская поэзия в миниатюрах XIV-XVII вв. Душанбе：Ирфон，1974. С. 116 – 119.

⑦ Chahryar Adle and Irfan Habibeds，*History of Civilizations of Central Asia*，Vol. V，Paris：UNESCO Publishing，2003，p. 585.

替代。① 许多欧洲学者对布哈拉汗国的绘画艺术衰败景象深表惋惜，认为这是宗教盛行的结果。② 因为伊斯兰教法规定，不允许表现有动植物和人的图案，即禁止偶像崇拜。加之统治阶层要求民众严格遵守伊斯兰教规，不得有任何违规行为。而对于俄国统治时期有关布哈拉汗国绘画艺术的研究缺乏文献记载。但可以确定的是，这一时期细密画艺术依然处于衰落阶段。

第二，中亚地区的音乐自古以来较为发达。它不仅对中国音乐产生了影响，而且也促进了欧洲民族音乐的发展，中世纪阿拉伯和波斯的音乐更是继承了中亚古代音乐的遗产。③ 据文献记载，16 世纪的布哈拉汗国大约有 10 位知名演奏家、作曲家和音乐理论家。④ 布哈拉汗国的音乐水平一直较高，其原因有两点：一是波斯音乐家的迁入丰富了布哈拉汗国的音乐文化。自 16 世纪什叶派成为波斯的国教以后，萨法维王朝不允许存有与什叶派教义相悖的欢快音乐，因此，波斯的诸多音乐家们被迫移民中亚和印度。1512 年，萨尼丁·马赫穆德·瓦西菲曾指出，来到河中地区的著名波斯音乐家有卡西玛里·卡努尼（Касимали Кануни）、歌唱家恰卡里·昌吉（Чакари Чанги）和鲁特琴演奏家哈桑·乌季（Хасан Уди）等。⑤ 二是政权统治的必要性促进了音乐发展。在对外征战和掠夺行动以后，汗通常会举办盛大的庆功宴，故支持音乐创作。

16 世纪布哈拉汗国的音乐创作特征明显：一则宫廷音乐受到重视。地方素丹在其宫殿中专设宫廷乐队"纳科拉洪（накорахон）"，

---

① Джуразода ДЖ. Х. О каллиграфии и каллиграфах Бухарского эмирата второй половины XVIII-середины XIX вв. // Ученые записки. 2018. № 2（55）. С. 50 – 54.
② Джуразода ДЖ. Х. О каллиграфии и каллиграфах Бухарского эмирата второй половины XVIII-середины XIX вв. С. 50 – 54.
③ 王治来：《中亚近代史》（16—19 世纪），兰州大学出版社 1989 年版，第 44 页。
④ Семенов А. А. Среднеазиатский трактат по музыке дервиша Али（XVII века）: Сокр. изложение перс.（тадж.）текста с введением, прим. и указателем / Проф. А. А. Семенов ; Науч. -иссл. ин-т искусствознания УзССР. Ташкент: тип. № 1, 1946. С. 46.
⑤ Камолов Х. Ш. История вторжения кочевых племен Дашт-и Кипчака в Среднюю Азию（XVI в.）. С. 298.

其负责人"梅赫塔尔（мехтар）"通常由汗或地方素丹直接任命。①二则音乐与诗歌紧密结合。除专业音乐家外，许多诗人也兼事音乐创作。"东方民间诗人从不读诗，而是拖长声调、以独特音律朗诵诗歌。"② 这样一种新的音乐形式出现了。这一时期布哈拉汗国约有90位诗人同时创作音乐，如迈勒丁·比纳伊（Камал ад-Дин Бинаи）和阿布杜拉赫曼·姆什菲基（Абдуррахман Мушфики）。③三则音乐理论成就显著，这是音乐发展的必然结果。16世纪有关音乐理论方面的代表作有塔巴西（Табаси）的《音乐乐谱》（Рисала-и мусики）和达尔韦什·阿里·昌吉（Дарвеш Али Чанги）的《赠与的喜悦》（Тухфат ас-сурур）。④ 其中后者详细介绍了河中和呼罗珊地区的音乐史，内容包括乐器种类、音乐家履历及与之相关的事件等。

18世纪末至19世纪初，中亚的音乐传统得以保留和发展，古典音乐"沙什玛克（Шашмак）"⑤取代"杜瓦兹达赫玛克（Дувоздахмак）"⑥占据主导地位，这从18—20世纪初编写的60多部音乐论著中皆可证明。⑦ 在今乌兹别克斯坦科学院东方学研究所的图书馆里仍存有这一时期编写的7部音乐论著"巴约兹（Баёз）"⑧。

---

① История таджикского народа. Т. 2, кн. 1: Возникновение и развитие феодального строя (VI-XVI вв.). С. 408.

② Иванов П. П. Очерки по истории Средней Азии (XVI-середина XIX в.). С. 223.

③ Каримов Усмонжон. Литературно-исторические источники и основные тенденции таджикской литературы XVI в. С. 211.

④ Камолов Х. Ш. История вторжения кочевых племён Дашт-и Кипчака в Среднюю Азию (XVI в.). С. 300.

⑤ 沙什玛克（Шашмак）是指18世纪在中亚地区形成的一种音乐形式，属于乌兹别克民族和塔吉克民族共同的文化传统。它包括6种玛克姆调式，即«Бузрук»，«Рост»，«Наво»，«Дугох»，«Сегох»和«Ирок»。

⑥ 杜瓦兹达赫玛克（Дувоздахмак）是11—18世纪广泛流行于中亚地区的音乐形式。它是由12种玛克姆调式组成，为18世纪沙什玛克的最终形成奠定了基础。

⑦ Ведман В. А. Об уровне просвещенности и культурного развития Бухарского эмирата. С. 100 – 101.

⑧ 巴约兹（Баёз）指代有关音乐创作的学术论著。参见 Азизи Ф. А. Трактатная традиция в XX веке: трактат Фазлиддина Шахобова «Баёзи Шашмаком» // Вестник Адыгейского государственного университета. Сер. 2: Филология и искусствоведение. 2009. С. 230。

19世纪中亚古典音乐的中心依旧是布哈拉城，来自希瓦汗国和其他地区的音乐爱好者也在这里学习和交流。① 研究中亚音乐文化的学者亚历山大·朱马耶夫（Александр Джумаев）曾对音乐为布哈拉城居民生活带来的影响作了如下描述："清晨伊始，特别的音符弥漫于整个布哈拉城，所有市民都熟悉和热爱这种音符。每个音符都出现在适宜的时间和地点，音调独特、内涵相宜。"② 可见，音乐已成为居民生活的重要组成部分。

另外，19世纪布哈拉汗国的戏剧艺术主要有民间戏剧和木偶戏剧两种，在各大城市均上演过《医生》和《高利贷者之死》等作品。③ 19世纪著名的木偶戏剧家大多来自布哈拉城和撒马尔罕，如扎里夫·米斯卡尔（Зариф Мискар）和西季克·卡龙（Сиддик Калон）。

第三，书法艺术体系趋于完备。在成为俄国保护国以前，布哈拉汗国所有书籍和文件均为手抄本，因此抄写书籍或文件的书法家是必不可少的。他们不仅是抄写匠人，更是学识渊博的文人学者，对保存和传承中亚的精神文化遗产意义重大。布哈拉汗国主要使用波斯语和乌兹别克语，形成以6大风格为主的约70种书法字体，且每种字体有着严谨的书写规范④，书法家根据抄写的内容选择不同的风格与字体。

自曼格特王朝建立以来，布哈拉汗国形成了独具特色的三大书法流派，即"米尔佐"（мирзо）、"穆希"（мунши）和"科季比"

---

① Иванов П. П. Очерки по истории Средней Азии（XVI-середина XIX в.）．С. 223.
② Джумаев А. Бухара：попытка постижения непостижимого города，http：//magazines. russ. ru/druzhba /2011/3/d14. html，2019年10月12日。
③ Джурабаев Д. Х. Бухраский эмират второй половины XVIII- первой половины XIX вв. В письменных источниках. С. 348 – 349.
④ Джуразода ДЖ. Х. О каллиграфии и каллиграфах Бухарского эмирата второй половины XVIII-середины XIX вв. С. 50 – 54.

（котиби）。① 米尔佐指抄写普通文件书信，或者为书法家讲授书法课程所用；穆希主要用于书写埃米尔或官员等的公函信件；科季比为普通书籍的抄写，也为书籍插图的书法家所使用。② 在海达尔的支持下，布哈拉著名书法家巴巴别克·伊什季巴尔（Бобобек иштибар）在经学院除讲授阿拉伯语的句法和构词学外，还讲授书法。他被誉为布哈拉汗国书法界的鼻祖，成为新书法流派的创始人。③

四　多语言融合与借用

语言文字是文明的载体和形式，是文明交往的工具。语言文字在文明交往中的作用可以形象地喻为心灵的窗口、个性的外壳，是通往一个民族、一种文明灵魂的门户。④ 通常，每一种语言都富含特有的文明观和价值观，不同语言的接触必然导致不同文明的交往。由于不同外部势力的占领与统治，自古以来河中地区便是一个多民族、多语种的地方。

自公元前6世纪波斯帝国建立以后，波斯语逐渐成为中亚地区的通用语言。随着阿拉伯帝国的到来，阿拉伯语很快取代波斯语成为当地的官方语言。但是，9世纪末至10世纪萨曼王朝在河中地区的建立为波斯语的复兴与发展提供了良好条件。随着10世纪末突厥人的喀喇汗王朝以及后来塞尔柱王朝的建立与统治，波斯语逐渐失去了官方语言的地位，而与之相对的突厥语却获得了较快发展。后来随着蒙古帝国的征服与统治，察合台突厥语逐渐成为当地的主流语言。帖木儿时代统治者鼓励推广突厥语，扩大其使用范围。与此同时，波斯语在这一时期仍为官方的书面语言，是文人学者进行创

---

① Джуразода ДЖ. Х. О каллиграфии и каллиграфах Бухарского эмирата второй половины XVIII-середины XIX вв. С. 50 – 54.

② Джуразода ДЖ. Х. О каллиграфии и каллиграфах Бухарского эмирата второй половины XVIII-середины XIX вв. С. 50 – 54.

③ Ведман В. А. Об уровне просвещенности и культурного развития Бухарского эмирата. С. 100 – 101.

④ 彭树智：《我的文明观》，西北大学出版社2013年版，第18页。

作的主要语言。

自16世纪来到河中地区以后，乌兹别克人与当地突厥—蒙古人进行民族融合，原来的察合台突厥语也开始与乌兹别克人的语言相结合，逐渐形成古乌兹别克语。近代中亚主体部分由乌兹别克人建立的三大汗国组成，由此乌兹别克语获得了实质性的推广与发展。

自10世纪始，中亚地区的原住民塔吉克人开始与当地突厥人进行交流与融合。这一进程在13世纪蒙古人占领和16世纪钦察草原的乌兹别克游牧民来到河中地区以后进一步加快。蒙古帝国统治时期，察合台语在河中地区的形成则是蒙古人在人种和语言上突厥化的结果。

16世纪乌兹别克游牧民的到来使河中地区被一个几乎与波斯文化全无接触的新突厥民族所征服，这必然有助于突厥语的发展。随着乌兹别克游牧民的定居，河中地区的民族语言逐渐突厥化。"如果讲突厥语的人和波斯人同住一个村子，那么突厥语就逐渐成为当地居民的共同语言。"①塔吉克人在与乌兹别克人和当地操突厥语的民族交往中也逐渐弃用自己的语言，特别是在乌兹别克人和突厥人占多数的地区，如费尔干纳地区。

随着布哈拉汗国统治的加强，乌兹别克游牧民开始迁居塔吉克人生活的地区，尤其是撒马尔罕、布哈拉城和忽毡等城市。除了部分塔吉克人留在原处生活外，大部分塔吉克人迁往东布哈拉山区，即今天的塔吉克斯坦地区，故而将自己的民族和语言特性保留了下来。而在西布哈拉地区生活的乌兹别克人也受到周边波斯文化的影响。所以说，布哈拉汗国的官方书面语言仍为波斯语、阿拉伯语和乌兹别克语三种语言，但仅以乌兹别克语为主的突厥语较以前得到了极大发展。塔吉克人与乌兹别克人的交流促使两种语言间的借用吸收较为普遍。

---

① Бартольд В. В. Тюрки：двенадцать лекций по истории тюркских народов Средней Азии. М.：Ломоносовъ，2017. C. 38.

在布哈拉汗国，波斯语主要用于政治、文化和教育等领域，而阿拉伯语主要在教育领域和宗教活动中使用。据现存汗王诏书的记载，撒马尔罕和布哈拉城的公函均采用波斯语书写，而塔什干的文书则用突厥语写作。① 因此，与中世纪一样，掌握波斯语和阿拉伯语不仅是知识人群的标志，也是掌握伊斯兰文化与科学的象征。自建国以后，布哈拉汗国统治者们鼓励和支持文人学者采用突厥语进行创作，尤其是宫廷诗人和编年史作家。所以，自16世纪始布哈拉汗国出现了大量突厥语著成的文学作品。据史料记载，1509年钦察草原征战获胜以后，昔班尼汗下令所有官方文件需一律采用突厥语书写。② 随着乌兹别克人所占人口比重的不断增加，波斯语逐渐被突厥语排挤，但仍是布哈拉汗国社会上层和城市居民的主要用语。总之，在中亚历史进程中，民族语言的突厥化是一种必然趋势。然而，波斯语在当地操突厥语的各民族中的广泛使用也充分体现出了民族和语言之间的不对称关系。

19世纪60年代俄国统治的到来，使布哈拉汗国的语言环境再次发生变化。当地的乌兹别克语、波斯语开始与俄语发生关系，它们之间相互借用吸收，促进不同民族之间的交流。据田野调查证实，早期来到中亚地区的斯拉夫移民掌握当地语言的比例是比较高的，基本占到斯拉夫移民的半数以上。③ 部分受访者证实，迁到中亚地区不久，俄罗斯族移民即开始学习当地民族语言，以保证贸易往来和社会经济联系的正常化。据统计，在俄国移民中，男性掌握当地语言的程度要高于女性。④ 与此同时，中亚当地居民也学习俄语，尤其

---

① Камолов Х. Ш. История вторжения кочевых племен Дашт-и Кипчака в Среднюю Азию (XVI в.). С. 294.

② Камолов Х. Ш. История вторжения кочевых племен Дашт-и Кипчака в Среднюю Азию (XVI в.). С. 197.

③ [俄] О. И. 布鲁西娜：《中亚的斯拉夫人》，高永久、韩莉、徐亚清译，民族出版社2006年版，第164页。

④ [俄] О. И. 布鲁西娜：《中亚的斯拉夫人》，高永久、韩莉、徐亚清译，民族出版社2006年版，第164—165页。

是知识分子和商人。布哈拉汗国的知识精英通过俄语了解俄国革命形势和先进思想，从而向当地民众传播世俗文化与科学。

由此看来，中亚当地居民与俄国移民相互学习对方的语言，以此当作不同民族之间建立睦邻友好关系的重要纽带，这也是双方在中亚地区共同生活的重要条件。只有掌握不同民族的语言，各民族居民才能更深刻地了解对方的文化与习俗，有助于强化民族团结和人民幸福。

因此，自16世纪建立至20世纪初终结，布哈拉汗国始终是一个多民族群体、多语言环境的社会，波斯语（包含塔吉克语）、突厥语（包含乌兹别克语、哈萨克语、吉尔吉斯语等）、阿拉伯语和俄语等的相互借用和吸收丰富了当地民族和语言文化的内涵，促进了不同文明的传播与交往，对以后中亚地区的民族构成影响深远。

第三节　俄国对布哈拉汗国传统文化转型的影响

自19世纪下半叶俄国征服中亚以后，以伊斯兰教为主的宗教文化开始与以东正教为主的斯拉夫文化发生激烈碰撞，使得中亚地区的文化更具多元化色彩。然而，无论在宗教和教育领域，还是在艺术、语言和风俗等领域，甚至是民众思想和价值观方面，与俄国直接统治的突厥斯坦总督区和哈萨克草原地区相比，在附属国布哈拉汗国与希瓦汗国的俄国文化的传播力度较弱、影响范围较小。尽管如此，俄国统治仍使布哈拉汗国的文化生态发生了显著变化。伴随着布哈拉汗国社会经济的转型和俄国移民的影响，以俄国文化为代表的世俗科学与文化开始融入布哈拉汗国社会，尤其对当地知识精英阶层产生了巨大触动。

一　斯拉夫文化的传播与影响

除了社会经济领域的变化，俄国的到来也为布哈拉汗国带来了斯拉夫文化，即一种与当地伊斯兰文化完全不同的欧洲文化形式。

与哈萨克草原地区和突厥斯坦总督区相比,在布哈拉汗国的俄国文化传播相对有限,其影响力也相对较弱。即便如此,斯拉夫文化的传播也在一定程度上促进了当地社会文化的发展。除上文提及的废除奴隶制、设立邮政电报和改善医疗服务外,斯拉夫文化在布哈拉汗国的传播主要体现在展开学术研究、提倡世俗化教育、引入印刷出版、文学艺术领域出现新元素等方面。赫尔岑（А. И. Герцен）曾指出,应当区分出两个完全不同的俄国,即沙俄政府的俄国和俄国人民的俄国。① 即便如此,俄国在中亚进行殖民统治的性质不变。对俄国而言,斯拉夫文化的传播是为了实现中亚地区的俄国化,以期达到文化殖民的目的。

首先,俄国对布哈拉汗国的学术研究值得关注。19 世纪末至 20 世纪初,俄国开始重视对布哈拉汗国的学术研究,圣彼得堡、莫斯科和塔什干的科研机构纷纷向布哈拉派遣相关研究人员。19 世纪 70—80 年代,俄国著名生物学家、地理学家兼中亚研究者奥沙宁（В. Ошанин）展开对卡拉杰金和达尔瓦兹两地区自然环境的研究。马耶夫（Н. Маев）主要研究吉萨尔和库利亚布两省的地理状况。布拉尼科夫（В. С. Бронников）医生对布哈拉汗国的动物疾病进行了专门研究。1877—1879 年,穆什克多夫（И. В. Мушкетов）完成了对阿尔泰山和帕米尔高原的地质勘察,对布哈拉、吉萨尔和阿姆河流域进行科学考察。1880 年,他对泽拉夫尚河的冰川进行了勘察。次年他与拉曼诺夫斯基（Г. Д. Романовский）共同绘制了第一幅中亚地质地图。②

20 世纪初,俄国对布哈拉汗国的研究范围进一步扩大。普列阿布拉任斯基（И. А. Преображенский）负责研究布哈拉汗国东部山区的冰川。基里琴克（А. Н. Кириченко）进行当地的昆虫学研究。

---

① Фомченко А. П. Русские поселения в Бухарском эмирате. Ташкент: Госиздат УзССР, 1958. С. 26.

② История Узбекской ССР. т. 1, кн. 2. С. 180.

艺术家洛姆别尔格（Б. Ф. Ромберг）对布哈拉汗国的艺术进行了详细研究。语言学家肯卓格（Н. З. Кенджог）对布哈拉汗国各民族的语言进行了深入研究。1913年，在亚基莫夫（В. Л. Якимов）教授的指导下，俄国研究团队在突厥斯坦总督区和布哈拉汗国进行了人类病理学的重大研究。① 而关于布哈拉汗国历史，俄国东方学家巴托尔德、谢梅诺夫、拉加费特、古巴列维奇—拉多贝里斯基（А. Губаревич-Радобыльский）等学者进行了广泛研究。因此，对于研究布哈拉汗国，甚至是整个中亚地区的历史，他们的著作至今仍不失其价值。

其次，作为传播斯拉夫文化的工具，世俗化的俄国教育在中亚地区产生了较大影响。然而，不同于哈萨克草原地区和突厥斯坦总督区，俄国在布哈拉汗国的世俗化教育推广非常有限，其原因主要有：一是布哈拉汗国是俄国的附属国，不受直接统治，对国内事务具有相当的自主权；二是布哈拉汗国本身是一个伊斯兰国家，教育领域一直由宗教界掌控，且其宗教教育远比中亚其他地区的发达。但自19世纪80—90年代始，俄国在布哈拉汗国社会经济领域的影响不断增强，这为教育领域的变化提供了条件。随着俄国移民的增加，创办世俗化教育的需求不断提升。1894年，布哈拉汗国第一所俄国—当地混合学校在布哈拉城建立，其学生数量达到54人。经过一年学习，这些学生即可用俄语进行简单读写，并掌握了地理和数学方面的基本知识。② 但总体而言，这类学校招收的当地学生数量非常有限，诚如奥斯特罗乌莫夫（Н. П. Остроумов）所言："在中亚地区，俄国官员并不是优秀的文化使者"③，在布哈拉汗国更是如此。

但从另一个角度讲，俄国教育的引入突破了布哈拉汗国传统的

---

① Фомченко А. П. Русские поселения в Бухарском эмирате. С. 27.
② Фомченко А. П. Русские поселения в Бухарском эмирате. С. 27 – 28.
③ Мирмаматова Р. А. К вопросу о культурном преобразовании в Средней Азии (в начале XX в.) // Номаи Донишгох, ученые записки. 2015. № 2 (43). С. 30 – 34.

伊斯兰教育体系，为河中地区以后的世俗化教育改革打下了基础。据统计，中亚地区混合学校的数量逐年增加，1916年已达212所，学生数量达到7000人。① 俄国开办混合学校主要考虑的因素有：一是为俄国在布哈拉汗国的政权统治培养翻译官和其他人员；二是为布哈拉汗国的俄国移民子女提供教育机会，借此实现布哈拉汗国的斯拉夫化；三是为了与新方法学校相抗衡，扩大俄式教育在布哈拉汗国的影响力。然而，对布哈拉汗国居民来讲，世俗教育的推广让更多当地知识分子了解了俄国民主革命思想和欧洲文化，进一步激发了当地民众反对俄国殖民统治，追求民族解放和民主自由的思想意识。

再次，印刷业的引入也是进一步宣扬俄国价值观和思想观念的重要载体。俄国统治期间，塔什干是传播斯拉夫文化和教育的中心。1870年，俄国政府在塔什干发行了第一份官方报纸《突厥斯坦公报》，由此开启了中亚地区的印刷业。《突厥斯坦公报》每月分2期发行，分哈萨克语和乌兹别克语两个版本，主要是为了解俄国政府在中亚的各项政策，以及俄国境内涉及中亚地区的政治和社会问题。② 1883年，从《突厥斯坦公报》中分离出一个板块，新成立周刊《突厥斯坦当地报纸》，其发行量达到500—600份。③ 俄国政府利用《突厥斯坦当地报纸》一方面宣扬俄国在中亚地区的政策导向，另一方面作为对抗鞑靼民族资产阶级泛伊斯兰主义的工具。这些报纸的受众群体主要是当地官员、民族资本家、商人和知识分子，同时在当地学校的学生中也深受欢迎。这类报刊主要刊登由俄国知识分子撰写的文章，其虽有明显的政治倾向，但在传播俄国文化、了

---

① Перепелицына, Л. А. Роль русской культуры в развитии культур народов Средней Азии. М.：Наука，1966. С. 106.

② Перепелицына, Л. А. Роль русской культуры в развитии культур народов Средней Азии. С. 115.

③ Перепелицына, Л. А. Роль русской культуры в развитии культур народов Средней Азии. С. 116.

解俄国的社会政治生活、熟悉俄罗斯文学和科学成就等方面发挥了重要作用。在 19 世纪 80 年代发行的《突厥斯坦当地报纸》中，当地读者了解了普希金、屠格涅夫、果戈理、托尔斯泰及其他俄国知名文学家的作品，并对他们充满敬仰与尊重。

1912 年，卡甘市出版了布哈拉汗国第一份塔吉克语报纸《布哈拉圣族报》，从中可以了解布哈拉汗国社会的变化。① 除上述报纸外，中亚地区还出版发行俄语版和乌兹别克语版的其他期刊，如《突厥斯坦农业》《塔什干城市杜马消息》《农民》和《中亚铁路公报》。自 19 世纪 70 年代始，中亚地区出现越来越多的俄国文学作品和俄国谚语俗语的翻译著作。1899 年，普希金作品的译著首次刊登在《突厥斯坦当地报纸》上。② 除译著外，当地作家的作品也开始被印刷出版，以乌兹别克语和塔吉克语两种语言出版发行，如 1880 年纳沃伊著的《上帝之手》（Хамса）。总之，俄国征服以后，印刷业的引入和报刊书籍的出版促进了包括布哈拉汗国在内整个中亚地区的信息流通和文化交流。

最后，斯拉夫文化的传播导致布哈拉汗国文学艺术领域出现新元素。19 世纪下半叶，随着俄国文化的传播和民主革命运动的推进，除了翻译俄国文学作品以外，布哈拉汗国开始出现反映社会现实的文学作品，也涌现出一批思想进步的作家，如阿赫玛德·多尼什、阿布杜尔克季尔·萨弗多（Абдулкодир Савдо）和沙姆西丁·沙黑（Шамсиддин Шохин），他们作品的主题思想有对布哈拉汗国封建专制的批判、对俄国及欧洲进步思想的宣传、捍卫本国劳苦大众的权益和学习世俗科学知识的必要性等。

1905—1907 年的俄国革命对布哈拉汗国的革命运动和民族觉醒起到了重要作用。列宁曾说过，世界资本主义和 1905 年的俄国革命

---

① Chahryar Adle and Madhavan K. Palat and Anara Tabyshalieva, eds., *History of Civilizations of Central Asia*, Vol. VI, Paris: UNESCO Publishing, 2005, p. 885.
② Перепелицына, Л. А. Роль русской культуры в развитии культур народов Средней Азии. С. 118.

使中亚地区彻底觉醒，数百万居民醒悟开始追求新生活，为获得基本人权和民主进行斗争。① 因此，20世纪初俄国第一次革命对当地民众的思想产生了较大影响。例如，文学领域出现了反对旧宫廷的文学题材，主要批判宗教和专制思想对布哈拉汗国文学的制约；同时出现阿赫玛德·多尼什的坚定追随者萨德里金·阿宁和多什和卓·阿西里（Тошходжа Асири），他们的作品深受扎吉德运动和俄国革命的影响，后者甚至投身于扎吉德运动，力图为布哈拉汗国寻求新的发展道路。

另外，俄国的戏剧文化经由鞑靼人逐渐传入中亚城市。自1867年以来，塔什干、撒马尔罕、忽毡和安集延、纳曼干等城市出现了俄国戏剧团，著名俄国戏剧家奥尔列涅夫（П. Н. Орленев）、马蒙特·达利斯基（Мамонт Дальский）和别基巴（М. М. Петипа）都曾在此表演过，其剧本主要源自俄国文学家的经典作品，如契诃夫的《瓦尼亚舅舅》，高尔基的《小市民》、《避暑客》和《太阳的孩子们》。当地知识分子受到俄国戏剧文化的影响较大，扎吉德改良主义者建立自己的剧院，力图通过戏剧向民众宣传民主革命的思想。1911年，扎吉德运动的代表马赫穆德·别赫布季（Махмуд Бехбуди）将自己的剧本《弑父》（Падаркуш）搬上舞台。②

除上述外，斯拉夫文化的传播也为布哈拉汗国的建筑、语言、饮食和服饰等外在文化形式产生了一定影响。因此，对于具有东方宗教特点的布哈拉汗国文化而言，斯拉夫文化则是截然不同的一种欧洲文化，两者之间的交往必然发生冲突。但不可否认，一些先进的欧洲文明元素也正通过俄国的传播逐渐渗透到布哈拉汗国的社会文化生活当中，并产生一定的积极影响。与俄国文化的交流可以唤起布哈拉汗国民众对启蒙运动、科学知识和现代文化的热情。作为

---

① История таджикского народа. Т. 2, кн. 2: Поздний феодализм (XVII в. - 1917 г.). С. 266.
② История таджикского народа. Т. 2, кн. 2: Поздний феодализм (XVII в. - 1917 г.). С. 307.

俄国文化在中亚地区的主要传播者，鞑靼人与当地中亚居民有着诸多共同点，彼此的文化认同感较强。布哈拉汗国的知识分子通过了解俄国的文化、教育和思想，既认识到了本国文化的落后，同时也致力于保持本地区的文化传统。因此，正是在俄国统治以后，俄国文化的传播冲击了布哈拉汗国当地的传统文化，同时也为其增添了新的文化元素。在这种多元文化的影响之下，布哈拉汗国民众的民主思想和民族意识逐渐觉醒，开始为争取国家独立和民族解放斗争作准备。

二 知识分子与社会政治觉醒

随着俄国统治的到来，布哈拉汗国的社会经济在19世纪下半叶和20世纪初发生了显著变化。社会阶层分化明显，资本家对工人农民的剥削加深，这进一步加剧了布哈拉汗国社会的阶级斗争，并在布哈拉汗国知识阶层出现了一批社会改革家。他们坚决反对传统的宗教文化，宣扬世俗教育和先进科学文化。首先，阿赫玛德·多尼什是这一时期布哈拉汗国"启蒙运动"的创始人。他不仅是思想改革家和哲学家，而且是文坛诗人和作家。在阿赫玛德·多尼什的社会哲学思想形成过程中，他在1858年、1868年和1873年作为布哈拉汗国使节代表进行的三次访俄起到了关键作用。[1] 阿赫玛德·多尼什将俄国与布哈拉汗国的社会生活进行了对比，他发现埃米尔政府和其他官员的丑恶嘴脸，以及宗教界的愚昧无知和贪婪自私。由此，他开始制定布哈拉汗国的改革方案，在政治和经济领域的改革主张相对温和保守，仍保留以伊斯兰教和沙里亚法为基础的埃米尔政权，并在此条件下进行经济文化的改革，以期实现社会进步。但同时也指出，布哈拉汗国政府应当保护民众利益，对国家进行有序管理。然而，在现实条件下，阿赫玛德·多尼什的改革主张转变为反对布

---

[1] Chahryar Adle and Madhavan K. Palat and Anara Tabyshalieva, eds., *History of Civilizations of Central Asia*, Vol. VI, Paris: UNESCO Publishing, 2005, p. 191.

哈拉汗国政权的条令，埃米尔及其亲信对这一改革主张的反对以及对阿赫玛德·多尼什的迫害不言自明。

由此，阿赫玛德·多尼什意识到，说服埃米尔进行自上而下的社会政治改革是不可能的，通过制定温和的改良方案实现布哈拉汗国社会政治的改革是行不通的。于是，阿赫玛德·多尼什转变观念，思想日趋激进，对布哈拉汗国社会的落后、民众思想的愚昧和埃米尔政权的剥削压迫进行了尖锐批判，号召团结所有的社会力量推翻埃米尔政权，建立一个公正公平的社会。阿赫玛德·多尼什在《专论》中对曼格特王朝的统治如此评价："它是布哈拉汗国历史上最黑暗的阶段，充斥着暴力、压迫、愚昧和堕落。"① 而关于布哈拉汗国的文化衰落，阿赫玛德·多尼什在《伊斯兰民族》中进行了详细描述。② 此外，阿赫玛德·多尼什对布哈拉汗国的经济和国民教育比较关注。他认为，没有受过良好教育并对世俗知识和宗教科学不熟知，就不可能谈论对国家的理性领导，或是关注民众的安居乐业和国家的繁荣昌盛。③

从某种程度上讲，阿赫玛德·多尼什对俄国文化的传播持肯定态度，希望布哈拉汗国居民掌握俄语，了解更多的世俗文化和先进科学，而不是沉溺于宗教狂热，竭力摆脱中世纪式传统文化的束缚。阿赫玛德·多尼什的著作表现出对世俗文化的青睐，认为布哈拉汗国的社会进步不能仅仅依靠传统文化，还应该掌握世俗的文化与科学，如数学、天文、地理、历史和艺术等。但是，阿赫玛德·多尼什深知，这些社会文化领域的改革方案在埃米尔政权统治下的布哈拉汗国根本无法实施。于是，阿赫玛德·多尼什认为，只有推翻曼

---

① Chahryar Adle and Madhavan K. Palat and Anara Tabyshalieva, eds., *History of Civilizations of Central Asia*, Vol. VI, Paris: UNESCO Publishing, 2005, p. 191.

② История таджикского народа. Т. 2, кн. 2: Поздний феодализм (XVII в. - 1917 г.). C. 260.

③ Chahryar Adle and Madhavan K. Palat and Anara Tabyshalieva, eds., *History of Civilizations of Central Asia*, Vol. VI, Paris: UNESCO Publishing, 2005, p. 191.

格特王朝的统治，进行民主革命运动，才能真正实现布哈拉汗国的社会改革。因此，在19世纪下半叶，阿赫玛德·多尼什的思想具有一定的进步意义，推动了布哈拉汗国知识界的社会政治觉醒。受此影响，布哈拉汗国出现两种改革思潮：一是民主革命派，即与俄国革命一样支持布哈拉汗国的社会革命；二是扎吉德运动兴起，支持教育改革，但反对革命。这显示出了19世纪末至20世纪初中亚社会思潮的斗争方向。

除阿赫玛德·多尼什外，阿布杜尔克季尔·萨弗多也是这一时期布哈拉汗国著名的文学家，也是启蒙思想家。他的诗歌打破了传统题材和风格，添加了更多贴近生活的内容，诗歌用语相对简单易懂，让更多普通民众容易接受和阅读。除作诗外，他还是一名珠宝匠和音乐家，生活相对贫困。穆扎法尔埃米尔曾邀请阿布杜尔克季尔·萨弗多担任"穆希"、乌拉卡（ypaka）和埃米尔的顾问。任职期间，阿布杜尔克季尔·萨弗多曾亲眼见证了布哈拉汗国政府的腐败堕落和埃米尔的专制独裁，埃米尔宫殿成为黑暗统治政策的策源地。① 因此，阿布杜尔克季尔·萨弗多的作品以讽刺题材为主，表达了对布哈拉汗国社会现实的憎恨，强烈反对伊斯兰教教义教规和宗教界人士，感叹道："布哈拉汗国已没有真正有才能的人，而恰恰相反，无耻之徒却受到敬仰和尊重。"他认为，只有了解更多的世俗文化，才能破除无形的宗教思想桎梏。

另外，沙姆西金·沙黑也是阿赫玛德·多尼什同时代的启蒙思想家和杰出诗人，在布哈拉汗国文学界和社会思想启蒙领域地位同等重要。他是继阿赫玛德·多尼什之后19世纪下半叶布哈拉汗国文学界的核心人物。与阿赫玛德·多尼什一样，最初沙姆西金·沙黑在诗歌《爱情悲剧》（Лейли и Маджнун）中期望埃米尔是一个公正公平、受教育程度高的统治者，能够扶危济贫，真正为布哈拉汗国

---

① История таджикского народа. Т. 2, кн. 2: Поздний феодализм (XVII в. – 1917 г.). С. 263.

民众谋利的好君主。但很快，沙姆西金·沙黑遭到阿布杜拉哈德埃米尔及其他官员的谴责和批评，因为他在作品中指出，布哈拉汗国政府应当从民众中选出德才兼备的人任用官员。① 自此，沙姆西金·沙黑更是在自己的著作中直接批判现政权统治的愚昧，以及痛斥占据布哈拉汗国主流思想的宗教狂人，而对普通民众的艰难处境深表同情。与此同时，他也是世俗教育和平等自由价值观的倡导者，体现出布哈拉汗国知识阶层的进步思想。

除上述外，瓦泽赫·布哈里（Возех Бухори）和哈伊拉特（Хайрат）也是这一时期重要的社会思想家。他们的政治觉醒体现在反对当下布哈拉汗国的落后愚昧和宗教狂热，提倡世俗化教育和接受现代文化，这为20世纪初布哈拉汗国出现社会改革思潮和民主革命运动作了铺垫。19世纪末至20世纪初，除俄国的革命运动外，新的革命高潮席卷亚洲，土耳其、伊朗、中国、印度等国均汇入这次革命的洪流，这被列宁盛赞为"亚洲的觉醒"。就中亚地区而言，1905—1907年俄国第一次反对沙俄制度的民主革命和1908—1909年土耳其的资产阶级革命对包括布哈拉汗国在内的整个中亚地区的改革运动产生了较大影响。在中亚的民主革命进程中，劳苦大众的反抗意识觉醒，当地各族人民开始联合共同反抗沙俄政府的殖民统治。

这一时期布哈拉汗国社会改革家的杰出代表是萨德里金·阿宁，他也是著名作家、诗人和教育家，更是塔吉克现代文学的奠基人。萨德里金·阿宁是阿赫玛德·多尼什创作遗产和改革思想的继承人，也曾是哈拉特的学生。1905—1907年俄国革命对他的创作影响深远，他深刻理解了布哈拉汗国民众的生活现实和革命运动的本质。萨德里金·阿宁的作品更多反映了布哈拉汗国民众的艰难生活，妇女地位的低下和对劳动的尊重，渴望民众成为受教育、有文化的人。

---

① История таджикского народа. Т. 2, кн. 2: Поздний феодализм（XVII в. – 1917 г.）. С. 264.

同时，他提出改革教育体系是社会革命运动的关键目标。他认为，没有教育就不可能有任何的社会进步。

因此，他是新方法学校创办的坚定支持者，同时也亲自任教。1908 年，萨德里金·阿宁在布哈拉创办新式学校，亲自为学生编写教材，坚信只有教育才能拯救国家。然而，经布哈拉汗国宗教界审查，这一学校很快遭到关闭。一战期间，在扎吉德运动的影响下，萨德里金·阿宁加入了秘密社团"儿童教育组织（Тарбия-Итифол）"，活动主要是组织和创办新式学校。在这一社团的帮助下，毕业于这些新式学校的学生被送往奥伦堡、喀山、乌法、克里米亚和土耳其进行深造，成为以后中亚地区改革运动的主力。① 由于埃米尔政府的迫害，萨德里金·阿宁被迫离开布哈拉城迁往克济尔捷别（Кызыл-Тепе）②，之后又转至中亚其他城市。总之，萨德里金·阿宁是继阿赫玛德·多尼什之后布哈拉汗国最著名的社会思想家和作家，其作品反映了当时布哈拉汗国的社会现实和对社会变革的诉求，但同时也表达了爱国之情。

如果说 19 世纪下半叶布哈拉汗国知识分子接触更多的是俄国文化、语言和文学，宣扬和提倡的是世俗文化，那么到了 20 世纪初，俄国和土耳其的资产阶级革命的爆发更是激发了布哈拉汗国知识界的政治觉醒和政治斗争，批判陈腐的中世纪式统治，积极传播反映时代精神的进步主张，试图通过教育改革唤醒布哈拉汗国民众，以此在社会生活的各个领域展开全面改革，以期实现国家发展。可见，这与周边国家现代改良主义者的理想有着诸多共性，布哈拉汗国的改革运动在本质上不仅反对埃米尔政权专制，而且也反对俄国的殖民统治，并成了这一时期亚洲民族民主运动的重要组成部分。

---

① Chahryar Adle and Madhavan K. Palat and Anara Tabyshalieva, eds., *History of Civilizations of Central Asia*, Vol. VI, Paris: UNESCO Publishing, 2005, p. 200.

② 克济尔捷别（Кызыл-Тепе 或 Kiziltepe）是土耳其马尔丁省的一座城市。

1917年俄国二月革命的胜利鼓舞了布哈拉汗国革新主义者，后者认为民主改革迫在眉睫。布哈拉汗国的埃米尔穆罕默德·阿利姆也颁布《宣言》，提出社会变革的具体方案。① 但萨德里金·阿宁在《布哈拉革命史》中也对当时布哈拉汗国的局势作了分析。他认为，布哈拉汗国居民虽渴望社会变革，但由于长期受到专制统治的压迫，思想已被桎梏，权利已被践踏，所以民众根本无法快速接受改革。② 因此，布哈拉汗国的改革运动最终遭到失败。

直到1920年灭亡，布哈拉汗国仍是一个传统、保守和落后的伊斯兰教国家，经历了数百年的停滞不前已远远落后于欧洲国家，甚至是周边邻国。诚如伽斯普林斯基（И. Гаспринский）所言："在许多亚洲国家的穆斯林社会中，如君士坦丁堡、开罗、大马士革、突尼斯或其他地区，所有领域的发展都远远超越了俄国的穆斯林社会。在那里的穆斯林中你可以感受到欧洲式的、充满生机的知识力量和更有道德的生活，可以听到新颖的、完全不同于亚洲式的主张和抱负。"③

三　社会改革新思潮与扎吉德运动

19世纪末至20世纪初，社会改革运动的浪潮在包括布哈拉汗国在内的整个中亚地区日渐高涨。除了受到俄国和土耳其革命的影响外，克里米亚的鞑靼人伽斯普林斯基发起的扎吉德运动也对布哈拉汗国知识分子的革新意识觉醒起到了重要作用。"乌苏勒·扎吉德"（英文 usul-i jadid，俄文 усул-и джадид）一词源于阿拉伯语，音译为扎吉德，意即"新方法"。这是19世纪80年代伽斯普林斯基在俄国

---

① Chahryar Adle and Madhavan K. Palat and Anara Tabyshalieva, eds., *History of Civilizations of Central Asia*, Vol. VI, Paris: UNESCO Publishing, 2005, p. 201－202.

② Chahryar Adle and Madhavan K. Palat and Anara Tabyshalieva, eds., *History of Civilizations of Central Asia*, Vol. VI, Paris: UNESCO Publishing, 2005, p. 203.

③ Chahryar Adle and Madhavan K. Palat and Anara Tabyshalieva, eds., *History of Civilizations of Central Asia*, Vol. VI, Paris: UNESCO Publishing, 2005, p. 195.

突厥穆斯林中发起，后来传播到整个中亚地区的一场波澜壮阔的教育改革运动。它重点从教学方法、课程内容和教材选编等方面对伊斯兰教育进行改革，目的是实现伊斯兰社会传统教育的世俗化和现代化。

然而，扎吉德运动的发展轨迹逐渐从教育改革衍生到文化改革、社会改革、宗教改革，甚至是政治改革，并成为这一时期中亚地区社会改革运动的代名词。布哈拉汗国的先进知识分子和地方民族资本家成为扎吉德运动的倡导者和支持者。不同于突厥斯坦总督区，布哈拉城的扎吉德人士活动空间更大。俄国当局认为，布哈拉城的扎吉德人士创办新式学校与当地反俄宗教界相抗衡，新式学校采用俄语教学在一定程度上削减了布哈拉汗国的宗教狂热，有利于俄国的殖民统治。再者，由于宗教势力的削弱和布哈拉汗国商人的支持，埃米尔在一定时期也允许扎吉德人士建立新式学校，这也推动了布哈拉汗国的社会改革运动。

为了实现泛突厥主义的目标，伽斯普林斯基首先用"语言、行为和思想的统治"来界定文化目标，试图通过构建统一的语言和文化来实现政治诉求和民族复兴。① 1883—1884 年，伽斯普林斯基在巴赫奇萨赖（бахчисарай）创办的《译者》（Переводчик），成为表达改革思想和传播泛突厥主义的主要阵地。通过这一刊物，俄国任何一位操突厥语的人都能了解其他突厥民族地区的情况。到 1912 年，《译者》的订阅量达到 5000 份，读者主要分布在俄国、土耳其、伊朗等国家。这也正是扎马勒丁·瓦利多夫（Джамаледдин Валидов）称这份小报的影响力要比《新时代报》，甚至是英国《泰晤士报》的影响力大上千倍的原因。② 由此可知，扎吉德运动在中亚的推进实质上也是泛突厥主义的重要体现。1882 年，伽斯普林斯基来到中亚，并与突厥斯坦总督拉泽巴赫（Н. О. Розенбах）商议教育

---

① 张玉艳、杨恕：《论俄国突厥穆斯林运动的形成、发展与终结》，《俄罗斯研究》2018 年第 1 期。

② 张玉艳、杨恕：《论俄国突厥穆斯林运动的形成、发展与终结》，《俄罗斯研究》2018 年第 1 期。

改革的问题，但并未得到后者回应。1893年，伽斯普林斯基受到了布哈拉汗国阿布杜拉哈德埃米尔的接见，提议创办新方法学校，但仍遭到埃米尔的拒绝。

然而，1897年，中亚地区第一所新方法学校在安集延创办。自20世纪始，伽林普林斯基利用生活在中亚地区的鞑靼人在当地创办新式学校，至1910年这类学校数量达到50所。① 截至1917年，中亚地区的新方法学校近百所，学生数量在8000—10000左右。② 上文已经提到，1900年布哈拉汗国也出现了这类学校，但遭到宗教界和埃米尔政府的反对，最后经穆罕默德·阿利姆埃米尔下令关闭了其中大多数学校。总之，新方法学校在布哈拉汗国的影响力非常有限，因为在学校学习的主要是地主、毛拉和官员的孩子，未能普及广大民众，且这类学校数量较少，根本无法动摇当地宗教教育的传统地位。

扎吉德运动的第一个阶段主要体现在教育领域的改革。受伽斯普林斯基的影响，中亚地区新方法学校开始用音素法代替音节法讲授突厥语，对学生的要求由原来的只会朗诵转向除朗诵外也会读写，这样他们能够在短时间内识字。学校所使用的教材也不再是单一的宗教经典书籍，而是专门编写适宜不同年龄段学生、内容多样化的新教材，而且将一直以来的教学语言阿拉伯语改为突厥语。教学内容的改革成为伊斯兰教育史上的伟大创举。除宗教课程外，新方法学校还增添了世俗化的学科，如算术、地理、历史、自然科学、教育学、俄语、俄国法律和俄国艺术等。学校学生开始按年级分班，教室里出现了现代化的课程表、黑板、地图、杂志等教学工具，图书馆和阅览室相继开放。③ 新式学校学制5年，仅需2年时间即可掌

---

① Брежнева С. Н. Передовая культура Джадидов в Средней Азии в начале XX в. // Вестник ОГУ. 2008. №10（92）. С. 50－55.
② Брежнева С. Н. Передовая культура Джадидов в Средней Азии в начале XX в. С. 50－55.
③ 张玉艳、杨恕：《论俄国突厥穆斯林运动的形成、发展与终结》，《俄罗斯研究》2018年第1期。

握旧式学校5年所学的全部知识。按照新学制,学生在前2年主要学习算术、写作、语音规则、地理、历史和文学,后3年学习阿拉伯语、俄语、工艺技术和方法论等课程,每年举行2—3次考试。①

总之,这一教育改革具有划时代意义,它标志着中亚地区的教育步入世俗化,并融合伊斯兰和俄国等多种文化元素,在传承中亚文化价值和理念的同时对其他异质文化保持开放包容的态度,实现不同文化文明的兼容并蓄和交流互鉴。

第二个阶段则是向社会政治改革的扩展。扎吉德运动的主要目标是:一则推行穆斯林教育体系改革,培养更多在文化、科学技术等领域的专业人才;二则通过专业人才推动中亚经济文化的发展,使之成为俄国相对发达地区;三是提高当地居民的生活水平,改善他们的生活质量;四是促成民族资产阶级的形成,以此实现中亚地区的社会进步;五是改变中亚社会结构,推动国家政治改革。② 自1905—1907年俄国革命发生以来,扎吉德运动逐渐从原先的文化领域改革扩展为追求社会民主自由的政治运动。然而,直至1917年,中亚地区的扎吉德人士仍未确定组织形式和政治纲领,相关活动仅通过在塔什干和布哈拉等发行的报纸杂志,以及创办的新方法学校和个别社会组织等方式推进。

这一时期,布哈拉汗国扎吉德运动的代表人物有马赫穆德·别赫布季、姆纳瓦尔·卡雷·阿布杜拉什多夫(Мунавар-Кары Абдурашидов)、阿布杜拉乌夫·菲特拉特(Абдур-Рауф Фитрат)和法伊祖拉·哈扎耶夫(Файзулла Ходжаев)。其中,马赫穆德·别赫布季不仅是中亚地区社会改革的领袖,更是乌兹别克新文化的奠基人。他不仅开办新方法学校、撰写教科书、创办刊物《撒马尔罕报》和《镜子》,而且撰写戏剧剧本《弑父》和编纂中亚地图。作

---

① 张来仪:《试论近代俄国穆斯林的扎吉德运动》,《世界历史》2012年第2期。
② Анвар И. И., Канат К. Б. Джадидизм-история просветительного движения и свободомыслия в Средней Азия, конец XIX-начало XX века // Былые годы. 2013. No 1 (27). C. 44 – 51.

为派往土耳其留学归国的代表,阿布杜拉乌夫·菲特拉特在著作《辩论》《印度旅行者》和《家庭》中通过对比土耳其和布哈拉汗国的社会变化,强调阻碍布哈拉汗国社会进步的主要因素是宗教狂热和埃米尔的专制体制,以此希望将民众从酣睡中唤醒,意识到布哈拉汗国社会改革的必要性。可见,布哈拉汗国的扎吉德人士已开始公开反对宗教界和埃米尔政权。

第三个阶段则是主张在社会文化领域的改革。除了教育改革外,扎吉德运动开始扩展到文学、历史、印刷业、宗教和艺术等领域,扎吉德人士开始重新评价布哈拉汗国的道德体系、宗教信仰、法治建设和医疗卫生体系,改善妇女地位和权益,鼓励民族艺术与文学创作。除开办新方法学校外,扎吉德人士还创办印刷品、设立剧院、推广突厥语和传播世俗科学文化。扎吉德运动的改革家开始把中亚地区称为"突厥斯坦",1870 年在塔什干出版发行了《突厥斯坦公报》。扎吉德人士阿里姆·马赫穆德(Алим Махмуд)和卓在 1903—1914 年间担任主编,1908—1915 年间,他在这一刊物上连载文章《突厥斯坦市》。① 和卓马赫穆德·别赫布季竭力向宗教界证明《古兰经》和其他宗教典籍的部分内容已不适宜中亚社会需要。考虑到当地居民以文盲居多,书籍、报纸杂志和文学作品等并不适合普通民众,他们无法从中获取新知识。由此,以口头形式为主的戏剧艺术开始进入当地社会,扎吉德人士以剧本的形式向民众宣扬世俗文化、进步思想和价值观。1910—1917 年,戏剧艺术和剧院成了扎吉德运动的主要传播形式。布哈拉汗国的剧院 6 年间共上演 25 场戏剧,其中绝大多数反映社会现实问题。②

此外,在出版发行的刊物中,革新主义者对吸毒、嗜酒、通奸、卖淫、歧视妇女等行为进行鞭笞,反对战争、道德败坏和迷信活动。再者,扎吉德人士在卡甘创办塔吉克语的《圣城布哈拉》

---

① Брежнева С. Н. Передовая культура Джадидов в Средней Азии в начале XX в. С. 50 – 55.
② Брежнева С. Н. Передовая культура Джадидов в Средней Азии в начале XX в. С. 50 – 55.

（благородная бухара）和乌兹别克语的《图兰》（туран）两份报纸，但在1912年被埃米尔下令禁止发行。① 因此，扎吉德人士在中亚地区创办的刊物均遭到俄国政府、埃米尔和宗教界的强烈反对，并于1914—1915年关闭了所有扎吉德人士创办的报刊和书店。

1910年布哈拉汗国宗教冲突的爆发预示着扎吉德运动步入失败。布哈拉汗国的宗教界和政府当局指控扎吉德人士应对冲突负责，俄国当局也重新开始考虑布哈拉汗国的社会问题。总之，随着革命浪潮的推进，沙俄政府和布哈拉汗国埃米尔政府对扎吉德运动持反对态度。受埃米尔请求，突厥斯坦总督下令禁止鞑靼人开办任何新式学校，重新恢复使用原来的经学院。考虑到扎吉德运动中的泛突厥主义和泛伊斯兰主义思想，俄国政府宣布必须是中亚同族人才能担任教师，以此限制新式学校的教育活动。② 扎吉德运动日趋走低，布哈拉的扎吉德组织没有统一纲领，更没有核心领导，加之布哈拉汗国民众对其主张了解较少，缺乏广泛而牢固的社会基础，所以根本无法实现任何的改革目标。

受土耳其资产阶级革命和俄国革命的影响，20世纪初的中亚扎吉德运动内部出现分化，政治取向上存在"亲俄派"和"亲土派"。如同土耳其青年党一样，以布哈拉青年党人为代表的改良派主张推翻布哈拉汗国君主专制和俄国殖民统治，宣扬建立君主立宪政体，实现民主民族独立。而温和派则仍主张在教育和文化领域实施改革，继续保持伊斯兰文化传统，以此推动社会进步。由于与泛突厥主义和泛伊斯兰主义之间的密切联系，布哈拉汗国的扎吉德运动开始遭到埃米尔政府和俄国政府的双重压制，尤其是俄国政府通过专门决议阻断了扎吉德人士与俄国鞑靼穆斯林之间的联合，加强了对中亚地区出版物的审查力度，严格限制他们的活动。况且，布哈拉青年党人缺乏政治斗争的统一纲领和经验，缺乏广泛的群众基础，单纯

---

① Брежнева С. Н. Передовая культура Джадидов в Средней Азии в начале XX в. С. 50 – 55.
② 王治来：《中亚通史》（近代卷），新疆人民出版社2004年版，第411页。

依靠知识阶层推动，同时又没有外部力量的支持，也不可能摆脱俄国的统治。所以，包括布哈拉汗国在内的中亚扎吉德运动很快走向失败和终结，部分重要的扎吉德人士离开中亚逃往土耳其。

总而言之，扎吉德运动在中亚地区产生了较大影响，尤其是在教育和文化领域的改革对布哈拉汗国的民族意识觉醒和去殖民化起到了促进作用。从一定程度上讲，扎吉德的教育改革思想是在吸收和结合优秀教育文化元素的基础上形成的，世俗文化和知识的引入为中亚地区传统的宗教教育注入了理性主义和探索精神的积极理念。不同语言的学习和不同文化的交流有助于消除自身封闭性和保守性，促进不同民族、不同族群之间的相互交往和融合，实现中亚各民族的文化复兴和文明进步。在忠于伊斯兰教信仰的基础上，扎吉德人士支持包括政体改革和社会公正的传统文化革新，但他们还不算真正意义上的"改革家"。我们应该区分开来，扎吉德运动本质上与泛突厥主义不同，它主要通过借助后者来实现中亚社会的生存与发展，改革主张更多是争取政治话语权，而泛突厥主义的目的则是形成一个基于民族因素的政治突厥民族。[1] 因此可以讲，扎吉德运动是19世纪末20世纪初俄国突厥穆斯林运动的缩影，它的失败最终宣告了泛突厥主义在俄国的终结。

小 结

正如彭树智先生所言："文化交往，特别是文化艺术交往，是各民族、各国家最容易接触和接受的和平交往形式。文化交往最能表现人类文明交往的交流性、互谅性、精神性和世界性。文化艺术交往是沟通人们心灵、加强了解和增进友谊感情的重要渠道。"[2] 16世

---

[1] 张玉艳、杨恕：《论俄国突厥穆斯林运动的形成、发展与终结》，《俄罗斯研究》2018年第1期。

[2] 彭树智：《我的文明观》，西北大学出版社2013年版，第12页。

纪伊始，作为一个外来游牧民族，乌兹别克人开始成为河中地区的主体民族，并与当地的塔吉克人、波斯人、操突厥语的其他民族进行交往融合，接受和传承中亚的伊斯兰文化。在长期历史遗存的伊斯兰文化积淀中，布哈拉汗国文化受到世界不同文明因素的影响，并有机地渗透和融合于当地民众生活的方方面面。征服者已为被征服者的文化所征服，共同创造了中亚各民族的璀璨文明。然而，这一进程在1868年与俄国签署不平等条约后中断，中亚三大汗国从此步入了殖民化和俄国化的道路。因此，布哈拉汗国多元融汇的混合型文化成为纵越时间阻隔连接中世纪伊斯兰文明与近代欧洲文明的纽带，同时又横跨空间阻隔搭建起近代东西方不同文明的桥梁。

综上所述，布哈拉汗国文化变迁表现出以下特点：第一，政权稳定与否决定了布哈拉汗国文化变迁的走向。俄国统治以前，即16—19世纪中叶的三百多年间，布哈拉汗国经历了三大王朝的更迭，政权统治时而稳固，时而松散，这对当地文化生活影响显著。16世纪中后期，即阿布杜拉汗二世统治时期，政权稳固、国家强盛，文化因之繁荣。17世纪末至18世纪中叶，扎尼王朝统治下的布哈拉汗国政权持续分裂、国家动荡不安、文化迅速衰败。直至18世纪下半叶，随着曼格特王朝的政权渐趋稳定，传统文化也随之复兴。由此观之，布哈拉汗国文化变迁走向明显，但总体呈下降趋势。

第二，宗教影响力决定了布哈拉汗国文化变迁的轨迹。自16世纪初，波斯建立以什叶派为国教的萨法维王朝以后，河中地区逐渐与其他伊斯兰世界相隔离，进而形成具有中亚特色的苏非派伊斯兰教。自古以来，以宗教为代表的文化拥有强大的社会整合能力与凝聚力。因此，16世纪建国伊始，布哈拉汗国统治阶层重视与宗教界的关系，也支持各项宗教事业发展。我们通过分阶段研究可以发现，河中地区文化变迁始终以伊斯兰教为轴心展开，不同时期在建筑、文学、教育、艺术等领域表现各异，尤其到了18世纪末至19世纪上半叶，河中地区的宗教发展步入鼎盛期。因而可知，伊斯兰教在布哈拉汗国的地位之高、影响之大。

第三，游牧文明与农耕文明的关系决定了布哈拉汗国文化变迁的进程。自古以来，河中地区处于游牧文明与农耕文明的交界地带，两种文明的频繁交往成为丝路文明的显著特征，作为交往的两种方式——和平方式与暴力方式对地区文明演变意义重大，其中暴力方式造成政权和文明的更替更为迅速，使该地区几乎不存在自古至今延续的文明。① 16 世纪乌兹别克游牧民在河中地区政权的建立，阻碍了帖木儿帝国文明的再续，但却加快了游牧与农耕两大文明交往的进程，促进了外来文化与本土文化的融汇交织。

第四，俄国的征服与统治决定了布哈拉汗国文化变迁的结果。19 世纪下半叶伊始，俄国的征服中断了包括布哈拉汗国在内整个中亚地区的文明进程，使之汇入俄国历史长河之中。东正教文化与伊斯兰教文化在河中地区的相互碰撞与融合最终形成一种多元混合的文化形态。斯拉夫文化的传播与推广客观上促成了布哈拉汗国民众对世俗文化和现代文明的了解和认识，更是推动了布哈拉汗国社会政治改革和民族意识觉醒，在一定程度上促成布哈拉汗国文化的跳跃式发展。同时，布哈拉汗国传统的伊斯兰文化体系得以继续保留，这对中亚文明交往起到了承前启后的作用。因此，河中地区各民族创造的文化成果在中亚近代文明交往史上留下了浓墨重彩的一笔。

---

① 黄民兴：《论中东上古文明交往的阶段和特征》，《西北大学学报（哲学社会科学版）》2007 年第 2 期。

第 五 章

布哈拉汗国对外交往的背景和进程

同内交往一样，外交往也是文明交往的重要组成部分，是文明在空间上的对外扩散，亦即横向发展。对外交往产生了不同文明之间的冲突与融合，并在此基础上相互借鉴、互通有无、取长补短，促进了本文明的完善与进步。文明的内交往与外交往是一种相互联系、相互制约和相互推动的关系，内交往所达到的程度制约着外交往的规模和形式，而外交往的范围则对内交往的水平和高度起到促进或制约的作用。① 正如彭先生所言："不同国家、不同民族、不同文明之间的交往，不同性质的文明与野蛮之间的矛盾交织在一起，推动着历史的前进。"②

布哈拉汗国的对外关系与其地缘密不可分。历史上，中亚地区既是经贸、宗教和文化的传播交流之地，又是东西方诸大国角逐争夺之所。在中亚发展史上，几乎没有出现过统一而强大的政权，遂长期沦为周边及世界强国的势力范围。因此，中亚的对外关系史在一定程度上看作是世界大国的争霸史。另一方面，时代背景也对布哈拉汗国的国际关系产生了重要影响。近代以后，欧洲国家逐渐走向资本主义发展道路，而以布哈拉汗国为代表的中亚地区却仍停留在中世纪传统落后的封建制阶段，同时又因伊斯兰教的影响，中亚

---

① 闫向莉：《从文明交往的角度看尼赫鲁外交思想及实践》，博士学位论文，西北大学，2012年，第125页。

② 彭树智：《我的文明观》，西北大学出版社2013年版，第5页。

地区始终无法与非伊斯兰国家进行友好交往。但随着世界霸权政策的制定和资本主义经济发展的需要，俄国企图征服中亚，为进一步南下打通印度洋作准备。因此，布哈拉汗国的对外关系具有明显的地缘性，主要发展与俄国的关系，同时与周边汗国、波斯、印度和奥斯曼帝国进行着广泛而深入的交往。

第一节　对外交往的背景

布哈拉汗国的建立，使游牧的乌兹别克人第一次站在欧亚大陆的十字路口——中亚进行与外部世界的交往。由于大航海时代的到来和地缘环境的限制，布哈拉汗国对外交往的空间持续缩减，交往格局呈现出明显的地缘特性。自 16 世纪始，布哈拉汗国周边存在一些势力强大的政治实体，正如上文已提及的，西面有伊斯兰文明的奥斯曼帝国、西南部是什叶派的萨法维王朝、东南部为帖木儿后裔创建的莫卧儿帝国、东北则是机动性较强的草原游牧民族、北面是日益强大的东正教文明国家——俄国。因此，布哈拉汗国再也不能像帖木儿帝国一样成为一个大国，而仅仅是一个地区性的汗国。

15 世纪末 16 世纪初成为人类发展史上的重要时期。1492 年，哥伦布横跨大西洋发现美洲。1498 年，达·伽马绕过好望角开辟了通往印度的航线。1519—1522 年，麦哲伦完成的环球航行开辟了通往东方的航线。这在历史上被称作新航路的开辟或"地理大发现"。它具有划时代意义，也对中亚地区的历史命运产生了重要影响。新航路的开辟使东西方贸易通道发生改变，横穿中亚地区的陆上丝绸之路逐渐被经红海到欧洲和绕过好望角的海路所取代，中亚作为欧亚大陆交往的纽带作用下降。然而，在 16—17 世纪，途经中亚的陆上丝绸之路仍是当时重要的东西方交通干线，作为亚洲中央的河中地区政权，布哈拉汗国依然享有贸易之便。昔班尼王朝建立以后，通过战争与和平两种形式与萨法维王朝、莫卧儿帝国、俄国和奥斯曼帝国进行了对外交往。其中，战争是布哈拉汗国与周边地区交往的一种普遍形式。正如彭先生所言："战争是暴力交往的最高形式，在暴力交往形式中具有普遍性。暴力交往是一种急风暴雨式的残酷交往形式，它具有和平交往所不具备的冲击力量，其结果是交往范围的迅速扩大和交往程度的空前扩展。"① 当然，以互派使团、商业贸易和文化交流等形式的和平交往也是布哈拉汗国对外关系的重要组成部分。

近代以来，中亚地区政权分化，形成布哈拉汗国、希瓦汗国、哈萨克汗国以及后来建立的浩罕汗国等多政权并存的局面，因而始终未能统一起来形成一个长期稳定和人口众多的大国。中亚各政权之间冲突不断，社会长期动荡不宁。随着贸易商路的转移，加之与周边地区和国家的敌对矛盾，中亚地区的对外贸易也趋于萧条。中亚经济由此陷入困境，当地民众生活苦不堪言。曾经作为各大文明、不同文化交流的中心地带，中亚地区的文化也因动乱步入衰微。自16世纪始，世界资本主义开始发展，但由于远离欧洲相对闭塞，至19世纪中叶之前中亚一直处于中世纪式的封闭落后的封建社会，伊斯兰教仍是主导意识形态。

因此，近代中亚地区的政权分裂、社会混乱和经济文化落后直接导致它在近代依然是世界文明发展的"低洼区"，从而引发频繁的外来入侵和征服统治。由此，如同历史上的波斯化、希腊化、伊斯兰化、突厥化和蒙古化，近代中亚也形成了以俄国的征服和统治为标志的地区政治、经济、社会、文化和国际关系不同程度的重组，形成地区文明交往的又一高潮——俄国化。

17—18世纪，随着西欧社会商品经济的发展和工业革命的推动，为了满足本国资本主义经济发展的需要，欧洲列强开始向世界各地进行殖民扩张，对亚洲的侵略步伐明显加快。19世纪伊始，欧洲列强掀起瓜分殖民地和争夺势力范围的狂潮，英俄两大帝国在阿富汗

---

① 彭树智：《文明交往论》，陕西人民出版社2002年版，第17—18页。

和中亚的角逐正是争夺世界霸权的结果。19世纪中叶，占领哈萨克草原以后，俄国已将目标对准中亚南部的三大汗国。同时，英国在彻底征服和统治印度以后，企图北上向阿富汗和中亚三大汗国扩张。这样，阿富汗和中亚诸汗国成为英俄博弈的阵地，双方在这里发生了激烈竞争。19世纪上半叶，英俄两国不仅通过外交活动拉拢中亚诸汗国的统治阶层，同时也派遣使团和考察队潜入中亚搜集当地情报。

另外，为了谋求本国在阿富汗和中亚地区发展贸易的有利条件，英俄两国的经济争夺战在所难免。到了19世纪70年代，英俄在中亚和阿富汗的博弈进一步升级。1873年的英俄协议规定，俄国的势力范围不得超过阿姆河，俄国也保证不向阿富汗渗透。英国试图以此阻止俄国的南下，将阿富汗变为两大帝国的缓冲国。① 然而，此后俄国仍在继续南下，1884年兼并谋夫，俄国军队直接抵达阿富汗的边境之地。英国人深知，阿富汗的南部是通往印度的关口，必须想尽一切办法阻止俄国南下阿富汗，否则将对印度构成直接威胁。最终，1895年英俄两国达成协议，划定布哈拉汗国和阿富汗的边界，以及帕米尔地区的边界。至此，英俄在中亚和阿富汗的争霸宣告结束，俄国最终占领和统治了整个中亚地区。

因此，在近代，包括布哈拉汗国在内中亚地区的对外交往主要受制于以下四方面：一则中亚周边大国林立，导致乌兹别克人建立的诸汗国只能被局限在中亚地区，无法对外扩张，最终沦为地区性国家；二则15世纪末至16世纪初是世界历史进程的重要转折期，新航路的开辟导致欧亚大陆经贸文化交流减少，作为东西方交通要道，中亚的历史地位和作用明显下降；三是中亚地区政权分裂，各汗国之间冲突不断，中亚整体实力不断被削弱，完全无法与强大的外来势力相抗衡，最终导致中亚地区国际关系的分化与重组；四是资本主义经济的发展促使英俄在19世纪的阿富汗和中亚发生碰撞。

---

① 王治来：《中亚通史》（近代卷），新疆人民出版社2004年版，第289页。

两国的大博弈导致诸汗国的对外关系只能依附于英俄两大帝国而进行，中亚汗国的被征服和统治则是英俄争霸的结果。

第二节　与俄国关系的演变

布哈拉汗国与俄国的关系始于16世纪下半叶，双方的使节往来频繁，重点讨论有关贸易、释放俄国奴隶和布哈拉汗国穆斯林假道俄国赴麦加朝觐的问题。但自18世纪始，两国关系不再是一种平等的外交关系。彼得大帝上任伊始，俄国计划征服中亚，以期寻求印度洋的出海口。自19世纪始，英俄两国加快对阿富汗和中亚的争夺步伐。由于时代背景和不同因素的影响，俄国最终于1868年占领了布哈拉汗国。至此，布哈拉汗国与俄国的关系发生了本质变化，从平等外交演变为附属关系。

一　政治往来与外交关系变化

1558年，布哈拉汗国与俄国外交关系正式确立，即伦敦莫斯科贸易公司驻莫斯科代表詹金森接受俄国沙皇伊凡四世颁发的证书，受其派遣来到布哈拉汗国，成为俄国派往中亚国家的第一位官方使节。次年，布哈拉汗国使团随同詹金森返回俄国报聘，目的是强化与俄国政府的关系，促进双方贸易的进一步发展。18世纪以前，布哈拉汗国与俄国关系主要通过使节互访展开，主要讨论贸易往来事宜，还包括处理释放俄国奴隶、布哈拉汗国穆斯林途经俄国赴麦加朝觐、中亚居民与俄国人通婚、俄国探测经中亚南下印度洋的道路等问题。16—17世纪，布哈拉汗国与俄国之间的政治交往是一种平等的国家间关系，布哈拉汗国均以独立国家的身份处理与俄国的一切外交事务。

到了16世纪下半叶，经过伊凡四世的改革，俄国日益崛起，向东、向南不断扩大疆域，接连吞并喀山汗国（1552）、阿斯特拉罕汗国（1556）和西伯利亚汗国（1582）①，至此俄国南部与中亚地区的北部接壤。俄国与希瓦汗国和布哈拉汗国的交往加强，布哈拉汗国与俄国的使节互访也更加频繁。16 世纪下半叶，俄国接待来自布哈拉汗国的使节访问共计 15 次，其中绝大多数是在阿布杜拉汗二世时期实现的。② 阿布杜拉汗二世曾向俄国多次派遣使团，主要是为了在俄国获得更多的贸易特权。

到了 17 世纪，1619 年，伊玛姆库利汗委派艾杰姆（Эдем）兄弟访问俄国，在给沙皇米哈伊尔·费德罗维奇的信中表明了布哈拉汗国与俄国的关系历来友好，并希望继续保持，尤其是进一步强化双方的贸易关系。③ 1620 年，俄国使节伊万·霍赫洛夫（Иван Хохлов）来到布哈拉，并受到伊玛姆库利汗的接见。访问目的主要是，一方面继续加强双方贸易和友好关系，另一方面请求伊玛姆库利汗释放更多的俄国奴隶。但此次访问对以后双方关系产生了不良影响。因为霍赫洛夫在参见伊玛姆库利汗时，被要求按照布哈拉汗国礼节将沙皇的信件转交与一位普通官员，再由之呈与汗。然而，霍赫洛夫拒绝这样做，而是直接向汗转达沙皇的意见，在他提及沙皇之名时，伊玛姆库利汗并未作出起身等任何表示。因此，1622 年霍赫洛夫回国后，向沙皇禀报了他在布哈拉汗国受到的屈辱，④ 于是，沙皇震怒，将随从霍赫洛夫回访的布哈拉汗国使节阿达姆·别伊（Адам Бей）扣押，没收其货物，两国关系就此恶化。但由此可

---

① 西伯利亚汗国（Сибирское ханство）是金帐汗国瓦解后，由昔班家族的后裔于 1468 年建立的汗国，首都最先设立在西伯利亚的秋明市，后迁至位于额尔齐斯河右岸的卡什雷克（кашлык）。地域范围主要在鄂毕河中游与托博尔河之间。1582 年，在哥萨克首领叶尔马克·齐莫菲叶维奇的率领下，俄国击败西伯利亚汗国的军队，并占卡什雷克。自此，西伯利亚汗国归俄国统治。

② История таджикского народа. Т. 2, кн. 1: Возникновение и развитие феодального строя (VI-XVI вв.). М.: Наука, 1964. С. 406.

③ Жуковский С. В. Сношения России с Бухарой и Хивой за последнее трехсотлетие. СПБ., 1915. С. 14 – 15.

④ Ахмедов Б. А. Историко-географическая литература Средней Азии. XVI-XVIII вв. (письменные памятники). Ташкент: Фан, 1985. С. 202 – 203.

知，这一时期布哈拉汗国与俄国之间地位平等，汗与沙皇之间并无君臣之分。

直至1639年，双方使节访问重新恢复。纳迪尔·穆罕默德汗派遣和卓易卜拉吉姆出使俄国，并向沙皇进献了贵重礼品。1644年，布哈拉汗国使节卡泽伊·纳加伊（Козей Нагай）再次访问俄国。在纳迪尔·穆罕默德汗写给沙皇米哈伊尔·费德罗维奇的信中强调，布哈拉汗国愿与俄国继续保持友好关系，加强贸易往来。而关于释放俄国奴隶的问题，布哈拉汗国方面回应称假如沙皇能够释放俄国境内为奴的诺盖人和其他穆斯林，我们将以同样的方式释放布哈拉汗国的俄国奴隶。① 1645年，沙皇回信明确拒绝了纳迪尔·穆罕默德汗的提议。次年，俄国使节戈拉霍夫（Горохов）和阿尼希姆·格里勃夫（Анисим Грибов）再度访问布哈拉汗国，除继续商讨释放俄国奴隶的问题外，还开始探测从布哈拉汗国通往印度的道路。但由于布哈拉汗国动乱，使团未能抵达布哈拉，两国关系再度中断。② 直至1670年，帕祖欣兄弟来到布哈拉，参见了阿布杜拉济兹汗。他们在布哈拉搜集资料，探测从布哈拉汗国途经巴尔赫通往印度的道路。1675年，俄国沙皇派遣达瓦西里·达乌多夫（Василий Даудов）和卡米莫夫（Камимов）使节前往布哈拉汗国，重点了解布哈拉汗国与其他国家的关系，收集布哈拉汗国自然地理方面的资料，探寻通往印度的商路，试图扩大俄国对外贸易的范围。直至1695年，俄国商人谢梅·马列尼基（Семен Маленький）最终抵达印度。

除加强贸易往来外，布哈拉汗国与俄国的使节互访还涉及以下问题。首先，关于释放布哈拉汗国的俄国奴隶问题，是布哈拉汗国与俄国的使节互访中谈论最多的问题，但历经两个多世纪都未曾得

---

① Жуковский С. В. Сношения России с Бухарой и Хивой за последнее трехсотлетие. С. 25.

② Жуковский С. В. Сношения России с Бухарой и Хивой за последнее трехсотлетие. С. 27.

到实质性解决。这一问题起源于詹金森在中亚的首次访问。1559年，詹金森结束中亚之行，在返回俄国期间赎回了25名俄国奴隶。①1620年，霍赫洛夫仅从布哈拉汗国赎回27名俄国奴隶。② 1670—1672年，帕祖欣兄弟花585卢布仅赎回22名俄国奴隶。据他调查，在中亚地区，布哈拉汗国拥有的俄国奴隶数量最多。③ 自此，俄国开始关注中亚的俄国奴隶问题，原因在于：一是奴隶是最廉价的劳动力，可推动俄国经济发展；二是以解决奴隶问题为由干预中亚事务，考察中亚地形，为以后征服中亚和探明通往印度之路作准备。

其次，有关穆斯林假道俄国赴麦加朝觐的问题，在16世纪末至17世纪初凸显出来。随着16世纪萨法维王朝的建立，布哈拉汗国与波斯之间的宗教冲突和领土争端不断升级，使得原本经波斯前往麦加的便捷道路被阻断，布哈拉汗国穆斯林只能向北经里海到阿斯特拉罕，再向西取道黑海到达伊斯坦布尔，最后南下阿拉伯半岛至麦加进行朝觐。其中，里海至黑海段属于俄国领地，且布哈拉汗国与奥斯曼帝国的交往也通过这一路线进行，故布哈拉汗国居民必须征得俄国政府的同意方可完成朝觐。在17—18世纪的双方外交信函中，汗王多次请求俄国不要阻断交通，但后者并未同意，认为布哈拉汗国与穆斯林世界的交往对俄国不利。

最后，关于中亚居民与俄国穆斯林通婚的问题双方使节进行了多次磋商，但始终未得到突破性的解决。俄国境内的布哈拉商人长期生活在俄国，其中大多数与当地穆斯林妇女结婚。当他们请求俄国政府将妻儿带回布哈拉汗国时，通常会遭到俄方的拒绝。与此同时，在布哈拉汗国生活多年的俄国奴隶也与当地女子结婚，并改信

---

① ［美］爱德华·阿尔窝什:《俄国统治中亚百年》,《中亚史丛刊》第3期,《贵州师范大学学报》1985年增刊，第12页。

② Жуковский С. В. Сношения России с Бухарой и Хивой за последнее трехсотлетие. С. 17.

③ Жуковский С. В. Сношения России с Бухарой и Хивой за последнее трехсотлетие. С. 32.

伊斯兰教，俄国也迫切希望将他们解救出来。另外，俄国在 17 世纪末探测到从中亚南下印度的道路。1695 年，俄国使团经布哈拉汗国抵达印度，并受到莫卧儿帝国奥朗则布的接见。

自 18 世纪始，布哈拉汗国内讧不已、战乱不断，国力逐渐削弱。与此同时，在彼得大帝治理下的俄国迅速崛起并试图向外扩张。俄国不再将布哈拉汗国视为平等国家进行交往，而企图在政治上控制它，使布哈拉汗国居民加入俄国国籍。19 世纪上半叶，俄国与英国在中亚的争夺进一步激化，因此前者加快了侵略步伐。18 世纪初，为了争夺出海口，彼得大帝继续发动战争，在力图打通波罗的海出海口的同时，企图在东方通往富足的印度与中国。而作为南下通往印度洋、向东到达中国的必经之地，中亚的征服成为实现俄国对外战略的重要一环。由于与希瓦汗国北部接壤，俄国首先与希瓦汗国展开使节往来。1700 年希瓦汗国派遣使节访俄以后，俄国使节于 1703 年回访希瓦汗国。在给希瓦汗的回信中未曾提及双方贸易合作之事，而是强调："我们伟大的沙皇陛下，命你臣服。"① 之后，据土库曼商人讲述阿姆河一带蕴藏着丰富的金矿，彼得大帝开始派遣俄国考察队进入中亚。除寻找金矿外，考察队还力图劝说希瓦汗国和布哈拉汗国归顺俄国，接受俄国的保护。1716 年夏，彼得大帝派遣别科维奇率军 4000 人经中亚寻找去印度的捷径，然而次年这支远征军遭遇希瓦军的抵抗，最终全军覆灭。② 自此，彼得大帝从西面向中亚扩张的努力终结，俄国与希瓦汗国的关系也自此中断。然而，此次远征军的失败，并未使彼得大帝放弃继续征服中亚的企图。

之后，俄国转而与布哈拉汗国强化外交关系。1718 年，彼得大帝任命意大利人佛罗里奥·别聂维尼出使布哈拉汗国，主要是为了确立俄国在布哈拉的影响：一方面尽可能与布哈拉结成反希瓦汗国

---

① Жуковский С. В. Сношения России с Бухарой и Хивой за последнее трехсотлетие. С. 42–43.
② 康丽娜：《16 世纪下半叶至 19 世纪末中亚布哈拉汗国与俄国贸易格局演变》，《外国问题研究》2023 年第 1 期。

的同盟，力求向汗提供由俄国人组成的近卫军；另一方面收集布哈拉汗国贸易方面的情报，尤其是与印度的贸易关系，此外还需调查中亚地区各条河流的矿藏情况。① 佛罗里奥·别聂维尼在布哈拉汗国停留了 4 年（1721—1725），但由于当时的布哈拉汗国形势相当混乱，故未能与布哈拉汗国政府签署任何协定。但是，佛罗里奥·别聂维尼的访问搜集了大量有关布哈拉汗国自然资源的资料，尤其是布哈拉汗国的矿藏情况。他曾向沙皇呈报："陛下如欲获取厚利、充实国库，宜向臣所列举之地开战，强权足以战胜公理，别无良策。不必瞻前顾后，一场争夺在所难免。"②

到了 18 世纪下半叶，俄国与布哈拉汗国的关系较为密切，在政治上基本保持着和平交往。叶卡捷琳娜二世继续推行彼得大帝的外交战略，从南、北两个方向扩张领土。为了南进印度，与其建立直接联系，俄国必须先同中亚诸汗国进行交往。这一时期，哈萨克问题成为俄国与中亚关系的主要内容，而对南部诸汗国实施以开展通商贸易为主的缓冲政策。因此，双方的使节往来仍继续围绕贸易往来、释放俄国奴隶和布哈拉汗国穆斯林经俄国赴麦加朝觐三大问题进行。除此之外，到访布哈拉汗国的俄国使节重点搜集有关汗国政治、军事和贸易的情报，为进一步征服中亚做准备。1781 年，俄国使节别克丘林（Бекчурин）来到布哈拉，整理和记录了汗国的政治现况和军事力量。1783—1785 年布哈拉汗国使团回访俄国，目的是继续扩大布哈拉商人在俄国的贸易自由权。进入 19 世纪，由于英俄在阿富汗和中亚的争霸，俄国与布哈拉汗国的关系开始发生变化。

除上述旧问题外，俄国向布哈拉汗国派遣使团的任务更倾向于搜集有关布哈拉汗国政治、军事、经济和社会等各方面的情报，为进一步实现南下印度洋打下基础。1820 年，俄国向布哈拉汗国派遣

---

① Жуковский С. В. Сношения России с Бухарой и Хивой за последнее трехсотлетие. С. 61-62.

② 王治来：《中亚通史》（近代卷），新疆人民出版社 2004 年版，第 117 页。

以涅格里（Негри）为代表的使团，其目的是与布哈拉汗国签订贸易协定。① 由于布哈拉汗国与希瓦汗国之间冲突不断，1830年，布哈拉汗国使节巴尔塔·库雷（Балта Кулы）伯克向沙皇请求协助埃米尔纳斯鲁拉反对希瓦汗国。② 此后，因双方均与希瓦汗国敌对，俄国与布哈拉汗国的关系更加密切。1841—1842年，应埃米尔纳斯鲁拉邀请，俄国工程师布杰涅夫（К. Ф. Бутенев）率代表团赴布哈拉协助埃米尔开采布哈拉汗国的金矿。③ 但令埃米尔失望的是，俄国勘查组并未找到金矿，但却对布哈拉汗国进行了深入研究，搜集了与其相关的各类资料，并著成不同领域的专业性著作，使之成为研究布哈拉汗国的珍贵文献。

与此同时，英俄两国在阿富汗和中亚的争夺加剧。至19世纪30—40年代，双方为了争夺波斯和阿富汗进行了激烈斗争，英俄两国先后在阿富汗和希瓦汗国发动的侵略战争均告失败。直到克里米亚战争结束，为了迅速转向东方和对抗英国，俄国于1858年派遣以伊格纳季耶夫（Н. П. Игнатьев）为代表的使团访问布哈拉汗国。该使团的任务主要有：一是继续收集有关中亚各方面的资料；二是力图在布哈拉建立俄国贸易代理处，加强俄国在布哈拉汗国的影响。与希瓦汗国不同，布哈拉汗国的埃米尔同意了俄国提出的贸易协定内容，但并未签署任何书面协定。④ 19世纪60年代俄国农奴制的废除和美国内战爆发而引发的棉花危机，促使俄国对布哈拉汗国的政策发生变化，使后者迅速沦为俄国的保护国。

由此观之，布哈拉汗国与俄国的政治往来和外交关系演变可分

---

① Жуковский С. В. Сношения России с Бухарой и Хивой за последнее трехсотлетие. С. 102.

② Жуковский С. В. Сношения России с Бухарой и Хивой за последнее трехсотлетие. С. 107.

③ Жуковский С. В. Сношения России с Бухарой и Хивой за последнее трехсотлетие. С. 129 – 134.

④ Жуковский С. В. Сношения России с Бухарой и Хивой за последнее трехсотлетие. С. 153 – 154.

为三个阶段：一是 16—17 世纪。这一时期双方在政治实体上是一种平等的和平往来；二是 18 世纪上半叶。此时，俄国为了南下印度洋和掠夺财富，开始为征服中亚作准备，双方关系已趋于不平等；三是 18 世纪下半叶至 19 世纪中叶。这一阶段，通过考察队与使团访问，俄国加深了对布哈拉汗国的了解和认识，并在与英国争夺进程中占据上风从而占领布哈拉汗国，彻底改变两国外交关系。从本质上看，随着地理大发现和新航路的开辟，近代欧洲国家迅速走向资本主义的发展道路，俄国也在彼得大帝的改革之下追随欧洲列强迅速崛起为一个强大的军事资本主义国家。然而，如大多数东方国家一样，此时的布哈拉汗国仍是一个传统、保守和落后的封建国家。随着资本主义的扩张，布哈拉汗国必然沦为欧洲列强的殖民地或半殖民地。众所周知，这是整个 19 世纪世界历史发展的主旋律。

二 贸易关系的实质性转变

考古发现，中亚与斯拉夫人的贸易关系始于中世纪，主要在东南部的贸易通道伏尔加河流域进行。早在 1364 年，布哈拉和希瓦的商人曾到过下诺夫哥罗德。① 16 世纪伊始，俄国与西欧的经济联系迅速加强，这也促进了俄国与中亚的贸易往来。② 与此同时，西伯利亚和哈萨克草原上的"卡马"贸易通道已经形成。③ 因此，西伯利亚并入俄国以后，双方的贸易中心从位于东欧平原、伏尔加河沿岸的伊蒂尔城和保加尔城南移至喀山、阿斯特拉罕和托博尔斯克等城市，尤其是阿斯特拉罕成为中亚与俄国贸易的中心城市。因此，俄国与河中地区的贸易非但没有减少，反而扩大了许多。④ 自 16 世纪

---

① Иванов П. П. Очерки по истории Средней Азии（XVI-середина XIX）. М.：Издательство Восточной Литературы. Москва，1958. С. 76.

② Иванов П. П. Очерки по истории Средней Азии（XVI-середина XIX）. С. 76.

③ Камолов Х. Ш. История вторжения кочевых племён Дашт-и Кипчака в Среднюю Азию（XVI в.）/ диссертация доктора исторических наук. Душанбе，2007. С. 239.

④ Иванов П. П. Очерки по истории Средней Азии（XVI-середина XIX）. С. 77.

建国以后，布哈拉汗国唯独与俄国尚未发生战争，且双方均有加强贸易往来的意愿。因此，16世纪下半叶伊始，布哈拉汗国调整对外贸易发展路线，重点加强与俄国的贸易关系，并力求占据贸易主导权。同时，这一时期海上贸易开始取代陆路贸易走向繁荣。原本作为陆上丝绸之路的必经之地，连接东西方贸易的中亚经济也开始走向衰败，布哈拉汗国也开始转向南北方向的贸易往来。随着16世纪下半叶布哈拉汗国与俄国正式确立使节互访关系，贸易问题即成为双方关注的重点问题。布哈拉汗国的计量单位安瑟里（Ансырь）在16世纪俄国的普遍使用，则是双方贸易关系强化的一个重要标志。①

19世纪中叶以前，布哈拉汗国与俄国统治者均重视双方的贸易往来，几乎所有的使节互访均会谈及有关贸易的问题，尤其是扩大布哈拉商人在俄国的贸易自由权。在16世纪下半叶，阿布杜拉汗二世尤为重视与俄国的贸易往来，多次派遣使团前往俄国协商解决相关问题。1557年，布哈拉汗国首次派遣使节代表前往俄国商议有关在俄国的中亚商人贸易自由权的问题。正因如此才有了1558年詹金森的回访，随同詹金森来到中亚的商队有1000支驼队。②1559年，阿布杜拉汗二世派遣使节途经阿斯特拉罕抵达莫斯科，请求伊凡四世授予布哈拉商人在喀山、阿斯特拉罕和其他城市的贸易自由权。最终，伊凡四世同意并授予他们经商证书。1563年、1566年、1583年布哈拉汗国使节分三次访俄，目的仍是推进双方的贸易往来。1585年，为了巩固双方的贸易关系，阿布杜拉汗二世派遣使节穆罕默德·阿里再度访俄，并向沙皇费多尔·伊凡诺维奇赠送2000匹各色棉织绸缎、200匹亚麻布、100匹布哈拉丝织品、1500条棉质饰

---

① История таджикского народа. Т. 2, кн. 1: Возникновение и развитие феодального строя (VI-XVI вв.). С. 405.

② [美]爱德华·阿尔窝什：《俄国统治中亚百年》，《中亚史丛刊》第3期，《贵州师范大学学报》1985年增刊，第11页。

带和 40 普特的染料。① 1589 年，布哈拉使节塔斯杜姆（Достум）获得在俄国规定区域内免税经商的许可。② 因此，到 16 世纪下半叶，布哈拉汗国与俄国的贸易往来明显加强。③

到了 17 世纪，布哈拉汗国国势衰退、政局不稳，但统治者仍重视与俄国的经贸往来。1619 年艾杰姆兄弟访俄，其目的主要是强化双方贸易关系。但 1620 年伊万·霍赫洛夫访问布哈拉期间，双方因对接待礼仪态度不同而起争执，自此两国关系恶化直至中断。1639 年两国恢复外交关系以后，布哈拉汗国多次遣使出访俄国，其目的仍是与俄国继续保持友好关系，加强贸易往来。

总体看来，16—17 世纪，布哈拉汗国与俄国之间的贸易是基于平等的政治外交关系而展开的，前者甚至在其中占据主导权。在 1550—1800 年的 250 年里，从布哈拉派往俄国的使团共计 25 个，其中包括 1705 年以阿里姆别克·卡切克别克（Олимбек Кочекбек）和商人米尔克·博伊·米尔加尔达耶夫（Мирк бой Миргардаевый）组成的使团。1716 年，阿里姆别克·卡切克别克率领 10 位商人再次访问俄国。④ 总之，布哈拉汗国在与俄国的贸易往来中力图占据主导权。以后的布哈拉汗国统治者也遵循这一政策，一直与俄国保持着良好的贸易关系。与此同时，俄国向布哈拉汗国派遣的使团代表也都关注双方贸易的发展，如 1619 年的霍赫洛夫、1646 年的阿尼希姆·格里勃夫（Анисим Грибов）、1669 年的帕祖希兄弟（братья

---

① Материалы по истории Узбекской, Таджикской и Туркменской ССР. Вып. 3. Ч. 1: Торговля с Московским государством и международное положение Средней Азии в XVI-XVII вв. Ленинград: изд. и тип. изд-ва Акад. наук СССР, Л., 1932. C. 98 – 99.

② Мухамеджанова Л. П., Мирзакулов Б. Т. Дипломатические и торговые связи Бухары с Россией XVI-XVIII вв. // Молодой ученый. 2015. № 20 (100). C. 548 – 550.

③ Эварницкий Д. И. Путеводитель по Средней Азии от Баку до Ташкента. Ташкент, 1893. C. 58.

④ Ёров А. Ш. Бухарский эмират на мировом рынке: Вторая половина XIX-начало XX столетия / диссертация кандидата исторических наук. Душанбе, 2005. C. 26.

Позухиновые）和 1675 年的瓦西里·达乌多夫。①

在上述条件下，布哈拉汗国与俄国的民间贸易自 16 世纪也愈发频繁。从布哈拉汗国的角度分析，汗国局势的变动也在某种程度上激发了两国民间贸易的活力。16 世纪下半叶，布哈拉汗国在阿布杜拉汗二世的统治下步入鼎盛时期，国内外贸易活动相当活跃，首府布哈拉城成为中亚地区最繁荣的贸易中心，由此吸引了来自波斯、印度、中国、俄国等国的商队前来贸易。但进入 17 世纪以后，布哈拉汗国在扎尼王朝的统治下国力渐衰，国内动乱局势导致外国商队数量急剧减少，布哈拉城也逐渐失去了往日的繁华。由此，当地的布哈拉商人被迫外出经商，甚至充当中国、印度、波斯、俄国之间贸易往来的媒介进行长途贩运。总之，自伏尔加河流域和西伯利亚地区划归俄国版图以后，布哈拉汗国与俄国的民间贸易开始兴起，自 17 世纪以后迅速活跃起来，布哈拉商人在其中发挥着重要作用。

在俄国方面，16 世纪下半叶，经过伊凡四世的改革，俄国日益崛起，向东、向南不断扩张疆域，最终使俄国东南部与中亚北部接壤，这样双方的交往有了明显的地理优势。再者，为了促进这些新占领地区尤其是人烟稀少且落后的西伯利亚地区的社会经济发展，考虑到这些地区与中亚地区历来密切的经济往来，俄国政府决定加强与中亚诸汗国的联系，尤其是贸易强国——布哈拉汗国，因此俄国政府鼓励和吸引中亚商人来西伯利亚等地区经商，为当地居民生活生产提供所需商品。② 此后，两国贸易中心从位于东欧平原、伏尔加河沿岸的伊蒂尔城和保加尔城南移至邻近中亚地区的喀山、阿斯特拉罕和托博尔斯克等城市，尤其是阿斯特拉罕开始成为两国贸易的重镇。加之"卡马"贸易通道的形成，最终加快了俄国与布哈拉汗国贸易往来正常化的进程。

---

① Бартольд В. В. К истории торговли Средней Азии с Россией в 1675 – 1725 гг. М., 1927. C. 47.
② 康丽娜：《16 世纪下半叶至 19 世纪末中亚布哈拉汗国与俄国贸易格局演变》，《外国问题研究》2023 年第 1 期。

具体而言，俄国为南部尤其是西伯利亚等地经商的布哈拉人创造有利条件。一方面，俄国政府为前来经商的布哈拉人实施贸易优惠政策。1595年，沙皇政府颁布法令允许布哈拉商人在西伯利亚各地自由经商。① 次年，俄国政府再次颁令，允许布哈拉商人在西伯利亚免税贸易，要求当地政府"对所有商人以礼相待"，避免发生使之不满事件。② 到了17世纪初，随着西伯利亚海关制度的确立，俄国政府开始对中亚商人提供关税减半的优惠政策，除纺织品以外的商品税率从原来的10%降为5%，并可用商品代替货币缴税。③ 显然，这些政策和措施极大方便了赴俄经商的布哈拉商人，同时也提高了他们来俄经商的积极性。1619年，一位布哈拉商人将1294匹赞丹尼奇布、223匹其他棉布、300条饰带、70米印花布、4.5公斤的丝、衬衫和长袍以及13张羊羔皮运至喀山出售。④

另一方面，俄国政府在上述地区相继修建新城，如1586年位于图拉河口的秋明、1587年在托博尔河的托博尔斯克、1594年位于额尔齐斯河上的塔拉城和1604年在托米河上的托木斯克城等。这些新城的修建为前来经商的中亚商人提供了便利条件，譬如缩短了途中往返时间、完善了市场交易设施、扩大了交易商品规模等。由此，许多布哈拉商人选择在此开设商号，抑或定居下来。可以说，17世纪成为布哈拉商人在俄国经商的"黄金时代"，他们不仅维系着布哈拉汗国与俄国之间的经贸往来，而且为俄国东南部地区的社会经济发展做出了显著贡献。

所以，在16—17世纪，布哈拉汗国与俄国的民间贸易主要集中在俄国东南部，除地域相邻外，俄国东南部的居民以鞑靼人或巴什

---

① Миллер Г. Ф. История Сибири. Т. 1. - М. -Л. : Изд-во АН СССР, 1937. - С. 293.

② Архив Академии наук. Ф. 21. Оп. 4, N 8. Л. 6, 7, № 4.

③ Зияев Х. З. Экономические связи Средней Азии с Сибирью в XVI-XIX вв. Ташкент: Фан, 1983. С. 27.

④ Chahryar Adle and Irfan Habibeds, *History of Civilizations of Central Asia*, Vol. V, Paris: UNESCO Publishing, 2003, p. 411.

基尔人居多，与河中地区的居民在语言、宗教、习俗等方面相似。因此，布哈拉汗国商人更愿到此经商，而俄国东南部也逐渐形成以阿斯特拉罕为中心，向托博尔斯克、秋明、塔拉等周边城市辐射的城市贸易圈。布哈拉商人们从这里运走貂皮、松鼠皮大衣、弓箭等，而主要出售布哈拉汗国的纺织品，后者是当地居民的生活必需品。俄国政府则向布哈拉商人提供贸易优惠权，即免收关税、贸易自由。直到17世纪初，俄国政府才开始向布哈拉汗国的纺织品征收10%的进口税。① 因此，自喀山汗国、阿斯特拉罕汗国和西伯利亚汗国并入俄国版图以后，布哈拉汗国与俄国的民间贸易活动迅速增多，布哈拉商人在其中发挥着重要作用。

尽管如此，16—17世纪，布哈拉汗国与俄国的贸易仍以官方使节贸易为主。官方使节基本垄断了两国之间大宗商品和稀有贵重物品的交易。汗国出口到俄国的大宗商品主要是各类布匹，仅1580年一年出口到莫斯科的棉布约5000匹。② 汗与沙皇之间的贸易正是通过使节来完成，其主要是以奢侈品为主、以物易物形式的免税交易。汗国从俄国输入的奢侈品主要用于汗室成员和社会上层消费，如贵重貂皮、银器、镜子、海象牙、鹰隼等。而汗国出口到俄国的有宝石、天鹅绒、锦缎、地毯以及昂贵的东方武器等。③

此外，这一时期，布哈拉汗国与俄国的商队贸易也明显活跃起来。布哈拉汗国商队输入俄国的商品主要分为中亚本土商品和中国商品，而后者的比例不断增加。至17世纪中叶，中国商品比重已超过商队输入西伯利亚货物总量的一半以上。④ 布哈拉商队将这些商品换成西伯利亚的毛皮和其他俄国商品，将其运回中亚地区售卖。根

---

① История таджикского народа. Т. 2, кн. 1: Возникновение и развитие феодального строя (VI-XVI вв.). С. 407.

② Chahryar Adle and Irfan Habibeds, *History of Civilizations of Central Asia*, Vol. V, Paris: UNESCO Publishing, 2003, p. 53.

③ Иванов П. П. Очерки по истории Средней Азии (XVI-середина XIX). Издательство Восточной Литературы. М., 1958. С. 77 – 78.

④ 殷剑平：《早期的西伯利亚对外经济联系》，黑龙江人民出版社1998年版，第31页。

据托博尔斯克海关关税记载，1639—1674 年前来贸易的布哈拉商队达 38 支，商队人数多则近百人。① 当然，在西伯利亚地区其他城市，如塔拉、雅梅什湖、伊尔库茨克等地也出现了大批的布哈拉商队。与此同时，这一时期，里海附近自阿斯特拉罕至卡拉甘卡港每年有两次大型的贸易活动，布哈拉商人带着自己的货物在这里交易，俄国商人也会自此前往布哈拉行商。② 据统计，在 17 世纪，俄国与中亚每年的贸易额约为 10 万卢布，占到俄国通过阿尔汉格尔斯克港出口贸易额的 1/5。③ 由此可见，自 17 世纪起，俄国与汗国的贸易规模显著增长。

进入 18 世纪上半叶，奥伦堡城市建立以后双方的贸易关系进一步加强。18 世纪 30—40 年代，位于南乌拉尔山山麓、与哈萨克草原相邻的奥伦堡市的建立进一步强化了双边贸易关系，奥伦堡开始取代阿斯特拉罕成为俄国与中亚贸易的中心。④ 自 1749 年始，俄国对从奥伦堡进口的中亚商品征收关税从原来的 2% 升至 5%，到 1755 年再涨至 13%。⑤ 与喀什噶尔、坎大哈和保加利一样，奥伦堡开始成为俄国与中亚贸易的中转站，连接喀山、莫斯科、彼得堡、下诺夫哥罗德和其他俄国城市。与此同时，喀山在这一时期已完全成为布哈拉商人的贸易市场。⑥ 这一时期，除奥伦堡和喀山以外，特罗伊茨克也成为布哈拉商人在俄国的贸易重镇，每年约有 200 名布哈拉商人来此经商。⑦

---

① 殷剑平：《早期的西伯利亚对外经济联系》，黑龙江人民出版社 1998 年版，第 32 页。
② Янжул И. И. Исторический очерк русской торговли с Средней Азией. М.: Университетская типография, 1869. С. 11.
③ Иванов П. П. Очерки по истории Средней Азии（XVI-середина XIX）. Издательство Восточной Литературы. М., 1958. С. 78.
④ Бартольд В. В. К истории торговли в Средней Азии с Россией в 1675–1725 гг. М., 1927. С. 47.
⑤ Янжул И. И. Исторический очерк русской торговли с Средней Азией. С. 15–16.
⑥ Бартольд В. В. К истории торговли в Средней Азии с Россией в 1675–1725 гг. С. 47.
⑦ Михалева Г. А. Узбекистан в XVIII- первой половине XIX века. Ремесло, Торговля и пошлины. С. 86.

反观进入 18 世纪扎尼王朝统治下的布哈拉汗国迅速衰落。18 世纪上半叶成为布哈拉汗国历史进程中最为混乱、分裂和羸弱的阶段。最终，1740 年，在纳迪尔沙的入侵之下沦为波斯附属国。但在 1747 年纳迪尔沙死后，曼格特部落首领穆罕默德·拉赫姆趁机夺取布哈拉政权，从此建立起新王朝——曼格特王朝。所以，在 18 世纪上半叶，布哈拉汗国动荡的局势制约了其对外贸易发展，与俄国的贸易联系严重受限。进入 18 世纪下半叶，曼格特王朝统治者对内采取休养生息的政策以稳固新政权，对外因 1757 年清王朝平定准噶尔而使中亚地区进入相对和平安定时期。

因此，在 18 世纪下半叶，布哈拉汗国重新恢复并展开对俄国的贸易。一方面，布哈拉商人积极赴俄国经商。1756 年，来到奥伦堡的布哈拉商人多达 60 名。① 布哈拉汗国输送至俄国的商品主要有丝织品、棉织品、皮革和紫羔羊皮，而从俄国进口金币、呢绒、木制品等。② 另一方面，布哈拉汗国借助使节互访推动贸易发展。1774 年，布哈拉使臣姆拉·伊尔纳扎尔·马克斯托夫（Мулла Ирназар Максютов）经阿斯特拉罕来到莫斯科，其目的是请求沙皇继续为布哈拉商人赴俄贸易提供优惠，俄国政府也最终允诺其在里海区域进行总货量不超过 1 万卢布的 5 年免税贸易。③ 之后，汗国使团接连访问俄国，力图继续扩大布哈拉商人在俄国的贸易自由权，尤其是在与中亚相邻的俄国东南边境地区。

因此，到了 18 世纪末，从布哈拉汗国出口到俄国的商品总量年增长显著。据统计，1795—1796 年，布哈拉汗国向俄国的商品出口量从 37.9 万卢布增长到 48.5 万卢布，进口量从 34.1 万卢布增长到

---

① Михалева Г. А. Узбекистан в XVIII- первой половине XIX века. Ремесло, Торговля и пошлины. С. 82.

② Ёров А. Ш. Бухарский эмират на мировом рынке: Вторая половина XIX-начало XX столетия/диссертация... кандидата исторических наук. Душанбе, 2005. С. 27.

③ Жуковский С. В. Сношения России с Бухарой и Хивой за последнее трехсотлетие. СПб., 1915. С. 88 – 89.

42.1万卢布。① 1801年，布哈拉汗国向俄国的商品出口量增至73.2万卢布，而从俄国进口的商品总量同比减少了1.5倍。从布哈拉汗国出口到俄国的主要商品有丝织品、棉织品、皮革和卡拉库里羊羔皮，而从俄国进口金币、呢绒、胡椒辣椒和各类布匹等。② 总言之，自18世纪始，随着国力日益强大，俄国开始推行战略性贸易外交的政策，不再将布哈拉汗国视为平等贸易国，而是企图征服它。然而，直到18世纪末，尽管俄国南下中亚的征服行动在继续，但布哈拉汗国仍在双方贸易中保持着顺差优势。

19世纪伊始，为了实现对中亚的扩张，俄国与英国竞相争夺中亚市场，尤其是最大的贸易国——布哈拉汗国。自此，双方贸易关系发生较大变化，俄国开始主动强化与布哈拉汗国的贸易往来。俄国占领以前，布哈拉汗国与俄国的贸易往来最为密切。1807年，俄国通过法令专门向布哈拉商人提供贸易便利，允许他们在指定区域免税交易。③ 1820年，俄国派遣使团访问布哈拉汗国的主要目的仍是通过签订贸易协定强化贸易关系。到了19世纪30—40年代，英俄两大国在中亚市场的博弈迅速升级。1831—1833年，亚历山大·伯恩斯访问布哈拉时写道："中亚地区，特别是布哈拉是欧亚贸易的中心，这里有来自中国、波斯、印度和阿富汗的商品。布哈拉汗国与印度贸易往来密切，倘若英国不能在布哈拉确立自己的影响力，那么将对俄国十分有利。"④ 同样地，1833—1834年，俄国政府派遣使节杰梅宗访问布哈拉，其目的一则强化与布哈拉汗国的贸易关系，

---

① Ёров А. Ш. Бухарский эмират на мировом рынке: Вторая половина XIX-начало XX столетия. С. 27.

② Ёров А. Ш. Бухарский эмират на мировом рынке: Вторая половина XIX-начало XX столетия. С. 27.

③ Янжул И. И. Исторический очерк русской торговли с Средней Азией. С. 17.

④ Борнс А. Путешествие в Бухару: рассказ о плавании по Инду от моря до Лагора с подарками великобританского короля и отчет о путешествии из Индии в Кабул, Татарию и Персию, предпринятом по предписанию высшего правительства Индии в 1831, 1832 и 1833 годах лейтенантом Ост-Индской компанейской службы, Александром Борнсом, членом Королевского общества. Ч. 3. М.: Унив. тип., 1848 – 1849. С. 551.

尤其是促成布哈拉汗国原棉的出口；二则深入探究布哈拉汗国与周边地区和国家的贸易关系。①

据统计，1818—1824 年，俄国出口到中亚地区的商品额每年约 338.5 万卢布，其中出口到布哈拉的为 122.9 万卢布。② 1827—1850 年间，尤其是最后十年，布哈拉汗国与俄国的贸易关系发生了较大变化，通过中亚与俄国的贸易进出口额可以反映出来。1827—1837 年间，中亚出口到俄国的商品量达到 697.1254 万卢布，进口俄国商品的总量为 457.5120 万卢布。1837—1847 年间出口量增至 894.4355 万卢布，而进口量达到 502.7243 万卢布。所以说，中亚向俄国的年平均出口额为 90 万卢布，而每年从俄国进口的商品量为 50 万卢布。③ 接下来的几年，双方贸易关系继续发展，来自中亚地区的商品主要经奥伦堡和下诺夫哥罗德出口到俄国市场。如表 5—1 和表 5—2 所示，1840—1850 年间，俄国从中亚进口的商品额达到 900 万卢布，其中来自布哈拉汗国的达 730 万卢布。同一时期俄国出口到中亚的商品额达到 676.3 万卢布，其中出口到布哈拉汗国的为 522.5 万卢布。④ 可见，自 18 世纪中叶至 19 世纪中叶，布哈拉汗国对俄国的贸易顺差大幅减少。

所以，在 19 世纪上半叶，俄国与布哈拉汗国的贸易往来持续升温，且贸易天平开始向俄国倾斜。1758—1804 年，俄国出口到中亚的商品量增加 3 倍，而进口量则增加 6 倍。而到了 1804—1853 年，俄国出口到中亚的商品量增加 3.5 倍，而进口量仅增加 2.5 倍。⑤ 显然，俄国与中亚的贸易额较之前有所增加，其中与布哈拉汗国的贸

---

① Михалева Г. А. Узбекистан в XVIII- первой половине XIX века. Ремесло, Торговля и пошлины. С. 99.

② Михалева Г. А. Узбекистан в XVIII- первой половине XIX века. Ремесло, Торговля и пошлины. С. 83.

③ Губаревич-Родобыльский А. Экономический очерк Бухары и Туниса. СПб., 1905. С. 92.

④ Губаревич-Родобыльский А. Экономический очерк Бухары и Туниса. С. 92.

⑤ Янжул И. И. Исторический очерк русской торговли с Средней Азией. С. 19.

易额比例最大。这一时期，大批的俄国商队来到布哈拉进行贸易。1837年，来到布哈拉的俄国商队所携带的货物价值14万卢布，次年达到16万卢布，到1839年则增至24万卢布。[①]由此可见，布哈拉汗国在俄国与中亚贸易往来中占据绝对优势地位。

表5—1　　　　1840—1850年俄国出口到中亚的商品额　　（单位：英镑）

商品	总额	布哈拉	希瓦	浩罕
金币、银币	229554	213969	15210	375
铜	49675	45776	1856	2043
钢铁制品	102437	82127	9331	10970
棉织品	223181	156707	58915	7559
毛织品	78312	50467	25869	1976
丝织品	15420	10550	4799	71
皮革	123533	81543	37921	4069
木制品	9881	8595	460	826
染料、颜料	67232	48635	17904	693
其他商品	115012	85416	27567	2031
总量	1014237	783785	199830	30662

资料来源：Вамбери А. Путешествие по Средней Азии. М. : Восточная литература, 2003. С. 295.

表5—2　　　　1840—1850年俄国从中亚进口的商品额　　（单位：英镑）

商品	总额	布哈拉	希瓦	浩罕
原棉、棉纱	412150	333177	76255	2718
棉织品	601802	498622	88960	14180
丝绸、丝织品	20691	17443	3088	160

---

① Михалева Г. А. Узбекистан в XVIII- первой половине XIX века. Ремесло, Торговля и пошлины. С. 104.

续表

商品	总额	布哈拉	希瓦	浩罕
毛织品	1082	428	1322	52
染料	34555	7351	26201	7
毛皮、羊羔皮	160065	151773	6297	1995
宝石、珍珠	18559	17856	703	-
干果	44814	27784	2147	16883
卡什米尔披肩	24242	24242	-	-
其他商品	28057	19664	4452	3041
总量	1345741	1096380	249425	39936

资料来源：Вамбери А. Путешествие по Средней Азии. М. : Восточная литература, 2003. С. 295.

到了 19 世纪 50 年代，克里米亚战争失败以后，为了对抗英国，俄国迅速将目光转向中亚，1858 年出使布哈拉汗国的俄国使团除继续搜集有关情报外，俄国力求在布哈拉建立贸易代理处，加强其在布哈拉汗国的影响力。与希瓦汗国不同，布哈拉汗国的埃米尔纳斯鲁拉同意了俄国提出的贸易协定内容。[1] 伯恩斯曾做过统计，布哈拉汗国市场上的英国商品价格普遍高于俄国同类商品，且数量较少。[2] 再者，俄国与中亚贸易往来已久，俄国商人也较英国商人更了解中亚居民的产品需求。因此，相较于英国，俄国在争夺布哈拉汗国市场方面更具优势。

如表 5—1 所示，在 1855—1867 年俄国与中亚的贸易往来中，布哈拉汗国与俄国的进出口贸易比重最大，仅在 1855—1865 年 10 年间布哈拉汗国从俄国进口的商品额增长了 3 倍，出口俄国的商品额增长了 5.5 倍。1840—1850 年间双方的贸易额为 1252.5 万卢布。1867 年，仅一年的贸易额就达到 1052.5 万卢布，出口俄国的商品

---

[1] Жуковский С. В. Сношения России с Бухарой и Хивой за последнее трехсотлетие. С. 153 – 154.

[2] Борнс А. Путешествие в Бухару. Ч. 3. С. 560.

额为 621.5 万卢布，从俄国的进口额达 431 万卢布。① 可见，至 1868 年，俄国与布哈拉汗国的贸易从未中断。由于俄国的军事行动，仅在 1866 年布哈拉汗国向俄国的商品出口额缩减了 50%，为 345.4 万卢布。这一时期，布哈拉汗国向俄国出口的主要商品为棉花，其次还有干果、大米、丝绸、染料、印花布、丝带、宝石、地毯和毛皮等，而从俄国进口金币、布匹、玻璃制成品、中国瓷器、白糖、茶叶等。②

表 5—3　　　　　1855—1867 年俄国与中亚的贸易进出口量

（单位：万/卢布）

年份	俄国向中亚的出口量				俄国自中亚的进口量			
	总计	布哈拉	塔什干	希瓦	总计	布哈拉	塔什干	希瓦
1855	757	411	289	55	1885	954	653	278
1856	757	399	344	14	2072	1138	651	83
1857	1164	539	605	20	2408	1368	761	279
1858	1312	687	607	18	2363	1337	865	161
1859	1803	1291	505	7	2053	1150	850	52
1860	1920	1628	288	4	2324	1555	636	83
1861	3066	2806	256	4	2406	1469	864	73
1862	3275	3127	135	13	3401	2741	585	75
1863	3049	2984	62	3	4575	3881	617	77
1864	4740	4655	74	11	7699	6868	352	479
1865	3775	2251	524	1000	4704	3890	420	394
1866	5629	877	3187	1565	5006	3454	796	756
1867	10275	4310	5478	487	8504	6215	868	1421

资料来源：Ёров А. Ш. Бухарский эмират на мировом рынке: Вторая половина XIX- начало XX столетия/диссертация кандидата исторических наук. Душанбе, 2005. С. 49.

① Рожкова М. К. Экономические связи России со Средней Азией 40 – 60-х гг. М., 1963. С. 64.
② Губаревич-Родобыльский А. Экономический очерк Бухары и Туниса. С. 93.

19世纪50—60年代克里米亚战争的失败导致俄国经济走向衰败，1861—1865年美国内战的爆发再次使之遭受重创。19世纪60年代初期，俄国从欧洲和美国进口的商品额约3700万卢布。美国内战爆发引发的棉花危机则从另一方面加快了俄国与布哈拉汗国的贸易往来。1862年以前俄国90%的棉花从美国进口，而从中亚进口的仅占到7.4%。① 而在接下来的几年，俄国从美国进口的棉花总额明显下降。1861年，从西方国家出口到俄国的棉花总量为249.1万普特，而到1863年下降至58.7万普特，即下降了4倍多。到19世纪60年代末，俄国从欧美国家进口的棉花总额持续下降。② 与此同时，俄国市场上的棉花价格急速上升，俄国从中亚进口的棉花总量持续增加。例如，1861年俄国从中亚进口的棉花总量为15.2万普特，次年增至40.5万普特，1864年增到70.4万普特。4年内中亚向俄国的棉花出口量增加了4倍多，其中布哈拉汗国的棉花出口量占绝大多数。

俄国占领布哈拉汗国以后，1868年和平条约的签订使两国的贸易关系发展到了一个新阶段。条约规定，俄国商人在布哈拉汗国享有自由贸易权，有权在布哈拉汗国城市拥有自己的商队旅舍和仓库，布哈拉汗国政府必须保护俄国商品和俄国商人的财产不受损害。另外还规定，俄国商人在布哈拉汗国的贸易税从原来的5%降至2.5%。③ 因此，1868年贸易协定的签署，保证了俄国在布哈拉汗国贸易收益的扩大。对俄国而言，征服布哈拉汗国对俄国经济发展起到了重要作用，不仅激活了俄国的经济活力，更为俄国资本主义经济发展提供了动力。1873年，俄国与布哈拉汗国新和约的签署，再次成为实现沙俄资本主义经济发展的新动力。沙俄政府希望在布哈

---

① Рожкова М. П. Экономические связи России со Средней Азией в 40 – 60-х гг. XIX в. C. 62.

② Ёров А. Ш. Бухарский эмират на мировом рынке: Вторая половина XIX-начало XX столетия. C. 57.

③ Ремез А. Внешняя торговля Бухары до мировой войны. Ташкент, 1922. C. 32.

拉汗国实现降低或免除俄国商品关税及其他税收。突厥斯坦总督与埃米尔进行了多次谈判协商，最终后者妥协，将俄国商品的关税再次从2.5%降至1.5%。①

1886年俄国政治代办处的设立，进一步促进了俄国与布哈拉汗国的贸易发展。政治代办处的一项主要职责是维护俄国商人在布哈拉汗国的利益诉求。自19世纪80年代开始，布哈拉汗国棉花种植面积的扩大和铁路的修建，使俄国与布哈拉汗国的贸易往来更为密切。布哈拉汗国99%的商品出口至俄国，出口额逐年增加。20世纪初，俄国政府引进美国棉种，这使中亚地区的棉花种植面积大幅度增加。19世纪末俄国棉纺织加工业所需70%的棉花从国外进口，而到20世纪初，俄国工业所需的棉花主要来自国内的突厥斯坦总督区，尤其是费尔干纳地区，而从布哈拉进口的棉花仅占到中亚地区的13%。但对布哈拉汗国而言，出口到俄国40%的商品为棉花。除棉花外，布哈拉汗国出口到俄国的商品还有毛皮，1914年其出口量达到180万张，占到布哈拉汗国出口总量的42%。②另外，羊毛、地毯、干果和丝绸也成为布哈拉汗国出口俄国的重要商品。

与此同时，俄国统治以后，布哈拉汗国成为俄国商品的销售市场。俄国向布哈拉汗国出口金属制品、中国瓷器、糖类和其他工业制品。1883年俄国出口布哈拉汗国的商品额为1500万卢布，达到历年最高值。③而到20世纪初，随着铁路的修建，俄国的棉纺织品开始大量出口中亚，1904年出口量为2150万卢布，1913年增至4050万卢布。除布哈拉城外，这些棉纺织品还运到东布哈拉地区的

---

① Ёров А. Ш. Бухарский эмират на мировом рынке: Вторая половина XIX-начало XX столетия. С. 59.

② Ёров А. Ш. Бухарский эмират на мировом рынке: Вторая половина XIX-начало XX столетия. С. 63.

③ Ёров А. Ш. Бухарский эмират на мировом рынке: Вторая половина XIX-начало XX столетия. С. 64.

吉萨尔、库利亚布、巴里朱万（Бальджуван）、加尔姆等城市。可见，俄国统治以后，布哈拉商人的地位逐渐被俄国商人替代，俄国开始主导双方贸易关系走向。为了实现资本主义经济的利益最大化，俄国最终将布哈拉汗国变为自己的原料产地和商品倾销地。

总之，1868年以后，布哈拉汗国与俄国的贸易关系发生本质性变化，布哈拉汗国丧失了贸易自主权，而俄国通过实施以下举措主导双方贸易走向。一是与汗国建立关税联盟。19世纪80—90年代，西欧国家的工业产品，尤其是英国商品在布哈拉汗国市场上的比重较大，这严重制约了俄国商品在布哈拉汗国的销售。为了与英国争夺市场、保护俄国在汗国的商业利益、强化其在布哈拉汗国市场的垄断地位，1893年年底，布哈拉汗国与俄国的关税联盟正式建立。1895年，俄国政府将布哈拉汗国纳入本国关税体系，实行关税保护主义。

二是对布哈拉汗国实施货币改革。关税联盟建立以后，俄国与布哈拉汗国之间的货币交易也逐渐频繁。由于布哈拉汗国市场上流通的货币种类较多，使双方的交易结算更为复杂。1900—1902年，俄国政治代办处协助布哈拉汗国政府实施新的货币改革，最终促使俄国货币在布哈拉汗国全面流通，进一步推动了俄国贸易在布哈拉汗国的发展。

三是在汗国铺设铁路网和引进美国棉种。19世纪80年代伊始，俄国政府一方面修建贯穿布哈拉汗国的中亚大铁路，并协助敷设布哈拉汗国境内主要铁路干线，进一步强化两国贸易联系。中亚大铁路自1880年启动修建至1899年通至塔什干完工，其在布哈拉汗国境内的路段长达246俄里。同时在布哈拉汗国境内铺设多条铁路，尤其是1916年建成的长达572俄里的布哈拉铁路。至此，俄国腹地、突厥斯坦总督区与布哈拉汗国主要城市相互连接，这为俄国商品进入布哈拉汗国提供了便利，同时也加快了布哈拉汗国原棉的出口。另一方面引进美国棉种，大幅增加布哈拉汗国的棉花种植面积，致使其出口量占到布哈拉汗国出口俄国商品总量的40%。① 19世纪90年代以后，布哈拉汗国的植棉面积和产量逐年增加。20世纪初，随着一战的爆发，棉花价格的上涨促使布哈拉汗国植棉业步入兴盛期，对俄国的原棉出口也急剧增加。到20世纪，由于俄国棉纺织品的大量输入，布哈拉汗国从俄国进口的商品额明显增长。可见，1868年以后，俄国对布哈拉汗国从贸易逆差迅速转向顺差，且持续扩大。

由此观之，1868年俄国占领布哈拉汗国以后，两国外交关系发生根本性变化，双方贸易也随之发展成为一种不对称的依存关系，布哈拉商人的地位迅速被俄国商人代替，俄国开始主导双方贸易走向。两国贸易商品结构发生明显变化。俄国对布哈拉汗国的出口商品主要是工业产品，而从布哈拉汗国主要进口以原棉为主的初级产品，由此布哈拉汗国经济呈现出鲜明的殖民地特征。为了实现资本主义经济的利益最大化，俄国最终将布哈拉汗国变为自己的原料产地和商品倾销地。直至1920年汗国灭亡，两国贸易关系完全终止。

三 俄国征服中亚的背景和原因

俄国对中亚地区产生兴趣主要是从彼得大帝时期开始的，即17世纪末至18世纪初。18世纪伊始，欧洲大国纷纷兴起，而俄国社会依然落后。为了改变这种局面，彼得大帝进行欧化改革，包括军事、政治、经济和社会等各个领域。通过对内改革和对外扩张，俄国迅速从贫穷闭塞的落后国家蜕变为一个三面临海、地跨欧亚大陆的开放性欧洲大国。随着俄国日益崛起，彼得大帝将争夺世界霸权定为国家的基本国策，在欧洲扩大影响力的同时也从未忽视亚洲地区。为了抵达东方的中国和印度，彼得大帝意识到中亚地区的重要战略地位，正如麦金德所言，谁能控制高加索地区和中亚，谁就能

---

① Ёров А. Ш. Бухарский эмират на мировом рынке: Вторая половина XIX–начало XX столетия. С. 63.

霸占整个世界。因此，彼得大帝时期俄国即已制定征服中亚诸汗国的计划，以及规划了从里海和哈萨克草原南下征服的路线。此后，俄国政府也基本以此为据实施中亚政策。自18世纪始，俄国派往中亚地区的使团、旅行家和科学考察队更多以侦察情报为目的，搜集和整理有关中亚的政治、军事、经济、资源、自然地理、社会、民族、宗教和文化等各个领域的文献资料，为进一步扩张和侵略作准备。

其次，中亚重要的地缘战略位置成为俄国入侵的重要考量因素。中亚地处欧亚大陆的十字路口，扼守着东西方交通的咽喉，成为亚洲的中心地带。作为欧亚大陆东西南北几大文明区的汇聚之地，在中亚地区历来进行着广泛而深入的政治、经济和文化交流，演奏着世界各大文明的不同旋律。15世纪末至16世纪初，随着新航路的开辟和地理大发现，处于陆路交通要道的中亚战略地位趋于下降，成为"陆地孤岛"。但随着工业革命的兴起，欧洲列强为了开拓海外市场逐渐将目标转向亚洲。作为连接亚洲各部分的纽带，中亚的战略地位再次凸显出来。邻近的中亚地区成为俄国重要的战略区域，作为英俄争夺亚洲中心的缓冲地带，占领中亚为俄国的地缘政治提供了有利条件和安全保障。

为了南下印度洋和踏足印度和中国两大国，更为俄国南部疆界安全提供屏障，自18世纪始俄国从哈萨克草原和里海两个方向开始征服中亚，历经150余年最终占领中亚。彼得大帝推行的一系列富国强兵的改革举措，最终促使俄国迅速崛起并试图向外扩张。彼得大帝曾言："当俄国可以自由进入印度洋的时候，它就能在世界上建立自己的军事和政治统治。"① 而作为南下通往印度洋，向东到达中国的必经之地，彼得大帝规划了从里海和额尔齐斯河进取的两条路线，但这两条路线均需途经中亚地区。因此，占领中亚地区成为实

---

① 张建华等：《红色风暴之谜：破解从俄国到苏联的神话》，中国城市出版社2003年版，第188页。

现俄国对外战略的重要一环。

再次，俄国资本主义经济的发展成为征服中亚的主要动因。18世纪初，彼得大帝得知阿姆河一带出产黄金，于是决定派遣军队远征中亚。受欧洲工业革命的影响，18世纪下半叶俄国已出现资本主义关系的发展迹象，资本主义手工工场日益取代农奴制下的手工工场。19世纪伊始俄国工业发展迅猛，工厂企业的数量大幅增加。19世纪30—40年代，工业革命的浪潮在俄国兴起，棉纺织业中开始采用机器生产，并向工厂制过渡。19世纪60年代以前俄国工业革命的进程相对缓慢，直至1861年农奴制改革以后，获得解放的农民为工厂提供了充足的劳动力，农民缴纳的赎金为工业发展提供了资金支持。与此同时，为了安置更多的无地农民，实行边区殖民化，俄国政府将更多农民外迁以缓解国内社会矛盾。

然而，农奴制废除以后俄国资本主义经济需要更为广阔的产品销售市场，而与欧洲商品相比，俄国商品在欧洲市场上并无明显优势。正如1856年参谋总部勃拉拉姆别尔格（И. Ф. Бларамберг）少将所说的："俄国的未来不在欧洲，我们应该将目光投向亚洲，在那里可以获取我们工场所需要的原料，可以找到我们产品的新销路。对于俄国商品而言，竞争激烈的欧洲市场已经关闭。为了销售工业产品，我们必须将视线转向广阔的亚洲市场。"[①] 另外，19世纪40—50年代，俄国与中亚的贸易额相比30年代明显降低，其原因主要在于廉价优质的英国商品大量涌入中亚市场，这对俄国商品的销售造成了巨大冲击。同时，美国内战引发世界棉花危机，俄国的资本主义发展急需开拓新的原料产地。作为传统产棉区，中亚被迅速纳入俄国资本主义经济体系。由此，采用武力征服已迫在眉睫。

最后，国际形势和时代背景成为俄国征服中亚的催化剂。17世纪伊始，欧洲列强开始为争夺欧洲和海外殖民地而征战不休，国际

---

① Халфин Н. А. Присоединение Средней Азии к России（60 - 90-е годы XIX в.）. М.：Наука，1965. С. 83 - 84.

形势随着不同力量的分化组合而不断变化。在17—18世纪，俄国发动对外战争，扩张领土延伸疆域，最终成为欧洲的一大强国。进入19世纪，世界历史发生了巨大变化，欧洲列强在亚洲地区的争夺进一步激烈化。在中亚，俄国与英国最终成为强劲对手，争夺商品市场，扩大影响力，使之划归自己的势力范围。19世纪，英国逐渐在伊朗和阿富汗占据主导权，而俄国也竭力夺取中亚地区，以此弥补英国在欧洲地区对俄国造成的损失。1853—1856年奥斯曼帝国联合英法军队向俄国发动战争，结果俄国惨败。克里米亚战争的失败对俄国造成了极大影响：一是俄国的国际地位下降，丧失了在欧洲的影响力；二是引起俄国社会动荡，阶级矛盾进一步加剧，直接引发1861年的农奴制改革；三是欧洲战场的失利使俄国迅速将目光对准邻近的中亚地区，自此俄国征服中亚的脚步迅速加快。

与此同时，这一时期俄国政府层人事变动明显，米留金（Д. А. Милютин）开始担任陆军大臣，伊格纳季耶夫接任了外交部亚洲司司长。此二人均强烈主张军事征服中亚，同时俄国工商界也同意这一主张。① 哈尔芬曾说过，1863年12月20日沙皇命令的颁布，标志着俄国的中亚政策进入全新时期。② 1864年，俄国军队开始向中亚腹地大举进攻，历时20余年基本完成了俄国对中亚的征服活动。

由上可知，自18世纪始，俄国开启了对中亚地区的征服之路。到了19世纪，俄国对中亚的征服脚步加快，原因主要是受到国际形势和时代背景的影响和制约。俄国征服中亚的过程伴随着欧洲政策与亚洲政策互补、经济利益与战略需要并重、军事行动与政府推动相结合的显著特点。最终，连同布哈拉汗国在内的整个中亚地区沦为俄国真正意义上的殖民地。自此，布哈拉汗国的历史命运与俄国

---

① 王治来：《中亚通史》（近代卷），新疆人民出版社2004年版，第239页。
② Халфин Н. А. Присоединение Средней Азии к России（60 - 90-е годы XIX в.）. С. 153.

紧密联系。

第三节 与周边地区和国家的广泛交往

受国际环境和地缘条件的影响，布哈拉汗国的对外交往格局呈现出明显的地缘特性。除与俄国进行交往以外，布哈拉汗国与周边地区和国家展开了广泛而深刻的交往，通过战争、贸易、使节互访、文化交流等形式进行政治、军事、经济和文化等全方位的交往，从而成为中亚近代文明史上的重要一环。

一 与周边汗国的领土争夺与经贸往来

15世纪末至16世纪初，帖木儿帝国瓦解以后中亚地区出现了乌兹别克人建立的布哈拉汗国和希瓦汗国。16世纪伊始，中亚地区的四周被强敌环绕，与西面的波斯萨法维王朝和东面的游牧部落进行着持续不断的战争交往；在北方日益崛起的俄国和南面莫卧儿帝国的窥视下，中亚政权始终处于十分不利的外部环境中。即便如此，中亚地区的布哈拉汗国、希瓦汗国、哈萨克汗国以及18世纪从布哈拉汗国独立出来的浩罕汗国仍相互争斗，彼此为了争夺领土而兵戎相见。因此，中亚整体实力不断受到削弱，各汗国未曾团结起来，始终无法形成一个统一而强盛的中亚大国。

在16世纪，布哈拉汗国曾多次进攻希瓦汗国，试图占领花剌子模地区。昔班尼汗、乌拜杜拉汗和阿布杜拉汗二世统治时期曾占领和统治过花剌子模绿洲，而相对较弱的希瓦汗国时常向波斯求助，也组织劫掠过往的布哈拉商队和外交使团，更是乘机攻打谋夫试图占领它。希瓦汗国对布哈拉汗国的依附关系一直持续到1643年希瓦汗阿布加齐的上任。阿布加齐汗统治期间希瓦汗国逐渐强大起来，而此时的布哈拉汗国内讧不已、局势动荡。因此出现了与16世纪恰恰相反的情况，即希瓦汗国频繁出兵攻打布哈拉汗国，使原本不稳定的布哈拉汗国政权更加地风雨飘摇。直至18世纪中叶，两大汗国之间依旧冲突不断，由此削弱了中亚政权抵抗外来入侵的力量，为波斯纳迪尔沙的入侵和俄国的南下创造了条件。为了争夺谋夫绿洲，希瓦汗国与布哈拉汗国进行了长达数百年的战争，使两国民众生活饱受灾难，两国相邻地区遭到劫掠而逐渐荒废，百姓成为俘虏受尽折磨和痛苦。因此，随着19世纪下半叶俄国统治的到来，两大汗国间的混战局面在很大程度上有所遏制，民众们遭受的战争之苦也随之减少。

布哈拉汗国与哈萨克汗国之间的矛盾在16世纪以前已经出现。一直以来，哈萨克游牧部落时常掳掠河中地区，主要集中在锡尔河沿岸城市，尤其是塔什干。然而，在16世纪初，即哈斯木汗统治时期，哈萨克汗国与布哈拉汗国建立了友好同盟，前者主要是为了集中力量对抗西伯利亚汗国的威胁。到了16世纪下半叶，两国也曾在1580—1582年确立了短暂的和平关系。此后在俄国支持下，哈萨克人仍是多次劫掠布哈拉汗国。至1598年，两国达成协定，塔什干及其周边地区归哈萨克汗国管辖。①到了17世纪，双方为争夺塔什干地区仍是混战不休。直至1688年，苏布汉库利汗与哈萨克头克汗举行谈判，塔什干再次划归哈萨克汗国的领土范围，此后两国关系趋于缓和。②17世纪末准噶尔部落的入侵成为哈萨克汗国与布哈拉汗国改善关系的主要契机。为了共同抵抗准噶尔人，直至18世纪中叶两国始终保持着友好往来。最终，准噶尔部落在1755—1757年间被中国清王朝所灭。与此同时，俄国对中亚的征服行动已经深入哈萨克草原地区。此后布哈拉汗国与哈萨克草原基本维持了和平的经贸往来。

布哈拉汗国与浩罕汗国的关系始于18世纪初，后者脱离前者在费尔干纳地区建立独立政权。18世纪上半叶，布哈拉汗国的政权危机重重、社会动荡不安，浩罕汗国正是在这种情况下建立的。自此，两国对边境地区展开了持久的争夺战，布哈拉汗国企图收复费尔干

---

① 蓝琪主编:《中亚史》(第5卷),商务印书馆2018年版,第72页。
② 蓝琪主编:《中亚史》(第5卷),商务印书馆2018年版,第196页。

纳地区。但到了 18 世纪中叶，布哈拉汗国正式承认了浩罕汗国的独立地位。为了争夺塔什干、突厥斯坦和忽毡等重要城市的统治权，19 世纪 60 年代俄国征服前夕，布哈拉汗国向浩罕汗国发动了数次战争。在 19 世纪 40 年代，纳斯鲁拉埃米尔攻占浩罕，将塔什干和突厥斯坦等重要城市重新划归布哈拉汗国版图。但很快浩罕汗国又恢复独立，重新夺回了对塔什干的控制权。直至 1866 年俄国占领忽毡、季札克和乌拉秋别，两大汗国之间的领土争夺战才告一段落。也正因如此，俄国才能顺利南下相继征服浩罕汗国和布哈拉汗国。

然而，无论与周边汗国的战争和冲突如何激烈，布哈拉汗国与周边地区的经贸文化往来从未中断过。作为中亚地区的贸易中心，布哈拉汗国始终维系着其与周边地区的经贸往来。布哈拉汗国向希瓦汗国输出烟草、丝绸、核桃、卡拉库里羊羔皮、纸张和茶叶等，而从希瓦汗国进口亚麻籽油、马匹、大米、苹果、绵羊等。河中地区的定居民与哈萨克游牧民、土库曼游牧民也有着密切的经济联系。游牧民通常将自己的畜群赶到边境地区交易，游牧民制作的地毯、皮革等特色手工产品也出现在河中地区的集市上，并深受当地居民欢迎。同时，布哈拉商人也为周边地区的游牧民提供粮食和其他生活必需品。随着 18 世纪下半叶俄国防御要塞的建立，哈萨克草原地区逐渐成为连接俄国与中亚贸易往来的重要渠道。到了 18 世纪下半叶，布哈拉汗国与浩罕汗国的贸易也繁荣起来，后者成为中亚与中国新疆地区的贸易中转站。18 世纪末至 19 世纪初，费尔干纳地区在中亚的经济地位逐渐上升，以塔什干为中心的锡尔河沿岸城市快速兴起。因此，中亚对外贸易东移，塔什干逐渐取代传统的贸易城市布哈拉和撒马尔罕而成为 19 世纪中亚地区经贸往来的中心。

由此观之，布哈拉汗国与周边汗国密切的经贸关系为与周边中国、俄国、印度和波斯经贸往来创造了良好条件，以布哈拉商人为代表的中亚地区依旧维系着周边陆路贸易的畅通。此外，作为中亚地区的宗教、文化和教育中心，布哈拉城始终吸引着周边地区文人志士的目光，为中亚地区宗教交流、文化融合和教育合作发挥着重要作用。

二 与波斯的战争交往和文化融合

1502 年，伊斯马仪创建萨法维王朝，也构建了以什叶派为主的宗教认同。自此，便与逊尼派国家——布哈拉汗国展开了以"圣战"为借口的旷日持久的战争交往，主要围绕呼罗珊地区展开。呼罗珊地区战略地位重要，是通往布哈拉汗国、波斯和印度的咽喉要道，也是河中以西重要的经济和政治中心，遂为兵家必争之地。1507 年，昔班尼汗占领呼罗珊地区兵临波斯边界。1509—1510 年，伊斯马仪发动战争重夺呼罗珊地区，并协助巴布尔收复撒马尔罕。1512 年，乌兹别克人在乌拜杜拉的统率下打败波斯军队和巴布尔，重新恢复了在河中的统治地位。此后，为了争夺呼罗珊地区的统治权，双方一直处于交战状态。而事实上，乌拜杜拉汗和阿布杜拉汗二世统治时期波斯基本处于防守态势，尤其在阿布杜拉汗二世时期，呼罗珊地区主要城市如赫拉特、谋夫、内沙布尔和马什哈德等均属于布哈拉汗国的势力范围。1598 年阿布杜拉汗二世逝后，萨法维王朝统治者阿拔斯一世趁机进攻赫拉特，打败乌兹别克军队，再次夺回对呼罗珊地区的统治权。因此，在 16 世纪，布哈拉汗国与波斯之间交战频仍，进而导致双方的政治和经济交往近乎停滞。

到了 17 世纪初，即阿拔斯一世（1587—1629）统治时期，呼罗珊地区基本归属布哈拉汗国统治。但自阿拔斯一世推行军事改革以来，波斯逐渐强大起来，并于 1590 年与奥斯曼帝国签署和约。与此同时，扎尼王朝建立初期布哈拉汗国社会并不稳定，形成以布哈拉和巴尔赫为中心的两大政权并存的局面。于是在 1597 年，阿拔斯一世趁机远征呼罗珊，除巴尔赫以外基本收复了呼罗珊大部分地区。此后，双方为争夺巴尔赫仍进行了数次交战，萨法维王朝虽为此付出了代价，但巴尔赫在扎尼王朝时期仍基本归布哈拉汗国统治。这一时期，为了争夺布哈拉汗国统治权，瓦利·穆罕默德汗与伊玛姆库利和纳迪尔·穆罕默德两兄弟进行了残酷的内斗，前者政权被后者推翻。1611年，瓦利·穆罕默德逃往波斯避难，并受到阿拔斯一世的接见。① 在阿拔斯一世的帮助下，瓦利·穆罕默德进攻巴尔赫，但最后被布哈拉汗国军队打败。自1619年布哈拉汗国与波斯签署和约至1629年阿拔斯一世去世，双方的贸易往来和朝觐安全得到了保障，共同维持了短暂的和平关系。② 之后，波斯与布哈拉汗国依旧处于交战状态。1632—1637年间，在素丹阿布杜拉济兹的率领下，布哈拉汗国军队多次侵袭赫拉特和马什哈德，直至1637年占领赫拉特。③

此后，两国继续为争夺呼罗珊地区而征战不休。1647年，波斯彻底占领了呼罗珊地区，对其统治也渐趋稳固。直至1680年苏布汉库利上台，布哈拉汗国与波斯再次签署和平条约，双方才得以维持多年的和平关系。1711年乌拜杜拉汗二世逝后，巴尔赫地区转而由波斯控制，布哈拉汗国基本失去对它的实际统治权。阿布杜拉费兹汗统治以后，布哈拉汗国基本处于无政府状态，政权分裂、社会动荡、内讧不断，扎尼王朝随之走向败落。与此同时，萨法维王朝也在1722年走向衰亡，波斯国内更是混乱不堪。1736年，纳迪尔沙夺取波斯政权，并于1740年北上入侵布哈拉汗国，使之完全臣属于波斯。这是波斯向中亚地区发动的最后一次大规模入侵。1747年纳迪尔沙被杀以后，布哈拉汗国再次恢复独立。然而，至此扎尼王朝的统治也就基本结束了。

与此同时，纳迪尔沙建立的阿夫沙尔王朝迅速瓦解，波斯陷入

---

① Никзад Келорази Мир Нуроддин. Военно-политические и дипломатические отношения Ирана с Бухарским и Хивинским ханствами в XVII-первой половине XVIII вв. / диссертация кандидата исторических наук. Душанбе, 2015. С. 61.

② Васильев А. Д. "Знамя и меч от Падишаха". Политические и культурные контакты ханств Центральной Азии и Османской империи (середина XVI-начало XX вв.). М.：Ин-т востоковедения Российской акад. наук：Пробел-2000, 2014. С. 91.

③ Никзад Келорази Мир Нуроддин. Военно-политические и дипломатические отношения Ирана с Бухарским и Хивинским ханствами в XVII-первой половине XVIII вв. С. 69.

长期混乱与动荡。1779年新建立的恺加王朝国力依然较弱，英俄两大殖民帝国趁机加紧侵略波斯的步伐。此后，波斯与布哈拉汗国之间的冲突明显减少。随着1747年阿富汗杜兰尼王朝的建立，原属布哈拉汗国的阿姆河以南至兴都库什山以北的广大地区成为阿富汗的领土。为了争夺这些地区，尤其是巴尔赫，18世纪末至19世纪初布哈拉汗国统治者沙赫穆拉德曾多次向阿富汗发动战争，但始终未能取胜。由于波斯人的干预，沙赫穆拉德打消了收复以巴尔赫为中心的阿姆河以南地区的企图，并派使团到喀布尔表示愿意放弃巴尔赫及其附近地区的主权要求，恪守在帖木儿·沙赫时期订立的条约。① 1837年，纳斯鲁拉埃米尔再次率军进攻巴尔赫，并扣押了当地素丹。但在1849年，巴尔赫的布哈拉军队却被阿富汗军队打败，自此布哈拉汗国彻底失去了对巴尔赫的统治权。可见，自18世纪末至19世纪中叶，由于恺加王朝实力相对软弱，加之阿富汗杜兰尼王朝的建立，以及英俄在中亚和波斯的博弈日渐加剧，布哈拉汗国与波斯的直接交往明显减少。

然而正如上文所述，战争交往在客观上却加快了双方宗教、文化和学术等方面的沟通、吸收与共享。尤其在16世纪，为了免受战争之灾，赫拉特的宗教人士、艺术家和学者选择迁往撒马尔罕、布哈拉等地。这极大促进了布哈拉汗国的文化繁荣，因为战争这些文人学者成了呼罗珊与布哈拉汗国文化交往的主要载体。例如，扎因·阿丁·瓦西菲用波斯语撰写的《大事记》主要记录了帖木儿王朝的宫廷文化生活，以及萨法维王朝占领赫拉特后作者迁往昔班尼王朝后的宫廷生活等。② 扎因·阿丁·瓦西费作为赫拉特文化的代表，借助宫廷向昔班尼王朝统治阶层展示帖木儿时期的灿烂文化，使之加以吸收和传承。布哈拉细密画派也主要是在吸收波斯艺术的

---

① 蓝琪主编：《中亚史》（第5卷），商务印书馆2018年版，第312—313页。
② ［加］玛丽亚·伊娃·苏布特尔尼：《16世纪初中亚的文化艺术和政治》，李玉昌摘译，周锡娟校，《中亚研究》1984年第4期。

基础上形成的。一直以来，波斯语都是布哈拉汗国的宫廷语言，波斯文学也对布哈拉汗国的文学创作产生了重要影响。布哈拉汗国学者翻译了大量的波斯文著作，包括科学、艺术、宗教和文学等各个领域，为波斯文化在布哈拉汗国的传播和吸收发挥了重要作用。

总之，自阿契美尼德王朝建立以后，中亚地区深受波斯文化的影响。历经萨曼王朝的统治，波斯文化已经与当地文化相融会。帖木儿帝国时期统治者们极力推崇波斯文化，使之再次成为中亚地区的主流文化。布哈拉汗国建立以后突厥文化得到了显著发展，但波斯文化依然是布哈拉汗国多元文化中不可分割的重要组成部分。

而关于布哈拉汗国与波斯的经贸联系上文已作论述，故此不再赘述。纵观历史，波斯与河中地区的关系源远流长，二者曾经征服和统治过彼此，双方的经济文化交流历来广泛且深刻。中亚作为世界各大文明的交汇地带，东西方贸易和文化的交流促使河中地区与伊朗的交往更为广泛，中亚地区也深受波斯宗教、语言、文化、艺术等文明形态的广泛影响。近代以来，波斯与以布哈拉汗国为代表的中亚国家之间战争频仍，这在一定程度上阻碍了双方的经贸往来。然而，波斯文化与河中本土文化的融合进一步加深，最终使布哈拉汗国成为近代中亚地区文明程度最高的国家。

三 与印度的政治、经济和文化关系

布哈拉汗国与莫卧儿帝国的关系始于 15 世纪末。昔班尼率军南下占领河中地区，推翻帖木儿帝国，并将帖木儿后裔巴布尔赶出河中。1504 年，巴布尔在喀布尔确立自己的统治，然而他却一直渴望回到河中地区复兴帖木儿帝国。1510 年，趁昔班尼汗去世、布哈拉汗国大乱之时，巴布尔在波斯沙赫伊斯马仪的帮助下于 1511—1512 年短暂占领过撒马尔罕，并宣称伊斯马仪为最高统治者。由于受到萨法维王朝的压制，当地逊尼派人士不满巴布尔的统治，乌拜杜拉乘机联合当地宗教界夺回撒马尔罕，恢复昔班尼王朝在河中地区的统治。巴布尔由此南下于 1526 年在印度创建莫卧儿帝国。布哈拉汗

国与莫卧儿帝国之间的正式交往始于忽春赤汗执政时期。忽春赤汗派遣使团访问印度,并向巴布尔献上河中地区特有的葡萄干、杏干、珠宝、骆驼和马匹等作为礼物①。与此同时,巴布尔也向布哈拉汗国派遣使团进行回访。

16世纪下半叶,阿克巴与阿布杜拉汗二世统治下的两国国力相当,双方关系也进入和平交往时代。阿布杜拉汗二世多次派遣使团前往印度,并受到阿克巴大帝的接见。1572年,阿布杜拉汗二世派遣信使阿尔塔梅什(Алтамыш)和卓前往印度,目的是在维持双方友好关系的基础上谈论共建反波斯同盟和解决巴达赫尚地区领土争端的问题。1577年,以阿布杜拉希姆(Абдурахим)为代表的布哈拉汗国使团再次出使印度,其目的仍是希望得到阿克巴的支持反对异教徒波斯,共同瓜分波斯领土。②但阿克巴回绝了提议,原因在于一方面莫卧儿王朝实施宗教包容政策,国内宗教实现多元化发展;另一方面莫卧儿帝国自建国以来与萨法维王朝关系较为稳定,1559年和1565年波斯使节两次出访印度,双方友好关系得到进一步巩固③。1584年,阿布杜拉汗二世率军占领巴达赫尚,从而引发与印度关系的紧张。1585—1586年,双方派使节互访,就有关两国边界划定事宜沟通协商并达成一致,力图维护双边关系的稳定。1587年,阿布杜拉汗二世与阿克巴达成相互承认兴都库什山为两国边界的协议,两国关系自此恢复正常。

17世纪以后,布哈拉汗国与印度的政治关系主要从伊玛姆库利汗统治以后开始。伊玛姆库利汗派使者访问印度,在给贾汉尼尔(Джахангир)沙赫的信中回忆了16世纪两国的友好关系,并再次

---

① Внешняя политика Бухарского ханства в XVI веке. http://vek-noviy.ru/istoyiya-uzbekistana-xvi-xx-veka/vneshnyaya-politika-buharskogo-hanstva.html, 2019年10月9日。

② Низамутдинов И. Г. Из истории среднеазиатско-индийских отношений. (IX-XVIII вв.). Ташкент: Узбекистан, 1969. С. 55.

③ Низамутдинов И. Г. Из истории среднеазиатско-индийских отношений. (IX-XVIII вв.). С. 53.

提出瓜分波斯的建议。1625 年，印度使节米尔·比尔卡（Мир Бирка）随从赘巴依谢赫阿布杜拉希姆来到布哈拉报聘，但并未提及与布哈拉汗国结成反波斯同盟之事。① 到了贾汉尼尔统治末期，莫卧儿帝国开始走向没落。1622 年，波斯沙赫阿拔斯进攻坎大哈，贾汉尼尔派儿子率军与波斯交战，但以失败告终。尽管不久前，纳迪尔·穆罕默德侵袭了喀布尔地区，但沙赫扎汉仍希望与布哈拉汗国继续维持友好和平交往。仅在 1646 年印度占领巴尔赫之时，两国关系开始恶化。但很快，布哈拉汗国于 1648 年收复巴尔赫以后两国关系重新恢复了正常。这是历史上印度最后一次北上进攻中亚的尝试。1661 年 11 月 27 日，布哈拉汗国使节阿赫玛德·侯赛因·纳合什班底（Ахмад Хусейни Накшбанди）来到印度，次年 3 月 14 日受到印度新沙赫阿弗兰格泽布（Аврангзеб）的接见。1669 年 5 月 11 日，以鲁斯塔姆比（Рустамбий）为代表的布哈拉汗国使团再度访问印度，继续巩固两国的友好关系。苏布汉库利汗统治时期两国依然保持着友好往来。18 世纪上半叶，布哈拉汗国与印度两国国内均出现不同程度的政治危机，但双方的联系并未中断，只是互访使节不再谈及政治等实质性的敏感问题，仅限于维持表面的友好和平关系。

中亚与印度的贸易关系始于波斯阿契美尼德王朝时期，集中表现在不同部落之间的商品交换。在古丝绸之路上，中亚将东方的印度、中国同欧洲地区连接起来。所以说，自古以来中亚与印度的贸易较为兴盛，往来甚是频繁。阿拉伯旅行家巴图泰曾对蒙古入侵以后双方的贸易往来进行过详细描述。印度人青睐中亚地区的马匹，它的价格一般每匹 100 第纳尔，最好的马匹甚至可以卖到 500 第纳尔或更高。② 在 14—15 世纪，中亚与印度之间的贸易通道主要是喀布尔和坎大哈两大城市，来自费尔干纳、巴尔赫、布哈拉、巴达赫

---

① Низамутдинов И. Г. Из истории среднеазиатско-индийских отношений. (IX-XVIII вв.). C. 84 – 85.

② Петрушевский И. П. Комментарий географический и исторический. - Хожение за три моря Афанасия Никитина. 1466 – 1472 гг. М. Л.，1958. C. 206.

尚地区的商队来到喀布尔，而来自呼罗珊地区的商队主要集中到坎大哈。其中，喀布尔已成为中亚地区与印度贸易往来的中心。16世纪伊始，印度洋海上贸易更多掌控在葡萄牙手中，印度对外贸易不得不转向经喀布尔和坎大哈的陆路商道。16世纪，每年经呼罗珊和波斯抵达中亚的印度驼队近1.4万支，而在15世纪以前从未超过3000支。① 布哈拉汗国出口到印度的商品主要有黄连木、棉花、丝绸和俄国商品，而从印度主要进口印花布、锦缎和糖类等产品。阿克巴大帝统治时期，阿布尔法兹拉·阿拉（Абулфазла Алла）曾著书专门列举了从中亚进口的水果，如撒马尔罕的苹果、梨和石榴，布哈拉的李子、葡萄、巴旦杏和黄连木果。②

然而，关于16—18世纪布哈拉汗国与印度之间的贸易规模未曾有详细的文献记载。但可以确定的是，这一时期双方的贸易往来依旧频繁。正如上文所述，詹金森曾对布哈拉在中亚与印度的贸易往来中的重要地位进行过专门描述。在17世纪下半叶，访问印度的法国旅行家弗兰苏阿·别尔尼耶（Франсуа Бернье）曾记载，在德里的大型水果市场上，许多店铺的干果主要来自波斯、巴尔赫、布哈拉和撒马尔罕。据他统计，每年从中亚买入印度的马匹数量超过2.5万匹。③ 与此同时，在布哈拉也有许多印度商人，且设有专门的印度区。自16世纪下半叶俄国吞并喀山和阿斯特拉罕以后，俄国与中亚国家，甚至与印度的贸易往来进一步加强。所以在16—18世纪，布哈拉商人成了俄国与印度之间贸易往来的中间人，也扩充了中亚与印度贸易商品的种类。直至19世纪中叶，印度与布哈拉汗国之间始终保持着频繁的贸易往来，即便是俄国统治以后双方的贸易

---

① Низамутдинов И. Г. Из истории среднеазиатско-индийских отношений. (IX-XVIII вв.). С. 46.

② Низамутдинов И. Г. Из истории среднеазиатско-индийских отношений. (IX-XVIII вв.). С. 46.

③ Бернье Франсуа. История последних политических переворотов в государстве Великого Могола. Москва; Ленинград: Соцэкгиз, 1936. С. 184.

也从未中断。

布哈拉汗国与印度的文化联系也较为密切,尤其表现在文学和宗教领域。巴布尔和胡马雍统治时期,印度政府较为重视艺术和文学发展,而此时的布哈拉汗国局势不稳,故自河中地区移民印度的诗人、史学家和其他领域的专家数量越来越多。由此,在印度形成了伊斯兰文化与印度本土文化的融合,使阿克巴大帝治理下的印度成为当时的亚洲强国。不仅如此,阿弗兰格泽布统治时期印度仍是一个开放型国家,每年有上百名来自不同国家的文人志士移民印度,并在此得到庇护。他们对印度的科学文化事业做出了重要贡献,其中有许多来自中亚的学者。① 因此,鉴于良好的政治和经济关系,布哈拉汗国与印度的文化交流一直在继续,苏非派伊斯兰教成为双方关系的维系纽带。通常情况下,谢赫、托钵僧和其他宗教人士自由往返于中亚和印度各个地区,成为双方社会政治和宗教思想的传播者。

阿克巴大帝虽未受过教育,但其宫殿中汇聚了大量杰出的诗人和学者,波斯语也是当时印度的宫廷语言。统治者贾汉尼尔不仅撰写了《贾汉尼尔回忆录》(Taʹрихи Джахангири),还编纂了《贾汉尼尔词典》(Фарханг-и-Джахангири)。莫卧儿王朝最后一位伟大的君主阿弗兰格泽布精通波斯语和突厥语,也从事文学创作。在16—17世纪的印度科学文化发展史上,除印度和波斯学者以外,迁至印度的中亚学者和思想家也占据着重要地位,如卡西·加赞法尔·撒马尔罕季(Кази Газанфар Самарканди)、毛拉卡西姆·卡希(Касим Кахи)、米尔扎达·姆弗利斯·撒马尔罕季(Мирзада Муфлис Самарканди)、萨赫米(Сахми)和昌杜伊(Чандуйи Бухари)等。其中,毛拉卡西姆·卡希来自巴达赫尚地区,是胡马雍统治时期移民印度的著名塔吉克诗人、思想家和音乐家。阿克巴

---

① Низамутдинов И. Г. Из истории среднеазиатско-индийских отношений.(IX-XVIII вв.). С. 112.

大帝非常敬重毛拉卡西姆·卡希，在他的庇护和赞助下后者成为当时印度知名的宫廷学者。米尔扎达·姆弗利斯·撒马尔罕季1571年来到印度，是印度的著名学者和诗人，曾在姆伊恩（Муйин）和卓经学院教书3—4年。出生于布哈拉的萨赫米在阿克巴统治期间迁至印度德里。① 总之，阿克巴大帝执政期间来自中亚的学者数量尤其多，其中有知名的诗人阿布杜拉赫曼·姆什菲基（Абдуррахман Мушфики）和思想家伊姆拉希姆·撒马尔罕季（Ибрахим Самарканди）。相比之下，在以后的印度，来自中亚的学者和诗人数量明显减少。到了贾汉尼尔和沙赫扎汉统治期间，来自巴尔赫的著名学者马赫穆德·伊布恩·瓦里（Махмуд Ибн Вали）在印度学者的影响下撰写了论著《秘密的海洋》（Море тайн）。②

因此，中亚学者向印度的移民浪潮主要集中在阿克巴和阿弗兰格泽布统治时期。但值得注意的是，一方面并不是所有移民印度的布哈拉汗国学者都会留下来，部分最终还是返回了布哈拉汗国；另一方面不仅仅是中亚学者向印度移民，也有许多印度学者和诗人移民布哈拉汗国。所以说，这是一种双向的互动交往。然而不同于16世纪下半叶，17世纪末布哈拉汗国与印度文化交往高潮的出现主要是因当时布哈拉汗国的社会动乱导致大批布哈拉汗国学者被迫移民印度。17世纪末18世纪初，在诗人纳希姆·马赫拉姆（Насим Махрам）的率领和影响下，布哈拉汗国的诗歌创作也开始倾向于印度风格。印度风格的诗歌创作代表有赛伊多·纳萨菲、沙弗卡特（Шавкат）和马什拉布（Машраб）等。③ 另外，两国文人学者的文化交流还通过书信和交换作品等形式进行。

---

① Низамутдинов И. Г. Из истории среднеазиатско-индийских отношений. (IX-XVIII вв.). С. 114 – 116.

② Низамутдинов И. Г. Из истории среднеазиатско-индийских отношений. (IX-XVIII вв.). С. 122 – 124.

③ Низамутдинов И. Г. Из истории среднеазиатско-индийских отношений. (IX-XVIII вв.). С. 131 – 132.

除上述外，布哈拉汗国与印度之间的宗教往来也较为频繁，河中地区的赘巴依谢赫与莫卧儿王朝统治阶层的联系紧密。据文献记载，阿克巴大帝曾与赘巴依谢赫家族领袖萨德和卓通信，阿克巴的使节哈基姆·胡马姆（Хаким Хумам）访问布哈拉期间通常由萨德和卓陪同。① 关于后来的阿布杜拉希姆和卓移民印度，主要是因为他与伊玛姆库利汗的关系僵化而被迫离开，与此同时他与莫卧儿王朝统治阶层的关系较为密切。② 除赘巴依谢赫家族成员外，布哈拉汗国其他宗教上层也同印度统治者有着书信往来。贾汉尼尔在自己的回忆录中写道，1615 年他收到一份来自河中地区宗教领袖哈希姆·杰赫比德（Хашим Дехбид）和卓的信函。另一位中亚地区的和卓阿布杜加法尔（Абдулгаффар）曾多次致信印度沙赫阿弗兰格泽布，并向其赠送珍贵礼物，同时他也收到价值 1.2 万卢比的印度商品。③

来到印度的布哈拉汗国著名宗教学者通常会受到莫卧儿王朝统治者的尊贵接见并得到赏赐，被授予较高职位。据阿布尔法兹（Абулфазл）记载，1561 年，即阿克巴大帝统治的第五年，中亚著名谢赫阿赫拉尔和卓之孙阿布杜尔沙黑德（Абдулшахид）来到印度，阿克巴大帝亲自外出迎接。阿布杜尔沙黑德和卓在印度生活了近 20 年，他深受当地民众爱戴，并拥有丰厚财产，其属下有近 2000 人。④ 上文提及的复兴纳合什班底教团的形成也正是两国文化交流频繁的产物。可见，布哈拉汗国宗教界与莫卧儿王朝统治阶层的紧密联系更加有利于两国政治和经济往来。在阿克巴和贾汉尼尔的支持和倡导下，印度统治者们遵循巴布尔的传统，始终保持着与中亚宗

---

① Низамутдинов И. Г. Из истории среднеазиатско-индийских отношений. （IX-XVIII вв.）. C. 133.

② Низамутдинов И. Г. Из истории среднеазиатско-индийских отношений. （IX-XVIII вв.）. C. 134.

③ Низамутдинов И. Г. Из истории среднеазиатско-индийских отношений. （IX-XVIII вв.）. C. 136.

④ Низамутдинов И. Г. Из истории среднеазиатско-индийских отношений. （IX-XVIII вв.）. C. 136.

教界的密切联系，稳固自身在本国穆斯林心目中的地位和影响力。

总体来讲，布哈拉汗国与印度的交往主要以和平方式为主，双方的使节互访频繁、贸易往来不断、文化交流深入。这主要体现在16—18世纪。然而，在18世纪下半叶印度沦为英国殖民地和19世纪上半叶布哈拉汗国处于内忧外患的困境之下，两国的直接交往逐渐减少，而更多是在英俄两大帝国的角逐下进行小范围的接触和联系。

四 与奥斯曼帝国的和平交往与宗教联系

16世纪伊始，布哈拉汗国与奥斯曼帝国之间的外交和社会文化联系较为广泛。奥斯曼帝国不仅是一个国力强盛的伊斯兰大国，更是一个地跨欧亚非三大洲的世界帝国。因同属逊尼派的伊斯兰文明，布哈拉汗国加强了与奥斯曼帝国之间的和平交往。布哈拉汗国统治者自建国以后不断向伊斯坦布尔派遣使团，力图保持双方的友好关系。

据文献记载，奥斯曼帝国与昔班尼王朝的关系始于奥斯曼素丹巴耶济德二世（1481—1512）与昔班尼汗签署的反对萨法维王朝的军事联盟协定。1514年3月15日，在进攻波斯途中，素丹谢里姆一世致信于乌拜杜拉汗，希望后者从东面配合夹攻波斯。这是布哈拉收到来自奥斯曼素丹的第一份信函，目的是继续与布哈拉汗国保持反波斯同盟。[①] 然而乌拜杜拉汗在回信中承认了布哈拉汗国与波斯存在矛盾，但相比之下与当时统治阿富汗地区的巴布尔的冲突更为激烈，故将大部分军队用于防御和抵抗来自巴布尔的进攻，暂且无法调兵进攻波斯。况且，同年在奥斯曼帝国与波斯的迦勒底兰战役中后者败北，使之无暇顾及东北部的布哈拉汗国。因此，双方的第一次军事联盟行动计划并未实现。1515年，布哈拉汗国使节访问奥斯曼帝国，受到素丹谢里姆一世的接见。同年，素丹谢里姆一世的使

---

① Васильев А. Д. "Знамя и меч от Падишаха". С. 53–54.

节穆罕默德·别克回访了布哈拉汗国。1549年，撒马尔罕的统治者阿布杜拉季夫（Абдуллатиф）派使节出访伊斯坦布尔，请求素丹提供军事援助以反对波斯沙赫塔赫马斯普。次年，奥斯曼帝国使节阿赫迈德·恰武什（Ахмед Чавуш）回访了布哈拉汗国。① 但是奥斯曼帝国素丹苏莱曼与波斯沙赫塔赫马斯普于1555年在阿马西亚②签署了停战和约，故在1557年苏莱曼写给布哈拉汗国统治者的信函中并未提及出兵波斯之事，而是承诺继续维持与布哈拉汗国的友好关系。

16世纪下半叶，沙俄政府时常扣留在莫斯科的布哈拉汗国人员，禁止他们经阿斯特拉罕前往麦加朝觐。对此，布哈拉汗国统治者向谢里姆二世抱怨，希望奥斯曼帝国能够与俄国协商解决此事。谢里姆二世回信承诺解决这一问题。③ 1583年阿布杜拉汗二世上任以后，布哈拉汗国与奥斯曼帝国的使团互访更加频繁，后者提供的军事援助在一定程度上提高了布哈拉军队的战斗力。④ 这一时期，除讨论对抗波斯外，两国积极协商开通经阿斯特拉罕和波斯赴麦加朝觐和从事贸易活动的相关事宜，并在短期内实现了布哈拉商人和穆斯林经波斯前往麦加朝觐的夙愿。经研究发现，文献中有关16世纪下半叶布哈拉商人在奥斯曼帝国的活动并无数据统计。但可以肯定的是，阿布杜拉汗二世统治时期经奥斯曼帝国前往麦加朝觐的布哈拉汗国穆斯林基本行商，他们将携带的中亚商品沿途出售，其收益可以补贴朝觐费用。⑤

总之，在16世纪，双方使节互访讨论最多的则是有关进攻波斯的问题。但事实上，当时的布哈拉汗国处于混乱状态，争夺汗位的斗争相当激烈。奥斯曼帝国通过扶持昔班尼汗之子纳乌鲁孜·阿赫默德夺取汗位，为其领地塔什干提供军事援助而干预布哈拉汗国内

---

① Васильев А. Д. "Знамя и меч от Падишаха". С. 62.
② 阿马西亚（Амасье）是位于土耳其北部邻近黑海的省份和首府。
③ Васильев А. Д. "Знамя и меч от Падишаха". С. 67.
④ Васильев А. Д. "Знамя и меч от Падишаха". С. 72.
⑤ Васильев А. Д. "Знамя и меч от Падишаха". С. 80.

政。据统计，塔什干领地的守军中约 300 名士兵来自奥斯曼帝国①。由此可见，布哈拉汗国与奥斯曼帝国之间维持着一种友好和谐的"不平等"交往。奥地利著名外交史专家约瑟夫·弗雷赫尔·冯·哈默·普格斯塔尔（Joseph Freiherr von Hammer-Purgstal）强调，与伊朗、格鲁吉亚一样，布哈拉汗国仍是 16 世纪奥斯曼帝国对外政策的重要一环。

1598 年阿布杜拉汗二世及其子死后，昔班尼王朝走向灭亡。扎尼王朝统治下的布哈拉汗国实力开始削弱。为了夺取呼罗珊，布哈拉汗国统治者也多次向奥斯曼帝国派遣使团请求提供军事援助以对抗波斯。1617 年，伊玛姆库利汗与奥斯曼帝国素丹阿赫迈德一世曾达成共同进攻波斯的协定。② 然而，到了 1638 年，素丹穆拉德四世转而准备进攻巴格达。在给伊玛姆库利汗的信中，素丹提议联合布哈拉军队共同远征巴格达。③ 但是，当时的布哈拉汗国与波斯关系相对稳定，且与巴格达相距甚远，故汗拒绝了素丹的提议。自 17 世纪下半叶始，奥斯曼帝国更多忙于欧洲事务，尤其是与俄国自 1676 年展开的争夺高加索和巴尔干地区长达 240 余年的战争。由此，奥斯曼帝国对中亚事务的关注越来越少。相比于 16 世纪，17 世纪奥斯曼帝国与布哈拉汗国之间的关系基本限于书信往来，内容更多涉及中亚穆斯林的朝觐事宜，而有关结成反波斯同盟等政治问题极少提及。

18 世纪伊始，奥斯曼帝国的对外政策发生变化，素丹与波斯纳迪尔沙赫签署和约，从之前的主张进攻转向以防御为主，认为与波斯的冲突只会导致穆斯林世界的分裂。与此同时，奥斯曼帝国在整个 18 世纪与俄国交战 4 次，其国力受到大幅削弱。由此，奥斯曼帝国极力挑唆布哈拉汗国与俄国之间的关系，以期与布哈拉汗国建立

---

① Внешняя политика Бухарского ханства в XVI веке. http://vek-noviy.ru/istoyiya-uzbekistana-xvi-xx-veka/vneshnyaya-politika-buharskogo-hanstva.html, 2019 年 10 月 8 日。
② Васильев А. Д. "Знамя и меч от Падишаха". С. 90.
③ Васильев А. Д. "Знамя и меч от Падишаха". С. 92.

反俄同盟。1776年，布哈拉汗国使节穆哈默德·别季（Мухаммед Беди）到访伊斯坦布尔，就两国关系与奥斯曼官员进行了谈判，并向汗带去了素丹的亲笔信。素丹在信中强调："近250年来两国关系正在走下坡路，双方之间已无共同点。然而在面临俄国的威胁时，我们建议布哈拉汗支持与俄接壤的哈萨克游牧民的侵袭掳掠活动，我希望布哈拉的乌里玛阶层能为奥斯曼帝国的胜利祈祷。"① 此后，奥斯曼帝国派往布哈拉汗国的使团目的主要是说服布哈拉汗国与之建立反俄同盟。然而，由于国力软弱和武器落后，布哈拉汗国根本无法与俄国进行正面对抗。再者，当时布哈拉汗国的主要敌人仍是波斯，而与俄国并无直接利益冲突，且双方的贸易往来较为密切。因此，布哈拉汗国始终未与奥斯曼帝国结成反俄同盟。由此可见，自18世纪始，双方交往的议题主要转向奥斯曼帝国提议布哈拉汗国共同反俄的问题上。

进入19世纪，俄国的中亚政策成为布哈拉汗国与奥斯曼帝国双方使节往来的主要议题。布哈拉汗国开始向奥斯曼帝国求援以对抗俄国的入侵。此外，曼格特王朝统治初期埃米尔曾多次向奥斯曼帝国派遣使节，以期得到哈里发对曼格特政权合法性的认可。据奥斯曼帝国档案记载，在18世纪末至19世纪初，布哈拉汗国与奥斯曼帝国的官方联系开始增多。1800年海达尔埃米尔上任以后，布哈拉汗国迅速与奥斯曼帝国重新确立了外交关系。次年，埃米尔派遣和卓米尔扎·萨贝尔（Мирза Сабыр）访问伊斯坦布尔。在海达尔的信函中，将自己称作"土兰的主宰者"，即强调他是整个中亚地区的精神领袖和统治者，并向素丹表明自己的忠诚。② 这一时期，布哈拉汗国与奥斯曼帝国保持着良好的外交关系，双方使节往来频繁。海达尔统治末期，布哈拉汗国爆发大规模的民众起义，加之与俄国、波斯、周边浩罕汗国和希瓦汗国之间的冲突和矛盾不断升级，迫使

---

① Васильев А. Д. "Знамя и меч от Падишаха". С. 100－101.
② Васильев А. Д. "Знамя и меч от Падишаха". С. 112.

海达尔向奥斯曼帝国寻求援助。1819 年，海达尔的使节和卓梅赫梅德·舍里弗（Мехмед Шериф）出使伊斯坦布尔，除了要求赠送宗教典籍以外，主要是为了寻求奥斯曼帝国的保护。① 但考虑到距离遥远，以及与俄国关系的复杂，奥斯曼帝国拒绝了海达尔的请求。

此后，布哈拉汗国派往伊斯坦布尔的使团任务不再涉及政治敏感性问题，仅仅是获取更多的宗教典籍。奥斯曼帝国对英俄在阿富汗和中亚的争霸爱莫能助，只能保持中立态度。1839 年，两名英国情报员在布哈拉汗国被扣押。1841 年，受英国政府委托，奥斯曼素丹阿布杜尔梅德日德（Абдулмеджид）向纳斯鲁拉埃米尔致信要求释放英国情报员。据统计，1841—1843 年间共有 8 份信函谈及此事。② 然而，埃米尔最后并未答应素丹的要求，自此双方的使节往来明显减少。

直至 1867 年，穆扎法尔埃米尔派遣以穆哈默德·帕尔萨埃芬季（Мухаммед Парса-эфенди）为代表的使团经印度前往伊斯坦布尔，目的是与奥斯曼帝国和英国建立反俄同盟。埃米尔请求素丹向俄方施压以期迫使俄国放弃进攻布哈拉汗国的行动，同时也请求奥斯曼帝国为布哈拉汗国提供先进武器和派遣采矿专家。③ 次年 4 月，埃米尔再次向伊斯坦布尔派遣使节，请求素丹通过外交手段阻止俄国入侵，并希望得到奥斯曼帝国的军事援助。然而，奥斯曼方面仍拒绝了这一请求。在他们看来，一方面两国相距甚远，不可能提供实质性的援助；另一方面中亚各汗国之间的混战与冲突才是诱导俄国入侵的直接原因，整合中亚各方势力、强化内部团结才是对抗俄国的最佳方案。所以说，直至俄国征服前夕，布哈拉汗国仍力图得到奥斯曼帝国的支持，但均未成功。1868 年沦为俄国附属国以后，布哈拉汗国与奥斯曼帝国仍有一定的往来，但主要集中在教育、文化和

---

① Васильев А. Д. "Знамя и меч от Падишаха". С. 126 – 127.
② Васильев А. Д. "Знамя и меч от Падишаха". С. 114.
③ Васильев А. Д. "Знамя и меч от Падишаха". С. 149 – 150.

宗教领域。

除官方的外交关系外，布哈拉汗国与奥斯曼帝国的关系还体现在经贸往来和协助中亚穆斯林完成朝觐两方面。随着 16 世纪传统商路的改变，曾经作为东西方贸易的重要节点，奥斯曼帝国与中亚的地位均明显下降。17 世纪初，到达奥斯曼帝国的中亚商队规模迅速减少，跟随商队的商人数量不超过 100 人，携带的货物主要有丝绸、地毯、纱线、麻布、撒马尔罕的纸、金银刺绣、宝石、香料、染料和中国瓷器等。① 众所周知，布哈拉汗国与波斯的冲突阻断了中亚穆斯林经波斯前往麦加朝觐的道路。而 16 世纪恰是奥斯曼帝国的鼎盛时期，因此，布哈拉汗国穆斯林只能在其保护下顺利完成朝觐。另外，还有大批来自中亚的朝觐商队在奥斯曼帝国进行贸易活动，其收益基本覆盖了朝觐开支。另外，正如上文所提及的，来到伊斯坦布尔的布哈拉汗国使团通常有商队跟随。他们在结束外交使命以后，在前往麦加途中将携带的中亚商品售出，最后完成麦加朝觐返回布哈拉汗国。

可见，布哈拉汗国与奥斯曼帝国的使团往来不仅具有官方的政治意义，而且体现了双方的经贸联系和宗教往来。因此，在 17—18 世纪的伊斯坦布尔，出现了销售中亚商品的乌兹别克人的市场，另外在前往麦加途中也有专门为中亚人修建的苏非派道堂，例如塔尔斯（Тарс）② 周边的"突厥斯坦道堂"（Туркестан Завиеси）和"谢赫耶斯赛义德·阿布杜加富尔道堂"（Шейх Ес-Сейид Абдулгафур Завиеси）。据土耳其史学家称，这些道堂建于 18 世纪，主要由中亚人资助修建。另外，在大马士革、耶路撒冷、安曼、麦加和麦地那也修建了此类建筑。③ 到了 19 世纪末至 20 世纪初，中亚铁路的修建

---

① Audrey Burton, *The Bukharans*: *A Dynastic, Diplomatic and Commercial History, 1550 - 1702*, New York: Routledge. 2019.
② 塔尔斯（Тарс 或 Тарсус）是土耳其中部地区的历史名城。它位于安纳托利亚高原东南部的奇里乞亚平原，距离地中海 20 千米处。
③ Васильев А. Д. "Знамя и меч от Падишаха". С. 265.

更是便利了中亚穆斯林的朝觐活动。俄国虽然采取各种阻碍措施，但仍有大量的穆斯林在土耳其的帮助下完成朝觐。总之，在16世纪至20世纪初，自布哈拉汗国至奥斯曼帝国境内的纳合什班底教团人士的流动从未中断过。① 俄国统治时期，布哈拉汗国扎吉德运动的出现，以及泛突厥主义和泛伊斯兰主义思潮的涌现都与奥斯曼帝国有着密切关联。

小 结

本章在分析布哈拉汗国对外交往的时代背景条件下，重点阐述布哈拉汗国与俄国的关系演变，并探讨布哈拉汗国与周边汗国、波斯、印度和奥斯曼帝国的国际交往。布哈拉汗国的对外交往具有明显的地缘特点。其中布哈拉汗国与俄国的关系演变主要取决于：其一，自16世纪下半叶起俄国与中亚地区接壤，双方的政治外交和经济联系越来越密切；其二，彼得大帝东方政策的制定为以后俄国征服中亚指明了方向；其三，随着英俄两国在中亚和阿富汗地区的博弈升级，布哈拉汗国与俄国的关系也发生了实质性的转变。

再者，布哈拉汗国与周边地区和国家的交往则以和平和暴力两种形式交替展开，通过商业贸易、文化交往和宗教交流等方式进行和平交往，而暴力交往更多以战争、劫掠和破坏等方式进行，其中战争是暴力交往的最高形式，也更具普遍性。布哈拉汗国与周边的希瓦汗国、浩罕汗国和哈萨克汗国的关系以暴力交往为主，但彼此的经济文化联系较为密切。布哈拉汗国与波斯的战争交往频繁，但双方的文化交流更为密切，尤其是波斯文化对河中文化产生了深远影响。布哈拉汗国与印度之间主要以和平交往为主，囊括政治、经贸和文化等各个领域。而作为伊斯兰世界的大国，奥斯曼帝国与布哈拉汗国的关系因受到时代背景和地域限制而变化明显，但交往内

---

① Васильев А. Д. "Знамя и меч от Падишаха". С. 274.

容主要集中在官方使节互访、协助布哈拉汗国穆斯林赴麦加朝觐和宗教往来三大方面。

历史上形成的不同文明常常是不同国家、民族之间关系矛盾的潜在根源。不同文明之间的冲突与融合，构成了文明交往史上的诸多绚丽篇章，不同文明之间的冲突，同时在更深刻层面上预示着不同国家、不同地区和不同民族之间更多的融合。[1] 文明交往是一个双向或多向的相互作用的动态过程，文明交往的开放性必然导致文明交往的多样性。因此，作为中亚近代文明的重要载体之一，布哈拉汗国的对外关系也是不同文明之间相互影响、相互渗透，又相互冲突、相互抗争的交往过程。布哈拉汗国与周边国家的交往多种多样，但随着时间的推移，封闭落后的布哈拉汗国在更多情况下则处于被动交往的状态。尽管如此，作为各大文明交往的重要通道，布哈拉汗国依然受到以俄国为代表的东正教文明、以奥斯曼帝国为代表的伊斯兰文明、波斯文明和印度文明的广泛影响，使中亚地区的近代文明更加地多姿多彩。因此，从布哈拉汗国的对外关系中可以看出，近代中亚政治外交的失利却在一定程度上造就了更加丰富灿烂的中亚文明。

---

[1] 彭树智：《我的文明观》，西北大学出版社2013年版，第10页。

结　　语

通过以上五章的论述，我们可以从中窥见影响布哈拉汗国历史演变的主要因素。我们也可以就布哈拉汗国对中亚近现代文明交往产生的影响做一阐释。

一　布哈拉汗国历史演变的主要因素

从文明交往论的角度来看，布哈拉汗国的历史演变主要取决于以下因素：一是生产力因素。一直以来，生产力是人们利用自然、改造自然以获取物质资料的能力。它是人类社会全部历史的基础，是人类文明交往的根本动力。自古以来，由于地处游牧文明和农耕文明的交界地带，中亚地区没有适宜发展社会经济的环境和条件，社会经济的落后导致中亚地区不断遭到外围政权的入侵和统治。频繁的外来政治军事入侵和不同政权的更替统治，使中亚地区的社会经济无法得到持续稳定的发展，其文明史也难以实现累积性发展。进入近代，中亚地区的社会经济发展更是缓慢，甚至趋于停滞，而同时期的欧洲资本主义经济发展迅速。进入19世纪，资本主义世界市场逐步形成，欧洲列强也掀起了瓜分世界的狂潮，包括中亚在内的绝大部分亚洲地区开始成为欧洲列强瓜分的主要目标。19世纪上半叶，英俄两大帝国在阿富汗和中亚竞相争夺当地市场和资源，双方的博弈不断升级。最终，包括布哈拉汗国在内的整个中亚地区在19世纪下半叶归属俄国的势力范围。归根结底，生产力水平决定了一个国家的命运。作为一个地区性国家，布哈拉汗国的生产力发展滞后，国家实力无法与外围强国相抗衡，进而再次重演被大国所吞噬的悲剧。

二是地缘因素。在人类文明交往的诸多因素中，地缘和环境居于基本的空间地位。它是一个地区内人群的生活方式、文化传统、群体性格、体质形态等种族或民族的同质或异质性指数的根源。[①] 每一个国家都是以自身为核心展开与外界接触和交往的。在这种接触和交往中，必然会形成一个经济文化发展水平、社会形态、民族心理、社会制度等方面比较接近的地区，正是在这个地区形成一个国家交往的文化圈或文明区。[②] 布哈拉汗国所处的中亚地区自古以来就是人类文明交往的一个重要地区。由于地处欧亚文明的边缘地带，特别是东西方陆路交通的要冲，中亚一直是一个流动频繁而又动荡不安的地区，政治、军事、宗教和商贸利益都长期驱使着各种力量在这里征战角逐，波斯、希腊、阿拉伯帝国和蒙古帝国等都先后占领过这一地区。与此同时，中亚地区的社会经济和文化相对落后，在社会、经济和政治上可划分为北方游牧文明区和南方农耕文明区，纵向的两大不同文明之间既有冲突也有融合，这种交往始终贯穿于中亚的历史进程。近代以来，随着东西方陆上丝绸之路的衰落，以布哈拉汗国为代表的中亚地方政权依旧受制于地缘因素，其对外交往始终无法摆脱被大国统治的命运，而内部交往依然处于相对混乱、落后保守的境地。

三是宗教因素。宗教是人类生活的基本因素，是文明的核心，也是一个国家或地区文明的基础。每一个国家都有自己的宗教文明或近似宗教的文明。一个国家的文明交往，无论是内部或外部的交往，都离不开宗教价值系统带来的强烈的政治归属性。[③] 伊斯兰教以

[①] 彭树智：《我的文明观》，西北大学出版社2013年版，第350页。
[②] 彭树智：《我的文明观》，西北大学出版社2013年版，第368页。
[③] 彭树智：《我的文明观》，西北大学出版社2013年版，第369页。

西亚为中心,向周边的亚洲地区迅速扩散,甚至远播至欧美国家。包括布哈拉汗国在内的中亚地区是伊斯兰世界的重要组成部分,并且形成以苏非派为代表的中亚地区性宗教。伊斯兰教在布哈拉汗国的历史进程中扮演着重要角色,无论在政治和经济领域,还是从文化和外交方面皆是如此。在近代,伊斯兰文明在奥斯曼帝国时期曾达到过兴盛,但总体走向趋于没落。布哈拉汗国的文明可以说是宗教文明,冲突和融合始终伴随着布哈拉汗国的文明交往进程。尽管俄国的殖民统治在一定程度上削弱了伊斯兰教在布哈拉汗国的影响力,但在布哈拉汗国的历史交往过程中宗教价值系统带来的强烈文化政治归属感始终贯穿于其中,而且宗教因素已深深渗入当地社会生活之中,凝结为群众社会心理。直至今日,以伊斯兰教为核心的宗教文明依然是乌兹别克斯坦及其他中亚四国的价值核心和内在精神。

四是国家因素。唯物史观认为,国家既是社会历史的产物,又在一定程度上显示出相对的独立性,是人类文明交往的主体之一。民族和国家都有自己独特的传承文明和文明交往,失去了自身文明的民族和国家,便失去了民族和国家的独立性。在文明交往中,一个民族或国家只有坚持本土文明,又善于吸取外来文明,方能立足于世界文明之林。① 在中亚地区,形成的国家少有长期稳定且人口众多的大国,一些幅员辽阔的游牧帝国往往存在时间较短,最终以政权解体或主体民族外迁而结束。② 布哈拉汗国正是金帐汗国解体以后乌兹别克游牧民南迁河中地区,推翻帖木儿王朝统治后建立的。可见,布哈拉汗国仍是游牧民建立的。建立初期,布哈拉汗国疆域辽阔,除锡尔河以北的草原地区外,其他中亚南部农耕区都归属布哈拉汗国统治。但布哈拉政权维持时间较短,很快从中分裂出希瓦汗

---

① 彭树智:《我的文明观》,西北大学出版社2013年版,第16页。
② 黄民兴:《试论中亚历史上文明交往研究中的一些关键问题》,《中东问题研究》2015年第1期。

国和后来的浩罕汗国。诸汗国并存的局面从整体上削弱了近代中亚的实力。作为影响文明形成和演变的重要因素，布哈拉汗国的国家机器、治理能力和国家实力都有待提升和完备。然而，布哈拉汗国在文明传承和文明交往方面取得了一定成果，在坚持本土文明的同时积极吸取外来不同文明的养分，最终成就了中亚近代文明交往的辉煌。

二 布哈拉汗国对中亚文明交往产生的影响

古往今来，中亚一直是东西方陆路交通上的枢纽地区，也处于东西方"文明的十字路口"。它四面受到东西方各种文明的冲击，时而是波斯文明的火炬，时而是希腊文明的火光，时而是伊斯兰文明的阳光，时而是游牧世界文明的星辉，还映射有印度文明和中华文明的彩辉。这许多文明的光芒都先后在中亚地区闪烁过，并在此实现了不同文明的交融。因此，由于民族迁徙和帝国战争，地处东西方交通要道上的中亚成为各民族交往的荟萃之地，其文明交往自然呈现出异彩纷呈的诱人景象。作为近代中亚的主要载体之一，布哈拉汗国自然对中亚近现代文明交往产生重要影响。

首先，从宗教文明交往而言，布哈拉汗国较为完整地保留和传承了中亚传统的伊斯兰文明体系。布哈拉作为中亚的"小麦加"，一直以来是中亚及其周边地区穆斯林的精神家园。尽管布哈拉汗国是由乌兹别克游牧民建立的，但在进入河中地区以后，乌兹别克游牧民迅速接受了伊斯兰教，布哈拉汗国社会开始向正统的伊斯兰化发展，并很快成为整个中亚地区的伊斯兰中心。布哈拉汗国的统治者们支持宗教事业，并与宗教界共享权力，使曾经辉煌的伊斯兰文明在这里继续绽放光芒。俄国统治以后，布哈拉汗国虽然失去了外交权和自主权，但伊斯兰文明体系依旧是布哈拉汗国社会的根本法则。直到今天，原属布哈拉汗国领土范围的主体国家乌兹别克斯坦仍是中亚伊斯兰文化的重镇。

其次，从民族文明交往而言，历史上的布哈拉汗国是今天乌兹别克民族的文明生根之地。从民族演进与形成的一般规律来看，任何民族的形成都要经历一个漫长的过程。在这一过程中，多种族体成分可能汇入其中，语言、生活方式、生活习惯、群体意识等趋于一致，最终以其他族体向优势族体认同而形成一个共同体。① 布哈拉汗国的建立则开启了乌兹别克民族在中亚的交往之旅。从族源构成来看，乌兹别克民族是内生族群与外来族群相结合的产物。乌兹别克民族的形成经历了战争、迁徙、交往、融合的艰难而漫长的历程。乌兹别克游牧民进入河中地区以后，与当地其他民族展开了广泛交往，在语言、生活习惯、经济生活、传统文化和思维意识等方面趋同。到了17世纪末，乌兹别克人已经成为布哈拉汗国的主体民族，为今天乌兹别克民族的形成奠定了基础。今天的乌兹别克族不仅是乌兹别克斯坦的主体民族，更是中亚地区人口最多的跨境民族。

最后，从对外文明交往而言，布哈拉汗国体现了中亚文明交往的多元融合属性。不同文明之间的交往，实际上是一个外化与内化过程。一般而论，总是先进文明对后进文明的融化，即使后进文明的民族征服了先进民族，也逐渐被先进文明所融化。② 虽然乌兹别克游牧民夺取了河中地区的政权，但却接受并传承了中亚传统的农耕文明。布哈拉汗国的对外交往始终伴随着冲突与整合，与萨法维王朝为代表的波斯文明之间的交往充分体现了这一点。解决不同文明间冲突的基本途径，是在本土文化基线之上的整合，即取长补短、转化集成、宏观继承、综合创新。③ 以布哈拉汗国为代表的中亚近代文明展开与其他文明的交往，无论是和平形式还是暴力形式，都充分显示出了中亚文明强大的韧性。中亚近代文明体系虽然包含了波斯文明、印度文明、伊斯兰文明和俄罗斯文明等不同元素，但最终还是保持了其自身的独特性。布哈拉汗国这种文明交汇的历史，让

---

① 赵小刚：《乌孜别克族社会经济文化研究》，民族出版社2004年版，第23—24页。
② 彭树智：《我的文明观》，西北大学出版社2013年版，第224页。
③ 彭树智：《我的文明观》，西北大学出版社2013年版，第225页。

中亚近代文明具备了互动性、开放性和多样性的特征，充分体现了中亚文明交往的多元融合属性。

综上所述，布哈拉汗国史是中亚近代文明史的重要组成部分。在全球化浪潮下的21世纪，为了推动人类命运共同体的构建，以及国家"一带一路"倡议的实施，我国与中亚国家的合作与交流进一步加深。为了更加顺畅地推进与中亚国家的全方位合作，有必要从文明交往论的视角更加深入、客观、系统和全面地研究布哈拉汗国。

参考文献

一 中文文献

(一) 著作

何顺果:《世界史:以文明演进为线索》,北京大学出版社 2012 年版。

蓝琪:《金桃的故乡——撒马尔罕》,商务印书馆 2014 年版。

蓝琪主编:《中亚史》(第 5 卷),商务印书馆 2018 年版。

刘文明:《全球史理论与文明互动研究》,中国社会科学出版社 2015 年版。

马大正、冯锡时主编:《中亚五国史纲》,新疆人民出版社 2005 年版。

孟楠:《俄国统治中亚政策研究》,新疆大学出版社 2000 年版。

潘志平:《中亚浩罕国与清代新疆》,中国社会科学出版社 1991 年版。

彭树智:《文明交往论》,三秦出版社 2002 年版。

彭树智:《两斋文明自觉论随笔》(上中下三卷),中国社会科学出版社 2012 年版。

彭树智:《我的文明观》,西北大学出版社 2013 年版。

邱轶浩:《蒙古帝国视野下的元史与东西文化交流》,上海古籍出版社 2019 年版。

阮炜:《文明的表现——对 5000 年人类文明的评估》,北京大学出版社 2001 年版。

阮炜：《地缘文明》，北京大学出版社2006年版。
王治来：《中亚史纲》，湖南教育出版社1986年版。
王治来：《中亚近代史》，兰州大学出版社1989年版。
王治来、丁笃本：《中亚通史》，人民出版社2010年版。
吴筑星：《沙俄征服中亚史考叙》，贵州教育出版社1996年版。
徐黎丽主编：《突厥人变迁史研究》，民族出版社2008年版。
余太山主编：《西域通史》，中州古籍出版社1996年版。
张娜：《中亚现代民族过程研究》，中央民族大学出版社2008年版。
张文德：《中亚苏非主义史》，中国社会科学出版社2002年版。
张志尧主编：《草原丝绸之路与中亚文明》，新疆美术摄影出版社2012年。
赵小刚：《乌孜别克族社会经济文化研究》，民族出版社2004年版。

(二) 译著

[阿拉伯] 马苏第：《黄金草原》，耿昇译，人民出版社2013年版。
[德] S. 康拉德：《全球史导论》，陈浩译，商务印书馆2018年版。
[德] 阿尔伯特·冯·勒科克：《中亚艺术与文化史图鉴》，赵崇民、巫新华译，中国人民大学出版社2005年版。
[俄] Г. А. 普加琴科娃、П. Н. 列穆佩：《中亚古代艺术》，陈继周、李琪译，新疆美术摄影出版社1994年版。
[俄] О. И. 布鲁西娜：《中亚的斯拉夫人》，高永久、韩莉、徐亚清译，民族出版社2006年版。
[俄] 捷连季耶夫：《征服中亚史》，武汉大学外语系译，商务印书馆1980年版。
[法] 布哇：《帖木儿帝国》，冯承钧译，中国国际广播出版社2013年版。
[法] 费尔南·布罗代尔：《文明史纲》，蒋明炜等译，社会科学文献出版社2005年版。
[法] 雷纳·格鲁塞：《草原帝国》，魏英邦译，青海人民出版社2013年版。

［法］雷纳·格鲁塞：《蒙古帝国史》，龚钺译，商务印书馆1989年版。

［法］鲁保罗：《西域的历史与文明》，耿昇译，新疆人民出版社2006年版。

［哈］克拉拉·哈菲佐娃：《十四—十九世纪中国在中央亚细亚的外交》，杨恕、王尚达译，兰州大学出版社2002年版。

［美］迈克尔·刘金：《俄国在中亚》，陈尧光译，商务印书馆1965年版。

［美］帕特里克·曼宁：《世界史导航》，田婧、毛佳鹏译，商务印书馆2016年版。

［美］入江昭：《全球史与跨国史》，邢承吉、滕凯炜译，浙江大学出版社2018年版。

［美］希提：《阿拉伯通史》，马坚译，商务印书馆1990年版。

［摩洛哥］伊本·白图泰：《伊本·白图泰游记》，马金鹏译，宁夏人民出版社1985年版。

［日］杉山正明：《游牧民的世界》，黄美蓉译，北京时代华文书局、中华工商联合出版社2014年版。

［日］羽田亨：《西域文化史》，耿世民译，新疆人民出版社1981年版。

［瑞典］多桑：《多桑蒙古史》，冯承钧译，商务印书馆2014年版。

［苏］巴托尔德：《中亚简史》，耿世民译，新疆人民出版社1980年版。

［苏］巴托尔德：《中亚突厥史十二讲》，罗致平译，中国社会科学出版社1984年版。

［苏］巴托尔德：《蒙古入侵时期的突厥斯坦》，张锡彤、张广达译，上海古籍出版社2007年版。

［苏］巴托尔德：《七河史》，赵俪生译，中国国际广播出版社2013年版。

［苏］巴托尔德：《中亚历史：巴托尔德文集第2卷》，［苏］B. A.

罗莫金、［苏］Б. Я. 斯塔维斯基整理，［苏］Б. Г. 加富罗夫编，张丽译，兰州大学出版社2013年版。

［苏］加富罗夫：《中亚塔吉克史：上古—十九世纪上半叶》，肖之兴译，中国社会科学出版社1985年版。

［乌兹别克］Б. А. 艾哈迈多夫：《16—18世纪中亚历史地理文献》，陈远光译，人民出版社2011年版。

［西班牙］罗·哥泽来滋·克拉维约：《克拉维约东使记》，奥玛·李查、杨兆钧译，商务印书馆1985年版。

［伊朗］C. 阿德尔主编：《中亚文明史》第6卷，吴强、许勤华译，中国对外翻译出版公司2012年版。

［英］加文·汉布里：《中亚史纲要》，吴玉贵译，商务印书馆1994年版。

［英］汤因比：《历史研究》（上中下），索麦维尔节录，曹未风译下，上海人民出版社1964年版。

阿布尔—哈齐—把阿秃儿汗：《突厥世系》，罗贤佑译，中华书局2005年版。

米儿咱·马黑德·海答儿：《中亚蒙兀儿史——拉失德史》，新疆社会科学院历史研究所译，新疆人民出版社1985年版（第一编），1986年版（第二编）。

恰赫里亚尔·阿德尔、伊尔凡·哈比卜主编：《中亚文明史》第5卷，蓝琪译，中国对外翻译出版公司2006年版。

（三）论文

褚宁、马建春：《16—17世纪"布哈拉人"与欧亚内陆贸易网络的构建》，《世界历史》2016年第6期。

韩中义：《布哈拉：一座历史与现实交错的城市》，《中国穆斯林》2022年第3期。

黄民兴：《试论中亚历史上文明交往研究中的一些关键问题》，《中东问题研究》2015年第1期。

黄民兴、康丽娜：《19世纪中叶以前布哈拉汗国文化变迁轨迹》，

《新丝路学刊》2021年第2期。

黄民兴、康丽娜：《文明交往视阈下16世纪布哈拉汗国的经济发展》，《史学集刊》2021年第2期。

康丽娜：《16世纪下半叶至19世纪末中亚布哈拉汗国与俄国贸易格局演变》，《外国问题研究》2023年第1期。

蓝琪：《昔班尼王朝在中亚乌兹别克族形成中的作用》，《贵州师范大学学报》（社会科学版）2006年第4期。

蓝琪：《试析16—17世纪中亚各国与俄国的政治统治》，《欧亚学刊》2007年第1期。

蓝琪：《论16至17世纪中亚国家与俄国关系的实质》，《世界历史》2008年第1期。

蓝琪：《论16~17世纪中亚三个汗国与俄国的关系》，《史学月刊》2008年第7期。

蓝琪：《论沙俄保护下的布哈拉汗国》，《贵州师范大学学报》（社会科学版）2009年第1期。

蓝琪：《希瓦汗国与俄罗斯帝国的关系》，《贵州学院学报》（社会科学版）2011年第3期。

蓝琪：《中亚觉醒与沙俄在中亚统治的结束》，《新疆社会科学》2012年第1期。

蓝琪：《论沙俄在中亚的统治》，《贵州师范大学学报》（社会科学版）2016年第1期。

李淑云：《沙俄侵略中亚的地缘思考》，《国际政治研究》2004年第4期。

穆宏燕：《苏非主义促进波斯细密画艺术繁荣鼎盛》，《回族研究》2017年第2期。

孙立公：《论14—16世纪中亚纳合什班底教团对苏非主义学说的发展》，《贵州师范大学学报》（社会科学版）2004年第5期。

万雪玉：《中亚希瓦、布哈拉汗国政治状况》，《新疆大学学报》（哲学社会科学版）1996年第1期。

万雪玉：《希瓦、布哈拉汗国时期乌兹别克斯坦经济状况》，《新疆大学学报》（哲学社会科学版）1996年第2期。

闫向莉：《从文明交往的角度看尼赫鲁外交思想及实践》，博士学位论文，西北大学，2012年。

张文德：《关于中亚伊斯兰教史的分期》，《贵州师范大学学报》（社会科学版）1994年第1期。

张文德：《苏非派对近代中亚政治的影响》，《徐州师范大学学报》（哲学社会科学版）1997年第4期。

张文德：《苏非主义在中亚：思想与历史》，《新疆社会科学》2001年第4期。

张玉艳、杨恕：《论俄国突厥穆斯林运动的形成、发展与终结》，《俄罗斯研究》2018年第1期。

［加］玛丽亚·伊娃·苏布特尔尼：《十六世纪初中亚的文化艺术和政治》，李玉昌摘译，《中亚研究资料》1984年第4期。

二 俄文文献

（一）著作

Абашин С. Л., Арапов Д. Ю., Бекмаханова Н. Е. Центральная Азия в составе Российской империи. М.: Новое литературное обозрение, 2008.

Абдураимов М. А. Очерки аграрных отношении в Бухарском ханстве вXVI-первои половине XIX века. Т. 1 – 2. Ташкент, 1966 – 1970.

Абдурасулов У., Сартори П. (сост.) Юсупов М. С. Суд в Бухаре. Судоустройство и судопроизводство в Бухарском эмирате в конце XIX-начале XX в. Ташкент-Вена, 2016.

Абрамов М. М. Бухарские евреи в Самарканде (1843 – 1917 гг.). Самарканд, 1993

Алимова Д. А. История как история, история как наука. В 2-х т. Т.: Узбекистан. 2008 – 2009.

Алимова Д. А., Ртвеладзе Э. В. Очерки по истории государственности

Узбекистана. Сборник очерков. Ташкент, "Шарк", 2001.

Аминов А. М., Бабаходжаев А. Х. Экономические и политические последствия присоединения Средней Азии к России. Ташкент, 1966.

Амитин-Шапиро З. Л. О народной медицине туземных ("Бухарских") евреев Туркестана. Ташкент, 1926.

Андреев М. С., Чехович О. Д. Арк (кремль) Бухары в конце XIX-начале XX вв. Душанбе, 1972.

Арапов Д. Ю. Бухарское ханство в русской востоковедческой историографии. М., 1981.

Арапов Д. Ю. Система государственного регулирования ислама в Российской империи (Последняя треть XVIII -начало XX вв.). М., 2004.

Арендаренко Г. А. Бухара и Афганистан в начале 80-х годовXIX в. Москва: Главная редакция восточной литературы, издательство «Наука», 1974.

Аршаруни А., Габидуллин Х. Очерки панисламизма и пантюркизма в России. М., 1931.

Ахмедов Б. А. Историко-географическая литература Средней Азии. XVI-XVIII вв. (письменные памятники). Ташкент: Фан, 1985.

Бартольд В. В. История культурной жизни Туркестана. Л., 1927.

Бартольд В. В. К истории орошения Туркестана. СПб., 1914.

Бартольд В. В. Сочинения. Т. II. Часть II. Работы по отдельным проблемам истории Средней Азии. Монография. М.: Наука, 1964.

Бартольд В. В. Тюрки: Двенадцать лекций по истории турецких народов Средней Азии. М.: Ломоносовъ, 2017.

Бахтурина А. Ю. Окраины Российской империи: государственное управление и национальная политика в годы Первой мировой войны (1914 – 1917 гг.) М.: Российская политическая энциклопедия (РОССПЭН), 2004.

Бобринской А. А. Секта исмаилья в русских и бухарских пределах

Средней Азии. Географическое распространение и организация. М. , 1902.

Борнс А. Путешествие в Бухару: рассказ о плавании по Инду от моря до Лагора с подарками великобританского короля и отчёт о путешествии из Индии в Кабул, Татарию и Персию, предпринятом по предписанию высшего правительства Индии в 1831, 1832 и 1833 годах. М. , 1848.

Бухараев Р. Р. История российского мусульманства. Беседы о Северном исламе. СПб. : Издательство «Алетейя», 2015.

Васильев А. Д. "Знамя и меч от Падишаха". Политические и культурные контакты ханств Центральной Азии и Османской империи (середина XVI-начало XX вв.) Москва: Ин-т востоковедения Российской акад. наук: Пробел – 2000, 2014.

Васильев Д. А. Бремя империи. Административная политика России в Центральной Азии. Вторая половина XIX в. М: РОССПЭН, 2018.

Веймарн Б. В. Искусство Средней Азии М. Л. , Искусство, 1940.

Водопьянов В. Неудавшееся посольство в Бухару поручика Гавердовского в 1803 году / Труды Оренбургской учёной архивной комиссии. Вып. III. Оренбург, 1897.

Гафуров Б. Г. История таджикского народа. Т. 1. С древнейших времен до Великой Октябрьской социалистической революции 1917 г. М: Госполитиздат, 1952.

Гафуров Б. Г. Прохоров Н. Падение Бухарского эмирата. К 20-летию советской революции в Бухаре (1920 – 1940 г.). Сталинабад, 1940.

Глущенко Е. А. Россия в Средней Азии. Завоевания и преобразования. М. : Центрполиграф, 2010.

Грулев М. Соперничество России и Англии в Средней Азии. СПб. , 1909.

Губаревич-Радобыльский А. Экономический очерк Бухары и Туниса. Опыт сравнительного исследования двух систем протектората. СПб, 1905.

Давидович Е. А. История монетного дела Средней Азии XVII-XVIII вв. (Золотые и серебряные монеты Джанидов). Душанбе, 1964.

Денике Б. П. Искусство Средней Азии. М.: Центральное издательство народов СССР, 1927.

Жуковский С. В. Сношения России с Бухарой и Хивой за последнее трехсотлетие. СПб., 1915.

Зияев Х. З. Экономические связи Средней Азии с Сибирью в XVI-XIX вв. Ташкент: Фан, 1983.

Ибрагимов Н. Ибн Баттута и его путешествия по Средней Азии. М.: Наука, 1988.

Иванов П. П. Восстание китай-кипчаков в Бухарском ханстве 1821 – 1825 гг. Инград: Издательство Академии Наук СССР, 1937.

Иванов П. П. Хозяйство джуйбарских шейхов. К истории феодального землевладения в Средней Азии в XVI-XVII вв. Л.: АН СССР, 1954.

Игнатьев Н. Миссия в Хиву и Бухару в 1858 году. СПб, 1897.

Искандаров Б. И. Восточная Бухара и Памир во второй половине XIX в. Душанбе, 2012.

Искандаров Б. И. Из истории Бухарского эмирата (восточная Бухара и западный Памир в конце XIX века). Монография. М.: Издательство Восточной Литературы, 1958.

История Узбекской ССР с древнейших времен до середины XIX в. В 4-х томах. Т. I. Ташкент, 1967.

Ишанов А. И. Бухарская народная советская республика. Ташкент, 1969.

Ишанов А. И. Создание Бухарской народной советской республики (1920 – 1924 гг.). Ташкент, 1955.

К истории христианства в Средней Азии (XIX-XX вв.) Ташкент: Узбекистон, 1998.

Каганович А. Друзья поневоле. Россия и бухарские евреи, 1800 –

1917. М. : Новое литературное обозрение，2016.

Кармышева Б. Х. О торговле в восточных бекствах Бухарского ханства в начале XX в. в связи с хозяйственной специализацией（по этнографическим данным）/ Товарно-денежные отношения на Ближнем и Среднем Востоке в эпоху средневековья. М.，1979.

Кастельская З. Д. Из истории Туркестанского края（1865 – 1917）. Монография. М. : Главная редакция восточной литературы издательства «Наука»，1980.

Кисляков Н. А. Очерки по истории семьи и брака у народов Средней Азии и Казахстана. Л. : Наука，1969.

Кисляков Н. А. Патриархально-феодальные отношения среди оседлого населения Бухарского ханства в конце XIX-начале XX века. М.，Л.，1962.

Кольдевин Н. Битва русских с бухарцами в 1868 г. и геройская оборона г. Самарканда. СПб，1873.

Кондрашев С. К. Водопользование Ширабадской и Сурханской долин Бухарского ханства. М.，1918.

Крестовский В. В. В гостях у эмира Бухарского. СПб. : 1887.

Куповецкий М. С. Бухарские евреи на территории Казахстана в XIX-начале XX вв. / История，память，люди. Алматы，2013

Левтеева Л. Г. Присоединение Средней Азии к России в мемуарных источниках. Ташкент : Издательство «ФАН» Узбекской ССР，1986.

Липский В. И. Горная Бухара. Результаты трёхлетных путешествий в 1896，1897 и 1899 году. Ч. I-III. СПб，1902，1905.

Логофет Д. Н. Бухарское ханство под русским протекторатом. Т. 1 – 2. СПб.，1911.

Логофет Д. Н. Страна бесправия. Бухарское ханство и его современное состояние. М.，1908；2-е изд. М.，УРСС，2010.

Логофет Д. Н. В забытой стране. Путевые очерки по Средней Азии. М.，

1912.

Маджлисов А. Аграрные отношения в Восточной Бухаре вXIX-начале XX вв. Душанбе-Алма-Ата: Душанбинский государственный педагогический института им. Т. Г. Шевченко. 1967.

Маньковская Л. Ю. Формообразование и типология зодчества Средней Азии (IX-начало XX века). Ташкент: Baktria press, 2014.

Марков Е. Л. Россия в Средней Азии: Очерки путешествия по Закавказью, Туркмении, Бухаре, Самаркандской, Ташкентской и Ферганской областям, Каспийскому морю и Волге. СПб.: Тип. М. М. Стасюлевича, 1901. Т 1 – 2.

Марков Е. Россия в Средней Азии. Очерки путешествия по Закавказью, Туркмении, Бухаре, Самаркандской, Ташкентской и Ферганской областям, Каспийскому морю и Волге. Т. II. СПб, 1901.

Масальский В. И. Хлопковое дело в Средней Азии (Туркестанский край, Закаспийская область, Бухара и Хива) и его будущее. СПб, 1892.

Мирзаев К. М. Амляковая форма феодальной земельной собственности в Бухарском ханстве. Ташкент, 1954.

Мукминова Р. Г. Очерки по истории ремесла в Самарканде и Бухаре в XVI веке. Ташкент, 1976.

Мухамеджанов А. Р. История орошения Бухарского оазиса (с древнейших времен до начала XX в.). Ташкент, 1978.

Мухаметшин Ф. М. (рук. авт. кол.), Абашин С. Н., и др. Россия-Средняя Азия. Т. 1: Политика и ислам в конце XVIII-начале XX в. М.: ЛЕНАНД, 2011.

Населенные пункты Бухарского эмирата (конец XIX-нач. XX вв.). Материалы к исторической географии Средней Азии. Ташкент, 2001.

Немцева Н. Б. Ханака Сайд ад-дина Бахарзи в Бухаре (К истории архитектурного комплекса). Бухара, 2003.

Низамутдинов И. Г. Из истории среднеазиатско-индийских отношений. (IX-XVIII вв.). Ташкент: Узбекистан, 1969.

Никольский М. Благородная Бухара (Страничка из скитаний по Востоку). СПб, 1903.

Ниязматов М. Россия в сердце Азии: диалог цивилизаций (IX-XVIII вв.). СПб.: Петербургское Востоковедение, 2013.

Остроумов Н. В. География Туркестанского края с краткими сведениямио ханствах Бухарском, Хивинском и Закаспийской области. Самарканд, 1891.

Панков А. В. К истории торговли Средней Азии с Россией XX1-XXП вв. Ташкент, 1927.

Перепелицина А. А. Роль русской культуры в развитии культуры народов Средней Азии. М., 1966.

Поляков С. П. Историческая этнография средней Азии и Казахстана. М.: Московский Университет, 1980.

Попов А. Сношения России с Хивою и Бухарою при Петре Великом. СПб, 1853.

Пославский В. В. Проблемы орошения в Средней Азии. Ташкент: Изд-во «Фан» УзССР, 1983.

Почекаев Р. Ю. Губернаторы и ханы. Личностный фактор правовой политики Российской империи в Центральной Азии: XVIII-начало XX в. М.: Изд. дом Высшей школы экономики, 2017.

Пясковский А. В. Восстание 1916 года в Средней Азии и Казахстане. М.: АН СССР, 1960.

Разгонов А. К. По Восточной Бухаре и Памиру. Ташкент, 1910.

Ремез И. А. Внешняя торговля Бухары до мировой войны. Ташкент, 1922.

Ремпель Л. И. Далёкое и близкое: страницы жизни, быта,

строительного дела, ремесла и искусства Старой Бухары. Бухарские записи. Ташкент, 1982.

Рожкова М. К. Экономические связи России со Средней Азией: 40 – 60 - е года XIX века. Москва: Академия наук СССР, 1963.

Русские в Бухаре в 1820 году (Записки очевидца) // Справочная книжка Оренбургского края на 1871 год. Оренбург, 1871.

Савельев П. Бухара в 1835 г., с присоединением известий обо всех европейских путешественниках, посещавших этот город до 1835 г. СПб., 1836.

Саиджанов М. Город Бухара и его старинные здания. Ташкент, 2005.

Семёнов А. А. Очерк поземельно-податного и налогового устройства б. Бухарского ханства.

Снесарев А. Е. Индия как главный фактор в среднеазиатском вопросе. СПб., 1906.

Соловьёв М. М. Учёная экспедиция в Бухару в 1841 – 1842 гг. при участии натуралиста Александра Лемана. М., Л., 1936.

Суздальцев А. Туркестан и сопредельные страны (Бухара, Кашгар, Афганистан, Персия и Хива). Самара, 1919.

Сухарева О. А. Бухара. XIX-начало XX в. (Позднефеодальный город и его население). М., 1966.

Сухарева О. А. К истории городов Бухарского ханства (историко-этнографические очерки). Монография. Ташкент: Издательство АН УзССР, 1958.

Сухарева О. А. Квартальная община позднефеодального города Бухары (в связи с историей кварталов). М., 1976.

Татаринов А. Семимесячный плен в Бухарии. СПб, М., 1867.

Ташкент, 1929.

Терентьев М. А. История завоевания Средней Азии. СПб., 1906. Т. 1 – 3.

Терентьев М. А. Россия и Англия в Средней Азии. СПб.: Тип. Меркульева, 1875.

Тиллабоев С., Замонов А. История Узбекистана (Вторая половина XIX-начало XX вв.). Учебник. Ташкент: ИПАК «Sharq», 2010.

Толстов С. П. Народы Средней Азии и Казахстана в 2 т. М: Издательство Академии наук СССР, 1962 – 1963.

Тулепбаев В. А. Казахстан, Средняя и Центральная Азия в XVI-XVIII вв. Алма-Ата: Наука, 1983.

Тулибаева Ж. М. Казахстан и Бухарское ханство в XVIII-первой половине XIX в. Монография. Алматы: Дайк-Пресс, 2001.

Тухтаметов Т. Г. Россия и Бухарский эмират в началеXX века. Душанбе: Ирфон, 1977.

Тухтаметов Т. Г. Русско-бухарские отношения в конце XIX-начале XX в.: победа бухарской народной револющии. Ташкент, 1966.

Уляницкий В. А. Сношения России с Средней Азией и Индией в XVI-XVII вв./По документам Московского главного архива Министерства иностранных дел. М.: Университетская типография, 1889.

Усманов К., Жураев У., Норкулов Н. История Узбекистана: XVI-середина XIX в. Учебник. Ташкент: O'qituvchi, 2006.

Фиолетов Н. Бухарское и Хивинское ханства и отношения их с Россией / Исторический журнал. 1941, №3.

Фридрих Н. А. Бухара. Этнографический очерк. СПб, 1910.

Хакимова К. З. Крестьянство Бухарского эмирата в конце XIX-начале XX в. (Социально-экономическое положение и движение народных масс). Ташкент, 1991.

Хакимова К. З. Крестьянство Бухарского эмирата в конце XIX-начале XX в. (Социально-экономическое положение и движение народных масс). Ташкент: Фан, 1991.

Халфин Н. А. Политика России в Средней Азии (1857 – 1868). М.:

Издательство Восточной Литературы，1960.

Халфин Н. А. Посланник ПетраI на Востоке. Посольство Флорио Беневени в Персию и Бухару в 1718 – 1725 годах. М.：Главная редакция восточной литературы издательства "Наука"，1986.

Халфин Н. А. Присоединение Средней Азии к России（60 – 90-е годы XIX в.）. М.：Наука，1965.

Халфин Н. А. Россия и Бухарский эмират на Западном Памире（конец XIX-начало XX в.）. М.，1975.

Халфин Н. А. Россия и ханства Средней Азии（первая половина XIX в.）. М.：Наука，1974.

Ханыков Н. Описание Бухарского ханства. СПб.，1843.

Хидоятов Г. А. Из истории англо-русских отношений в Средней Азии в конце XIX в.（60 –70-е гг.）. Ташкент：Фан，1969.

Ходжаев Файзулла. К истории революции в Бухаре и национального размежевания Средней Азии. Ташкент：Фан，1970.

Холов М. Ш.，Каюмова Х. А. Народная Метрология и хронология Восточной Бухары и Западного Памира（втор. полов. XVIII-начало XX вв.）. Душанбе：Дониш，2013.

Холов М. Ш.，Каюмова Х. А. Метрология и хронология Восточной Бухары и Западного Памира. Душанбе，2013.

Хотамов Н. Свержение эмирского режима в Бухаре.［Гл. 3 – 5］. Душанбе，1997.

Яворский И. Л. Путешествие русского посольства по Авганистану и Бухарскому ханству в 1878 – 1879 гг. СПб，1882.

Янжул И. И. Исторический очерк русской торговли с Средней Азией. М.：Университетская типография，1869.

（二）论文

Абдуллаев А. Н. Общественный и семейный быт в Бухарском ханстве（в XVIII — первой половине XIX вв.）// Молодой ученый. 2014. № 10

（69）. С. 467 – 469.

Абдураимов М. А. О некоторых категориях феодального землевладения и положении крестьян в Бухарском ханстве в XVI—начале XIX века // Общественные науки в Узбекистане. 1963. No 7.

Алексеев А. К. Средняя Азия при Аштарханидах в XVII-XVIII вв. （По персоязычному историческому сочинению "Бахр ал-асрар"）/ диссертация кандидата исторических наук. СПб., 2004.

Алимджанов Б. А. Экономическая политика Российской империи в Туркестанском генерал-губернаторстве（вторая половина XIX-начало XX вв.）/диссертация кандидата исторических наук. СПб.: СПбГУ, 2016.

Амитин-Шапиро З. Л. Женщина и свадебные обряды у туземных（"Бухарских"）евреев Туркестана // Известия Туркестанского отдела Русского географического общества. Т. XVII. Ташкент, 1924.

Ахмеджанова З. К истории строительства Бухарской железной дороги（1914 – 1916 годы）// Общественные науки в Узбекистане. 1962, No4.

Ахмедов Б. А. Роль джуйбарских ходжей в общественно-политической жизни Средней Азии XVIXVII веков.

Бакиев М. И. История просветительского движения и свободомыслия в Средней Азии（конец XIX-начало XX века）/ диссертация доктора исторических наук. Душанбе, 2000.

Богданов М. Материалы для описания бухарской экспедиции 1868 года // Материалы для статистики Туркестанского края. Вып. II. СПб, 1873.

Брежнева С. Н. Передовая культура Джадидов в Средней Азии в начале XX в. //Вестник Оренбургского государственного университета. 2008. No 10（92）. С. 50 – 55.

Бурнашев Г. Путешествие от Сибирской линии до города Бухары в 1794 и обратно в 1795 году // Сибирский вестник. Ч. 2, 3, 4. СПб, 1818, 1819.

Бурнашева Р. З. Монеты Бухарского ханства при мангытах (середина XVIII-начало XX в.) / Эпиграфика Востока. Вып. XXI. Л., 1972.

Бурнашева Р. З. Организация производства и техника чеканки монет в Бухарском ханстве со второй половины XVIII до начала XX в. // Нумизматика и эпиграфика. Т. VI. М., 1966.

Вельяминов-Зернов В. В. Монеты Бухарская и Хивинская // Записки Императорского археологического общества. Т. 8. СПб., 1859.

Вильданова А. Б. Подлинник бухарского трактата о чинах и званиях // Письменные памятники Востока. Ежегодник 1968. М., 1970.

Вирский М. Торговля Бухары; Падение курса бухарской теньги в 1893 году; Метрология //

Галкин А. Краткий очерк Бухарского ханства //Военный сборник. 1890, №11, 12.

Гафаров Н. У. Джадидизм в Средней Азии в конце XIX в. - начале XX в. / диссертация доктора исторических наук. Душанбе, 2014.

Генис В. Л. Разгром Бухарского эмирата в 1920 году // Вопросы истории. 1993, №7.

Глуховский А. Плен в Бухаре // Русский инвалид. 1868, №97 – 100.
государственного университета. 1927, № 16.

Гулямов Х. К истории связей между Россией и Бухарой во второй половине XVIII в. // ОНУ. 1976, №7.

Давронов Хушвахтшо. Изменения в экономике Бухарского эмирата в период протектората России (1868 – 1917 гг.) / диссертация кандидата исторических наук. Душанбе, 1990.

Давронов Хушвахтшо. Изменения в экономике Бухарского эмирата в период протектората России, 1868 – 1917 гг. /диссертация кандидата исторических наук, Тадж. гос. ун-т им. В. И. Ленина. Душанбе,

1990.

Джурабаев Д. Х. Бухарский эмират во второй половине XVIII-первой половине XIX вв. в письменных источниках / диссертация доктора исторических наук. Душанбе, 2014.

Джурабаев Д. Х. Российское направление внешней политика Бухарского ханства в первой половине XVIII века // Научное обозрение. Серия 2: Гуманитарные науки. 2013. № 3 – 4. С. 154 – 159.

Джурабаев Д. Х. Система мусульманского образования в Бухарском ханстве в конце XVIII-начале XIX вв. (по материалам русских источников) // Вестник Таджикского государственного университета права, бизнеса и политики. Серия общественных наук. 2013. № 3 (55). С. 209 – 216.

Джураева Г. А. Мир-и Араб и политическая жизнь в Бухаре в XVI веке // Духовенство и политическая жизнь на Ближнем и Среднем Востоке в период феодализма. М., 1985.

Додх удоева Л. Н. Художественная культура книги Средней Азии и Индии XVI-XIX гг.: По материалам рукописных собраний Академии наук Республики Таджикистан / диссертация доктора исторических наук. Душанбе, 1998.

Дубовицкий В. В. История формирования системы геополитических взаимоотношений России и Средней Азии в период 1700 – 2002 гг. / диссертация доктора исторических наук. Душанбе, 2004.

Егоренко О. А. Бухарский эмират в период протектората России (1868 – 1920 гг.). Историография проблемы / диссертация кандидата исторических наук. Москва, 2008.

Ёров А. Ш. Бухарский эмират на мировом рынке: Вторая половина XIX-начало XX столетия / диссертация кандидата исторических наук. Душанбе, 2005.

Ёров А. Ш. Бухарский эмират на мировом рынке: Вторая половина

XIX-начало XX столетия / диссертация кандидата исторических наук. Душанбе, 2005.

Жукова Т. Ф. Медресе Средней Азии. Генезис, эволюция, современное использование/диссертация кандидата архитектуры. Санкт-Петербург, 1992.

Залесов Н. Очерк дипломатических отношений России с Бухарою с 1836 по 1843 год // Военный сборник. 5 год. Т. XXVII. СПб, 1862.

Записка П. М. Лессара о внутреннем положении Бухарского ханства и его отношениях с Россией (1895 г.) / Подгот. публ. М. А Чепелкина // Сборник Русского исторического общества. Т. 5 (153). М.: Русская панорама, 2002. С. 96 – 126.

Зияев А. "Силсилат ас-салатин" о политическом положении Бухарского ханства в середине XVII века / ОНУ. 1989, №8.

Зияев Х. Завоевание Бухарского и Хивинского ханств царизмом // Общественные науки в Узбекистане. 1990, №8.

Зияев Х. Развитие экономических, политических и культурных связей Узбекистана с Россией (конец XVI-начало XIX века)) // Общественные науки в Узбекистане. 1984, №1.

Из истории культурного наследия Бухары. Ташкент: Узбекистан, 1990.

Исмайлов А. И., Базарбаев К. К. Джадидизм-история просветительного движения и свободомыслия в Средней Азии, конец XIX-начало XX века // Былые годы. 2013. № 1 (27). С. 44 – 51.

Исмаилова Бисабоат. Политическое и социально-экономическое положение Бухарского эмирата: Вторая пол. XVIII-середина XIX века / диссертация доктора исторических наук. Худжанд, 2004.

Камолов Х. Ш. История вторжения кочевых племен Дашт-и Кипчака в Среднюю Азию (XVI в.) / диссертация доктора исторических наук. Душанбе, 2007.

Кандахаров А. Х. Культура и обучение Средней Азии XVI века //

Проблемы современной науки и образования. 2016. № 13（55）. С. 53 – 55.

Кандахаров А. Х. Роль образования и культуры в социально-политической жизни в Бухарское ханстве XVI века// Апробация. 2014. № 11. С. 9 – 11.

Каримбоева, С. И. Проблема социально-экономических и политических последствий завоевания Средней Азии царской Россией в исторической литературе Советского Узбекистана（20 – 80-е годы）/ диссертация кандидата исторических наук. Ташкент，1991.

Кислякова Н. А.，Воробьёва М. Г.（отв. ред.）Материальная культура народов Средней Азии и Казахстана// Сборник статей. Москва：Наука，1960.

Кочедамов В. И. Городские водоёмы Бухары и Самарканда // Архитектурное наследство. 1957，№8.

Краткое описание Бухарии и Хивы；Разграбление киргизами русского каравана，шедшего в Бухарию в 1803 году // Сибирский вестник. Часть 1，2. СПб，1823.

культуры Узбекистана. Вып. 16. Ташкент，1981.

Курбонов А. К. Земельная собственность и ее упорядочение посредством налоговых платежеи в Среднеи Азии в IX-XX вв. // Экономическии журнал. 2008. No15. С. 119 – 129.

Литвинов Б. Через Бухару на Памиры // Исторический вестник. 25 год. 1904，№ 10，11，12.

Лурье С. В. Русские в Средней Азии и англичане в Индии：доминанты имперского сознания и способы их реализации // Сб.：Цивилизации и культуры. Вып. 2. М.，1995.

Люшкевич Ф. Д. Одежда таджикского населения Бухарского оазиса в первой половине XX в. // Сборник Музея антропологии и этнографии. Т. XXXIV. Л.，1978.

Маев Н. Очерки Бухарского ханства // Материалы для статистики Туркестанского края, вып. V, СПб., 1879.

Мамадалиев И. А. Присоединение средней Азии к России и особенности ее административного управления (вторая половина XIX-начало XX вв.) / диссертация кандидата исторических наук. Душанбе, 2012.

Мамазаитова Ю. Х. Сельское хозяйство Узбекистана в отечественной исторической литературе (от завоевания Средней Азии до обретения независимости) / диссертация кандидата исторических наук. Ташкент, 1995.

Матвеева Н. В. Представительство России в Бухарском эмирате и его деятельность, 1886 – 1917 гг. / диссертация кандидата исторических наук. Душанбе, 1994.

Мирзаахмедов Дж. Глазурованная керамика Бухары XVII-XVIII // История материальной

Михайлов М. Благородная черта Бухарцев при встрече с туркестанским отрядом в степях Средней Азии // Нива. 1873, №44.

Михалева Г. К вопросу о дипломатических сношениях между Россией и Бухарой через Оренбург // ОНУ. 1962, №7.

Михалева Г. О роли Оренбурга в развитии торговых связей России со среднеазиатскими ханствами // ОНУ. 1977, №8.

Мохаммадреза Хамеди. Политические, экономические и культурные преобразования в Средней Азии в XIX-начале XX вв. / диссертация кандидата исторических наук. Душанбе, 2013.

Намор Г. Медицинская помощь в Бухаре / Туркестанские ведомости. 1910, №48.

Нежинский Н. Кровавое столкновение в Бухаре // Туркестанский курьер (ТК). 1910, №8 – 10.

Низамутдинов И. Из истории политических взаимоотношений Бухары и

Индии во второй половине XVI века // ОНУ. 1965, №8.

Никзад Келорази Мир Нуроддин. Военно-политические и дипломатические отношения Ирана с Бухарским и Хивинским ханствами вXVII-первой половине XVIII вв. // диссертация кандидата исторических наук. Душанбе, 2015.

Остроумов Н. В. Пребывание сына бухарского эмира в С-Петербурге // Русский инвалид. 1869, №125, 127, 128.

Остроумов Н. В. Бухарские и хивинские посольства в Россию и русские посольства в Бухару и Хиву / Турк-кие ведомости. 1907, №86, 89, 92, 96, 99, 100.

Петрова П. Н. Сношения России с Хивой и Бухарой в царствование Анны Иоанновны. // «Известия Императорского Русского географического общества», т. V, 1869.

Петровский Н. Моя поездка в Бухару. Путевые наблюдения и заметки // Вестник Европы. Год 8. Т. II, кн. 3. СПб, 1873.

ПокотилоН. Н. Путешествие в Центральную и Восточную Бухару // «Известия Императорского Русского географического общества», т. XXV, 1889, вып. VI.

Пославский И. Т. Бухара. Описание города и ханства военного инженера, подполковника Пославского // Сборник географических, топографических и статистических материалов по Азии. Вып. XL-VII. СПб, 1891.

Почекаев Р. Ю. Включение Бухарского эмирата и Хивинского ханства в таможенную черту Российской империи (1895г.) // Право. Журнал Высшей школы экономики. 2016. № 3. С. 172 – 184.

Почекаев Р. Ю. Государственность и право Среднеазиатских ханств в записках российских путушественниковXVIII в. //Вестник Томского государственного университета. 2017. № 414.

Пустовая Е. О ценах на рынках узбекских ханств в XIX веке //

ОНУ. 2000, №2

Разаков Д. Х. Внешние торговые связи Бухарского Ханства (60 – 90 гг. XIX века) / диссертация кандидата исторических наук. Ташкент, 1995.

Рассудова Р. Я. Очерки организации войска в Бухарском и Кокандском ханствах (XIX в.) // Этнографические аспекты традиционной военной организации народов Кавказа и Средней Азии. Вып. 2. М., 1990.

Расулев А. К истории хлопководства в Бухаре XIX-начала XX века // ОНУ. 1969, №7.

Ризоихар Марям Исмоил. Освещение истории Ирана и Средней Азии первой половины XVIII века в сочинении Мухаммада Казима Мерви «ТарихиОламороиНодири» / диссертация кандидата. Душанбе, 2016.

Рок-Тен. Положение русских в Бухаре / Туркестанский курьер (ТК). 1910, №146.

Рябинский А. Царская Россия и Бухара в эпоху империализма // Историк-марксист. 1941, № 4.

Саиджалалова Р. К истории торговых отношений Бухарского эмирата с Казахстаном// ОНУ. 1987, № 4.

Саидов Абдукахор. Политическое и социально-экономическое положение Бухарского ханства в XVII-первой половине XVIII вв. / диссертация доктора исторических наук. Душанбе, 2007.

Саидов З. А. Исторические особенности действия норм шариата в Бухарском Эмирате (1868 – 1920 гг.) / диссертация кандидата юридических наук. Москва, 2006.

Сарсембаев М. А. Международно-правовые вопросы в истории Казахстана и Средней Азии (с XV века по настоящее время) / диссертация доктора юридических наук. Москва, 1993.

Сейед Аббасали Разави Пираншахи Сейед Пирали. Роль России в становлении экономики Средней Азии и Севера Ирана во второй половине XlX-начале XXвв. / диссертация кандидата исторических наук. Душанбе, 2015.

Семёнов А. А. Бухарский трактат о чинах и званиях и об обязанностях носителей их в средневековой Бухаре // Советское востоковедение. Т. V. М., Л., 1948.

Семёнов А. А. Основание Священной Бухары// Этнографическое обозрение. 1903, № 2.

Семёнов А. А. По границам Бухары и Афганистана (Путевые очерки 1898 г.) // Исторический вестник. Год XXIII. 1902, № 3 – 4.

Соловьева О. А. Должностные символы в Бухарском эмирате // Этнографическое обозрение. 2002. No 4.

Соловьева О. А. Поведенческий символ власти и политическая социализация (Бухарский эмират XIX-начала XX вв.) / Журнал социологии и социальной антропологии. 2001, №4.

Справочная книжка Самаркандской области. Вып. II. Самарканд, 1894.

Таранец А. Я. Поездка в Бухару // Исторический вестник. Год 34. 1913, № 6

Торговля Московского государства со Средней Азией в XV- XVIII вв. // Материалы по истории Узбекской, Таджикской и Туркменской ССР. Ч. I. Вьш. 3. Л. : Изд-во АН СССР, 1932. С. 61 – 88.

Троицкая А. Л. Военное дело в Бухаре в первой половине XIX века) / Труды Академии наук Таджикской ССР. Т. XVII; Т. CXX. Сталинабад, 1953.

Тураев Х. " Рузнама-йи сафар-и Фитирбурх " как источник для изучения русско-бухарских отношений конца XIX в. // ОНУ. 1989, № 3.

Тухтаметов Ф. Т. Административно-политическое устройство Бухарского эмирата в период протектората России, 1868 – 1917 годы / диссертация кандидата исторических наук. Душанбе, 1988.

Умняков И. И. К истории новометодной школы в Бухаре // Бюллетень Средне-Азиатского

Хайдаров А. А. Реформаторские взгляды Ахмада Дониша в обновлении системы образования в Бухарском эмирате: XIX и начало XX веков / диссертация кандидата педагогических наук. Душанбе, 2012.

Ходжаева Б. О взаимоотношениях Бухарского ханства с Афганистаном в первой четверти XIX века (По письмам эмира Хайдара) // ОНУ. 1990, № 7.

Цвилинг Г. Бухарская смута // Средняя Азия. 1910, № 2, 3

Чехович О. Д. Бухарские поземельные акты XVI-XIX вв. // Проблемы источниковедения. Т. IV. М., 1955.

Чехович О. Д. О размере хараджа в Бухаре XIX века // Общественные науки в Узбекистане. 1961, № 3.

Чехович О. Д., Вильданова А. Б. Вакф Субхан-кули-хана Бухарского 1693 г. // Письменные памятники Востока. Ежегодник 1973. М., 1979.

Шаниязов К. Об основных видах земельной собственности и размерах хараджа в Бухарском ханстве в конце XIX-начале XX века (По этнографическим данным) // Общественные науки в Узбекистане. 1962, № 3.

Шкляева О. В. Торговые связи Средней Азии с Россией во второй половине XVII-первой четверти XVIII века / диссертация кандидата исторических наук. Владимир, 2003.

Шкунов В. Н. Оренбуржье в системе торгово-экономических отношений России со странами Востока: Вторая половина XVIII-первая половина XIX вв. / диссертация кандидата исторических наук. Саранск, 2002.

Шкунов В. Н. Торгово-экономические отношения Российской империи с сопредельными странами Востока во второй половине XVIII-первой половине XIX в / диссертация доктора исторических наук. Ульяновск, 2009.

Шубинский П. П. Бухарские посольства при дворе Екатерины II // Исторический вестник. 1897. Т. LXVII, № 2.

Шубинский П. Очерки Бухары // Исторический вестник. 1892. No 7.

Элизе Реклю. Азиатская Россия и Среднеазиатские ханства: т. VI. СПб., 1883.

Энгельс Ф. Продвижение России в Средней Азии // Маркс К., Энгельс Ф. Соч. 2-е изд. Т. 12. С. 614 – 619.

Энпе. Очерки Бухары / Средняя Азия. 1910, № 4.

Юлдашев М. К вопросу о ремесленном производстве в Бухарском ханстве в XVI-XVII векаха // ОНУ. 1961, № 4.

三 英文文献

（一）著作

Adeeb Khalid, *The politics of Muslim cultural reform: Jadidism in Central Asia*, Berkeley: University of California Press, 1998.

Alexander Burnes, *Travels into Bokhara, Being the Account of a Journey from India to Cabool, Tartary and Persia*, 3 Vols, London: John Murray, 1834.

Alexander S. Morrison, *Russian Rule in Samarkand, 1868 – 1910, A Comparison with British India*, Oxford: Oxford University Press, 2008.

Anatoliy Sagdullayev, *History of Uzbekistan: Development of state and society*, Akademia, 2000.

Andreas Wilde, *What is Beyond the River?: Power, Authority and Social Order in Transoxania, 18th and 19th Centuries*, Österreichischen Akademie der Wissenshchaften, 2016.

Anke von Kügelgen, *Bukhara viii, Historiography of the Khanate, 1500 – 1920*, Encyclopedia Iranica, 2009.

Audrey Burton, *Bukharan Trade, 1558 – 1718*, Bloomington: Indiana University, Research Institute for Inner Asian Studies, 1993.

Audrey Burton, *The Bukharans A Dynastic, Diplomatic and Commercial History: 1550 – 1702*, London: Curzon Press, 2019.

Azamat Ziyo, *History of Uzbek statehood: From ancient times to the Russian occupation*, Sharq, 2001.

Beatrice F. Manz ed., *Central Asia in Historical Perspective*, Oxford: Westview Press, 1998.

C. A. Bayly, *The Birth of the Modern World 1780 – 1914. Global Connections and Comparisons*, Malden: Blackwell, 2004.

Chahryar Adle and Irfan Habibeds, *History of Civilizations of Central Asia*, Vol. V, Paris: UNESCO Publishing, 2003.

Chahryar Adle and Madhavan K. Palat and Anara Tabyshalieva, eds., *History of Civilizations of Central Asia*, Vol. VI, Paris: UNESCO Publishing, 2005.

EdwardA. Allworth, *The modern Uzbeks: From the fourteenth century to the present: a cultural history*, Stanford: Hoover Institution Press, 1990.

EdwardA. Allworth, *Central Asia, 130 years of Russian dominance: A historical overview*, Durham: Duke University Press, 1994.

Edward A. Allworth, *The Personal History of a Bukharan Intellectual: The Diary of Muḥammad-Sharīf-i Sadr-i Ziyā*, Brill, 2004.

Elena A. Davidovich, "The Monetary Reform of Muḥammad Shībānī Khān in 913 – 914/1507 – 08", In *Studies on Central Asian History in Honor of Yuri Bregel*, Devin DeWeese ed., Bloomington: Research Institute for Inner Asian Studies, 2001.

Erik Hildinger, *Wariors of Steppe: A Military History of Central Asia, 500 B. C. to 1700 A. D.*, New York: Sarpedon, 1997.

Eugene Schuyler, *Turkistan: Notes of a Journey to Russian Turkistan, Khokand, Bukhara and Kuldja. 2 Vols*, London: Sampson Low et al., 1876.

Evgeny Sergeev, *The Great Game, 1856 – 1907: Russo-British relations in Central and East Asia*, Washington, Baltimore: Johns Hopkins University Press, 2013.

Florian Schwarz, "Bukhara and its Hinterland in the 16th Century in the Light of the Juybari Codex", In *Bukhara: The Myth and the Architecture*, Attilio Petruccioli ed., Cambridge MA: The Aga Khan Program for Islamic Architecture at Harvard University and the MIT, 2000.

Heinz Gaube, "What Arabic and Persian Sources tell us about the Structure of Tenth-Century Bukhara", In *Bukhara. The Myth and the Architecture*, A. Petruccioli ed., Cambridge: Aga Khan Program for Islamic Architecture, 1999.

Hélène Carrère d'Encausse, *Islam and the Russian Empire. Reform and Revolution in Central Asia*, London/New York: I. B. Tauris, 2009.

Holdsworth Mary, *Turkestan in the nineteenth century: A brief History of the khanates of Bukhara, Kokand and Khiva*, Oxsford, 1959.

Hopkirk Peter, *The Great Game: The Struggle for Empire in Central Asia*, Oxsford, 2001.

James D. Clark, *Muhammadjon Shakuri Bukhara'i. The Imperialist Revolution in Bukhara*, Dushanbe: Gold Print, 2013.

James Huton, *Central Asia: From the Aryan to the Cossack*, New Delhi: Nice Printing Press, 2005.

James Pickett, *Polymaths of islam: Power and networks of knowledge in central asia*, Cornell University press, 2020.

James Thrower, *The Religious History of Central Asia from the Earliest Times to the Present Day*, New York: Edwin Melen Press, 2004.

Jeff Sahadeo, *Russian Colonial Society in Tashkent, 1865–1923*, Bloomington/Indianapolis: Indiana University Press, 2007.

Jo-Ann Gross, "Historical Memory, Cultural Identity and Change: Mirza 'Abd al-'Aziz Sami's Representation of the Russian Conquest of Bukhara", In *Russia's Orient, Imperial Borderlands and Peoples, 1700–1917*, Daniel R. Brower ed., Bloomington: Indiana University Press, 2001.

Joseph Wolff, *A Mission to Bokhara*, Guy Wint ed., London: Routledge &

Kegan Paul, 1969.

Kunits Joshua, *Dawn over Samarkand, The rebirth of Central Asia*, New York, 1935.

Lawrence Krader, *The Peoples of Central Asia*, Bloomington: Indiana University Press, 1963.

M. A. Czaplick, *The Turks of Central Asiain History and at the Present Day*, Oxford: Clarendon Press, 1918.

Mansura Haidar, *Central Asia in the sixteenth century*, New Delhi: Manohar Publishers & Distributors, 2002.

Maria Eva Subtelny. "The Symbiosis of Turk and Tajik", In *Central Asia in Historical Perspective*, Beatrice F. Manz ed., Lahore: Vanguard Books, 1994.

Morris Rossabi, "The 'decline' of the central Asian caravan trade", In *The Rise of Merchant Empires: Long-Distance Trade in the Early Modern World, 1350 – 1750*, James D. Tracy ed., Cambridge: Cambridge University Press, 1990.

Nikolai Khanikoff, *Bokhara its Amir and its People*, London: James Madden, 1845.

Peter B. Golden, *Central Asia in World History*, New York: Oxford University, 2011.

Rafis Abazov, *Culture and Customs of the Central Asian Republics*, Westport, Conn.: Greenwood Press, 2007.

Richard A. Pierce, *Russian Central Asia 1867 – 1917: A study in colonial rule*, Berkeley: University of Calif. Press, 1960.

Richard N. Frye, *The Heritage of Central Asia*, Princeton: Markus Wiene Publishers, 1998.

Robert D. McChesney, *Waqf in Central Asia, Four Hundred Years in the History of a Muslim Shrine, 1480 – 1889*, Princeton/New Jersey: Princeton University Press, 1991.

Ron Sela, *Ritual and Authority in Central Asia: The Khan's Inauguration Ceremony*, Bloomington: Research Institute for Inner Asian Studies, 2003.

S. A. M. Adshead, *Central Asia in World History*, Houndsmills: MacMillan Press, 1995.

Saidov A., *Social-Economic Plight in Bukhara Khanate Referring to the XVII-th-the first Half of the XVIII-th Centuries*, Dushanbe, 2006.

Scott Levi, *The Indian Diaspora in Central Asia and Its Trade, 1550 – 1900*, Brill's Inner Asian library v. 3., Leiden: Brill, 2002.

Scott Levi, *India and Central Asia: commerce and culture 1500 – 1800*, New Delhi: Oxford University Press, 2007.

Scott Levi, Ron Sela, *Islamic Central Asia: An Anthology of Historical Sources*, Indiana University Press, 2010.

Scott Levi, *The Rise and Fall of Khoqand: 1709 – 1876, Central Asia in the Global Age*, University of Pittsburgh Press, 2017.

Scott Levi, *The Bukharan Crisis: A Connected history of 18th-century central asia*, University of Pittsburgh Press, 2020.

Seymour Becker, *Russia's Protectorates in Central Asia: Bukhara and Khiva, 1865 – 1924*, Cambridge, Massachusetts: Harvard University Press, 1968.

Stéphane A. Dudoignon, "Faction Struggles among the Bukharan Ulama during the Colonial, the Revolutionary and the Early Soviet Periods", In *Muslim Societies, Historical and Comparative Aspects*, Sato Tsugitaka ed., London/New York: Routledge Curzon, 2004.

Stephane A. Dudoignon and Komatsu Hisao, *Islam in politics in Russia and Central Asia: Early eighteenth to late twentieth centuries*, London: Kegan Paul, 2001.

Stephen F. Dale, *Indian merchants and Eurasian trade, 1600 – 1750*, Cambridge: Cambridge University Press, 1994.

Svat Soucek, *A History of Inner Asia*, Cambridge: Cambridge University

Press, 2000.

Vámbéry, *A Travels in Central Asia: Being the Account of a Journey from Teheran across the Turkoman Desert on the Eastern Shore of the Caspian to Khiva, Bokhara, and Samarcand performed in the Year 1863*, John Murray, 1864.

Wolfgang Holzwarth, *Relations between Uzbek Central Asia, the Great Steppe and Iran, 1700 – 1750*, in Stefan Leder and Bernhard Streck, eds. *Shifts and Drifts in Nomad-Sedentary Relations*, Dr. Ludwig Reichert Verlag, 2015.

Yuri Bregel, "The New Uzbek States: Bukhara, Khiva and Khoqand c. 1750 – 1886", In *The Cambridge History of Inner Asia: The Chinggisid Age*, Cambridge, UK: Cambridge University Press, 2009.

Yuri Bregel, "Turko-Mongol Influences in Central Asia", In *Turko-Persia in Historical Perspective*, R. L. Canfield ed., Camrbidge University Press, 1991.

（二）论文

Abduraimov M. A., "Essay on Agrarian Relations in the Khanate of Bukhara of 16th — First Half of 19th Century", *Tashkent*, 1996.

Adeeb Khalid, "Tashkent 1917: Muslim Politics in Revolutionary Turkestan", *Slavic Review*, Vol. 55, No. 2, 1998.

Alexander Morrison, "'Applied Orientalism' in British India and Tsarist Turkestan", *Comparative Studies in Society and History*, Vol. 51, No. 3, 2009.

Anita Sengupta, "Imperatives of National Territorial Delimitation and the Fate of Bukhara", *Central Asian Survey*, Vol. 19, No 3 – 4, 2000.

Bazarbayev Kanat Kaldybekovich and Tursun Hazret and Sadykova Raikhan, "Jadidism as an Educational System and a Political Movement in Turkestan (Central Asia)", *International Education Studies*, Vol. 6, No. 1, 2013.

Beatrice Forbes Manz, "Central Asian Uprisings in the Nineteenth Century: Ferghana under the Russians", *The Russian Review*, Vol. 46, No. 3, 1987.

Charles Lindholm, "Kinship Structure and Political Authority: The Middle East and Central Asia", *Comparative Studies in Society and History*, Vol. 28, 1986.

D. S. M. Williams, "The Traditional Muslim Schools of the Settled Regions of Central Asia during the Tsarist Period", *Central Asian Review*, Vol. 13, 1965.

Florian Schwarz, "Contested grounds: ambiguities and disputes over the legal and fiscal status of land in the Manghit Emirate of Bukhara", *Central Asian Survey*, Vol. 28, No. 1, 2010.

Jeff Sahadeo, "Epidemic and Empire: Ethnicity, Class, and 'Civilization' in the 1892 Tashkent Cholera Riot", Slavic Review, No. 64, No. 1, 2005.

Jenkinson Anthony and Goote C. H. and Morgan E. Delmar, "Early voyages and travels to Russia and Persia by and other Englishmen", Vol. 1 - 2, London, 1886.

Kwang Tae Lee, "The Myth of the Butcher Amir: Tribal Politics and Early Moderniaztion in Nineteenth Central Asia", *Indiana University Bloomington*, 2020.

Moydinov Muhammadali, "The form of state administration during the Shaibani period, periodica journal of modern philosophy", *Social sciences and humanities*, Vol. 18, 2023.

Muzaffar Alam, "Trade, State Policy and Regional Change: Aspects of Mughal-Uzbek Commercial Relations, c. 1550 - 1750", *Journal of the Economic and Social History of the Orient*, Vol. 37, No. 3, 1994.

Robert D. McChesney, "Economic and Social Aspects of the Public Architecture of Bukhara in the 1560's and 1570's", *Islamic Art*, Vol. 2, 1987.

Robert D. McChesney, "The Amirs of Muslim Central Asia in the XVIIth Century", *Journal of the Economic and Social History of the Orient*, Vol. 26, No. 1, 1983.

Sabina Mushtaq, "Education and Change in Religious Practices in Uzbekistan", *Research Journal of Educational Sciences*, Vol. 3, No. 3, 2015.

Scott Levi, "India, Russia and the Eighteenth-Century Transformation of the Central Asian Caravan Trade", *Journal of the Economic and Social History of the Orient*, Vol. 42, No. 4, 1999.

Scott Levi, "The Indian Merchant Diaspora in Early Modern Central Asia and Iran", *Iranian Studies*, Vol. 32, No. 4, 1999.

Wolfgang Holzwarth, "The Uzbek State as Reflected in Eighteenth Century Bukharan Sources", *SFB 586*, Vol. 4, No. 2, 2004.

E. M. Downs, Trade and Empire: Merchant networks, frontier commerce and the State in Western Siberia (1644—1728), Ph. D dissertation, Stanford University, 2007.

Ron Sela, Central asia in the 18th century: The age of introspect, Ph. D dissertation, Indiana University Bloomington, 2004.

Di Cosmo, "A Russian Envoy to Khiva: The Italian Diary of Florio Benevini", paper delivered to the XXVIII. Permanent International Altaistic Conference, Otto Harrassowitz, 1989.

四 史料汇编

'Abbās Qulī Khān. Safarnāma-yi Bukhārā ('Ar-i Muḥammad Shāh Qājār), 1259 – 1260 h. q. Edited by Ḥusain Zamānī. Tehran: Pazhūhishgāh-i 'ulūm-i insānī wa muṭ āli'āt-i farhangī, 1373/1994 – 95.

'Abd al-Raḥmān Ṭāli'. Tārīkh-i Abū' l-Faiẓ Khān. MS Tashkent: Institute of Oriental Studies, IVANRUZ No. 11.

Akimushkin, O. F., V. V. Kushev, N. D. Miklukho-Maklaj, A. M. Muginov, and M. A. Salakhetdinova. Persidskie i Tadzhikskie Rukopisi Instituta Narodov Azii an SSR (Kratkii Alfabitnyj Katalog). Moscow: Izdatel'stvo. Nauka, 1964.

Depuis les dernières années du reigne de Nader Chah jusqu' en 1233 de l' Hégire (1740 – 1818). Edited and translated by Charles Scheffer. Reprint,

Amsterdam: Philo Press, 1970.

Holzwarth, Wolfgang. "The Uzbek State as Reflected in Eighteenth Century Bukharan Sources." Mitteilungen des SFB 586 "Differenz und Integration" 4, no. 2 (2004): 93 – 129 [bibliographical part, 124 – 29]. "Relations between Uzbek Central Asia, the Great Steppe and Iran, 1700 – 1750." In Shifts and Drifts in Nomad-Sedentary Relations, editedby Stefan Leder and Bernhard Streck, 179 – 216 [bibliographical part, 210 – 16]. Wiesbaden: Dr. Ludwig Reichert Verlag, 2005.

Huncî, Fazlullâh b. Rûzbihân, Mihmân-nâme-i Buhârâ, Minûçihr Sutûde neşr., Tahran 1341.

Kazakov, Bahadir. Bukharan Documents: The Collection in the District Library, Bukhara, translated by Jürgen Paul. Berlin: Das Arabische Buch, 2001.

Manṣūr Ṣifatgul, Pazhūhishi dar būra-yi maktūbāt-i tārīkhī-yi fārsī-yi Īrān wa Mā Warā' al-Nahr (Ṣafawīyān, Ūzbekān wa Amārat-i Bukhārā) hamrāh bā guzīda-yi maktūbāt, Tokyo: ILCAA—Research Institute for Languages and Cultures of Asia and Africa/University of Foreign Studies, 2006.

Mīr Muḥammad Amīn Bukhārī. ʿUbaidullah Nāma. MS Tashkent: Institute of Oriental Studies, IVANRUZ No. 1532.

Mīrzā Muḥammad Sharīf Ṣadr. Tārīkh. MS Dushanbe: Institute of Oriental Studies and Written Heritage, FVRANRT No. 230/II.

Muḥammad Yaʿqūb. Tārīkh-i amīrān-i manghit. MS Tashkent: Institute of Oriental Studies, IVANRUZ No. 2726/I.

Qāẓī Muḥammad Wafā Karmīnagī. Tuḥfat al-khānī [Tārīkh-i raḥīm-khānī]. MS Tashkent: Institute of Oriental Studies, IVANRUZ No. 16.

Tzentral'nyj Gosudarstvennyj Arkhiv Respubliki Uzbekistana, TzGARUz Fonds I – 126: Kontzeljarija Koshbegi Emira Bukharskogo. Opis I, Tashkent 1969.

Абдуррахман-и Тали'. История Абулфейз-хана. / Перевод с таджикского, предисловие, примечания и указатель профессора А. А. Семёнова.

Ташкент, 1959.

Айни С. Бухара: (Воспоминания) В 2-х кн. Кн. 2. Душанбе: Ирфон.

Английские путешественники в Московском государстве вXVI в. / Перевод с английского Ю. В. Готье. Л., 1937.

Арандаренко Г. А. Досуги в Туркестане. СПб.: Типография М. М. Стасюлевича, 1889.

Астанова Г. Архив кушбеги-важный источник по истории аграрных отношений в Бухарском ханстве // ОНУ. 1985, №7.

Астанова Г. Документ по истории крестьянского землевладения в Бухарском эмирате // ОНУ. 1970, №1.

Астанова Г. Документы из архива бухарских ханов о восстании в Мианкале (20-е годы XIX века) // ОНУ. 1989, №1.

Ахмедов Б. А. Историко-географическая литература Средней Азии. XVI-XVIII вв. (письменные памятники). Ташкент: Фан, 1985.

Болдырев А. Н. Мемуары Заивн-ад-дина Васифи, как источник для изучения культурнои жизни Среднеи Азии и Хорасана на рубежеXV-XVI веков. // Труды Отдела истории, культуры и искусства Востока Государственного Эрмитажа, Л.: 1949. Т. II.

Борнс А. Путешествие в Бухару: рассказ о плавании по Инду от моря до Лагора с подарками великобританского короля и отчет о путешествии из Индии в Кабул, Та тарию и Персию, предпринятом по предписанию высшего правительства Индии в 1831, 1832 и 1833 годах лейтенантом Ост-Индской компанейской службы Александром Борнсом, членом Королевского общества. Ч. 1 – 3. М., 1848 – 1849.

Валидов А. О собраниях рукописей в Бухарском ханстве (Отчёт о командировке) / ЗВОРАО. Т. 23. Пг, 1916.

Вамбери Арминий. Путешествие по Средней Азии. Москва: Восточная литература, 2003.

Винников И. Н. Материалы по языку и фольклору бухарских арабов //

Советское востоковедение. Т. VI. М. , Л. , 1949.

Галкин М. Н. Этнографические и исторические материалы по Средней Азии и Оренбургскому краю. СПб. : издание Я. А. Исакова, 1868.

Глуховский А. И. Записка о значении Бухарского ханства для России и о необходимости принятия решительных мер для прочного водворения нашего влияния в Средней Азии // Ген. штаба подполк. Глуховской. СПБ. : Тип. А. Груздева, 1867.

Гордлевский В. А. Баха-уд-дин Накшбенд Бухарский (К вопросу о наслоениях в исламе) // Сергею Фёдоровичу Ольденбургу к пятидесятилетию научно-общественной деятельности 1882 – 1932. Сборник статей. Л. , 1934.

Документы к истории аграрных отношений в Бухарском ханстве. Вып. 1. Акты феодальной собственности на землю XVII – XIX вв. Ташкент, 1954.

Зайн ад-Дин Махмуд-и Васифи. Бадайи Ал-Вакайи. Удивительные события. Душанбе: Ирфон, 1984.

Записки о Бухарском ханстве (Отчеты П. И. Демезона и И. В. Виткевича). М. , 1983.

Записки ростовца Николая Васильевича Одинцова [в плену в Бухаре в 1864 – 1865 годах] // Русский архив. 1906, № 5.

Захир ад-Дин Бабур. Бабур-наме. Ташкент: Главная редакция энциклопедий, 1992.

Из архива шейхов Джуйбари. Материалы по земельным и торговым отношениям Средней АзииXVI в. Под. ред, Е. Э. Бертельса. М. Л. , 1938.

Императорского русского географического общества. Т. XXV, вып. VI. СПб, 1889.

Камалиддин Бинаи Шейбанинамэ. Материалы по истории казахских ханствXV-XVIII веков (Извлечения из перс. и тюрк. соч.). Алма-Ата: Наука, 1969.

Караван-записки во время похода в Бухарию российского каравана, под воинским прикрытием, в 1824 и 1825 годах, ведённые Евграфом Кайдаловым. Ч. 1 – 3. М. , 1827 – 1828.

Костенко Л. Ф. Путешествие в Бухару русской миссии в 1870 году. СПб, 1871.

Материалы по истории таджиков и узбеков Средней Азии. Вып. 2. Сталинабад: Изд-во АН Тадж. ССР, 1954.

Материалы по истории туркмен и Туркмении. Т. 2. XVI-XIX вв. Иранские, бухарские и хивинские источники. М. Л. : АН СССР, 1938.

Материалы по истории Узбекской, Таджикской и Туркменской ССР. Ч. I. Вьш. 3. Л. : Изд-во АН СССР, 1932.

Материалы по районированию Средней Азии. Кн. 1. Территория и население Бухары и Хорезма. Часть 1. Бухара. Ташкент, 1926.

Мейендорф Е. К. Путешествие из Оренбурга в Бухару. М. : Наука, 1975.

Мир Мухаммад Амини Бухари. Убайдулла-наме. / Перевод с таджикского с примечаниями член-корреспондента Академии Наук Узбекской ССР профессора А. А. Семёнова. Ташкент, 1957.

Мирза Абдал Азим Сами. Таърих-и салатин-и мангитйиа: (История мангитского государства) / Изд. текста, предисл. , пер. и примеч. Л. М. Епифановой. М. , 1962.

Миссия в Хиву и Бухару в 1858 г. флигель-адъютанта полковника Н. Игнатьева. СПб. , 1897.

Назаров П. Воспоминания о степном походе в ханства Хиву и Бухару / Военный сборник. 1864, № 4.

О некоторых событиях в Бухаре, Коканде и Кашгаре: Записки мирзы Шемса Бухари, изданные в тексте, с переводом и примечаниями В. В. Григорьевым. Казань, 1861.

Покотило Н. Н. Путешествие в Центральную и Восточную Бухару в 1886 году // Известия.

Руи Гонсалес де Клавихо. Дневник путешествия в Самарканд ко двору Тимура (1403 – 1406). М. : Наука, 1990.

Салахетдинова М. Некоторые данные источников о борьбе Абдулла-хана II за власть в Бухаре / Письменные памятники и проблемы истории культуры народов Востока. М., 1974.

Семенов А. А. Бухарский трактат о чинах и званиях и обязанностях носителей их в средневековой Бухаре. // Советское востоковедение: Сборник. Выпуск V. Москва, Ленинград: Издательство Академии Наук СССР, 1948.

Собрание восточных рукописей Академии наук Узбекской ССР. Ташкент, 1952.

Тер-Мкртичян Л. Армянские источники о Средней Азии VIII-XVIII вв. М. : Наука, 1985.

Фазлаллах ибн Рузбехан Исфахани. Михман-наме-йи Бухара (Записки бухарского гостя). М. : Наука, 1976.

Хафиз-и Таныш Бухари. Шараф-нама-йи шахи (Книга шахской славы). Ч 1 – 2, М. : Наука, 1983, 1989.

Хорошхин А. П. Заметки о зякате в Бухарском ханстве / Сборник статьей, касающихся Туркестанского края. Спб., 1876.

Чехович О. Д. Документы к истории аграрных отношений в Бухарском ханстве. Вып. 1. // Акты феодальной собственности на землю XVII-XIX вв. Ташкент, 1954.

Чехович О. Д. Бухарские документы XIV века. Ташкент, 1965.

Яворский И. Л. Путешествие русского посольства по Афганистану и Бухарскому ханству в 1878 – 1879 гг. : из дневников И. Л. Яворского. СПб., 1882 – 1883.

五　其他语种文献

Aḥmad Makhdūm-i Dānish. Risā la yā mukhtaṣari az ta'rīkh-i salṭanat-i khānadān-i manghitīya. Edited by Abd al-Ghani Mirzoev. Stalinabad: Nashriyāt-i daulatī-yi Tājīkistān, 1960.

Amīr ʿĀlim Khān. Tārīkh-i ḥuzn al-millal-i Bukhārā. Khāṭirāt-i Amīr Sayyid ʿĀlim Khān, 1910 – 1920. Edited by Muḥammad Akbar ʿAshīq Kābulī. Peshawar: Ittiḥādīya-yi niwisandagān-i Afghānistān-i āzād, 1370/1992.

Anke von Kügelgen, Die Legitimierung der mittelasiatischen Mangitendynastie in den Werken ihrer Historiker: 18 – 19 Jahrhundert, Ergon Verlag, 2002.

Babadžanov, Baxtiyor. "The Naqšbandīya Muǧaddidīya in Central Māwarā' an-nahr." In Muslim Culture in Russia and Central Asia from the 18th to the Early 20th Centuries, edited by Michael Kemper, Anke von Kügelgen and Dmitriy Yermakov, 385 –413. Berlin: Klaus Schwarz Verlag, 1996.

Chekhovich, Olga D. Dokumenty k istorii agrarnykh otnoshenii v Bukharskom khanstve XVII-XIX vv. Vypusk I: Akty feodal' noj sobstvennosti na zemlju XVII-XIX vv. Tashkent: Izdatel'stvo Akademii Nauk UzSSR, 1954.

Eversmann, Eduard. Reise von Orenburg nach Buchara. Berlin: E. H. G. Christiani, 1823.

Florian Schwarz. Unser Weg schließt tausend Wege ein: Derwische und Gesellschaft im islamischen Mittelasien im 16. Jahrhundert (Islamkundliche Untersuchungen, 226). Berlin. : Klaus Schwarz Verlag. 2000.

G. de Meyendorff, Voyage d'Orenbourg à Boukhara, Fait en 1820, A Travers les Steppes Qui s'Étendent A l'Est de la Mer d'Aral Et au-Delà de l'Ancien Jaxartes, Forgotten Books, 2018.

Gangler, Anette, Heinz Gaube, and Attilio Petruccioli. Bukhara—The Eastern Dome of Islam. Urban Development, Urban Space, Architecture and Population. Stuttgart: Edition Axel Menges, 2004.

Haarmann, Ulrich. "Staat und Religion in Transoxanien im frühen 16. Jahrhundert." Zeitschrift der deutschen morgenländischen Gesellschaft 124 (1974): 332 –369.

Ḥāfil Muḥammad Fā ẓil Khān. Aḥwāl-i manāzil-i Bukhārā [Tārīkh-imanāzil-i Bukhārā]. Edited and translated by Iqtidar Husain Siddiqui. Patna: Khuda Bakhsh Oriental Public Library, 1993.

Haidar, Mansura. "Urban Classes in the Uzbek Khanates, XVI-XVII Centuries." In Central Asia: Papers Presented at the 30th International Congress of Human Sciences in Asia and North Africa, edited by Graciela de la Lama, 23 – 48. Mexico City: El Colegio de Mexico, 1982.

Hajianpur, Mahin. "Das Timuridenreich und die Eroberung von Mawaraanahr durch die Usbeken." In Fischer Weltgeschichte, vol. 16: Zentralasien, edited by Gavin Hambly, 162 – 175. Frankfurt a. Main: Fischer Verlag, 1966.

Ignat'ev, N. P. Mission of N. P. Ignat'ev to Khiva and Bukhara, 1858. Translated and edited by John L. Evans. Newtonville: Oriental Research Partners, 1984.

Jaworskij, Ivan L. Reise der russischen Gesandtschaft in Afghanistan und Buchara in den Jahren 1878 – 79. 2 vols. Jena: Hermann Costenoble, 1885.

Karimova, M. 'Mazkhar al-akhval'. Mukhammad Amina kak istochnik po istorii Bukhary serediny XVIII v. Dissertation Abstract, Tashkent, 1979.

Khakimova, K. Z. Krest'janstvo Bukharskogo Emirata v kontze IX-nachale XX vv. Tashkent: Izdatel'stvo "Fan," 1991.

Kočnev, Boris D. "The Last Period of Muslim Coin Minting in Central Asia (18th-Early 20th Century)." In Muslim Culture in Russia and Central Asia from the 18th to the Early 20th Centuries, edited by Michael Kemper, Anke von Kügelgen and Dmitriy Yermakov, 431 – 44. Berlin: Klaus Schwarz Verlag, 1996.

Lansdell, Henry. Russisch-Central-Asien nebst Kuldcha, Buchara, Chiwa und Merw. 3 vols. Leipzig: Ferdinand Hirt & Sohn, 1885.

Lee, Jonathan. The 'Ancient Supremacy' Bukhara, Afghanistan, and the Battle for Balkh, 1731 – 1901. Leiden: E. J. Brill, 1996.

Lehmann, Alexander. Reise nach Buchara und Samarkand in den Jahren 1841 und 1842. Edited by Gregor von Helmersen. Reprint Osnabrück: Biblio Verlag, 1969.

Létolle, René. Les expéditions de Bekovich-Tscherkassy en Turkestan (1714 -1717) et le début de l' infiltration en Asie central. " In Cahiers D' Asie Centrale 5 -6: Boukhara La Noble, edited by Maria Szuppe, 259 - 284. Tashkent/Aix-en-Provence: Édisud, 1998.

Machatschek, Fritz. Landeskunde von Russisch Turkistan. Stuttgart: Engelhorn, 1921.

Mehmet saray, Rus İşgali Devrinde Osmanlı Devleti ile Türkistan Hanlıkları Arasındaki Siyasi Münasebetler (1775 -1875), TTK Yayınları, 1994.

Mīr 'Abd al-Karīm Bukhārī, Histoire de l' Asie Centrale (Afghanistan, Boukhara, Khiva, Khoqand). Depuis les dernières années du reigne de Nader Chah jusqu' en 1233 de l' Hégire (1740 -1818). Edited and translated by Charles Scheffer. Reprint, Amsterdam: Philo Press, 1970.

Mir Muhammed Emin Buhari. Ubeydullah-Name, Perevod s. Tadjikskogo s Primeçaniyami çlena- korrespondenta Akademii Nauk UzSSR Professora A. A. Semenova, İzdatel'stvo Akademii Nauk UzSSR, 1957.

Mīrzā Shams Bukhārā'ī. Tārīkh-i Bukhārā, Khoqand wa Kāshghar (dar shar ḥ-i ḥukmrānī-yi Amīr Ḥaidar dar Bukhārā, Muḥammad 'Alī Khān dar Khoqand wa Jahāngīr Khwāja dar Kāshghar). Edited by Muḥammad Akbar 'Ashīq. Tehran: Daftar-i nashr-i mīrāth-i maktūb-i Tehrān, 1377/1998.

Moser, Heinrich. Durch Central-Asien. Die Kirgisensteppe, Russisch-Turkestan-Bochara-Chiwa, das Turkmenenland und Persien. Leipzig: F. A. Brockhaus, 1888.

Muhammadzhanov, A. R. Naselennie Punkty Bukharskogo Emirata (konetz XIX-XX vv.). Materialy k istoricheskoj geografii Sredneij Azii. Tashkent: Universitet, 2001.

Muhammed Bilal ÇELİK. 1800 -1865 yillari arasinda buhara emi rliği, Doktora tezi: Sakarya University, 2009

Muhammed Yusuf Münşî. Tezkire-i Mukim Hani (ŞibanilerveAstrahanlılar Döneminde Maveraünnehir'in Kültürel ve Toplumsal Tarihinin Seyri), Farsça Aslından Çevirenler: Ahmet Özturhan ve Ahmet Korkmaz, Selenge Yay., 2022.

Murat Özkan. Buhara Hanlığı (1500 – 1920), Selenge Yayınları, İstanbul 2021.

Nath, R. "Nasr Ullah Bahadur Chan, Emir von Buchara. (Mit einem Porträt.)." Das Ausland 91 (April 1, 1845): 361 – 63.

Nölle-Karimi, Christine. "Es ist ein weiter Weg nach Buḫārā. Raum-Zeit Koordinaten in der Sichtweise afghanischer Chroniken." In Erzählter Raum in Literaturen der islamischen Welt, edited by Roxane Haag-Higuchi and Christian Szyska, 131 – 48. Wiesbaden: Harrassowitz Verlag, 2001.

Ott, Ursula. Transoxanien und Turkestan zu Beginn des 16. Jahrhunderts. Das Mihmān-nāma-yiBuḫārā des Faḍlallāh b. Rūzbihān Ḫunǧī. Freiburg: Klaus Schwarz Verlag, 1974.

Pétis De La Croix, Histoire du Grand Genghizcan, Premier Empereur des Anciens Mogols Et Tartares: Divisée en Quatre Livres, Contenant la Vie de ce Grand Can, Son Elevation, Ses Conquêtes, Avec l'Histoire Abrégée de Ses Successeurs Qui Regnent Encore à Present; Les Mœurs, les Coûtumes, les Loix des Anciens Mogols Et Tartares, Forgotten Books, 2018.

Pierce, Richard. "Die russische Eroberung und Verwaltung Turkestans (bis 1917)." In Fischer Weltgeschichte, vol. 16: Zentralasien, edited by Gavin Hambly, 217 – 36. Frankfurt a. Main: Fischer Verlag, 1966.

Rasuly-Paleczek, Gabriele. "Beg, Moyzafid und Arbab: Das politische System der Chechka-Usbeken und der afghanische Zentralstaat." In Studies in Oriental Culture and History. Festschrift für Walter Dostal, edited by A. Gingich, S. Haas, G. Rasuly-Paleczek and H. Fillitz, 89 – 105. Frankfurt a. Main: Peter Lang Publishers, 1993.

Ṣadr al-Dīn ʿAinī. Tārīkh-i amīrān-i mānghitīya-yi Bukhārā. Tashkent: Turkestanskoe gosudarstvennoe izdatel'stvo, 1923. Kulliyot, vol. X: Ta'rīkhi amironi manghitiyayi Bukhoro. Dushanbe: Nashriyoti Irfon, 1966.

Sarkisyanz, Emanuel. Geschichte der orientalischen Völker Russlands bis 1917. München: R. Roldenburg Verlag, 1961.

Sayyid Mansur Olimiy. Buxaro Turkiston Beshigi, Fars Tiliden Tarcima, Sözbaşı ve İzohlar Muellifi, Halim Torayev, Buhoro Naşriyoti, 2004.

Selim Serkan ÜKTEN. Buhara Hanlığı'nın askeri teşkilatı (1500 – 1868), Doktora tezi: Ankara Üniversitesi. 2015.

Shanijazov, K. Sh. "Nekotorye voprosy etnicheskoj dinamiki i etnicheskikh svjazej uzbekov v XI-XVII vv." In Materialy k etnicheskoj istorii naselenija Srednej Azii, 83 – 93. Tashkent: Akademija Nauk Uzbekistana/Izdatel'stvo Fan Uzbek SSR, 1986.

Togan, A. Zeki Velidi. Bugünkü Türkili (Türkistan) ve Yakın Tarihi. Istanbul: Enderun Kitabevi, 1981.

Trepavlov, Vladim V. The Formation and Early History of the Manghït Yurt. Bloomington: Research Institute for Inner Asian Studies, 2001.

Vil'danova, A. B., ed. Madzhmaʿal-arkām ('Predpisanija fiska'. Priemy dokumentatzii v Bukhare XVIII v.). Moscow: Nauka, 1981.

Von Kügelgen, Anke. "Buchara im Urteil europäischer Reisender des 18. und Jahrhunderts." In Muslim Culture in Russia and Central Asia from the 18th to the Early 20th Centuries, edited by Michael Kemper, Anke von Kügelgen and Dmitriy Yermakov, 415 – 30. Berlin: Klaus Schwarz Verlag, 1996.

Wenneberg, Franz. An Inquiry into Bukharan Qadimism: Mīrzā Salim-bīk. Berlin: Schwarz, 2002.

Худайкулов тулкин дустбобоевич, Марказий осиё давлатларининг бош карув тарихи (марказий, махаллий, харбий, диний хокимият: xviii-xx аср бошлари), мавзусидаги тарих фанлари доктори (DSc),

Карши давлат университети, 2022.

Yastrebova, Olga. "The Bukharan emir ʻAbd al-Aḥad's Voyage from Bukhara to St. Petersburg." In Looking at the Coloniser. Cross-Cultural Perceptions in Central Asia and the Caucasus, Bengal, and Related Areas, edited by Beate Eschment and Hans Harder, 63 – 74. Würzburg: Ergon Verlag, 2004.

Амир Саййид Олимхон. Бухоро хал кининг хасрати тарихи. Т., 1991.

Асророва Лобар Ќобилжон кизи, Бухоро мадрасалари тарихидан, нашриёт-матбааси, HOLOL-NASHR, 2016.

Зиёева Д. ўзбекистон ша ҳарла ри XIX асрнинг иккинчи ярми-XX аср бошларида. Т., 2013.

Мирза Бади-диван. Маджма ал-аркам ("Предписания фиска") (приёмы документации в Бухаре XVIII в.). Пер. А. Б. Вильдановой. М., 1981.

Мирзо Олим Махмуд хожи. Тарихи Туркистон. Тошкент: Янги аср авлоди, 2009.

Нормуродова, Г. Б. Бухоро амирлиги ижтимоий катламлари ва уларнинг ижтимоий-и ктисодий хаётдаги роли (1868 – 1920 йиллар) / диссертации доктора (DSc) исторических наук, Самар канд давлат университети. 2020.

Саййид Мухаммад Насир ибн Музаффар. Тахкикат-и Арк-и Бухара. Исследование о Бухарском арке. Ташкент, 2009.

Файзиев Т. Бухоро феодал жамиятида куллардан фойдаланишга доир хужжатлар (XIX аср.). Т.: Фан, 1990.

濱田正美，2002，《中央アジアと東アジアの境界——中央アジアから見た中華世界》，中見立夫編《境界を越えて--東アジアの周辺から》（アジア理解講座1）山川出版社。

間野英二編（竺沙雅章監修），1999，《中央アジア史》（アジアの歴史と文化8），同朋舎。

久保一之译：《15世紀~19世紀半ばの中央アジア都市》，《西南アジア

研究》，1998年第49期，第85-92页。

堀川徹，大江泰一郎，磯貝健一編，2014，《シャリーアとロシア帝国——近代中央ユーラシアの法と社会》，臨川書店。

歴史学研究会編，《東アジア・内陸アジア・東南アジアⅡ》（世界史史料4），岩波書店，2010.

小松久男，《中央ユーラシア史研究入門》，2018年，山川出版社。

小松久男，1996，《革命の中央アジア——あるジャディードの肖像》（中東イスラム世界7），東京大学出版会。

塩谷哲史，2014，《中央アジア灌漑史序説——ラウザーン運河とヒヴァ・ハン国の興亡》，風響社。

宇山智彦，1995，《中央アジア（近現代）》，三浦徹，黒木英充，東長靖編《イスラーム研究ハンドブック（講座イスラーム世界別巻）》，栄光教育文化研究所。

大事记年表

1370年　帖木儿建立了跨越西亚、中亚和南亚地区的帖木儿帝国。

1405—1406年　乌兹别克人占领花剌子模，并以此为据点侵袭中亚腹地，到达布哈拉。

1416年　帖木儿王朝河中地区统治者兀鲁伯与乌兹别克人开始争夺锡尔河下游地区的统治权。

1448年　阿布海尔汗率领军队远征撒马尔罕，乌兹别克游牧民大肆劫掠撒马尔罕。

1451年　阿布海尔汗占领撒马尔罕。

1451年　卜赛因将兀鲁伯之女拉比娅嫁于阿布海尔汗。

1468年　阿布海尔汗死后，乌兹别克部落联盟瓦解。

1499年　昔班尼集结一支军队向南征战，抵达河中地区，征服帖木儿国家。

1500年　在昔班尼率领下乌兹别克游牧民攻占河中地区，建立昔班尼王朝，布哈拉汗国自此成立。

1502年　昔班尼汗率先开始修建灌溉渠。

1503年　昔班尼汗率军占领塔什干。

1504年　昔班尼汗带领乌兹别克人夺取费尔干纳。

1505年　昔班尼汗征服花剌子模，控制乌尔根奇。

1506年　昔班尼汗攻占巴尔赫地区。

1507 年　昔班尼汗率领军队进攻呼罗珊，占领赫拉特。

1507 年 5 月　在赫拉特的主麻清真寺宣读呼图白的祈祷仪式上，昔班尼汗正式宣布货币改革。

1510 年　谋夫之战波斯人打败乌兹别克人，昔班尼汗战死沙场。

1509—1510 年　伊斯马仪发动战争重夺呼罗珊地区，并协助巴布尔收复撒马尔罕。

1510—1512 年　巴布尔在萨法维王朝的支持下占领河中地区，宣称伊斯马仪为最高统治者。

1512 年　乌拜杜拉率军击败巴布尔，恢复乌兹别克人在河中地区的统治权。

1512 年　乌兹别克部落首领伊勒巴斯被拥立为汗，自此创建花剌子模汗国。

1512 年 11—12 月　河中地区罕见的暴风雪引发大饥馑，甚至在两大中心城市布哈拉城和撒马尔罕也有许多人被活活饿死。

1515 年　布哈拉汗国使节访问奥斯曼帝国，受到素丹谢里姆一世的接见。

1515 年　素丹谢里姆一世的使节穆罕默德·别克回访布哈拉汗国。

1528—1529 年　忽春赤汗派遣以阿明·米尔扎为代表的使团首访印度，至此，双方外交关系正式确立。

1533 年　乌拜杜拉作为家族中的年长者才正式称汗。

1533—1539 年　乌拜杜拉汗将都城从撒马尔罕迁至布哈拉城，汗国自此得名布哈拉汗国。

1549 年　撒马尔罕的统治者阿布杜拉季夫遣使访问伊斯坦布尔，请求素丹提供军事援助以反对波斯沙赫塔赫马斯普。

1550 年　奥斯曼帝国使节阿赫迈德·恰武什回访布哈拉汗国。

1556 年　俄国吞并阿斯特拉罕汗国以后，亡国君主雅尔·穆罕默德及其子扎尼·穆罕默德南逃布哈拉汗国避难，时任汗王亦思干答儿将阿布杜拉之妹祖赫拉·哈努穆嫁于扎尼·穆罕默德。

1556—1585 年　阿布杜拉汗二世下令修复多项水利设施，包括泽拉夫善河流域的水坝、穆尔加布河绿洲的水库、吉扎克绿洲和草原地区的水渠等。

1557 年　阿布杜拉率军夺回撒马尔罕和布哈拉城，结束两大政权并存的局面。

1557 年　阿布杜拉入主布哈拉城，确立对汗国的实际统治权。

1557 年　布哈拉汗国首次派遣使节代表前往俄国，其任务是商议有关在俄国的中亚商人贸易自由权的问题。

1558 年　伦敦莫斯科贸易公司驻莫斯科代表詹金森受俄国沙皇伊凡四世派遣访问布哈拉汗国，至此，布哈拉汗国与俄国正式确立外交关系。

1559 年　阿布杜拉派遣使节访问莫斯科，请求伊凡四世授予布哈拉商人在喀山、阿斯特拉罕和其他城市的贸易自由权。

1560 年　阿布杜拉远征呼罗珊，进攻克尔基和希比尔甘。

1561 年　阿布杜拉清真寺以其父亦思干答儿之名诵读呼图白，且以其名义发行货币。

1569—1576 年　阿布杜拉逐步占领和控制突厥斯坦、塔什干、忽毡、铁尔梅兹、希萨尔和撒马尔罕等地。

1563 年、1566 年、1583 年　布哈拉汗国使节三次访俄，目的仍是推进双方贸易往来。

1572 年　阿布杜拉汗二世派遣阿尔塔梅什访问印度，目的是谈论共建反波斯同盟和解决巴达赫尚地区领土争端的问题。

1577 年　布哈拉汗国使团再次出使印度，目的是希望得到阿克巴的支持反对波斯，共同瓜分波斯领土。

1579 年、1585 年　阿布杜拉汗二世两次下令要求吉萨尔、库巴江、捷合纳夫三地伯克招募 1 万名劳役者，在瓦赫什河流域修建用于灌溉赘巴依谢赫土地的灌溉渠。

1583 年　阿布杜拉正式登上汗位，史称阿布杜拉汗二世。

1584 年　阿布杜拉汗二世远征巴达赫尚地区，收复原属帖木儿帝国的领地。

1584 年　阿布杜拉汗二世率军占领巴达赫尚，引发与印度的紧张关系。

1585 年　阿布杜拉汗二世派遣使节穆罕默德·阿里再度访俄，并向沙皇费多尔·伊凡诺维奇赠送 2000 匹各色棉织绸缎、200 匹亚麻布、100 匹布哈拉丝织品、1500 条棉质饰带和 40 普特的染料。

1585—1586 年　布哈拉汗国与印度派使节互访，就有关两国边界划定事宜沟通协商并达成一致，力图维护双边关系的稳定。

1586—1587 年　阿布杜拉汗二世多次下令在集市周边修建供过往商人住宿的旅馆，在商道途中修建蓄水池和交易场所。

1587 年　阿布杜拉汗二世与阿克巴达成相互承认兴都库什山为两国边界的协议，自此两国关系恢复正常。

1589 年　布哈拉汗国使节塔斯杜姆获得在俄国规定区域内免税经商的许可。

1587—1598 年　阿布杜拉汗二世数次远征呼罗珊，最终使其划归布哈拉汗国版图。

1593—1594 年　阿布杜拉汗二世占领希瓦汗国，并在此实施代理人统治。

1594 年　哈萨克游牧部落首领塔瓦卡尔向俄国沙皇提议与波斯结盟，以共同打击布哈拉汗国。

1597 年　阿拔斯一世远征呼罗珊，收复除巴尔赫以外呼罗珊大部分地区。

1598 年 2 月　阿布杜拉汗二世去世，其子阿布达尔穆明继位。

1598—1599 年　汗国再度陷入分裂与混乱，国家疆域急剧缩小。

1598 年　阿布达尔穆明死后，乌兹别克贵族代表大会推荐扎尼·穆罕默德继承汗位，但遭后者拒绝。

1598 年　布哈拉汗国与哈萨克汗国达成协定，塔什干及其周边地区归哈萨克汗国管辖。

1599 年　阿斯特拉罕汗后裔扎尼家族扎尼长子金·穆罕默德称

汗，但在返回布哈拉城途中被波斯人杀害。于是，扎尼次子巴基·穆罕默德称汗，至此扎尼王朝（又称阿斯特拉罕王朝）正式建立，巴基·穆罕默德成为首任汗。

1605 年　巴基·穆罕默德去世，其弟瓦利·穆罕默德继承汗位。

1611 年　伊玛姆库利宣布称汗，其统治的 31 年是扎尼王朝的"黄金时代"。

1611 年　瓦利·穆罕默德逃亡波斯避难，受到阿拔斯一世的接见。

1613 年　贵族亚兰格图什资助建于撒马尔罕雷吉斯坦广场上的雄伟建筑群留存至今。

1617 年　伊玛姆库利汗与奥斯曼帝国素丹阿赫迈德一世达成共同进攻波斯的协定。

1619 年　伊玛姆库利汗派遣艾焘姆兄弟访问俄国。

1619—1629 年　布哈拉汗国与波斯签署和约，共同维持了短暂的和平关系，双方贸易往来和朝觐安全得以保障。

1620 年　伊玛姆库利汗将米安卡拉的几处个人村庄卖与帕尔瓦纳齐拉希姆。

1620 年　俄国使节伊万·霍赫洛夫回访布哈拉，受到伊玛姆库利汗的接见。

1622 年　波斯沙赫阿拔斯进攻坎大哈，贾汉尼尔派儿子率军与波斯交战。

1625 年　印度使节米尔·比尔卡访问布哈拉。

1632—1637 年　布哈拉汗国军队多次侵袭赫拉特和马什哈德，最终占领赫拉特。

1642 年　纳迪尔·穆罕默德称汗。

1642 年　纳迪尔·穆罕默德汗派遣和卓易卜拉吉姆出使俄国，向沙皇进献贵重礼品。

1642 年　波斯画家穆因·穆萨维尔为伊玛姆库利汗创作肖像画，该画作至今仍保存在俄罗斯东方艺术博物馆。

1644 年　布哈拉汗国使节卡泽伊·纳加伊访问俄国。

1645 年　在部落贵族和宗教界的联合支持下，纳迪尔·穆罕默德的政权被推翻，其子阿布杜拉济兹登上汗位。

1646 年　印度军队占领巴尔赫地区。

1646 年　俄国使节戈拉霍夫和阿尼希姆·格里勃夫再度访问布哈拉汗国，除继续商讨释放俄国奴隶的问题外，还开始探测从布哈拉汗国通往印度的道路。

1646—1659 年　贵族亚兰格图什下令在雷吉斯坦广场修建第三座建筑，即"金色"经学院，它兼有经学院和清真寺两大职能。

1648 年　布哈拉汗国军队击败印度军队，重新收复巴尔赫地区。这是印度莫卧儿王朝最后一次进攻中亚。

1657 年　纳迪尔·穆罕默德在赴麦加朝觐途中死去。

1661 年　布哈拉汗国使节阿赫玛德·侯赛因·纳合什班底到访印度。

1669 年　布哈拉汗国使团再度访问印度，继续巩固两国友好关系。

1670 年　俄国使节帕祖欣兄弟到访布哈拉汗国，参见了阿布杜拉济兹汗。

1675 年　俄国沙皇派遣达瓦西里·达乌多夫和卡米莫夫出使布哈拉汗国，了解布哈拉汗国与其他国家的关系，收集布哈拉汗国自然地理方面的资料，探寻通往印度的商路，试图扩大俄国对外贸易的范围。

1680 年　苏布汉库利击败阿布杜拉济兹汗，夺取布哈拉政权。

1680 年　布哈拉汗国与波斯再度签署和平条约。

1681 年　在泽拉夫尚河谷地的米安卡拉，卡拉卡尔帕克人和乌兹别克部落爆发了反对布哈拉政府的人民起义。

1686 年　汗国储君，即苏布汉库利汗之子、巴尔赫领主西基克·穆罕默德被杀。

1687 年　苏布汉库利汗改变惯例，由部落首领取代亲子统治巴尔赫。

1688 年　苏布汉库利汗与哈萨克头克汗举行谈判，塔什干再次划归哈萨克汗国统治范围。

1695 年　俄国商人谢梅·马列尼基抵达印度。

1695 年　俄国使团经布哈拉汗国抵达印度，受到莫卧儿帝国奥朗则布的接见。

1700 年　希瓦汗国派遣使节访问俄国。

1702 年　苏布汉库利汗去世，乌拜杜拉继承汗位。

1703 年　俄国使节回访希瓦汗国。

1708 年　乌拜杜拉汗二世实施货币改革。

1708 年　乌拜杜拉汗二世实施的货币改革引发布哈拉汗国民众不满，导致布哈拉城发生骚乱。

1709 年　撒马尔罕发生骚乱，乃蛮和萨莱等部落与汗王军队发生冲突。

1711 年　乌拜杜拉汗二世被乌兹别克部落贵族所杀，阿布尔费兹汗继位。

1711 年　乌拜杜拉汗二世逝后巴尔赫地区由波斯控制，布哈拉汗国基本失去对它的实际统治权。

1713 年　撒马尔罕统治者的残暴统治激起民众反抗，并将其赶出撒马尔罕。

1714 年　克涅格斯部落在布哈拉城发起反对汗政权的暴动。

1714—1717 年　希瓦汗国与俄国发生军事冲突，俄国考察队被希瓦军队攻灭，两国关系中断。

1716 年　阿里姆别克·卡切克别克率领 10 位商人再次访问俄国。

1718 年　巴尔赫地区居民发动反对穆罕默德汗的残暴统治的大规模起义。

1718 年　彼得大帝任命意大利人佛罗里奥·别聂维尼出使布哈拉汗国，主要是为了确立俄国在布哈拉汗国的影响力。

1722 年　在部落贵族的支持下，伊布拉黑姆宣称撒马尔罕的希瓦王储拉贾布为汗，建立撒马尔罕汗国。

1736 年　纳迪尔沙在波斯建立新政权，史称阿夫沙尔王朝。

1740 年　纳迪尔沙亲自率军越过阿姆河北上，进攻布哈拉汗国和希瓦汗国。

1740 年　阿布尔费兹汗向纳迪尔沙称臣，自此布哈拉汗国沦为波斯附属国。

1743 年　穆罕默德·哈基姆逝世。

1746 年　米安卡拉爆发大规模起义。

1747 年　纳迪尔沙下令废黜阿布尔费兹汗，立阿布达尔·穆明为新汗，穆罕默德·拉赫姆成为实际掌权人。

1747 年　纳迪尔沙被杀，布哈拉汗国再次恢复独立。

1747 年　杜兰尼王朝建立以后，原属布哈拉汗国的巴尔赫及其周边地区划归阿富汗版图。

1754 年　穆罕默德·拉赫姆处死新汗乌拜杜拉。

1756 年　穆罕默德·拉赫姆与阿布尔费兹之女完婚，成为名义上的合法继承人，自称埃米尔，正式成为布哈拉汗国的国君。

1756 年　部落贵族和宗教代表将曼格特王朝创建者拉赫姆从白毡上抬起。

1758 年　穆罕默德·拉赫姆逝世，丹尼亚尔被推举为新的统治者。

1759—1761 年　布哈拉汗国发生接连不断的起义和骚乱，遍及撒马尔罕、布哈拉城、乌拉秋别、希萨尔和泽拉夫尚河流域。

1776 年　布哈拉汗国使节穆罕默德·别季访问伊斯坦布尔，就两国关系与奥斯曼官员进行了谈判。

1781 年　俄国使节别克丘林到访布哈拉城，记录布哈拉汗国的政治状况和军事力量。

1783—1785 年　布哈拉汗国使团回访俄国，目的是继续扩大和巩固布哈拉商人在俄国的贸易自由权。

1784 年　布哈拉发生暴乱，达尼亚尔命令沙赫穆拉德率军镇压。

1785 年　达尼亚尔去世，沙赫穆拉德废黜扎尼王朝后裔阿布加兹汗，正式宣布即位。自此，统治者以埃米尔相称，布哈拉汗国也被称为"布哈拉埃米尔国"。

1785—1790 年　沙赫穆拉德占领塔什干，实施代理人统治。

1790 年　塔什干重新划归浩罕汗国的势力范围。

1793 年　摩洛哥的一位拉比约瑟夫·马马姆·马合里比来到布哈拉，在当地修建犹太会堂，自此改变了当地犹太教徒的祷告形式。

1800 年　沙赫穆拉德逝世，其子海达尔继位。

1800 年　谋夫地区的土库曼人发动起义，以反抗布哈拉汗国政府的重税。

1801 年　海达尔埃米尔私自售出 150 塔纳布的国有土地。

1801 年　海达尔埃米尔派遣和卓米尔扎·萨贝尔访问伊斯坦布尔。

1803—1804 年　米安卡拉的基塔—基普恰克部落发动反对海达尔统治的起义。

1804 年　希瓦汗艾里图泽尔率军进攻布哈拉城，最终被海达尔的军队击败，艾里图泽尔也死于途中。

1819 年　希瓦军队再次劫掠河中地区。

1819 年　海达尔的使节和卓梅赫梅德·舍里弗出使伊斯坦布尔，除要求赠送宗教典籍外主要是为了寻求奥斯曼帝国的保护。

1820 年　俄国向布哈拉汗国派遣使团，目的是与布哈拉汗国签订贸易协定。

1821—1825 年　米安卡拉地区发生布哈拉汗国史上规模最大、历时 5 年之久的一次民众起义——基塔—基普恰克部落起义。

1826—1827 年　海达尔逝后，其长子米尔·侯赛因即位，80 天后由海达尔第三子米尔·奥马尔即位，4 个月后其兄长纳斯鲁拉进攻撒马尔罕，并宣布自己为布哈拉汗国的埃米尔，米尔·奥马尔遂被逐出布哈拉城。

1827 年　纳斯鲁拉入主布哈拉城，正式成为汗国新的埃米尔。

1830 年　布哈拉汗国使节巴尔塔·库雷向沙皇请求协助埃米尔纳斯鲁拉反对希瓦汗国。

1833 年　因沙赫里萨布兹与希瓦、浩罕两大汗国结成反布哈拉联盟，纳斯鲁拉远征沙赫里萨布兹的行动以失败告终。

1834—1835 年　名叫阿布杜萨马德·塔布里济的波斯人来到布哈拉城，他是一位军事技术专家，受到纳斯鲁拉的器重。

1837 年　纳斯鲁拉埃米尔率军再度进攻巴尔赫。

1839 年　第一次英阿战争爆发，阿富汗统治者杜斯特·穆罕默德汗试图占领阿姆河以南地区，使之归属阿富汗版图。

1839 年　两名英国情报员在布哈拉汗国被扣押。

1841 年　受英国政府委托，奥斯曼素丹阿布杜尔梅德日德向纳斯鲁拉埃米尔致信要求释放英国情报员。

1840 年　布哈拉军队入侵浩罕汗国，取得胜利。

1841—1842 年　俄国工程师布杰涅夫代表团赴布哈拉，其目的是协助埃米尔开采布哈拉汗国的金矿。

1842 年　纳斯鲁拉率军亲征浩罕汗国，占领塔什干、忽毡和浩罕，处死浩罕汗马达里。

1843 年　纳斯鲁拉率军进攻花剌子模，由此展开希瓦与布哈拉两大汗国长达十余年的混战。

1849 年　阿富汗军队打败巴尔赫的布哈拉军队，自此布哈拉汗国彻底失去了对巴尔赫的统治权。

1858 年　俄国派遣以伊格纳季耶夫为代表的使团访问布哈拉汗国。

1864 年　俄国军队开始向中亚腹地大举进攻，占领突厥斯坦和奇姆肯特。

1865 年　俄军攻占塔什干，并以此为中心建立突厥斯坦省。

1866 年 4 月　俄国与布哈拉汗国爆发战争，布哈拉汗国战败。

1866 年 5 月　俄国接连攻占忽毡、乌拉秋别、吉扎克和扬吉库尔干要塞。

1867 年 7 月 11 日 俄国沙皇亚历山大二世下令成立以塔什干为首府的突厥斯坦总督区，下设七河省和锡尔河省。

1867 年 穆扎法尔埃米尔派遣以穆罕默德·帕尔萨埃芬季为代表的使团经印度访问伊斯坦布尔，目的是与奥斯曼帝国和英国建立反俄同盟。

1868 年 4 月 考夫曼率军进攻撒马尔罕。

1868 年 4 月 穆扎法尔埃米尔再次向伊斯坦布尔派遣使节，请求素丹通过外交手段阻止俄国入侵，并希望得到奥斯曼帝国的军事援助。

1868 年 5 月 1 日 布哈拉军队败北，次日考夫曼进入撒马尔罕，当地贵族上层同意投降。

1868 年 6 月 2 日 吉拉布拉克高地之战具有决定性意义，布哈拉军队战败后撤退至克尔米涅。

1868 年 6 月 8 日 考夫曼攻进撒马尔罕。

1868 年 6 月 12 日 穆扎法尔埃米尔宣布投降。

1868 年 6 月 18 日 布哈拉汗国与俄国签订和约。

1868 年 6 月 23 日 布哈拉汗国与俄国再次签订协定补充条款。

1868 年 10 月 因宗教界和贵族上层对协定不满进而爆发骚乱，穆扎法尔埃米尔被困于布哈拉城，最终他在俄国军队的援助下镇压了暴乱。

1869 年 穆扎法尔埃米尔之子阿布杜法塔赫来到圣彼得堡，向俄国沙皇尼古拉二世表达对美国棉种的兴趣，以期引入布哈拉汗国种植。

1870 年 5 月 17 日 考夫曼向布哈拉汗国派遣使节，巩固双方友好关系。

1870 年 俄国政府在塔什干发行了第一份官方报纸《突厥斯坦公报》。

1870 年 布哈拉地区出现旱灾，粮食歉收引发饥荒。

1872年　俄国将原布哈拉汗国属地忽毡、乌拉秋别、吉扎克、卡塔库尔干、撒马尔罕、玛特恰、法里加尔、玛季安、克什图特并入泽拉夫尚河区。

1873年9月28日　俄国与布哈拉汗国签订新和约。

1877—1879年　穆什克多夫对布哈拉、吉萨尔和阿姆河流域进行了科学考察。

1880年　穆什克多夫对泽拉夫尚河的冰川进行了勘察。

1881年　穆什克多夫与拉曼诺夫斯基共同绘制第一幅中亚地质地图。

1886年1月1日　俄国政治代办处在布哈拉城正式成立。

1886年　俄国企业开始在布哈拉汗国试种美国棉花。

1886年5月2日　外里海铁路已通至谋夫。

1886年11月　外里海铁路修至查尔朱,往后延伸至布哈拉城。

1886年12月　新查尔朱城区建成。

1887年5月27日　亚历山大三世授权俄国政治代办处处理俄国移民与当地民众之间的诉讼。

1887年　查尔朱地区的伯克阿斯塔纳库尔·伊纳克尝试引进美国棉种。

1888年　奥伦堡商人马佐夫在30俄亩的土地上成功试种美国棉花,但其产量较低。

1889年　布哈拉汗国开设第一家药店。

1889年5月9日　亚历山大三世下令,在布哈拉汗国的俄国移民聚居区设立俄国法庭。

1890年　马佐夫在150俄亩的美国棉花地取得好收成。

1891年　俄国政治代办处从布哈拉城迁至铁路沿线的卡甘,以方便管理。

1891年　布哈拉汗国第一家俄式医院在布哈拉城建成。

1891—1900年　俄国政治代办处与布哈拉汗国政府就有关停止铸造和发行布哈拉货币的问题进行了数次谈判。

1891—1892 年　俄国发生饥馑，当地居民如潮水般涌入中亚。

1893 年　伽斯普林斯基受到阿布杜拉哈德埃米尔的接见，提议创办新方法学校，但遭到埃米尔拒绝。

1893 年　俄国政府在布哈拉汗国设立俄国法庭。

1894 年　布哈拉汗国第一所俄国—当地混合学校在布哈拉城成立。

1894 年　俄国国家银行的布哈拉分行在卡甘设立。

1895 年　英俄两国达成协议，划定布哈拉汗国和阿富汗的边界。

1895 年　俄国在布哈拉汗国实施关税改革，布哈拉汗国加入俄国的关税体系。

1895 年 12 月　俄国国家委员会决定在卡甘设立俄国法庭。

1897 年　中亚地区第一所新方法学校在安集延创办。

1897 年　外里海铁路通至撒马尔罕和安集延。

1898 年 5 月 22 日　卡甘城一名穆斯林被火车站的俄国保安杀害。

1899 年　外里海铁路通至塔什干。

1899 年　普希金作品的译著首次刊登在《突厥斯坦当地报纸》。

1900 年　布—阿边境地区从克尔基经丘别克到达库利亚布的公路建成使用。

1900 年 4 月 3 日　布哈拉汗国同意停止铸造腾格。

1901 年　俄国政府迫使布哈拉汗国进行货币改革，促使俄国货币在布哈拉汗国全面流通。

1906—1910 年　俄国有近 250 万农民被迁往西伯利亚、远东、中亚和其他地区。

1907 年　俄国政治代办处对布哈拉汗国的财政收支进行了专门统计。

1908 年　萨德里金·阿宁在布哈拉创办新式学校，亲自为学生编写新教材。

1910 年　穆罕默德·阿利姆成为布哈拉汗国最后一任埃米尔。

1910 年　布哈拉城发生大规模的宗教冲突，广场上举行数千人的集会游行。

1910 年　俄国警察局在布哈拉城正式成立。

1911 年　俄国政治代办处建议埃米尔镇压国内宗教势力，撤免阿里亚姆的库什别克职位，并由俄方推荐担任库什别克的新人选。

1911 年　扎吉德运动的代表马赫穆德·别赫布季将自己的剧本《弑父》搬上舞台。

1911 年　布哈拉汗国第一家妇幼诊所建立。

1912 年　卡甘市发行出版布哈拉汗国首份塔吉克语报纸《布哈拉圣族报》。

1912 年 4 月 18 日　卡尔希、古扎尔和查尔朱的兽医站正式建立。

1913 年　俄国研究团队在突厥斯坦总督区和布哈拉汗国进行了人类病理学的重大研究。

1914 年 7 月 16 日　自卡甘经卡尔希至铁尔梅兹的铁路又称布哈拉铁路正式开始修建。

1916 年 7 月 15 日　长达 572 俄里的布哈拉铁路正式建成并投入运营。

1916 年　中亚地区爆发一场规模宏大的民族大起义。

1917 年 1 月　俄国各地爆发了大规模的罢工示威游行。

1917 年 3 月 8 日　俄国二月革命爆发。

1917 年 11 月 7 日　俄国十月革命爆发，临时政府被推翻，苏维埃政权从此建立。

1917 年夏　布尔什维克组织在卡甘成立，并建立工农兵代表委员会。

1917 年 5 月　东布哈拉地区的工人举行大规模罢工游行。

1918 年　第一次推翻埃米尔政权的尝试失败。

1918 年　夏阿利姆埃米尔的军队镇压了布哈拉汗国的农民起义。

1918 年 9 月 25 日　塔什干会议决定，同意在布哈拉成立共产党。

1918年12月23日　布哈拉共产党的临时纲领顺利通过。

1919年2月　沙赫里萨布兹爆发起义，2000余人围攻地方政府，与政府军奋战15天。

1920年　塔吉克语和乌兹别克语双语出版的杂志《通格》和报纸《库图雷什》问世并顺利在布哈拉汗国发行。

1920年8月　布哈拉的共产党组织举行第四次会议，讨论推翻埃米尔政权的决议。

1920年8月28日　伏龙芝将军率领突厥斯坦苏维埃共和国的军队进攻布哈拉汗国。

1920年9月1日　伏龙芝率军占领查尔朱、卡尔希、沙赫里萨布兹。

1920年9月2日　伏龙芝的军队攻占埃米尔的宫殿。

1920年10月6日　第一次人民代表大会在布哈拉城召开，布哈拉苏维埃社会主义共和国宣布成立。

1921年2月　布哈拉汗国末代埃米尔穆罕默德·阿利姆逃离杜尚别，赴阿富汗躲避。

1926年　苏联对布哈拉城进行了人口普查。

译名对照和索引

一　人名

阿巴申（С. Л. Абашин）　16

阿布·巴克尔·萨阿德（АбуБакр Саад）　177

阿布达尔·拉赫曼尼·塔里（Абдар-Рахмани Тали）　161

阿布达尔·穆明　57

阿布达尔·穆明（Абдал-Му'мин）　57

阿布达尔·扎巴尔（Абдал-Джаббар）　267

阿布达尔穆明（Абд алмумин）　43，46

阿布达拉季夫（Абдал-Латиф）　42

阿布达拉济兹（Абд-ал-Азиз）　45

阿布杜·阿斯·萨马德（Абду-ас-Самад）　67

阿布杜尔·克里木（Абдул Керим）　65

阿布杜尔克季尔·萨弗多（АбдулкодирСавдо）　288，292

阿布杜尔梅德日德（Абдулмеджид）　352

阿布杜尔沙黑德（Абдулшахид）　347

阿布杜法塔赫（Абдулфаттах）　183

阿布杜加法尔（Абдулгаффар）　347

阿布杜拉·穆罕默德·姆哈辛（Абдулла Мухаммад Мухассин）

阿布杜拉·图拉耶夫（Абдулла Тураев）　75

阿布杜拉季夫（Абдуллатиф）349

阿布杜拉（Абдулла）41—44，46，77，81，83，84，94，112，125，127，129，131，135，137，138，140，144，161，173，194，195，198，216，259，266，270，302，309，316，318，335，338，342，349，350

阿布杜拉赫曼·姆什菲基（Абдуррахман Мушфики）279，346

阿布杜拉济兹（Абдулазиз）42，48—51，128，190，222，259，273，310，339

阿布杜拉苏罗夫（У. Р. Абдурасулов）25

阿布杜拉乌夫·菲特拉特（Абдур-Рауф Фитрат）298

阿布杜拉希姆（Абдурахим）342，343，347

阿布杜拉伊莫夫（М. А. Абдураимов）26

阿布杜里克里姆（Абдуль-Керим）159

阿布杜萨马德·塔布里济（Абдуссамад Табризи）106

阿布尔法兹（Абулфазл）347

阿布尔法兹拉·阿拉（Абулфазла Алла）344

阿布海尔（Абулхайр）37，38，59，157

阿布基（Абд-Ходжа）46

阿布加齐汗（Абу-л-Гази-хан）50，335

阿布拉姆（Абрам）71

阿布塔黑尔·卡济·阿布萨义德·撒马尔罕季（Абу Тахир Кази Абу Саид Самарканди）255

阿达姆·别伊（АдамБей）309

阿尔（ар）142

阿尔塔梅什（Алтамыш）342

阿弗兰格泽布（Аврангзеб）343，345—347

阿赫拉尔（Ахрар）126，134，347

阿赫玛德·多尼什（Ахмад Дониш）28，66，274，288，

290—292，294

阿赫玛德·侯赛因·纳合什班底（Ахмад Хусейни Накшбанди） 343

阿赫迈德·恰武什（Ахмед Чавуш） 349

阿济姆江·雅库波夫（Азимджан Якубов） 74

阿拉别尔季（Аллаберди） 53

阿拉波夫（Д. Ю. Арапов） 16

阿兰达列克（Г. А. Арандаренко） 175

阿莉莫娃（Д. А. Алимова） 23

阿莉莫娃（Р. Р. Алимова） 32

阿里·梅什赫季（Али Мешхеди） 190

阿里（Али） 253

阿里姆·马赫穆德（Алим Махмуд） 299

阿里姆别克·卡切克别克（Олимбек Кочекбек） 317

阿里亚姆（аьлям） 102，219

阿利夫·阿卜杜尔穆明（Ариф-Абдулмумин） 96

阿列达列克（Г. А. Арендаренко） 22

阿米尔·赛伊德·阿里姆洪（Амир Саййид Олимхон） 28

阿明·阿赫马德·拉济（Амин Ахмад Рази） 254

阿明·米尔扎（Амин Мирза） 200

阿尼希姆·格里勃夫（Анисим Грибов） 310，317

阿努什汗（Ануша--хан） 50—52

阿诺德·约瑟夫·汤因比（Arnold Joseph Toynbee） 11

阿萨杜拉（Асадулла） 52

阿斯塔纳库尔·伊纳克（Астанакул Инак） 183

阿斯塔纳库尔（астанакул） 97

阿亚兹比（Аяз-бий） 227

艾尔肯（Елкен） 64

艾杰姆（Эдем） 309，317

艾里图泽尔（Эльтузер） 64

爱德华·奥沃斯（Edward A. Allworth） 22

安德烈·巴加特列夫（Андрей Богатырев） 106

安克·屈格尔根（Ankvon Kugelgen） 24

奥比德·穆姆托兹·瓦利（Обид Мумтоз Вали） 272

奥德里·伯顿（Audrey Burton） 23

奥尔列涅夫（П. Н. Орленев） 289

奥利姆（Олим） 59

奥沙宁（В. Ошанин） 285

奥斯特罗乌莫夫（Н. П. Остроумов） 286

巴巴别克·伊什季巴尔（Бобобекиштибар） 281

巴尔塔·库雷（Балта Кулы） 314

巴哈阿金和卓（Ходжи Бахаад-Дин） 86

巴赫拉姆（Бахрам） 49，85

巴基·穆罕默德（Баки-Мухаммад） 46，47

巴斯拉夫斯基（В. В. Пославский） 18

巴斯拉夫斯基（И. Т. Пославский） 216

巴托尔德（В. В. Бартольд） 19，56，67，95，163，205，286

巴扎尔（Базар） 177

班科夫（А. В. Панков） 30

鲍里斯·帕祖汉（Борис Пазухан） 170

贝什·马弗拉纳·阿米尔卡兰（бьш Мавлана Амиркалан） 258

别基巴（М. М. Петипа） 289

别克马哈诺娃（Н. Е. Бекмаханова） 16

别克丘林（Бекчурин） 313

波罗兹金（С. С. Бороздин） 31

勃拉拉姆别尔格（И. Ф. Бларамберг） 333

布尔纳舍夫（Т. С. Бурнашев） 196，242

布杰涅夫（К. Ф. Бутенев） 314

布拉尼科夫（В. С. Бронников） 285

昌杜伊（Чандуйи Бухари） 345

达尔韦什·阿里·昌吉（Дарвеш Али Чанги） 279

达瓦西里·达乌多夫（Василий Даудов） 310，317

达维多维奇（Е. А. Давидович） 26

丹尼亚尔（Даниял） 60

德里克尔（Х. Н. Дриккер） 165

德列热夫斯基（К. Дрежевский） 205

杜斯特·穆罕默德（Дуст Мухаммад） 67

多德胡达耶娃（Л. Н. Додхудоева） 18

多什和卓·阿西里（Тошходжа Асири） 289

法尔哈德（Фархад） 55

法济列姆·黑拉维（Фазилем Хирави） 255

法伊济耶夫（Т. Файзиев） 28

法伊祖拉·哈扎耶夫（Файзулла Ходжаев） 298

法兹尔丘拉（Фазыл-тюра） 60，61

法兹鲁拉·鲁兹别汗（Фазлулла Рузбе） 270

费多尔·斯基宾（Федор Скибин） 192

费多尔·伊凡诺维奇（Федор Иванович） 44，316

费尔南·布罗代尔（Fernand Braudel） 11

费奈尔·布哈里（Фенаиал-Бухари） 251

佛罗里奥·别聂维尼（Флорио Беневени） 29，161，312，313

弗兰苏阿·别尔尼耶（ФрансуаБернье） 344

弗罗兰·施瓦茨（Florian Schwarz） 29

伏龙芝（М. В. Фрунзе） 76

伽斯普林斯基（И. Гаспринский） 295—297

戈拉霍夫（Горохов） 310

格拉西莫维奇·波尔塔拉茨基（Герасимович

Полторацкий） 73

格卢先科（Е. А. Глущенко） 16

格鲁霍夫斯克（А. И. Глуховский） 31

古巴列维奇—拉多贝里斯基（А. Губаревич-Радобыльский） 286

古里沙姆巴洛夫（С. И. Гулишамбаров） 209

古扎尔·纳尔姆罗多娃（Guzal Normurodova） 27

哈尔芬（Н. А. Халфин） 15，29，334

哈菲兹·塔内什（Хафиз Таныш） 270

哈基莫娃（К. З. Хакимова） 27

哈基姆·胡马姆（Хаким Хумам） 347

哈立德·阿迪布（Khalid Adeeb） 19

哈内科夫（Н. В. Ханыков） 21，172，173，181，215，216，218

哈桑·乌季（Хасан Уди） 278

哈桑·希萨里（Хасан Хисори） 270

哈桑胡扎·尼索里（Хасанхужа Нисорий） 257

哈希姆·杰赫比德（Хашим Дехбид） 347

哈伊拉特（Хайрат） 293

哈兹拉特·赛义德·奥利姆和卓·奥洪德（Хазрат Сайид Олимходжа Охунд） 252

海达尔（Хайдар） 58，63—65，67，77，104—106，109，129，130，135，137，142，143，146，162，224—228，252，256，260，281，351，352

海达罗夫（А. А. Хайдаров） 28

赫尔岑（А. И. Герцен） 285

赫伊斯拉姆（Ислам） 176

黑达亚托夫（Г. А. Хидоятов） 17

侯赛因（Хусейн） 64

忽春赤（Кучкунджи） 41，42，82，83，200，271，342

基里琴克（А. Н. Кириченко） 285

基马费伊奇（Е. Тимофеич） 190

基斯里亚科夫（Н. А. Кисляков） 18

吉尔斯（Н. К. Гирс） 98，99

吉尔斯（Ф. К. Гирс） 239

济亚耶夫（Х. З. Зияев） 17

济约耶娃（Д. Зиёева） 28

加法罗夫（Н. У. Гафаров） 19

加富罗夫（Б. Г. Гафуров） 205，216，266

加文·汉布里（Gavin Hambly） 14，211

加伊布拉赫（Гайбуллах） 59

贾汉尼尔（Джахангир） 342，343，345—347

杰梅宗（П. И. Демезон） 66，259，261，263，323

捷连季耶夫（М. А. Терентьев） 17

金·穆罕默德（Дин Мухаммед） 43，46

金·纳瑟尔（ДинНасыр） 62，64

京兹布尔克（В. В. Гинзбург） 243

卡加诺维奇（А. Каганович） 28

卡拉奇雷克（Кара-черик） 137

卡马利德丁·别赫佐德（Камолиддин Бехзон） 275

卡米莫夫（Камимов） 310

卡瑟姆（Касым） 145

卡塔·丘里亚（Катта-Тюря） 70

卡瓦列夫斯基（Н. В. Ковалевский） 245

卡西·加赞法尔·撒马尔罕季（Кази Газанфар Самарканди） 345

卡西玛里·卡努尼（Касимали Кануни） 278

卡西姆·卡希（Касим Кахи） 345

卡西姆·穆罕默德（Касим-Мухаммад） 49

卡泽伊·纳加伊（Козей Нагай） 310

坎多尔（Л. М. Кантор） 28

肯卓格（Н. З. Кенджог） 286

库特鲁克（Кутлук） 48，49

拉赫玛诺夫（М. Р. Рахманов） 29

拉赫曼·别尔德（Рахман Берды） 67

拉加费特（Д. Н. Логофет） 21，174，175，178，180，209，211，238，286

拉贾布（Раджаб） 55，56

拉津巴赫（Н. О. Розенбах） 99

拉曼诺夫斯基（Г. Д. Романовский） 285

拉希姆（Рахим） 129

拉泽巴赫（Н. О. Розенбах） 296

拉扎科夫（Д. Х. Разаков） 25

勒特韦拉泽（Э. В. Ртвеладзе） 23

里扎·库利（Риза-Кули） 56

列夫捷耶娃（Л. Г. Левтеева） 17

列萨尔（П. М. Лессар） 120

柳特什（Лютш） 230

鲁斯塔姆比（Рустамбий） 343

洛姆别尔格（Б. Ф. Ромберг） 286

马达里（Мадали） 68

马弗拉纳·霍扎吉（Мавлана Ходжаги） 258

马赫穆德·阿尔法里西（Махмудеал-Фариси） 253

马赫穆德·别赫布季（Махмуд Бехбуди） 289，298，299

马赫穆德·伊布·瓦利（Махмудибн Вали） 273

马赫穆德·伊布恩·瓦里（Махмуд ИбнВали） 346

马玛达利耶夫（И. А. Мамадалиев） 16

马蒙特·达利斯基（Мамонт Дальский） 289

马萨林斯基（В. И. Масальский） 26

马什拉布（Машраб） 346

马苏姆（Ma'сум） 53，54

马耶夫（Н. Маев） 285

马佐夫（С. И. Мазов） 183

玛丽亚·伊娃·苏布特尔尼（Maria Eva Subtelny） 271

玛利哈·撒马尔罕季（Малиха Самарканди） 272

玛列霍（Малехо） 272

玛谢霍·撒马尔罕季（Масехо Самарканди） 272

迈勒丁·比纳伊（Камалад-ДинБинаи） 279

曼科夫斯基（Л. Ю. Маньковская） 20

曼苏拉·海达尔（Mansura Haidar） 13

梅赫梅德·舍里弗（Мехмед Шериф） 352

梅伊耶多尔夫（Е. К. Мейендорф） 23，106，159，171，212，215，251，262，268

米尔·阿布达尔卡里姆·米尔·伊斯马伊尔·布哈里（Мир Абдалкарим Мир Исмаил Бухари） 254

米尔·奥马尔（Мир Умар） 66，228

米尔·比尔卡（Мир Бирка） 343

米尔·侯赛因·伊布·沙赫穆拉德（Мир Хусайн ибн Шахмурад） 256

米尔·侯赛因（Мир Хусейн） 65

米尔·穆哈默德·阿米尼·布哈里（Мир МухаммедАмини Бухари） 132

米尔·尼扎穆丁（Мир Низамуддин） 113

米尔·伊布拉吉姆（Мир Ибрагим） 190

米尔克·博伊·米尔加尔达耶夫（Миркбой Миргардаевый） 317

米尔扎·阿里姆·马赫杜姆（Мирзо Олим Махмуд） 23

米尔扎·纳斯鲁拉（Мирза-Насрулла） 90

米尔扎·萨贝尔（Мирза Сабыр） 351

米尔扎·舍姆斯（Мирза Шемс） 226

米尔扎达·姆弗利斯·撒马尔罕季（Мирзада Муфлис Самарканди） 345

米尔佐·阿布杜拉济姆·萨米（Мирзо Абдулазим Сами） 59

米哈列娃（Г. А. Михалева） 30

米哈伊尔·费德罗维奇（Михаил Федорович） 189，309，310

米赫尔·哈努姆（Михр Ханум） 129

米留金（Д. А. Милютин） 334

姆拉·伊尔纳扎尔·马克斯托夫（Мулла Ирназар Максютов） 322

姆纳瓦尔·卡雷·阿布杜拉什多夫（Мунавар-Кары Абдурашидов） 298

姆伊恩（Муйин） 346

穆哈迈德·胡塞·阿米拉克·阿斯·撒马尔罕季（Мухаммад Хусайнал-Миракиас-Самарканди） 253

穆哈梅特希（Ф. М. Мухаметшин） 18

穆哈梅扎诺夫（А. Р. Мухамеджанов） 26

穆哈默德·别季（МухаммедБеди） 351

穆哈默德·帕尔萨埃芬季（Мухаммед Парса-эфенди） 352

穆罕默德·阿里姆·沙赫（Мухаммад ОлимШайх） 262

穆罕默德·阿敏·伊布奥拜杜拉·穆敏哈巴基（Мухаммад Амин ибн Убайдулла Муминабади） 255

穆罕默德·阿明·萨尔法拉兹（Мухаммад Амин Сарфараз） 272

穆罕默德·海答尔·杜拉吉（Мухаммед Хайдар Дулати） 41

穆罕默德·侯赛因（Мухаммад Хусайн） 252

穆罕默德·拉赫姆（Мухаммад Рахим） 59，322

穆罕默德·里扎·米拉布·阿格希（Мухаммед РизаМираб Агехи） 68

穆罕默德·穆吉姆（Мухаммад-Муким） 52，53

穆罕默德·萨利赫（Мухаммед Салих） 271

穆罕默德·萨利赫（Мухаммед Салих） 172，259

穆罕默德·帖木儿（Мухаммед Тимур） 83

穆罕默德·昔班尼（Мухаммед Шейбани） 3，37—41，43，44，48，59，77，81—83，85，94，112，123，125，128，130，138，139，141，144，168，169，173，176，181，188，195，216，259，270，271，275，283，335，338，341，348，349

穆罕默德·伊比·阿布卡西姆（Мухаммад ибн Абулкасим） 254

穆罕默德·伊比恩·达尔韦什·阿尔穆弗基·阿尔巴尔黑（Мухаммад ибн Дарвеш ал-Муфти ал-Балхи） 254

穆罕默德·伊斯拉姆（Мухаммад Ислам） 42，128

穆罕默德·扎马诺姆·伊布·沙拉弗·阿季诺姆·哈桑（Мухаммад Заманом ибн Шарафад-Дином Хасан） 254

穆罕默德比（Мухаммад-бий） 53

穆罕默德明（Мухаммедамин） 59

穆科米诺娃（Р. Г. Мукминова） 26

穆拉特·厄兹坎（Murat Özkan） 23

穆什克多夫（И. В. Мушкетов） 285

穆特里比·撒马尔罕季（Мутриби Самарканди） 195

穆因·穆萨维尔（Муин Мусаввир） 277

纳迪尔·穆罕默德（Надир-Мухаммад） 47—49，189，222，254，273，310，338，343

纳迪尔（Надир） 267

纳尔沙黑·穆罕默德（Наршахи Мухаммад） 21

纳斯鲁拉（Насрулла） 58，66—69，77，90，106，107，109，112，252，257，314，326，337，340，352

纳希姆·马赫拉姆（Насим Махрам） 346

尼克扎德·科罗拉济·米尔·努罗金以（Никзад Келорази Мир Нуроддин） 32

尼亚尔（Даниял） 61

尼亚兹库利·哈利费·尔列巴比·阿特·土库曼尼（Ниязкули Халифа ал-Лебаби ат-Туркмени） 252

尼扎穆季诺夫（И. Г. Низамутдинов） 32

涅格里（Негри） 314

涅马图尔（Не'матулл） 53

帕斯拉夫斯卡娅（А. В. Пославская） 243

帕塔吉萨尔（Патта-Гиссар） 150

帕祖希兄弟（братья Позухиновые） 317

帕祖欣（Пазухины） 50，51，310，311

佩列夫（А. И. Пылев） 25

皮尔·穆罕默德（Пир Мухаммед） 42，43，83

皮拉绍耶夫（Х. Пирошоев） 210

普列阿布拉任斯基（И. А. Преображенский） 285

奇米多尔日耶夫（Ш. Б. Чимитдоржиев） 17

恰卡里·昌吉（Чакари Чанги） 278

恰雷科夫（Н. В. Чарыков） 72，99—101，120

切尔尼亚耶夫（М. Г. Черняев） 69，240

茹科夫斯基（С. В. Жуковский） 30

茹科娃 19

若洛夫加·巴科尔斯基（А. П. Жоровко-Покорский） 149

萨德克·克涅萨勒（Садык Кенесары） 70

萨德里金·阿宁（Садриддин Айни） 22，180，274，289，

293—295

萨尔托里（П. Сартори） 25

萨赫米（Сахми） 345

萨克洛夫（Г. Г. Соколов） 245

萨米·萨达特（Сами Садат） 272

萨姆萨诺夫（А. В. Самсонов） 121, 178

萨尼丁·马赫穆德·瓦西菲（Зайниддин Махмуд Васифи） 169, 258, 270, 278

萨伊多夫·阿布杜卡霍尔（Саидов Абдукахор） 25

萨伊多夫（З. А. Саидов） 28

萨义德（Саид） 127

赛伊多·纳萨菲（Сайидо Насафи） 198, 272, 346

沙德蒙·沃西多夫（Шодмон Вохидов） 23

沙弗卡特（Шавкат） 346

沙哈礼·伊布·苏莱曼（Шахали ибн Сулайман） 253

沙赫穆拉德（Шахмурад） 58, 61—64, 77, 81, 95, 104, 113, 116, 129, 138, 141—143, 146, 161, 162, 170, 212, 214, 217, 224, 225, 252, 256, 258, 260, 340

沙赫扎汉（Шах-Джехан） 49, 343, 346

沙姆西丁·沙黑（ШамсиддинШохин） 288

沙特玛诺娃（С. Б. Шадманова） 245, 246

舍尔阿里（Шер-Али） 53

舍拉里（Шерали） 68

史蒂芬（StephaneA.） 17

斯科特·列维（ScottLevi） 24

斯特鲁韦（Струве） 97

苏布汉库利（Субхан-Кули） 48—53, 77, 253, 254, 272, 273, 277, 336, 339, 343

苏尔汉达里罕（Сурхандарья） 168

苏哈列娃（О. А. Сухарева） 27

塔巴西（Табаси） 279

塔什姆哈玛特·阿济赞（Ташмухаммад Азизан） 274

塔斯杜姆（Достум） 317

塔瓦卡尔（Таваккал） 44

唐斯（E. M. Downs） 24

图赫塔梅托夫（Т. Г. Тухтаметов） 31

图利巴耶娃（Ж. М. Тулибаева） 32

托克萨布（токсаб） 55

瓦卡斯（Ваккас） 59

瓦雷金（М. А. Варыгин） 190

瓦利·穆罕默德（Вали-Мухаммад） 46，47，338

瓦西里耶夫（А. Д. Васильев） 33

瓦泽赫·布哈里（Возех Бухори） 293

万别尔格（Б. И. Вайнберг） 147

万伯里（ármin Vámbéry） 22，68，170，174，180，191，215

万玛尔（Б. В. Веймарн） 20

乌拜杜拉（Убайдулла） 41，77，82，83，94，169，192，195，216，259，266，270，271，335，338，341，348

西法古尔（Sifatgul） 21

西基克·穆罕默德（Сиддик-Мухаммад） 51，52

西季克·卡龙（Сиддик Калон） 280

西摩·贝克尔（SeymourBecker） 31

希里普·亚里奥夫（Ширип Яриов） 201

谢赫扎杰·马赫穆德（Шейхзаде Махмуд） 276

谢梅·马列尼基（Семен Маленький） 310

谢梅诺夫（А. А. Семенов） 85，91，126，286

雅尔·穆罕默德（Яр-Мухаммад） 46

亚基莫夫（В. Л. Якимов） 286

亚兰格图什（Ялангтуш） 126，267

亚历山大·伯恩斯（（Alexander Burnes） 174，213，215，323，326

亚历山大·朱马耶夫（Александр Джумаев） 280

扬茹尔（И. И. Янжул） 16，30

耶弗多基莫夫（Л. В. Евдокимов） 184

耶弗列莫夫（Ф. С. Ефремов） 201

伊巴杜拉（Ибадулла） 223

伊布拉黑姆（Ибрахим） 55

伊格纳季耶夫（Н. П. Игнатьев） 314，334

伊勒巴斯（Ильбарс） 40

伊玛姆库利（Имамкули） 47，48，77，129，277，309，338，342，347，350

伊姆拉希姆·撒马尔罕季（Ибрахим Самарканди） 346

伊沙诺夫（А. И. Ишанов） 185

伊斯坎达罗夫（Б. И. Искандаров） 22

伊斯拉姆（Ислам） 95

伊万·霍赫洛夫（Иван Хохлов） 309，317

伊万诺夫（П. П. Иванов） 14，26

亦思干答儿（Искандер） 41，43，46，47，129

易卜拉吉姆（Ибрагим） 68，310

尤费列夫（В. И. Юферев） 182

尤苏波夫（М. С. Юсупов） 25

尤苏夫·卡拉巴季（ЮсуфКарабаги） 252

约瑟夫·弗雷赫尔·冯·哈默·普格斯塔尔（Joseph Freiherr von Hammer-Purgstal） 350

扎拉尔·基塔布达尔（Джалал Китабдар） 272

扎里夫·米斯卡尔（Зариф Мискар） 280

扎马勒丁·瓦利多夫（Джамаледдин Валидов） 296

扎尼·穆罕默德（Джани-Мухаммад） 46

札希尔·阿德丁·穆罕默德·巴布尔（Захир-ад-дин Мухаммад Бабур） 41，134，169，172，190，271，338，341，342，345，347，348

詹姆士·斯鲁威尔（James Thrower） 19

祖赫拉·哈努穆（Зухра-ханум） 46

二 地名

阿伊瓦季（Айвадж） 150

安德洪（Андхой） 63

安德胡特（Андхуд） 145

巴达赫尚（Бадахшан） 42—44，49—52，63，66，83，127，191，342，343，345

阿赫奇（Ахч） 145

阿赫苏（Ях-су） 149

巴尔赫（Балх） 40，42—44，46—56，63，67，68，83—85，145，160，170，173，189，191，198，200，222，223，254，259，273，310，338—340，343，344，346

巴赫奇萨赖（бахчисарай） 296

巴加拉克（Богарак） 150

巴里盏（Бальджуан） 149，208，210，212，220

巴里朱万（Бальджуван） 330

巴伊孙（Байсун） 176

别尔库特（беркут） 224

布尔达雷克（Бурдалык） 210

达尔瓦兹（Дарваз） 212，285

达赫比德（Дахбид） 222

达什季（ДаштиКази） 143

法尔扎巴特（Файзабад） 191

法拉布（фараб） 100，119

法里加尔（Фальгар） 71

哈纳巴德（ханабад） 177

哈特尔琴（Хатырчин） 183，210

哈扎尔（Хазор） 63，67，113，137

河中地区（Мавераннахр） 3，14，22，26，37—39，41—47，49—52，56—59，65，76，77，79—81，83，84，94，98，109—111，113，130，138，145，148，153，156，157，159，161，167，169，170，215，231，250，265，282，305，341，360

呼罗珊（Хорасан） 39，40，68，84，195，216，253，259，275，338，344，350

忽毡（Худжанд） 43，52，60，64，69，224，282，289，337

胡里姆（Хульм） 145

胡扎尔（Гузар） 45

基济里（Кизиль） 212

基塔布（Китаб） 71，233

吉日杜万（Гиждуван） 74

吉萨尔（Хисар） 67，87，137，168，173，175，178，180，190，196，208，212，220，222，259，285，330

吉塔布（Китаб） 181，210

吉扎克（Джизак） 59，60，69，71，144，159，228，237

季纳乌斯（Динаусс） 210

加尔姆（Гарм） 47，150，330

杰纳乌（Денау） 176，212

捷合纳夫（Дехнав） 137

卡巴季安（кабадиан） 173，175

卡巴江（Кабадян） 210

卡巴克林（Кабаклин） 210

卡尔卡纳特（Калканат） 63

卡尔希（Карши） 42，56，59，61，63，70，90，129，164，173，178，191，208，219，234，237，244，247

卡费尔尼甘（Каферниган） 168

卡甘（Каган） 73，74，102，119—121，204，206，212，219，221，229，231，234，244，269，288，299

卡拉杰金（каратегин） 175，208，212，285

卡拉库里（Каракуль） 50，74，142，162，176，178—180，203，211，234，323，337

卡塔库尔干（Катта-курган） 60，69，71，214，226，234

卡伊卡乌斯（Кайкаус） 173

克尔基（Керки） 42，120，121，150，175，206，210，212，220，221，224，229，231，233，234，244，246

克尔米涅（Кермине） 41，50，55，60，70，96，183，208，224，234

克济尔捷别（Кызыл-Тепе） 294

克济拉亚克（Кызыл-аяк） 224

克里弗（келиф） 150，179，210

克什图特（Кштут） 71

库巴江（Кубадиан） 137

库尔甘—秋宾（Курган-тюбин） 177，178

库尔干杰平（Курган-Тепин） 210

库利亚布（Куляб） 49，70，174，175，177，178，190，196，208，212，220，233，285，330

昆都士（Кундуз） 48，51，66

拉卡伊（Локай） 180

鲁斯塔克（рустак） 177

玛季安（Магиан） 71

玛特恰（Матча） 71

迈玛纳（Маймана） 63

米安卡拉（Мианкаль） 42，51，57，65，129，159，172，211，223，224，227，228

纳尔扎姆（Нарзам） 66

努尔（Нур） 59，63

努拉塔（Нурата） 193，224

帕塔黑萨尔（Патта-Хисар） 121，244

皮扬朱（Пянджу） 212

奇拉克琴（Чиракчин） 175，178，181，210

奇列克（Чилек） 69

丘别克（Чубек） 150，233

萨费德—达里亚（Сафед-дарья） 149

萨加尔志（Сагардж） 44

萨莱（Салеи） 54，105，121，150，174

萨鲁切哈尔阿克（Сал-у-чехарйак） 49

沙阿尔图兹（Шаартуз） 75

沙菲尔卡姆（Шафиркам） 193

沙赫达利亚（Шахдарья） 177

沙赫里萨布兹（Шахрисабз） 45，51，55，57，59，64，66，67，71，74，76，83，106，129，159，173，175，178，181，191，195，196，210，219，222，225，226，233，244

舍拉巴德（Шерабад） 67

苏尔汉达里亚（Сурхан） 210

塔伊尔苏（Таир-су） 212

瓦布肯特（Вабкент） 74

乌尔古特（Ургут） 53，69，145

乌尔塔丘里（Урта-Чуль） 179

乌拉秋别（Ура-Тюбе） 45，59，60，64，69，71，159，

191，223，244，252，337

　　希比尔甘（Шибирган）　42

　　希拉巴德（ширабад）　150，176，210，233，234

　　希萨尔（Гиссар）　43，52，53，59，61，70，198

　　亚卡巴格（Яккабаг）　181

　　扬吉库尔干（Янги-Курган）　69

　　尤尔琴（Юрчин）　176

　　扎特尔库里（Джалтыр-куль）　177

　　扎特金（затдин）　210，234

三　专有名词

《阿布尔费兹汗传》（Тарих-И Абу-Л-Файз-Хани）　20，273

《阿布海尔传》（Тарих-И Абу-Л-Хайр-Хани）　276

《爱情悲剧》（Лейли и Маджнун）　292

《布哈拉宾客纪事》（Михман-Наме-Йн Бухара）　20，83，270

《布哈拉历史的宗教馈赠》（Сокровища богобоязненности по истории Бухары）　256

《春日的旋律》（Сказание о тварях）　272

《高尚品德的神秘之海》（Море тайн относительно до блестей благородных）　273

《哈弗季亚克》Хафтияк）　261

《哈姆扎》（Хамза）　276

《汗的礼品》（Тухфт Ал-Хани）　60

《回忆诗友》（Вспоминающий о собеседниках）　272

《计算法论著》（Трактат о способах счета）　255

《贾汉尼尔词典》（Фарханг-и-Джахангири）　345

《贾汉尼尔回忆录》（Та′рихиДжахангири）　345

《库图雷什》（Кутулыш）　75

《拉希姆汗传》（История Рахим-Хана）　274

《列王记》（Шах-Наме） 276

《列王世系》（Силсилат Ас-Салатин） 273

《马纳拉》（Манара） 261

《秘密的海洋》（Море тайн） 346

《穆克木汗传》（Тарих-И Муким-Хани） 273

《农耕指南》（Наставление в земледелии） 255

《七种气候》（Хафт Иклим） 254

《奇妙的世界》（Аджа Иб Ат-Табакат） 254

《痊愈指南》（Исцеление больного） 253

《沙荣耀录》（Шараф-нама-йишахи） 270

《上帝之手》（Хамса） 288

《圣城布哈拉》（благородная бухара） 300

《胜利者之书》（Фатх-наме） 20，277

《史选·胜利记》（Таварих-И Гузиде, Нусрат-Наме） 270

《弑父》（Падаркуш） 289，298

《塔吉克史》（Таджут-таворих） 60

《通格》（Тонг） 75

《图兰》（туран） 300

《乌拜杜拉汗传》（Убайдаллах-Наме） 20，54，273

《昔班尼传》（Шейбани-Наме） 20，271

《医学汇编》（Руководство для врачевания） 253

《医学价值》（Мизан ат-тибб） 253

《译者》（Переводчик） 296

《音乐乐谱》（Рисала-и мусики） 279

《应得礼物》（Тухфа-йи шаиста） 253

《月球方程论》（Трактат об уравнении Луны） 253

《赠与的喜悦》（Тухфат ас-сурур） 279

《珍品收藏》（Маджма Ал-Гара Иб 或 Собрание редкостей）

《治愈心脏》（Шира-и-клюб） 237

《最佳的医学经验》（Хайрат-таджориб） 253

乃蛮（Наймáны） 53

阿德拉斯（адрас） 218

阿尔巴布（арбаб） 133，144

阿尔加马克（аргамак） 180

阿尔加特（алгат） 135

阿赫拉尔经学院（Медресе Ходжа-Ахрар） 258

阿克（ак） 105

阿克萨卡尔（аксакал） 92，133

阿雷克—阿克萨卡尔（арык-аксакал） 92，144

阿洛恰（алоча） 218

阿马德洛尔（амадлор） 89

阿马利亚特（амалят） 135

阿米纳加奇（аминагач） 92

阿米诺纳（аминона） 134

阿明（амин） 92，133，144

阿姆里亚克（амляк） 123

阿姆里亚克达尔（амлякдар） 91，137

阿姆里亚克达尔斯特瓦（амлякдарство） 91

阿什拉菲（ашрафи） 125，135，138

阿塔雷克（аталык） 55，60，81，86，88，111，142—144

阿瓦里扎特（аваризат） 135

艾什卡噶巴什（ишик-ага-баш） 86，87

安瑟里（Ансырь） 316

巴格（баг） 172

巴哈乌季（Бахаудди） 105

巴基普利（баки-пули） 135

巴季（бадж） 134

巴卡乌尔（бакаул） 87

巴伊巴切（байбачче） 137

巴伊尚别（Пайшанбе） 177

巴依（бай） 164，177

巴约兹（Баёз） 279

班季阿米尔（Банд-и Амир） 145

比加尔（бигар） 136，137

别卡萨布（бекасаб） 218

伯克（бек） 53，75，90—92，108，114，117，118，129，133，137，144，183，190

勃伊巴奇（бойбач） 105

布尔库特（Баргут） 60，211

部落贵族代表大会（忽里台，курултай） 53

达德哈赫（дадхах） 86

达鲁加（даруга） 133

达洛利（даллоли） 134

达斯塔尔汉奇（дастарханчи） 87

达特哈（Датха） 107

达乌拉特（Даулат） 62

大米拉布（главный мираб） 144

德沃尔（двор） 92

迪万（диван） 124，131

迪万别克（диванбег） 86，91，111

第纳尔（динар） 138，343

杜缅（дурмен） 87

杜瓦兹达赫玛克（Дувоздахмак） 279

多罗吉（дороги） 189

多普奇—巴希（Топчи-Баши） 107，108

法扎巴特（Файзабад） 267

古扎（гуза） 182

哈基布（хатиб） 60，96，261

哈拉特（халат） 108

哈沙尔（хашар） 136

哈乌济汉（Хаузихан） 145

哈乌兹（хауз） 143

海拉吉（харадж） 124，125，131，132

海拉吉—马里（харадж-и-маль） 136

呼图白（хутба） 43，81，85，139

基洛卡里经学院（Медресе Тилля-Кари） 258

基什拉克（кишлак） 92，133

基塔（китай） 223—226

基塔布达尔（китабдар） 87

基塔—基普恰克（китай-кипчак） 51，61，65，211，223，224，226，228

吉兹亚（джизья） 135

加扎瓦特（газават） 94

贾卡特奇（зякатчи） 89

贾卡特奇-卡隆（зякатчи-калон） 89

贾克特奇（зякетч） 117

卡迪（кадий） 93，96，111，113，114

卡迪-卡格良（кази-каглян） 113

卡济—阿斯卡尔（Кази-аскар） 115

卡拉（кара） 105

卡拉奇雷克（Карачирик） 105

卡拉乌尔别克（караулбег） 89

卡兰（Калан） 112

卡纳尔加（коналга） 137

卡纳乌斯（канаус） 218

科季比（котиби）　280

科什普利（кошпули）　143

克涅格斯（кенегес）　55，59，60，64，83，159，211，223，226

肯茨特沃（кентство）　92

库卡尔多什经学院（Медресе Кукалдош）　96，258，268

库克立达什（кукельташ）　86，258

库里—阿姆里亚克达尔（кулли-амлякдар）　144

库什别克（Кушбек）　86—91，97，102，111，114，115，117，151

库什奇（кушчи）　87

昆格拉特（Кунграты）　51，53，60，211

拉布-哈乌兹（Лаб-хауз）　268

拉伊斯（раис）　96，116

马尔季卡尔（мардикар）　137

马尔苏马特（марсумат）　135

马哈乌（Maxay）　238

马赫拉姆（махрам）　115

马赫拉姆—博希（махрам-боши）　88

马里（маль）　136

玛尔瓦吉哈特（малваджихат）　133

玛克塔布（мактаб）　257，258，261

玛里吉哈特（мальджихат）　132

梅尔根（мерген）　137

梅尔加（мерга）　104

梅赫塔尔（мехтар）　88，278

蒙希（мунши）　111

米尔（мир）　90

米尔—阿拉布经学院（Медресе Мири Араб）　57

米尔济（мирзы） 89，90

米尔兹（мирз） 115，116

米尔佐（мирзо） 280

米济（мизы） 107

米拉巴涅—伊—加里亚（мирабане-ий галля） 135

米拉布（мираб） 143，144

米拉胡尔（мирахур） 86

姆哈里尔（мухаррир） 96

穆埃德津（муэдзин） 261

穆达里斯（мударрис） 96，219，258，263

穆尔克（мульк） 112，126，127，129，132

穆尔克-哈利斯（мульк-и-халис） 126

穆尔克-海拉吉（мульк-и-харадж） 126

穆尔克-乌什勒（мульк-и-ушри） 126

穆夫提（муфтия） 96，115，116，133

穆夫提—阿斯卡尔（муфтий-аскар） 219

穆夫提—卡隆（муфтий-калон） 219

穆拉阿济姆（муллоазим） 96

穆拉济梅（муллозим） 115

穆里德（мюрид） 97

穆塔瓦里亚（Мутаваллия） 127

穆希（мунши） 280，292

纳基布卡济（накибкази） 60

纳吉布（накиб） 85，86

纳科拉洪（накорахон） 278

纳克德（накд） 136

纳乌卡尔（навкар） 104，105

纳伊布（наиб） 96，114，116

纳伊扎达斯特（найзадаст） 104

尼扎姆丁（Низомиддин） 62

努克里伊耶（нукерийе） 135

帕尔瓦纳齐（парванач） 53，86，129

潘扎别克（панджабег） 144

普利塔赫季扎伊（пули тахт-и джай） 134

恰哈尔巴格（чахарбаг） 172

萨德尔（садр） 60

萨尔加特（салгат） 135

萨尔卡尔—迪万（саркар-диван） 144

沙（ша） 90

沙季尔特—佩什（шагирт-пеш） 90

沙什玛克（Шашмак） 279

舍尔达尔经学院（Медресе Шердар） 258

舍里弗（шериф） 93

苏弗普利（сув пули） 134

苏尤尔加利（суюргаль） 112，130，131

所洛特尼克（золотник） 149

塔比布（табиб） 236

塔尔图克（тартук） 135

塔姆加（тамга） 134

塔纳巴涅（танабане） 136

塔纳布（танаб） 95，125，126，129，133，142，143，173，174，183

坦霍（танхо） 95，105，130，131

腾格（таньга） 46，100，126，135，138，143，151，180，182

突厥斯坦道堂（Туркестан Завиеси） 353

图克（тук） 105

图普奇—巴希（тупчи-баши） 89

图普奇勃什（тупчибош） 104

图亚塔尔塔尔（Туятартар） 145

托克萨巴（токсаба） 87，89，144

维济尔（визирь） 111

乌拉格（улаг） 137

乌拉卡（урака） 292

兀鲁伯经学院（Медресе Улугбека） 258，262

西达拉伊—马黑—哈萨（Ситораи Мохи Хоса） 269

谢赫乌伊斯拉姆（шейхулислам） 60

谢赫耶斯赛义德·阿布杜加富尔道堂（Шейх Ес-Сейид Абдулгафур Завиеси） 353

亚勒雷克（ярлык） 93，112，137

亚索武尔—伊—乌里亚玛（ясовул-и-улямо） 88

耶萨乌里（Есауль） 107

耶萨乌里—巴希（Есауль-баши） 89

耶萨兀（йасаул） 86

伊克塔（Ikta） 130

伊沙尼—拉伊斯（ишани-раис） 116

泽姆列科普（землекоп） 137

扎莫加（джамога） 82

朱尔（Джул） 135

朱弗基加乌（джуфт-игау） 127

朱伊班（джуйбан） 144

赘巴依谢赫（Джуйбарские шейхи） 42，46，60，87，94，95，127，128，137，145，173，176，343，347

附录　布哈拉汗国世系图表

昔班尼王朝汗家族谱系图

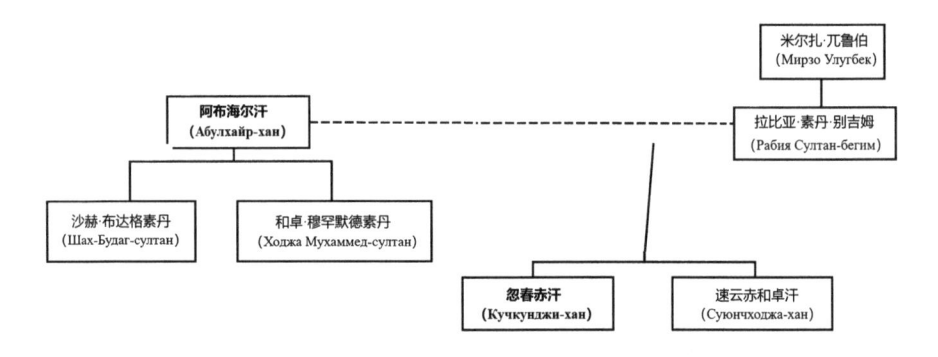

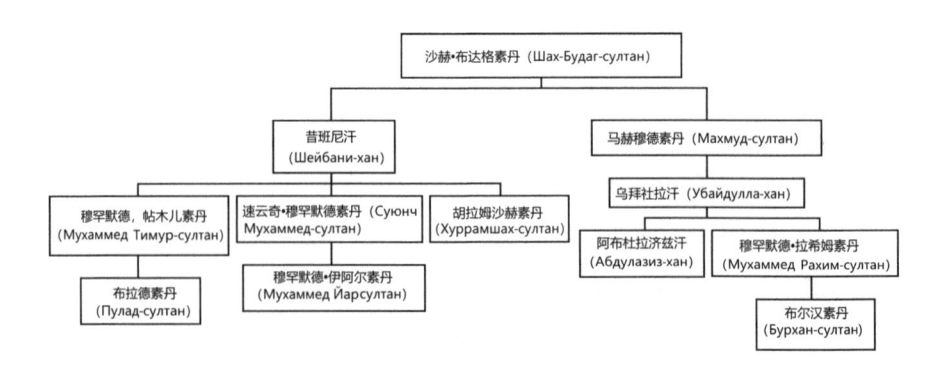

```
                                            米尔扎·兀鲁伯
                                            (Мирзо Улугбек)
                                                 │
     阿布海尔汗 ┈┈┈┈┈┈┈┈┈┈┈┈┈┈┈┈┈┈┈┈ 拉比亚·素丹·别吉姆
     (Абулхайр-хан)                      (Рабия Султан-бегим)
        │                                       │
  ┌─────┴─────┐                         ┌──────┴──────┐
沙赫·布达格素丹   和卓·穆罕默德素丹        忽春赤汗          速云赤和卓汗
(Шах-Будаг-султан) (Ходжа Мухаммед-султан) (Кучкунджи-хан) (Суюнчходжа-хан)
```

```
                        沙赫·布达格素丹 (Шах-Будаг-султан)
                                    │
                    ┌───────────────┴───────────────┐
                 昔班尼汗                        马赫穆德素丹 (Махмуд-султан)
              (Шейбани-хан)                          │
                    │                           乌拜杜拉汗 (Убайдулла-хан)
   ┌────────────┬───┴──────────┬──────────┐         │
穆罕默德,帖木儿素丹  速云奇·穆罕默德素丹  胡拉姆沙赫素丹    ┌─────┴─────┐
(Мухаммед Тимур-султан) (Суюнч       (Хуррамшах-султан) 阿布杜拉济兹汗  穆罕默德·拉希姆素丹
         │          Мухаммед-султан)                  (Абдулазиз-хан) (Мухаммед Рахим-султан)
     布拉德素丹            │                                                │
     (Пулад-султан)    穆罕默德·伊阿尔素丹                               布尔汉素丹
                     (Мухаммед Йарсултан)                              (Бурхан-султан)
```

布哈拉汗国世系图表

```
和卓·穆罕默德素丹
(Ходжа Мухаммед-султан)
        │
扎尼伯克素丹 (Джанибек-султан)
        │
┌───────────┬───────────────┬──────────────┬──────────────┐
皮尔·穆罕默德汗    吉斯金·卡拉素丹     亦思干答儿汗        苏莱曼素丹
(Пирмухаммед-хан) (Кистин Кара-султан) (Искандер-хан)    (Сулейман-султан)
    │              │                  │                  │
金·穆罕默德素丹  克雷奇·卡拉素丹    阿布杜拉汗二世      皮尔·穆罕默德汗二世
(Дин Мухаммед-   (Кылыч Кара-       (Абдулла-хан II)    (Пирмухаммед-хан II)
 султан)         султан)              │
                                   阿布达尔穆明汗
                                   (Абдалмумин-хан)
```

```
                              米尔扎·兀鲁伯 (Мирзо Улугбек)
                                    │
阿布海尔汗 --------------------  拉比亚·素丹·别吉姆 (Рабия Султан-
(Абулхайр-хан)                     бегим)
    │
┌───────────┬───────────────────┐
沙赫·布达格素丹    和卓·穆罕默德素丹
(Шах-Будаг-султан) (Ходжа Мухаммед-султан)
                        │
        ┌───────────────┴───────────────┐
    忽春赤汗 (Кучкунджи-хан)      速云赤和卓汗 (Суюнчходжа-хан)
        │                              │
┌───────┬────────┬────────┐      ┌──────────┬──────────────┐
阿布·赛义德汗  乌拜杜拉汗  阿布杜拉季夫汗  克利季·穆罕默德  纳乌鲁兹·阿赫迈德汗
(Абу Саид-хан)(Абдулла-хан I)(Абдулатиф-хан)(Кельди Мухаммед)(Науруз Ахмед-хан)
                        │                         │
                   阿布多尔素丹              ┌──────┴──────┐
                   (Абдол-султан)        杰尔维什        巴巴素丹
                                         (Дервиш-хан)   (Баба-султан)
```

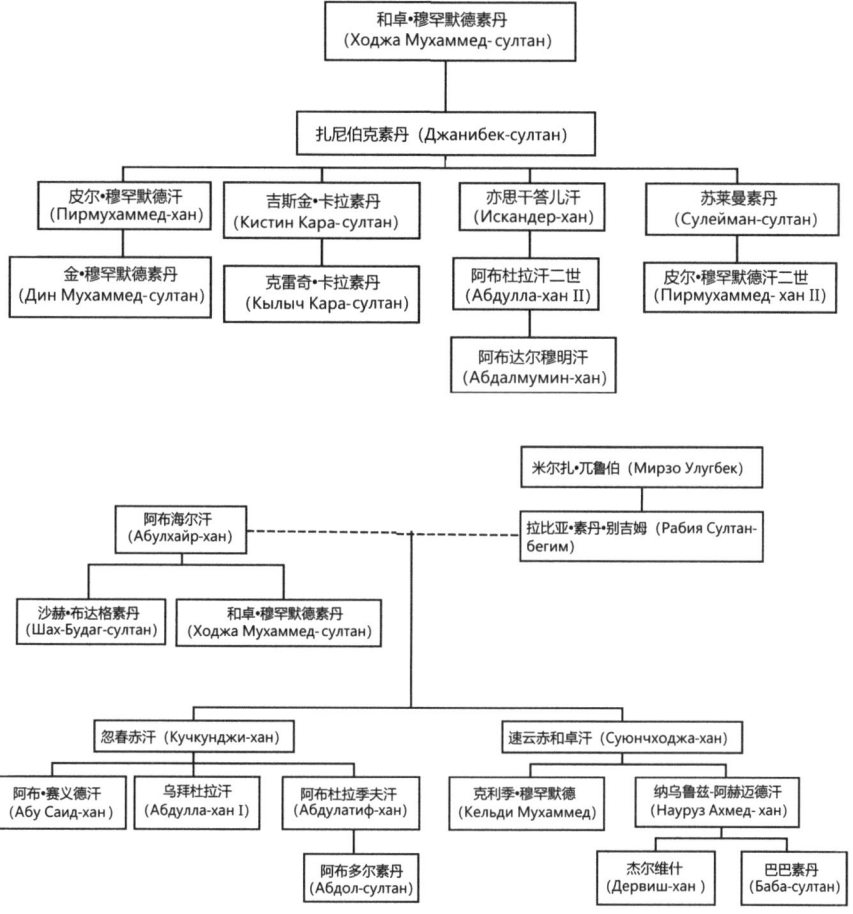

昔班尼王朝在位汗世系表

编号顺序	汗	生卒年份	在位时间	备注
1	昔班尼汗（Шейбани-хан）	1451—1510	1500—1510	昔班尼王朝首位汗
2	速云赤和卓汗（Суюнчходжа-хан）	1454—1524	1510—1510	

续表

编号顺序	汗	生卒年份	在位时间	备注
3	忽春赤汗 （Кучкунджи-хан）	1452—1530	1510—1530	
4	阿布·赛义德汗 （Абу Саид-хан）	1472—1533	1530—1533	
5	乌拜杜拉汗 （Убайдулла-хан）	1487—1540	1533—1540	
6	阿布杜拉汗一世 （Абдулла-хан I）	1490—1540	1540—1540	
7	阿布杜拉济兹汗 （Абдулазиз-хан）	1513—1550	1540—1550	在布哈拉称汗
7	阿布杜拉季夫汗 （Абдуллатиф-хан）	1495—1552	1540—1551	在撒马尔罕称汗
8	布尔汉素丹 （Бурхан-султан）	???—1557	1552—1557	在布哈拉实施统治
8	纳乌鲁兹·阿赫迈德汗 （Науруз Ахмед-хан）	1510—1556	1551—1556	在撒马尔罕实施统治
9	皮尔·穆罕默德汗 （Пир Мухаммед-хан）	1511—1561	1556—1561	
10	亦思干答儿汗 （Искандер-хан）	1512—1583	1561—1583	
11	阿布杜拉汗二世 （Абдулла-хан II）	1534—1598	1583—1598	
12	阿布达尔穆明汗 （Абдалмумин-хан）	1568—1598	1598—1598	
13	皮尔·穆罕默德汗二世 （Пир Мухаммед-хан II）	1570—1601	1598—1599	昔班尼王朝最后一位汗

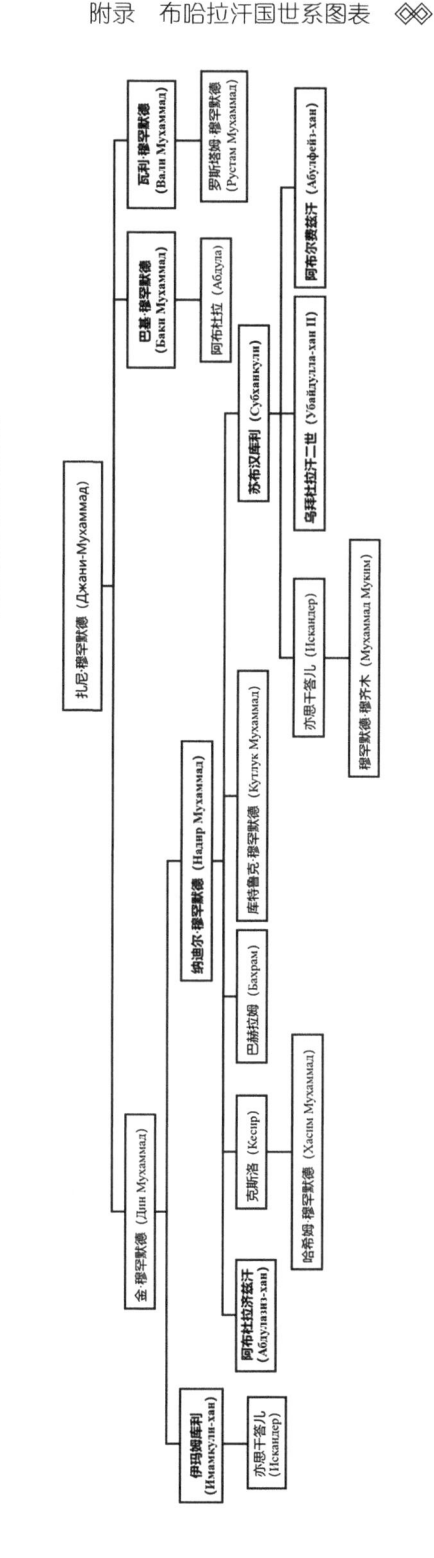

扎尼王朝汗家族谱系图

- 雅尔·穆罕默德 (Яр Мухаммад)
  - 阿巴斯 (Аббас)
  - 拉赫曼库利 (Рахманкули)
  - 图尔孙·穆罕默德 (Турсун Мухаммад)
- 扎尼·穆罕默德 (Джани Мухаммад)
  - 扎尼·穆罕默德 (Джани-Мухаммад)
    - 金·穆罕默德 (Дин Мухаммад)
      - 伊玛姆库利 (Имамкули-хан)
      - 亦思干答儿 (Искандер)
      - 阿布杜拉济汗 (Абдулазиз-хан)
        - 克斯洛 (Кесру)
        - 哈希姆·穆罕默德 (Хасим Мухаммад)
    - 纳迪尔·穆罕默德 (Надир Мухаммад)
      - 巴赫拉姆 (Бахрам)
      - 库特鲁克·穆罕默德 (Кутлук Мухаммад)
      - 苏布汉库利 (Субханкули)
        - 亦思干答儿 (Искандер)
        - 穆罕默德·穆芥木 (Мухаммад Муким)
        - 乌拜杜拉二世 (Убайдулла-хан II)
        - 阿布尔费兹汗 (Абулфейз-хан)
    - 巴基·穆罕默德 (Баки Мухаммад)
      - 阿布杜拉 (Абдулла)
    - 瓦利·穆罕默德 (Вали Мухаммад)
      - 罗斯塔姆·穆罕默德 (Рустам Мухаммад)

454　　中亚布哈拉汗国文明交往史

扎尼·穆罕默德（Джани-Мухаммад）

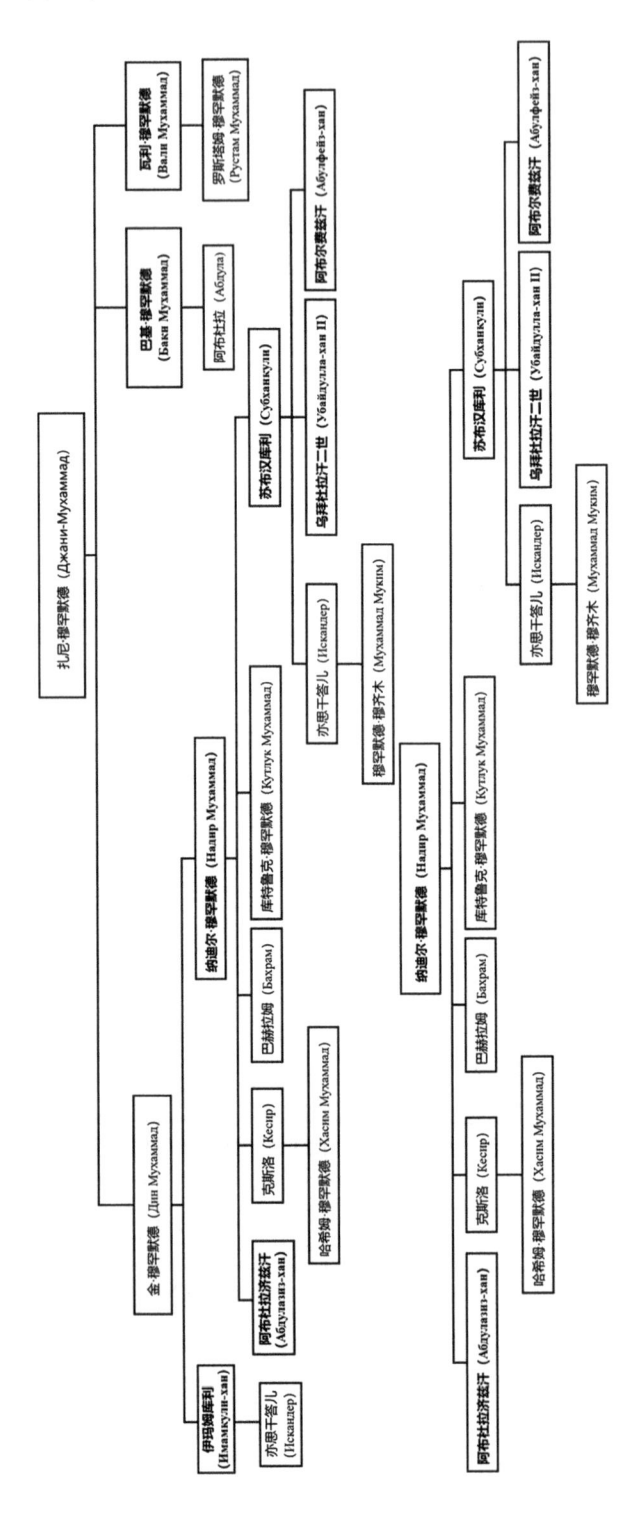

- 金·穆罕默德（Дин Мухаммад）
  - 伊玛姆库利（Имамкули-хан）
    - 亦思干答儿（Искандер）
  - 阿布杜拉济汗（Абдулазиз-хан）
    - 哈希姆·穆罕默德（Хасим Мухаммад）
      - 克斯洛（Кесир）
      - 巴赫拉姆（Бахрам）
  - 纳迪尔·穆罕默德（Надир Мухаммад）
    - 库特鲁克·穆罕默德（Кутлук Мухаммад）
    - 亦思干答儿（Искандер）
    - 穆罕默德·穆芥木（Мухаммад Мукым）
  - 阿布杜拉济汗（Абдулазиз-хан）
    - 哈希姆·穆罕默德（Хасим Мухаммад）
      - 克斯洛（Кесир）
      - 巴赫拉姆（Бахрам）
  - 纳迪尔·穆罕默德（Надир Мухаммад）
    - 库特鲁克·穆罕默德（Кутлук Мухаммад）
    - 苏拜汉库利（Субханкули）
      - 乌拜杜拉汗二世（Убайдулла-хан II）
        - 阿布尔费兹汗（Абулфейз-хан）
      - 苏拜汉库利（Субханкули）
      - 乌拜杜拉汗二世（Убайдулла-хан II）
      - 穆罕默德·穆芥木（Мухаммад Мукым）
- 巴基·穆罕默德（Баки Мухаммад）
  - 阿布杜拉（Абдула）
- 瓦利·穆罕默德（Вали Мухаммад）
  - 罗斯塔姆·穆罕默德（Рустам Мухаммад）

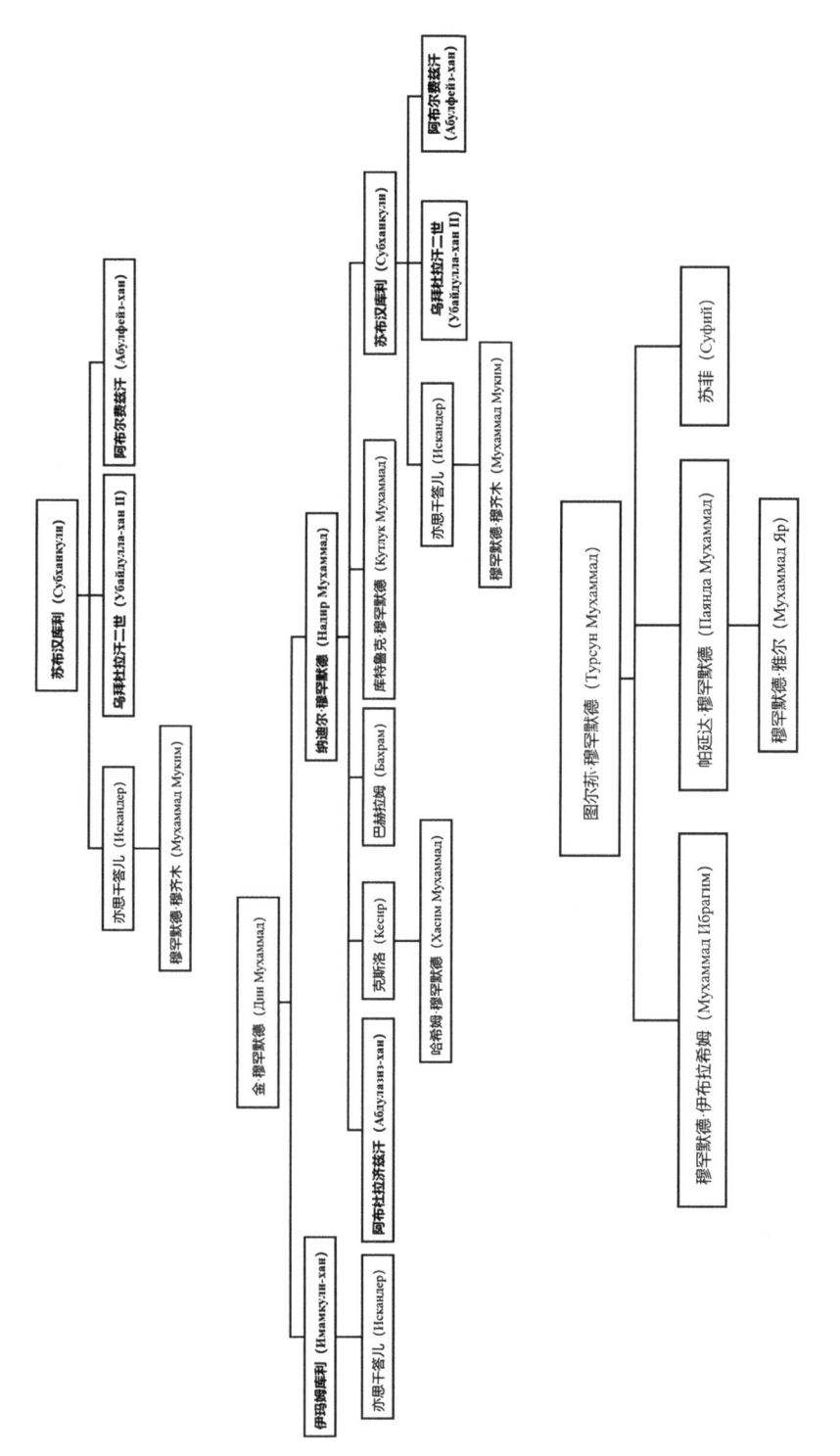

附录　布哈拉汗国世系图表

```
伊玛姆库里 (Имамкули-хан)
├── 亦思干答儿 (Искандер)
└── 阿布杜拉济汗 (Абдулазиз-хан)
    ├── 金·穆罕默德 (Дин Мухаммад)
    │   ├── 苏布汉库利 (Субханкули)
    │   │   ├── 亦思干答儿 (Искандер)
    │   │   │   └── 穆罕默德·穆芥木 (Мухаммад Муким)
    │   │   └── 乌拜杜拉汗二世 (Убайдулла-хан II)
    │   │       └── 阿布尔费兹汗 (Абулфейз-хан)
    │   ├── 纳迪尔·穆罕默德 (Надир Мухаммад)
    │   │   ├── 库特鲁克·穆罕默德 (Кутлук Мухаммад)
    │   │   ├── 巴赫拉姆 (Бахрам)
    │   │   ├── 克斯洛 (Кесир)
    │   │   └── 哈希姆·穆罕默德 (Хасим Мухаммад)
    │   └── 苏布汉库利 (Субханкули)
    │       └── 乌拜杜拉汗二世 (Убайдулла-хан II)
    │           ├── 亦思干答儿 (Искандер)
    │           │   └── 穆罕默德·穆芥木 (Мухаммад Муким)
    │           ├── 图尔逊·穆罕默德 (Турсун Мухаммад)
    │           │   ├── 穆罕默德·伊布拉希姆 (Мухаммад Ибрагим)
    │           │   ├── 帕延达·穆罕默德 (Паянда Мухаммад)
    │           │   │   └── 穆罕默德·雅尔 (Мухаммад Яр)
    │           │   └── 苏菲 (Суфий)
```

扎尼王朝在位汗世系表

编号顺序	汗	生卒年份	在位时间	备注
1	巴基·穆罕默德 （Баки Мухаммад）	1579—1606	1600—1606	扎尼王朝实施统治的首位汗
2	瓦利·穆罕默德 （Вали Мухаммад）	???—1611	1606—1611	
3	伊玛姆库利 （Имамкули-хан）	1583—1644	1611—1642	
4	纳迪尔·穆罕默德 （Надир Мухаммад）	1594—1651	1642—1645	
5	阿布杜拉济兹汗 （Абдулазиз-хан）	1614—1683	1645—1681	
6	苏布汉库利 （Субханкули-хан）	1625—1702	1681—1702	
7	乌拜杜拉汗二世 （Убайдулла-хан II）	1675—1711	1702—1711	
8	阿布尔费兹汗 （Абулфейз-хан）	1687—1747	1711—1747	扎尼王朝的最后一位汗
9	阿布达尔·穆明汗 （Абдал-Му'мин-хан）	1738—1751	1747—1751	曼格特王朝第一位名义上的汗
10	乌拜杜拉汗三世 （Убайдулла-хан III）	1747—1754	1751—1754	
11	阿布加齐汗 （Абулгази-хан）	???—1785	1754—1756	
12	穆罕默德·拉赫姆汗 （Мухаммад Рахим-хан）	1713—1758	1756—1758	曼格特王朝真正意义上的首位汗
13	法济尔比 （Фазил-бий）	1752—1758	1758—1758	曼格特王朝名义上的汗
14	阿布加兹汗 （Абулгази-хан）	???—1785	1758—1785	曼格特王朝最后一位名义上的汗

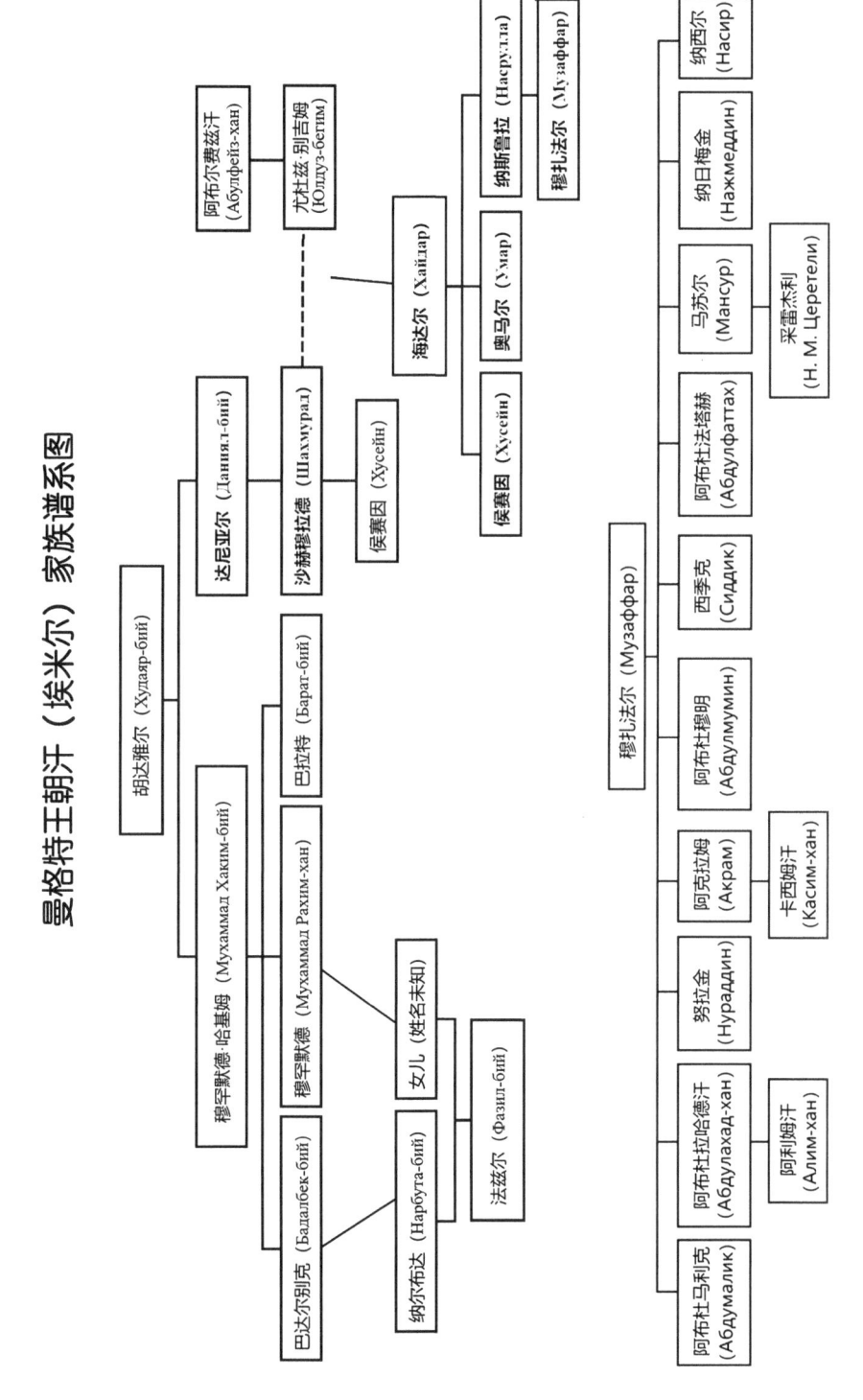

曼格特王朝汗（埃米尔）家族谱系图

胡达雅尔（Худаяр-бий）
- 穆罕默德·哈基姆（Мухаммад Хаким-бий）
  - 巴达尔别克（Балабек-бий）
  - 穆罕默德（Мухаммад Рахим-хан）
    - 纳尔布达（Нарбута-бий）
      - 阿布杜拉哈德汗（Абдулахад-хан）
      - 阿利姆汗（Алим-хан）
    - 女儿（姓名未知）
      - 法兹尔（Фазил-бий）
  - 穆罕默德（Мухаммад）
    - 达尼亚尔（Даниял-бий）
      - 沙赫穆拉德（Шахмурад）
        - 侯赛因（Хусейн）
        - 海达尔（Хайдар）
          - 侯赛因（Хуссейн）
          - 奥马尔（Умар）
          - 纳斯鲁拉（Насрулла）
          - 穆扎法尔（Музаффар）
            - 阿布杜拉马利克（Абдумалик）
            - 努拉金（Нурадин）
            - 阿克拉姆（Акрам）
            - 阿布杜穆明（Абдулмумин）
            - 西季克（Сиддик）
            - 阿布杜法塔赫（Абдулфаттах）
              - 马苏尔（Мансур）
              - 纳日梅金（Нажмедин）
              - 纳西尔（Насир）
            - 卡西姆汗（Касим-хан）
            - 采雷杰利（Н. М. Церетели）
    - 巴拉特（Барат-бий）
  - 阿布尔费兹汗（Абулфейз-хан）
  - 尤杜兹·别吉姆（Юлдуз-бегим）

曼格特王朝在位汗（埃米尔）世系表

编号顺序	称号或头衔	姓名	统治时间
1	阿塔雷克（Аталык） (خان)	穆罕默德·拉希姆 （Мухаммад Рахим） (رحیم محمد)	1747—1753
1	埃米尔（Эмир） (اتالیق)	穆罕默德·拉希姆 （Мухаммад Рахим） (بیگ دانیال)	1753—1756
1	汗（Хан） (معصوم امیر)	穆罕默德·拉希姆 （Мухаммад Рахим） (بیگ دانیال بن مراد شاه)	1756—1758
2	阿塔雷克（Аталык） (امیر)	达尼亚尔 （Даниялбий） (مراد شاه بن توره حیدر)	1758—1785
5	埃米尔·马苏姆 （Эмир Масум） (معصوم امیر)	沙赫穆拉德 （Шахмурад ибн Даниялбий） (بیگ دانیال بن مراد شاه)	1785—1800
6	埃米尔（Эмир） (امیر)	海达尔 （Хайдар Тура ибн Шахмурад） (مراد شاه بن توره حیدر)	1800—1826
7	埃米尔（Эмир） (امیر)	侯赛因 （Хусейн ибн Хайдар Тура） (توره حیدر بن حسین)	1826—1827
8	埃米尔（Эмир） (امیر)	奥马尔 （Умар ибн Хайдар Тура） (توره حیدر بن عمر)	1827
9	埃米尔（Эмир） (امیر)	纳斯鲁拉 （Насрулла ибн Хайдар Тура） (توره حیدر بن نصرالله)	1827—1860

续表

编号顺序	称号或头衔	姓名	统治时间
10	埃米尔（Эмир）(امير)	穆扎法尔（Музаффаруддин ибн Насрулла）(نصر الله بن الدين مظفر)	1860—1886
11	埃米尔（Эмир）(امير)	阿布杜拉哈德（Абдулахад ибн Музаффаруддин）(الدين مظفر بن الأحد عبد)	1886—1910
12	埃米尔（Эмир）(امير)	穆罕默德·阿利姆（Мухаммад Алим-хан ибн Абдулахад）(الأحد عبد بن خان عالم محمد)	1910—1920

后　　记

本书是笔者主持的国家社会科学基金项目"全球史视野下中亚近代经济变迁与转型研究（1500—1917）"（编号：23BSS055）、中国博士后科学基金第 71 批面上资助"俄国统治期间中亚布哈拉汗国的经济转型研究（1868—1917）"（编号：2022M711999）的阶段性成果的主要组成部分，也是笔者对博士学位论文修改而成的科研成果。

2017 年 9 月至 2021 年 7 月，历时四年紧张而又充实的博士学习生活顺利结束。2021 年 11 月，我进入陕西师范大学中亚研究所工作。回想起来，研究中亚史已有 7 年多时间。在书稿完成之际，我谨向曾经支持、关心、帮助过我的老师、同学、同事及朋友致以衷心的感谢！

一是感谢我的博士导师黄民兴教授。黄老师扎实深厚的学识功底，严谨的治学态度，敏锐的学术洞察力以及平易近人的处世态度给我留下了深刻的印象，并深深地影响和启发了我的学习和生活，让我受益匪浅。在书稿的整个撰写过程中，从选题到写作，从理论指导到谋篇布局，从内容构思到语言表述，老师都给予了细致、有效的指导。由于学生史学功底薄弱且能力水平有限，很多时候不得要领，但黄老师总是耐心、认真地为我讲解。所以说，书稿的选题、构思和撰写都凝结了老师大量的心血。与此同时，黄老师及师母也关心询问我的生活状况，时常叮嘱要注意身体、劳逸结合，并给予了我太多的无私帮助。在此，向恩师和师母致以崇高的敬意和深深的感谢!

二是感谢西北大学中东研究所的培养。感谢王铁铮教授、韩志斌教授、李福泉教授、蒋真教授、闫伟教授、赵广成副教授、白胜洁副教授在我书稿写作过程中提出的宝贵意见和修改建议,王猛副教授、李玮副教授、曹峰毓副教授、刘金虎老师、也在学习中给予了我很多帮助和指导,办公室主任张迎春老师和资料室的韩婷婷老师也为我的学习提供了诸多便利。另外,还要特别感谢我在莫斯科国立大学历史系进修期间的导师 Larina Elena Igorevna,在乌兹别克斯坦撒马尔罕国立大学访学期间的合作导师 Shodmon Vohidov,以及乌兹别克斯坦科学院院士 Dilorom Agzamovna Alimova,他们在书稿框架的搭建,俄文、中亚本土语言史料的搜集,以及参加相关学术交流活动等方面给了我极大支持和帮助。

三是感谢读博期间各位同学的帮助与鼓励。感谢同窗挚友郑敏、成飞、吕生富、张弛和索玉峰博士的陪伴、交流和帮助。感谢冯广宜师兄、杨张锋师兄、尹婧师姐、孙慧敏师姐、陈小迁师兄、王国兵师兄、马超师弟、李赛师弟、龙沛师弟、李小娟师妹、张娟娟师妹、刘亚萍师妹等在学习和生活中给我的建议与帮助。感谢在莫斯科大学研修期间的好友李玉萍老师、胡玲芝老师、王学礼老师、廖芳芳博士、陈铭博士、张洁博士、马亮博士和韦晓英博士对我生活和学习的关照与鼓励。

四是感谢陕西师范大学的支持。我要感谢工作单位陕西师范大学的领导和同事们,特别是中亚研究所所长李琪教授和"一带一路"文化研究院的执行院长何志龙教授。在他们的引导和帮助之下,我才能继续从事中亚史研究。他们在科研和工作当中给予了我极大支持。感谢陕西师范大学社会科学处的领导和各位老师对本书出版工作的支持和资助。同时也要感谢中亚研究所的李娟、李郁瑜、龙国仁和陈东杰四位同事平日的关照和帮助,感谢中亚研究所办公室的张华清、吴芬两位老师为我的科研工作提供的诸多便利。另外,我还要特别感谢中亚研究所的硕士研究生康努如、刘雨静和陈博宇三位同学协助修改书稿格式和图表、制作索引。

五是感谢中国社会科学出版社。首先感谢中国社会科学出版社历史与考古出版中心宋燕鹏编审为本书之付梓倾注了大量精力，谨在此向宋燕鹏先生致以衷心的谢意！并向为本书出版付出辛勤劳动的中国社会科学出版社的各位老师致以诚挚的感谢！。

最后，我还想借此时机向长久以往给予我悉心关爱和鼎力相助的家人们表达我的感激之情。感谢父母的养育之恩，感谢爱人和儿子的陪伴，感谢公婆的理解，感谢兄长的关心，你们的支持与鼓励是我人生路上前进的最大动力。

人生短促，学问无穷。呈现在读者面前的这部著作是我从事中亚史研究以来出版的首部专著。治史者皆以治中亚史为难！故此，在本人的著述中难免存在错误和纰漏之处，敬祈读者宽宥、赐正。

康丽娜

2024 年 1 月 11 日

于陕西师范大学长安校区教育博物馆西附楼 S306 室